城市路网过饱和交通状态感知与优化控制

王云鹏　吴新开　余贵珍　Henry X. Liu　著

科学出版社

北　京

内 容 简 介

本书系统总结作者及研究团队在过饱和交通领域的研究成果。全书分4个部分共11章:第一部分(第1、2章)介绍过饱和交通控制的背景、交通流参数概念和特性以及交通控制模型和方法;第二部分(第3、4章)介绍基于地感线圈的高精度信息采集系统和基于低空无人机的信息采集系统;第三部分(第5～10章)详细论述交叉口、干线和路网的过饱和交通状态的识别、量化、估算以及控制策略;第四部分(第11章)介绍交通信号优化和仿真软件SYNCHRO、Q-PARAMICS和VISSIM的系统结构及相应的操作案例。

本书可供从事城市交通控制的研究者及工程技术人员参考,也可作为高等院校交通工程学科的教材和参考书。

图书在版编目(CIP)数据

城市路网过饱和交通状态感知与优化控制/王云鹏等著. —北京:科学出版社,2017.1

ISBN 978-7-03-051575-9

Ⅰ.①城… Ⅱ.①王… Ⅲ.①城市交通网—交通规划—研究 Ⅳ.①U491.1

中国版本图书馆CIP数据核字(2017)第010055号

责任编辑:杨向萍 张晓娟 / 责任校对:桂伟利
责任印制:徐晓晨 / 封面设计:左 讯

科学出版社出版
北京东黄城根北街16号
邮政编码: 100717
http://www.sciencep.com

北京中石油彩色印刷有限责任公司 印刷
科学出版社发行 各地新华书店经销
*
2017年1月第 一 版 开本:720×1000 1/16
2021年1月第三次印刷 印张:17 1/4
字数: 340 000

定价: 118.00 元

(如有印装质量问题,我社负责调换)

序

交通拥堵已成为制约现代城市智能化发展的重要瓶颈，它不仅影响人们的正常出行，降低了道路行车的安全性，而且造成巨大的能源浪费，加剧了环境污染。研究交通拥堵，特别是过饱和状态下的交通拥堵问题，对探索现代城市智能交通控制技术发展具有重要的理论意义和实用价值。

学者们对城市过饱和交通的研究关注良久，在过去的几十年里，出现了很多关于过饱和交通的文献和研究成果，但多数未能在实践中得到应用。一方面是由于很多研究成果是以对交通需求的准确估算与预测为前提，但在实践中难以精准获取相关信息；另一方面是由于信息采集手段的限制，过饱和的形成机理与评价指标长期未能得到很好的解决，导致控制算法的好坏难以评价。

这部由王云鹏等合著的《城市路网过饱和交通状态感知与优化控制》一书，从过饱和系统的评价指标入手，反推过饱和起源，通过交通信号的优化控制，创造性地解决了过饱和系统状态感知与控制难题，并在实践中得到了很好的应用。基于作者的长期研究成果，这本书涵盖了从交通状态信息采集的最新技术到城市路网点、线、面不同层次的过饱和状态识别和控制新方法，详细阐述了在时间维度和空间维度上来评估过饱和交通状态的基本原理，形成了系统性的成果体系，是我国第一部有关城市过饱和交通研究的原创型专著，对于城市交通控制的研究者及工程技术人员都有很好的参考价值。该书是我国城市过饱和交通研究成就的一个重要见证，著者对交通领域研究充满激情，深耕多年，收获了丰富的理论和技术成果，这些成果逐渐发展成熟，并最终构成了该书的重要内容。

展望未来，随着车联网与自动驾驶技术的发展，交通系统的状态感知及数据采集手段会进一步得到完善。同时，由于车辆行驶轨迹可控性，交通控制的手段也会从交通网络的交叉节点扩大到路段以及从起点到终点的路径选择，交通控制参数必将指数倍增加。这同时给我们的交通控制技术研究人员提出了新的研究课题。该书著者已经在这方面有了部分前瞻性研究成果，以此与广大读者共享。

中国工程院院士 张军

2016 年 5 月于北京航空航天大学

前　言

随着我国社会经济的快速发展和城市化步伐的加快,城市人口以及机动车保有量急剧增加,城市特别是大城市面临的交通拥堵问题日益严峻。单纯地依靠增加道路供给已经不能满足日益增长的交通需求,人、车、路的矛盾日益激化。截至2015年年底,全国民用汽车保有量达到17228万辆(包括三轮汽车和低速货车955万辆),全国有35个城市的汽车数量超过100万辆,北京、成都、深圳、天津、上海、苏州、重庆、广州、杭州、郑州10个城市超过200万辆。近5年来,汽车占机动车的比例迅速提高,从47.06%提高到61.82%,居民机动化出行方式经历了由摩托车到汽车的转变,交通出行结构发生了根本性变化。但是与国外相比,虽然我国的城市化率、家庭汽车普及率并不高,但城市交通拥堵问题却十分严重,究其根源是我国城市人口密度过高造成的空间结构分布不合理。

交通拥堵致使延误增大,行车速度降低造成时间损失和燃料费用的增加。此外,车辆行驶缓慢增加了废气排放量,污染环境。交通拥堵、交通环境污染和交通事故并称为三大"城市病",交通拥堵已经成为困扰城市发展的重要因素。为了不影响我国社会经济建设发展,必须找到行之有效的应对之道。

从根本上讲,交通需求、交通供给、交通参与者特征和交通管理水平是城市交通问题的四个核心要素,也是产生交通拥堵的基本要素。目前,国内大多数城市试图依靠大规模新建道路来解决交通拥挤问题,经验表明这并不可行。解决城市交通拥堵,特别是过饱和交通,是一个综合的系统工程,应从交通系统的科学控制管理出发,系统综合地考虑将人、车、路结合起来,并运用现代科学技术手段来探索解决交通拥堵的有效方法。

本书针对过饱和交通问题,系统探讨涵盖交叉口、干线和路网三个不同层面的交通拥堵形成机理以及控制理论。书中大部分章节来源于著者所在团队的研究成果。全书主要分为4个部分:第一部分包括第1、2章,主要介绍过饱和交通控制的背景、交通流参数概念和特性以及交通控制模型和方法;第二部分包括第3、4章,主要介绍基于地感线圈的高精度信息采集系统和基于低空无人机的信息采集系统;第三部分包括第5~10章,主要介绍交叉口、干线和路网的过饱和交通状态的识别、量化、估算以及控制策略;第四部分为第11章,主要介绍交通信号优化和仿真软件SYNCHRO、Q-PARAMICS和VISSIM的系统结构及相应的操作案例。

在本书的撰写过程中，得到诸位老师和学生的帮助，谨此向他们表达深切的谢意。其中，王朋成协助编写了第 1、2、8 章，任毅龙协助编写了第 3、7 章，徐永正和马亚龙协助编写了第 4 章，李明协助编写了第 5、9、10 章，杨帅协助编写了第 6 章，孙伟力协助编写了第 7、8、10 章，李岳光协助编写了第 11 章。另外，李明和孙伟力协助完成了本书的最后校正和统稿。

同时，本书的编撰过程参阅了大量教材、网站资料及相关的国内外文献资料。因篇幅有限，未能将所有参考文献一一列出，在此谨向这些作者表示谢忱和歉意。

由于作者水平和学识有限，书中如有疏漏不当之处，恳请读者批评指正。

目　　录

第1章　绪　　论

1.1　交通拥堵现状

交通是城市经济活动的命脉，对提高城市经济发展、人民生活水平起着十分重要的作用。随着我国经济的快速发展，人民生活水平不断改善，出行需求量骤增，机动车保有量呈现迅猛增长的状态。据国家统计局数字显示，2015年年末全国民用汽车保有量达到17228万辆(包括三轮汽车和低速货车955万辆)，比2014年年末增长11.5%[1]。但是由于存在城市道路增长有限、道路设施建设滞后、交叉口渠化组织不科学、交通信号控制不协调等问题，我国大中城市普遍存在主干道交通拥塞现象，尤其在出行高峰期间，经常出现历时长、范围广、影响大的过饱和交通状态，如图1.1所示。

图1.1　北京晚高峰道路拥堵[2]

以北京为例，2015年北京市工作日平均每天拥堵时间约3h[2]。这不仅直接给居民的出行造成了巨大的时间损失和燃油耗费，更严重恶化了城市居住环境，给居民健康及国家经济带来了严重的负面影响。同时，交通拥堵无形中浪费的能源和资源加重了公众出行的经济成本，据《中国智能出行2015大数据报告》显示，北京每年因交通拥堵造成的损失约为人均7972元[3]，其他各大城市的拥堵状况同样严峻(参见由高德地图软件公司发布的2015年第二季度的交通拥堵状况表1.1[4])。城市道路交通问题已经成为关系到我国民生的重大问题，治理拥堵刻不容缓。

表 1.1　我国主要拥堵城市排名及各项指标

拥堵排名	城市	高峰拥堵延时指数	延迟时间/(min/h)	当地工资/(元/月)	因拥堵花费的时间成本/(元/h)	高峰平均速度/(km/h)	自由流速度/(km/h)
1	北京市	2.10	32	6463	19	22.25	46.82
2	杭州市	2.00	30	5767	16	21.14	42.15
3	广州市	1.99	30	6187	17	22.12	43.95
4	济南市	1.98	30	4376	12	22.13	43.83
5	大连市	1.97	30	4922	14	21.11	41.61
6	哈尔滨市	1.96	29	4296	12	23.43	45.92
7	深圳市	1.92	29	6054	16	24.53	47.09
8	上海市	1.86	28	5451	14	24.98	46.49
9	重庆市	1.85	28	4738	12	24.81	46.15
10	成都市	1.84	27	4307	11	24.91	45.95

注:高峰延时拥堵指数是指早晚交通高峰时花的时间与正常不堵车情况下的时间之比。指数越大,表示越拥堵。

交通拥堵并不是一个新的问题,在古罗马、18 世纪的伦敦和 19 世纪的纽约就已经出现了拥堵,时至今日,拥堵现象变得更加普遍和严峻[5]。长期以来,缓解交通拥堵主要依赖于提高交通供给,通过大规模的道路建设来满足日益增长的交通需求。据交通运输部统计显示,截至 2015 年底,我国公路通车里程数达到 457.73 万公里[6],仅次于美国。然而,这种依靠大规模新建道路的方法仍然无法解决交通拥挤问题。当斯定理(Downs Law)[7]指出:新建的道路会诱发新的交通量,促进原先不必要的出行从而增加出行总量,且交通流量会从其他道路转移到新建道路,诱发的交通量会快速占据新增的道路,最终又出现交通需求大于供给的现象。因此,解决交通拥堵更需要从交通系统的科学控制管理出发,系统综合地考虑将人、车辆和道路基础设施结合起来,并运用现代科学技术手段探索拥堵交通状况,特别是过饱和状态下的交通问题。

鉴于此,本书着重于对城市过饱和的交叉口、主干道和路网通行能力的深度挖掘和分析,对城市道路上高精度及其他交通数据采集技术进行总结和剖析,介绍交叉口、主干道和路网过饱和状态的识别和估算的方法,最后针对过饱和状态下的交叉口、主干道和路网提出相应的优化控制策略和方法。此外,本书还给出过饱和状态下的单一交叉口、主干道和路网下的仿真案例和验证分析,总结城市交通拥堵的规律,揭示潜在的拥堵机理,通过对整个过饱和道路通行能力的深度挖掘和优化控制来达到缓解城市交通拥堵的目的，其成果在理论和实践中都有着重要意义。

1.2 交通信号控制发展

交通信号通常设置在道路交叉口上无法实现交通分离的地方，是一种用来在时间上给交通流分配通行权的交通指挥措施。交通信号灯通过轮流显示不同的灯色来指挥交通的通行或停止，其主要目的是使各类、各向交通有秩序、高效率的通行[8]。

19世纪中期，随着城市道路网络的不断扩大，交通安全以及交通拥堵问题逐渐引起了社会的关注。1858年，英国伦敦主要街头安装了红、蓝两色的机械扳手式燃气信号灯，用以指挥马车通行，这是世界上最早的交通信号灯。1868年，在伦敦威斯敏斯特地区安装了一种手动旋转的红绿两色煤气提灯（红色表示“停止”，绿色表示“通行”），在这盏灯下需要站立一名手持长杆的警察，通过皮带拉拽提灯进行颜色的转换，其对缓解拥堵、减少马车轧人事故的发生起到了很大的作用，虽然后期这种信号灯由于爆炸事故而停止了使用，但却激起了人们研发信号灯的热情。

19世纪末期，电灯的出现为电动化红绿灯的发明提供了条件。1912年，美国盐湖城一名叫做Lester Wire的警员发明了第一盏电动交通信号灯，使用的依然是红、绿两种颜色。在此基础上，美国交通信号灯公司于1914年对其进行了改进，在顶部安装了一个蜂鸣器，在信号灯进行切换之前，蜂鸣器会先行报警，提醒人们信号灯颜色即将变化，并将这一装置安装在了美国克里夫兰街口。随后，美国许多地区都开始在此基础上对交通信号灯进行不同程度的升级，如1917年，盐湖城街道上首次出现了相互关联的交通信号系统，即在6条街道的路口设立了电动交通信号灯，并将它们互相连接，由一个岗亭内的警员统一控制颜色的转换。1920年，美国密歇根州底特律一位名叫William Potts的警官研制出了一种多功能交通信号灯，这种信号灯共分为四面，每面均竖立排列三盏灯，当时它的排列形式和功能与现在的信号灯大同小异，红灯与绿灯表示“停止”与“通过”，黄灯则表示“谨慎”。1936年，在澳大利亚墨尔本的道路上出现了一种名为Marshalite的交通信号指示系统，它由两个互相呈90°竖立的圆盘组成，每个圆盘上均有红、黄、绿三个颜色区域，其中红、绿区域长度相近，黄色区域相对较短，圆盘中间固定着白色指针，以电力驱动指针进行旋转，当指针旋转至红色区域时，表示停止前进，旋转至绿色区域时，则表示允许通行，旋转至黄色区域时，则提醒人们需要做好停车的准备。

但是由于技术方面的限制，此后几十年内，交通信号灯的切换一直沿用人工控制的方式，直到 1946 年，第一台计算机的诞生为实现自动化信号灯的产生提供了基础。1963 年，多伦多市的街道上第一次出现了由电脑芯片控制的交通信号系统，这套系统摆放在路口中间，并与其他几个路口的信号灯相连，警察只需在控制室观察某个地区所有信号灯的工作状况。随着 20 世纪 70 年代微软公司的成立，交通信号灯才有了统一的处理系统，此后的交通信号灯大都使用微软公司提供的系统进行红、黄、绿之间的逻辑切换控制，彻底告别了人工控制的时代。90 年代，美国部分地区开始引进带有计时器的交通信号灯，这种信号灯不仅能够指挥行人与车辆正常行驶，还能够预先告知红灯或绿灯所剩的时间，帮助人们判断何时起步、何时停车。同时，世界各地出现了各式各样的交通信号灯，它们根据地域及交通管理需求的不同有各自的含义，而所有这些信号灯都有一个共同的作用，那就是让道路交通变得更顺畅、更安全[9]。

与此同时，交通信号控制技术也取得了快速的发展。奠基于 Webster 和 Miller的以车辆平均延误最小为目标的信号配时模型及计算方法[10]，一系列研究算法和信号控制系统被开发并得到了实际应用。1966 年，英国的交通与道路研究所设计了一种离线定周期的区域交通信号控制系统优化程序(traffic network study tool，TRANSYT)，并在伦敦和格拉斯哥市设立了区域交通控制实验系统[11,12]。目前在全球范围广泛采用的交通信号控制系统包括澳大利亚的 SCATS (Sydney coordinated adaptive traffic system)和英国的 SCOOT(split cycle offset optimizing technique)。SCATS 属于方案选择式控制系统，每个交叉口配时方案根据子系统的整体需要进行选择；SCOOT 属于方案生成式实时自适应控制系统，采用小步长渐进寻优的方法，连续实时地调整绿信比、周期和时差 3 个参数。

此外，美国的 OPAC(optimization policies for adaptive control)是一个分布式实时交通信号控制系统，该方法适用于较拥挤的交通干线，曾在美国新泽西公路上进行测试；意大利的 SPOT/UTOPIA(signal progression optimization technology/urban traffic optimization by integrated automation)系统属于分布式实时交通控制系统，适合于公共交通比较发达的欧洲国家，目前在意大利、挪威、荷兰、瑞典、芬兰和丹麦等国有较多应用；法国的 PRODYN(dynamic programming)是一种实时交通控制系统，但实际应用的不多；美国的 RHODES(real-time hierarchical optimized distributed effective system)是实时、递阶、最优化的分布式系统；西班牙的 ITACA(internet traffic and control analyser)基于线圈实时收集数据，在计算机模型中仿真实时优化运行，并实时下达交通控制指令，该系统在世界多个城市成功运行，在我国北京和武汉等城市也有小规模应用。常见的信号控制系统对比情况如表 1.2 所示[13]。

表 1.2 常见信号控制系统对比

控制方案	交通资料和数据	信号设置方法	信号周期	国家	优化目标	随机系统机制
SCATS	停车线下游检测器检测到的在线数据	预先计算选择信号方案	循环	澳大利亚	通行能力	集中式
SCOOT	上游检测器检测到的在线数据	调整整个信号方案	循环	英国	停车、延误和拥挤	集中式
OPAC	上游检测器检测到的在线数据	向前滚动以改变现有的信号设置	非循环	美国	延误	分散式
UTOPIA	上游检测器检测到的在线数据	绿灯开始时间、持续时间、延长时间	循环	意大利	停车次数和延误	集中式
PRODYN	一对上游检测器检测到的在线数据	改变现有的信号设置	非循环	法国	总延误	分散式
DYPIC	离线原理和完整信息	完成信号设置	非循环	英国	延误	分散式
ITACA	检测线圈实时检测数据	调整整个信号方案	循环	西班牙	延误和停车	集中式

我国城市交通信号的研究工作起步较晚,直到 20 世纪 70 年代北京市才开始采用 DJS-130 型计算机对干线协调控制进行研究。随着我国城市道路交通问题越来越严重,政府一方面进行以改善城市中心交通为核心的 UTSM(urban traffic simulation model)技术研究,另一方面采取引进与开发相结合的方针在部分城市建立了道路交通控制系统。80 年代末,我国自行研制开发了第一个实时自适应城市交通信号控制系统,即南京城市交通控制系统(Nanjing urban traffic control system,NUTCS),该系统结合了 SCOOT 与 SCATS 的优点,设置了实时自适应控制、固定配时和联机线控三种模式,并配置了交通疏散广播、可变情报分析,为车辆提供道路交通信息。整个系统采用三级控制结构:中心控制级、区域控制级、路口控制级,构成三级分布式递阶控制结构,该系统适合我国混合交通、路网密度低、路口间距大的城市道路条件。此外,国内还有很多研究所、大学及公司开发了微机化、模块化的信号控制系统。例如,2003 年,海信公司自主研发的 HiCon 自适应交通信号控制系统,其针对混合交通现状建立了机动车与非机动车混合控制模型,采用多层次分布式控制结构,分为控制平台层、控制中心层、通信层和路口层四层,具有完整的算法体系,包括区域协调控制算法、感应式协调控制算法等,广泛应用于北京、福州、厦门、烟台等城市[14]。

随着城市拥堵的进一步加剧,近年来的交通控制研究更加关注在过度拥挤

(过饱和)状态下的城市信号控制的优化。虽然早在 20 世纪 60 年代,Gazis[15]就已经开始了对过饱和的研究,但到现在为止,对过饱和城市交通的理解及控制仍然是一个亟待解决的问题,而这也是本书的主要研究目的。

同时,随着信息技术的发展,城市交通控制也向信息化、智能化方向发展。现代城市交通控制系统也已不单是对交叉口信号灯进行控制,而是集交叉口信号灯控制和现代城市高速公路交通控制于一体的混合型交通,实现区域信号控制和城市高速公路集成控制。控制思想上由被动控制向主动自适应控制发展;控制技术上借助于现代科学技术向智能化、集成化发展;控制模式上由静态控制向动态诱导控制发展。概而言之,要充分利用系统工程的思想和方法,加强对城市先进交通管理系统的硬件技术和软件技术研发[16]。因此,在技术上寻求大幅度提高信号机智能水平的理论和方法,提高交通路网的运行效率,将有利于局部拥堵交通流的快速疏导[17]。

1.3 研究内容及意义

本书以过饱和状态下的城市道路交通为研究对象,分别从过饱和的交叉口、干线和路网三方面进行分析,旨在建立过饱和的交叉口、干线和路网的识别技术以及提出相应的优化控制方法。本书的主要研究内容安排如下。

1) 交通流与信号控制基础理论

简要叙述基本交通流参数以及基本参数之间的相互关系;介绍了跟驰模型、元胞自动传播模型等微观交通模型的运行理论;对连续交通流模型、元胞传输模型以及交通波曲线模型等宏观模型以及车辆排队模型进行了概述;介绍点控、线控、面控等常用的交通控制方法,并揭示了过饱和拥堵条件下的交通控制机理。

2) 交通信息采集技术

分别从高精度信息技术和无人机技术两方面阐述了不同的交通信息采集方法。前者基于地感线圈,介绍了高精度交通数据采集的组成结构和运行原理,利用此技术获取交通状态信息并提取基本交叉口的状态数据;后者基于无人机的大范围及多模式交通信息采集技术,介绍了无人机数据采集系统的系统组成框架,形成了一套特有的基于无人机技术的车辆检测跟踪以及行人检测方法。

3) 过饱和状态估算

分别从交叉口、干线、路网的几何拓扑特性和道路空间特性及控制特性,识别和量化过饱和状态。

(1) 交叉口过饱和状态估算。

分析到达率和通行能力关系,给出了饱和状态的界定和识别方法;运用交通波理论,建立估算模型,对排队长度进行有效估算;从时间和空间维度上量化过饱和状态，建立对滞留和溢流车辆估算算法。

(2) 干线过饱和交通状态估算。

量化交叉口过饱和指标，建立交通干线拥堵时空图谱，分析寻找干线时空通行瓶颈点，进行相应的信号优化和车道组织优化。对交通过饱和度量化及拥堵时空图谱的研究主要以交通流理论、交通波特性分析图、时空关联性分析、数据分析与挖掘技术为理论基础。

(3) 路网过饱和状态评估。

基于宏观基本图(macroscopic fundamental diagram，MFD)，建立宏观交通网络运作的基本框架，评价城市交通规划、管理及控制措施实施效果评价，根据分析结果了解控制措施的优劣。建立路网过饱和评估模型，基于案例分析，建立区域过饱和的估算模型。

4) 过饱和交通信号优化与控制

分别从交叉口、干线、路网三个层面的过饱和交通状态分析交通信号的优化与控制方法，根据不同的优化控制目标和控制结构建立不同层面的交通控制策略。

(1) 过饱和交叉口信号优化与控制。

对交叉口防"堵死"的信号控制方法进行研究，通过计算最佳检测位置，在交叉口布设溢流检测器；当交叉口发生溢流时，可以有效地对交叉口的溢流状态进行识别，并对交叉口当前的信号配时进行优化，从而缓解交叉口的交通溢流，防止交叉口的"堵死"，维护交叉口的通行效率。

(2) 干线过饱和交通信号优化与控制。

对于过饱和干线的信号控制问题，主要的任务是平衡各个道路的排队长度，提高车辆在多个交叉口的连续通行效率。建立基于排队数据的干线联控模型，考虑了现场交通状况的随机特征和交通驱动与信号配时的内在联系；建立基于最大流方法的干线交通信号优化模型，实现道路通行能力最大化的目的。

(3) 城市路网过饱和交通控制。

依据粒度划分，将大路网被分解成小的子网或是干线或是交叉口。按照路网的几何及交通特性，将路网依照其干线宽度、连接关系、流量、转弯比例以及管理者所关心的其他特性，对路网进行划分；然后，提出基于子网、干线和单独的交叉口的不同控制方法。

5) 交通信号控制仿真及案例

过饱和交通状态下的城市道路系统是一个十分复杂的网络系统，用理论模型进行精确预测是很困难的，因此常常采用计算机模拟的方法。随着计算机的发展以及并行计算方法的出现，微观交通流模拟仿真研究发展迅速，其中以 Synchro、Q-Paramics、VISSIM 等微观仿真软件较为出名，本书详细介绍这三种仿真软件的适用范围和使用方法，并结合案例给出了相应的操作流程，对于研究交通系统有很强的实用性。

从本书内容和结构来看，针对过饱和交叉口、干线和路网，本书建立并总结一套完整的道路信息采集方法、过饱和状态的识别、评估和控制方法，为研究过饱和交通状态提供了强有力的工具；同时利用案例深度剖析道路拥堵的出现过程，对研究过饱和态的形成发展给出了直观说明。此外，本书对研究和解决过饱和交通状态提供了理论方法，具有实际的指导意义。

第 2 章　交通流与交通信号控制基础理论

交通流模型与交通信号控制方法是研究城市道路交通系统的两个基础理论。其中，交通流模型用于描述由多个车辆所组成的交通流在道路及路网中的演化过程；交通信号控制理论用于解决来自不同道路的交通流在交叉口的有序有效通行问题。在介绍具体的城市过饱和交通状态感知与优化控制方法之前，本章首先简要阐述这两方面的背景理论知识及现有的研究方法体系。

2.1　交通流模型

交通流模型是研究交通系统的运行管理时最常用的模型，在交通规划、交通控制及交通工程设计等领域都有着广泛的应用。近些年来，随着智能交通系统的蓬勃发展，交通流理论涉及的范围和内容也在不断地发展和变化，并从不同的尺度和层次来描述和分析交通行为及内在机理。特别是受益于计算机技术的进步，越来越多的交通流模型被离散化、数字化和商业化，形成了一批被学术界和工业界广泛认可的交通仿真软件。本节主要从微观和宏观的角度对基础的交通流理论进行阐述。

2.1.1　交通流基本参数及其相互关系

作为交通系统的组成单位，行人、机动车和非机动车都是单独的个体，但从整体来看，道路上的行人和车辆有类似于流体的特征，因而从这个意义上可以将他们称为交通流。交通系统运行状态的定性和定量特征称为交通流特性，用来描述和反映交通流特性的物理量称为交通流参数，包括宏观参数和微观参数。其中，宏观参数用来描述交通流作为一个整体表现出来的运行状态特性，主要包括交通流量、速度、交通密度、占有率及排队长度；微观参数用于描述交通流中彼此相关车辆之间的运行状态特性，包括车头时距和车头间距等[18~20]。本节首先给出交通流基本参数的定义和表达式，然后讨论交通流基本参数之间的相互关系。

1. 交通流基本参数

1）车头时距和车头间距

为方便其他交通参数的解释，这里首先介绍微观层面的两个重要交通参数：

车头时距和车头间距。车头时距是指在同一车道上行驶的车辆队列中，两个连续车辆车头端部通过某一断面的时间间隔；车头间距是指在同向行驶的车流中，前后相邻两车车头之间的空间距离。在某一时段内，观测路段上所有车辆的车头时距的平均值称为平均车头时距。车头时距和车头间距是一个非常重要的微观交通特性参数，其取值与驾驶员的行为特征、车辆的性能、道路条件、行驶环境、交通量、交通控制方式、交叉口几何特征等因素有关。

2）流量

一般来讲，交通工程师使用交通量(volume)或流量(flow)作为判断交通状态的主要指标。流量是指单位时间内通过道路某一点或某一断面的车辆数，其表达式为

$$q = \frac{N}{T} \tag{2.1}$$

式中，q 表示流量，veh/h；T 表示观测时段长度，h；N 表示观测时段内的车辆数。

引入车头时距 h_i，表示第 i-1 辆车与第 i 辆车的车头之间的时间间隔，式(2.1)可改写为

$$q = \frac{N}{T} = \frac{N}{\sum_{i=1}^{N} h_i} = \frac{1}{\frac{1}{N}\sum_{i=1}^{N} h_i} = \frac{1}{\bar{h}} \tag{2.2}$$

式中，$\bar{h}$ 表示平均车头时距。

3）速度

速度的基本含义是单位时间内车辆行驶的距离，在应用中有多种速度概念，一般来讲，速度分为瞬时速度和平均速度。

(1) 瞬时速度。

瞬时速度是车辆在通过道路上某一点时的速度，也被称为即时速度或地点速度，是交通执法的重要测量参数，其表达式为

$$\mu = \frac{\mathrm{d}x}{\mathrm{d}t} = \lim_{t_2 \to t_1} \frac{x_2 - x_1}{t_2 - t_1} \tag{2.3}$$

式中，x_1 和 x_2 分别为时刻 t_1 和 t_2 的车辆位置。

(2) 平均速度。

平均速度分为时间平均速度(time mean speed)和空间平均速度(space mean speed)，时间平均速度是评价道路断面交通运行状况的重要计量参数，而空间平均速度是评价道路路线交通运行状况的重要计量参数。

① 时间平均速度。

时间平均速度是某一观测时段内通过道路断面的所有车辆瞬时速度的算术平均值，其表达式为

$$\bar{\mu}_{\mathrm{t}}=\frac{1}{N}\sum_{i=1}^{N}\mu_i \tag{2.4}$$

式中，μ_i 表示第 i 辆车的瞬时速度。

② 空间平均速度。

空间平均速度是车辆行驶的距离与该距离对应的平均行驶时间的商，即

$$\bar{\mu}_{\mathrm{s}}=\frac{D}{\frac{1}{N}\sum_{j=1}^{N}t_j}=\frac{D}{\frac{1}{N}\sum_{j=1}^{N}\frac{D}{\mu_j}}=\frac{1}{\frac{1}{N}\sum_{j=1}^{N}\frac{1}{\mu_j}} \tag{2.5}$$

式中，t_j 表示车辆 j 行驶距离 D 所用的行驶时间；μ_j 表示车辆 j 行驶距离 D 时的行驶速度。

对于连续的自由流而言，区分这两种速度意义不大，但对于非连续交通流，尤其对于信号控制路口或者是拥堵严重的公路，区分这两种平均速度是很有必要的。空间平均速度和时间平均速度的关系式，由 Wardrop 等[21]首先给出

$$\bar{\mu}_{\mathrm{t}}=\bar{\mu}_{\mathrm{s}}+\frac{\sigma_{\mathrm{s}}^2}{\bar{\mu}_{\mathrm{s}}} \tag{2.6}$$

式中，$\sigma_{\mathrm{s}}^2=\dfrac{\sum k_i\,(\mu_{\mathrm{t}}-\bar{\mu}_{\mathrm{s}})^2}{K}$ 表示空间平均速度方差；k_i 表示第 i 股交通流密度；K 表示交通流的整体密度。

4）密度

交通流密度是某一瞬间内，单位路段长度上存在的车辆数，其表达式为

$$k=\frac{N}{L} \tag{2.7}$$

式中，L 表示观测路段的长度。

若将第 i 辆车与前车(第 $i-1$ 辆车)的车头间距记为 s_i，有

$$k_i=\frac{1}{s_i}=\frac{1}{h_i\mu_i} \tag{2.8}$$

则平均密度为

$$\bar{k}=\frac{1}{\frac{1}{n}\sum_{i=1}^{n}s_i} \tag{2.9}$$

式中，$\bar{k}$ 表示平均交通密度；n 表示记录的车头间距数。

但对于交通工程师而言，习惯上用下列关系式来计算密度

$$k=\frac{q}{\bar{\mu}_{\mathrm{s}}} \tag{2.10}$$

5）占有率

占有率包括空间占有率和时间占有率。时间占有率 O_{t} 是指在某一观测时间

段 T 内，车辆通过检测器时所占用的时间与观测时间的比值。对于单个车辆来说，在检测器上所用的时间是由车的速度 μ_i、车长 l_i 和检测器本身的长度 d 决定的，则在观测时间 T 内有

$$O_t = \frac{\sum_i (l_i + d)/\mu_i}{T} = \frac{1}{T}\sum_i \frac{l_i}{\mu_i} + \frac{d}{T}\sum_i \frac{1}{\mu_i} \tag{2.11}$$

若将式(2.11)第二项分子分母同时乘以 N，再代入式(2.1)和式(2.5)可得

$$O_t = \frac{1}{T}\sum_i \frac{l_i}{\mu_i} + d\,\frac{q}{\bar{\mu}_s} \tag{2.12}$$

再将式(2.10)代入式(2.12)，得

$$O_t = \frac{1}{T}\sum_i \frac{l_i}{\mu_i} + dk \tag{2.13}$$

将式(2.13)同时除以 N，得

$$O_t = \frac{\frac{1}{N}\sum_i \frac{l_i}{\mu_i}}{\bar{h}} + dk \tag{2.14}$$

假定所有车身长度均为定值 l，将式(2.5)和式(2.1)代入式(2.14)，可化简为

$$O_t = (l + d)k = l_e k \tag{2.15}$$

式中，l_e 表示车身长度与检测器长度之和，又称有效车身长度(effective vehicle length)。

由式(2.15)可得如下的空间速度计算公式：

$$\bar{\mu}_s = \frac{q l_e}{O_t} \tag{2.16}$$

时间占有率能够体现交通流的运行状态。在交通流处于畅行状态时，由于交通量较小、车辆运行速度较高，单位时间内通过检测器的车辆数较少，时间占有率较低。随着交通量的增加，单位时间内通过检测器的车辆数增加，时间占有率显著增加。在交通流处于拥挤条件下时，通过检测器的交通量可能会有所降低，但由于车速的明显下降，时间占有率仍处于较高的水平。

空间占有率是指在某路段 L 上，车辆总长度 L_m 与路段总长度 L 的比值，其表达式为

$$O_s = \frac{L_m}{L} = \frac{\sum_{i=0}^{m} l_i}{L}$$

式中，m 表示路段 L 上的总车辆数。

空间占有率直接反映了交通密度的高低，更能表明道路被实际占用的情况。但由于实时获取参数的数据是很困难的，因此该参数实际上一般不被采用。

6) 排队长度

排队长度(queue length)是指从交通间断点(交叉口、事故发生点等)处向交通流反方向排队的车辆总长度。排队长度可以作为衡量交通拥挤程度的最直观的指标,一般而言,拥挤越严重,产生的排队长度越长。需要注意的是,对于城市交叉口来说,由于存在交通控制信号,在红灯期间到达交叉口的车辆必定会在停车线前排队。

交通流特征的时空变化可由交通流参数数据的变化体现出来。如果在道路上设置一定数量、一定种类的交通检测器,并按照一定的时间间隔对交通参数数据进行采样,则通过分析这些交通数据的变化规律可以实现对交通流状态的监视。而究竟采用哪个或哪几个交通参数数据作为拥挤判别的依据,应从交通状态判别的效率、效果、经济性和可靠性等多方面去考虑[22]。

2. 交通流基本参数之间的相互关系

交通流宏观三要素之间很重要的基本关系式之一为

$$q = k\mu \tag{2.17}$$

从式(2.17)可知,只要确定任意两个参数之间的相互关系,就可以根据式(2.17)确定其他关系。图 2.1 是通过三维坐标轴来表示交通流三要素之间的关系。图 2.2是将这一曲线向三个平面投影,得到三个二维曲线,分别描述流量-密度关系(q-k),速度-密度关系(μ-k)和速度-流量关系(μ-q),可以看出:

(1) 当交通量很小($q\to 0$),车辆速度趋近于自由流时的速度,即自由流车速μ_f,此时的密度也趋于 0。

(2) 当交通密度达到临界密度($k=k_m$)时,流量达到最大值($q=q_m$),此时的速度为 μ_m。

(3) 当交通密度趋近于最大值(k_j)时,则速度趋近于 0,流量也趋近于 0。

图 2.2 还表达一个重要特征,即在交通密度 k_m 和相应的车速 μ_m 时,流量通过达到最大值 q_m,此时的 q_m 即为道路通行能力。

根据交通流基本关系式,下面以速度-密度为例讨论它们的相互关系。

1) Greenshields 线性模型

Greenshields 等[23]认为速度和密度之间存有线性关系,即

$$\mu = \mu_f\left(1-\frac{k}{k_j}\right) \tag{2.18}$$

式中,μ_f 是自由流速度;k_j 为阻塞密度。

如图 2.3 所示,当 $k=0$ 时,μ 值可达理论最高速度即自由流速度 μ_f。线上任一点的横坐标、纵坐标与原点所围成的面积(图中阴影部分)即为交通流量。

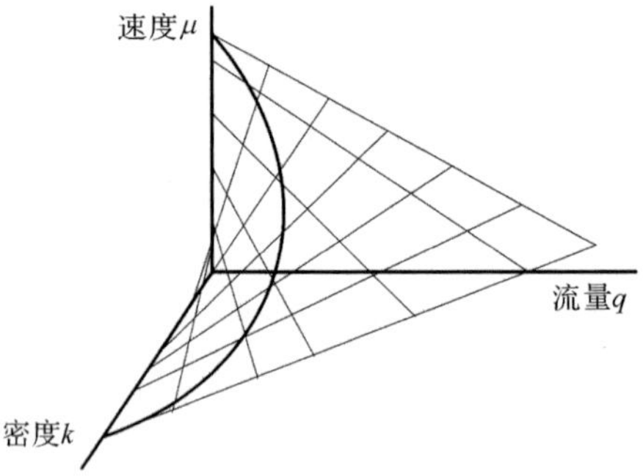

图 2.1 交通流基本参数三维关系图

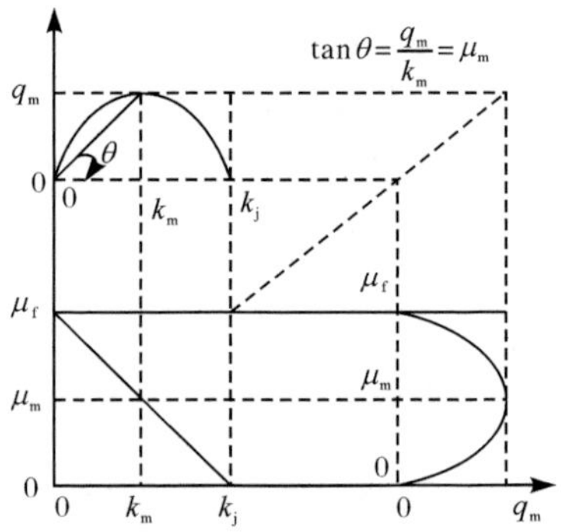

图 2.2 交通流基本参数二维关系图

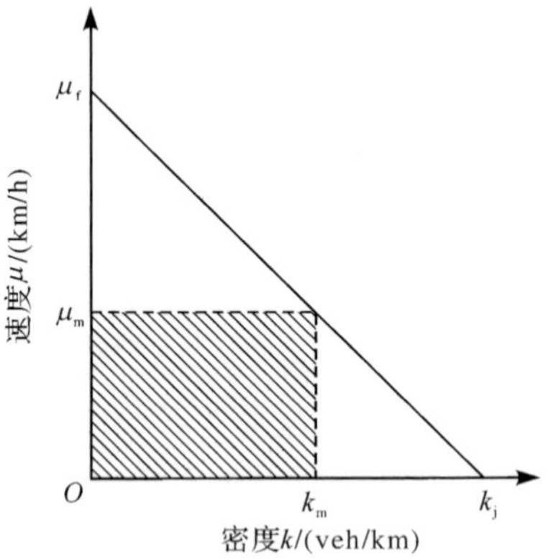

图 2.3 Greenshields 速度-密度线性模型

Greenshields 的试验以每 100 辆车为一被观测车组，每隔 10 辆车记录一次。从目前的研究来看，Greenshields 模型至少存在三个问题：①该模型并不是研究高速公路的观测数据，但后来不少研究者直接将其用于高速公路；②该模型将观测数据组相互交叠和分类，经研究表明这是不合理的；③观测的时间是假期，不具备广泛的代表性。正是由于这三个原因，通过速度-密度的线性关系推导出的速度-流量关系与直接利用实际数据得出的速度-流量关系存在一定的偏差。尽管如此，Greenshields 模型描述的交通状况还是可以接受的，而且由于其形式简单，易于计算，至今一直被广泛采用。

2) Greenberg 模型

Greenberg[24]模型即对数模型，表达式为

$$\mu = \mu_{\mathrm{m}} \ln \frac{k_{\mathrm{j}}}{k} \tag{2.19}$$

式中，μ_m 为流量最大时对应的车速，称为临界速度（或最佳速度）。

此模型和交通流拥挤的数据很符合，适用于较大密度的交通条件，但是不适用于当交通流密度较小时的情况。如图 2.4 所示，如果 $k \to 0$，则 $\mu \to \infty$，这明显与现实不符。

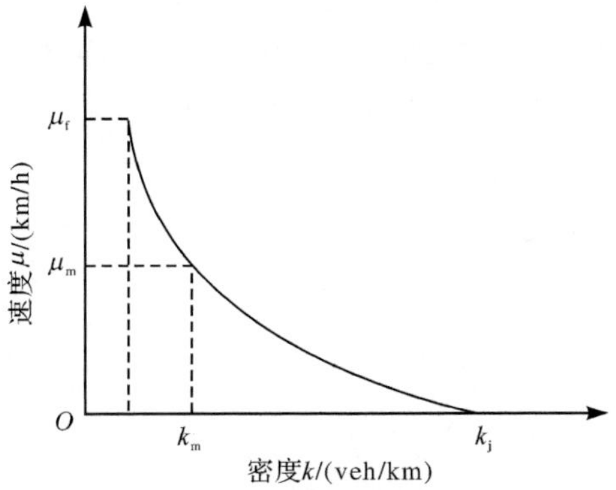

图 2.4　Greenberg 对数关系模型

3）Underwood 模型

Underwood[25]研究了密度小的交通流，提出了指数模型，表达式为

$$\mu = \mu_f e^{-\frac{k}{k_m}} \tag{2.20}$$

式中，k_m 为最大流量时的交通密度，称为临界密度。

通过微分求得最大流量所对应的速度 $\mu_m = \frac{\mu_f}{e}$。此模型适用于较小密度交通条件，对高密度不适用，如图 2.5 所示。

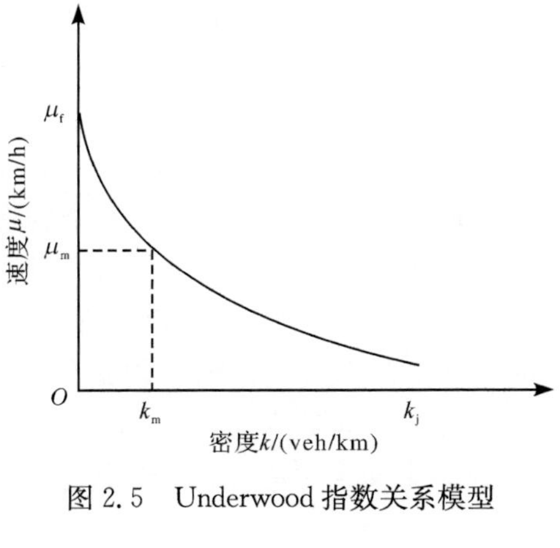

图 2.5　Underwood 指数关系模型

4) Edie 模型

Edie 等[26]提出了一个将式(2.19)和式(2.20)结合的模型(多段式模型),即当交通流密度较大时用式(2.19)表示,交通流密度较小时用式(2.20)表示。当绘制标准化速度对标准化密度的关系曲线时(所谓标准化就是观测值与最优值或最大值之比),这两个模型在密度的中部范围相切,如图 2.6 所示。Edie 模型并不是在切点处进行分段,对于实测数据在中间密度区域可能存在的明显间断,这时需要分别对密度较小部分和密度较大部分采用相应模型进行拟合。

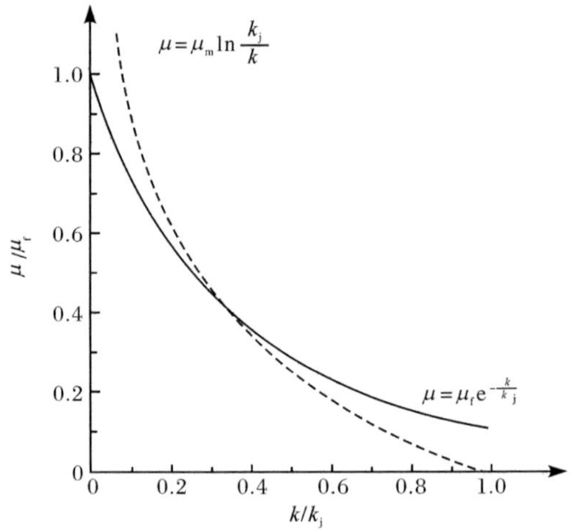

图 2.6　Edie 模型标准化速度对标准化密度组合关系曲线图

2.1.2 微观交通流模型

微观交通流模型主要描述在同一道路或交叉口的不同车辆个体之间的互相影响,主要包括车辆跟驰模型和元胞自动机模型。

1. 车辆跟驰模型

车辆跟驰模型(car-following model)是在无法超车的情况下,单一车道上车辆列队行驶时,将交通中的车辆看成分散的、存在相互作用的粒子,研究后车跟随前车的动力学过程,并且用数学模型来表达并加以分析阐述的一种模型。

在单车道上行驶的队列中,从安全角度来说,跟驰车辆要满足两个条件:一是车速条件,即后车的车速不能长时间的大于前车,否则会发生追尾;二是间距条件,即前后车之间,必须保持一个安全距离,使后车驾驶员在前车刹车时有时间做出反应并采取制动措施。

从类别上,跟驰模型通常可以分为四个类别:刺激-反应模型(stimulus-response model)[27]、安全距离模型(safety distance model)[28]、心理-生理学模型(psycho-physical model)[29]和基于人工智能的模型(artificial intelligence-based model)。从数学模型来讲,可以分为线性跟驰模型和非线性跟驰模型。

事实上,这几类跟驰模型都可以归结为刺激-反应的关系,其表达式为

$$\text{反应} = \lambda \times \text{刺激} \tag{2.21}$$

式中,λ 为驾驶人对刺激的反应参数,称为敏感度系数。

通常,驾驶人接受的刺激是指其前面引导车的加速或加速行为以及随之产生的车辆之间的速度差或车间距离的变化;驾驶员对刺激的反应是指根据前车所做的加速或减速运动而对后车进行的相应操纵及其效果。

以线性跟驰模型为例,阐释车辆跟车原理,其示意图如图 2.7 所示。图中,$x_{n-1}(t)$和 $x_n(t)$分别表示 t 时刻车辆 $n-1$ 和其跟驰车 n 的位置;$s(t)=x_{n-1}(t)-x_n(t)$为 t 时刻车辆间的车头时距;T 表示驾驶人的反应时间;$d_1=Tv_n(t)$表示驾驶人在反应时间 T 内车辆 n 行驶的距离;d_2 表示车辆 n 的制动距离;d_3 表示车辆 $n-1$ 的制动距离;L 表示停车安全距离。

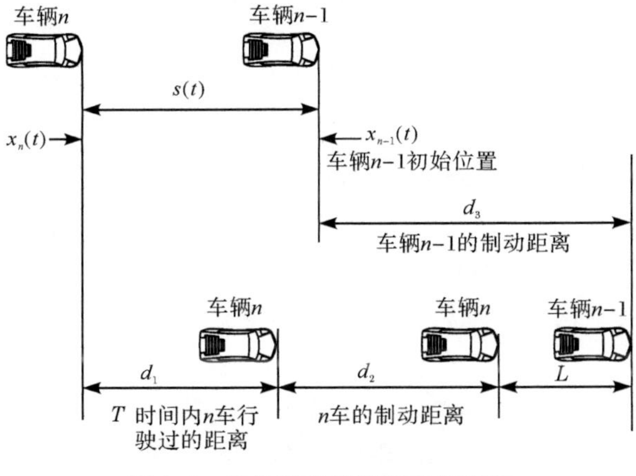

图 2.7　线性跟驰模型原理示意图

由图 2.7 可得如下基本关系式:

$$s(t) = x_{n-1}(t) - x_n(t) = d_1 + d_2 + L - d_3 \tag{2.22}$$

$$d_1 = Tv_n(t+T) = T\dot{x}_n(t+T) \tag{2.23}$$

假设车辆的制动距离相等,即 $d_2=d_3$,可得

$$s(t) = x_{n-1}(t) - x_n(t) = d_1 + L \tag{2.24}$$

结合式(2.23)和式(2.24),得

$$x_{n-1}(t) - x_n(t) = T\dot{x}_n(t+T) + L \tag{2.25}$$

式(2.25)两边对时间 t 求导,可得

$$\dot{x}_{n-1}(t)-\dot{x}_n(t)=T\ddot{x}_n(t+T) \tag{2.26}$$

令 $\lambda=\frac{1}{T}$,将式(2.26)整理如下:

$$\ddot{x}_n(t+T)=\lambda[\dot{x}_{n-1}(t)-\dot{x}_n(t)] \tag{2.27}$$

由式(2.27)可以看出,线性车辆跟驰模型是由近似线性数学方程来描述的。

作为车辆跟驰模型的一个补充,换道模型用于描述车辆由于速度改变或道路行驶条件的限制而采取的换道行为。换道是一种驾驶行为,是驾驶员根据自身驾驶特性,针对周围车辆的车速、位置以及道路使用情况和交通管理和控制等环境信息,调整并完成自身驾驶目标策略的综合过程[30,31]。常用的换道模型为间距接受模型。驾驶员对目标车道上对应位置的前后间距进行判断,只有前后车间距离均满足时,车辆才可以换道至相邻车道,最小的前后车间距是交通流速度、密度等因素的函数,同时因人而异,因交通状况而异。该模型可以简述为:①如果当前的前车间距或候车间距小于最小前后车间距,则拒绝在此间距内换道;②如果当前的前车间距及后车间距均大于最小前后车间距,则执行换道操作[32,33]。

2. 元胞自动机模型

元胞自动机(cellular automata,CA)是定义在一个由具有离散、有限状态的元胞组成的元胞空间上,并按照一定规则,在离散的时间维度上演化的动力学系统。

CA 模型是由离散的元胞(cells)、有限的状态(states)、邻域(neighbor)和规则(rules)4 个基本要素构成,可以利用一个四元组的形式语言来描述:

$$M_{CA}=(L_d,S,N,F) \tag{2.28}$$

式中,M_{CA}为一个元胞自动机系统;L 是规则划分的网格空间,即元胞的初始状态群,每个网格单元就是一个元胞;d 表示元胞空间的维数;S 是元胞的有限且离散的状态集合;N 是元胞的邻域环境,包括中心元胞在内的所有邻域内的元胞组合;F 是将 S^n 映射到 S 上的一个局域转换函数。包含 n 个不同元胞状态的一个空间矢量,可记为

$$N=(s_1,s_2,\cdots,s_n) \tag{2.29}$$

式中,N 是元胞的邻居个数,$s_i\in Z$。

所有的元胞分布在 d 维空间上,所有的位置可以用 d 元的整数矩阵 Z^d 来确定。CA 模型的基本原理就是一个元胞的下一个时刻的状态是上一时刻其邻域状态的函数[34,35]。

交通流 CA 模型的主要优点有:

(1) 模型简单,易于实现。模型构建时,将路段分为若干个长度为 L 的元胞,

一个元胞对应一辆或几辆汽车，或是几个元胞对应一辆汽车，每个元胞的状态或空或是其容纳车辆的速度，每辆车都同时按照所建立的规则运动。这些规则由车辆运动应遵守的运动规则和交通规则组成，并且包含驾驶行为、外界干扰等随机变化规则。

(2) 能够再现各种复杂的交通现象，反映交通流特性。在模拟过程中人们通过考察元胞状态的变化，不仅可以得到每一辆车在任意时刻的速度、位移以及车头时距等参数，描述交通流的微观特性，还可以得到平均速度、密度、流量等参数，呈现交通流的宏观特性[36]。

2.1.3　宏观交通流模型

宏观交通流模型侧重于从宏观的层面整体描述交通流密度、流量、速度等状态的动态变化过程。

1. 连续交通流基本模型

20 世纪 50 年代，Lighthill 和 Whitham[37,38] 以及 Richards[39] 各自独立地提出了交通流流体力学模型，将交通流类比为由车辆组成的可压缩连续流体介质，用车流的平均密度、平均速度和流量等宏观变量来描述交通流的演化过程。该模型被简称为 LWR 模型，属于一阶连续介质模型。LWR 模型引入了流体的连续性方程，基于守恒定律建立了如下交通流的守恒方程：

$$\frac{\partial q}{\partial x}+\frac{\partial k}{\partial t}=g(x,t) \tag{2.30}$$

式中，x 为空间变量；t 为时间变量；$g(x,t)$ 为每单位时间、单位空间的车辆产生或离去的数量。

一般情况下，若该点不是交通的产生点或吸引点，则 $g(x,t)=0$。进一步假设车流速度只依赖于密度，且流量为速度与密度的乘积：

$$v=v(\rho) \tag{2.31}$$

则守恒方程可以简化为只包含密度的形式：

$$\left[\frac{\mathrm{d}v}{\mathrm{d}\rho}\rho+v(\rho)\right]\frac{\partial\rho}{\partial x}+\frac{\partial\rho}{\partial t}=g(x,t) \tag{2.32}$$

LWR 模型描述了“交通激波”的现象，也就是交通流中的车辆密度的不连续性以及由此形成的交通阻塞。但是，LWR 模型中假设交通流的速度和密度始终保持平衡态关系，因此该模型无法描述很多本质上处于非平衡态的交通现象，比如 stop-and-go 式的幽灵拥塞，迟滞环现象等[40]。

1971 年，Payne[41] 在 LWR 模型的基础上引入动力学方程，建立了包含速度动态更新方程的高阶连续模型，简称 Payne 模型。表达式为

$$\frac{\partial(\rho v)}{\partial x}+\frac{\partial \rho}{\partial t}=0 \tag{2.33}$$

$$v\frac{\partial v}{\partial x}+\frac{\partial v}{\partial t}=-\frac{\gamma}{\rho T}\frac{\partial \rho}{\partial x}+\frac{1}{T}[V(\rho)-v] \tag{2.34}$$

式中，γ 为预期指数，反映驾驶员的微观反应过程；T 为弛豫时间，表示车流的平均速度在 T 时间内向平衡速度 $V(\rho)$ 调整，平衡速度 $V(\rho)$ 根据道路实测交通参数估计。

Payne 模型中的车流速度并不再限制于稳态值，而是认为速度在外界扰动的情况下以一定的趋势向稳态值靠近。因而 Payne 模型比 LWR 模型能够更准确地描述交通激波现象，以及出入匝道等扰动带来的速度波动现象。Payne 后来将上述方程离散化并用有限差分法求解，随后编制了第一个用于工程实践的交通仿真软件——FREFLO。但 Payne 模型用于实际仿真并不完善，仍会遇到不稳定的情况，如速度趋于稳态值的调节过程偏慢等。

1990 年，Papageorgiou 等[42,43]在 Payne 模型的基础上改进了速度的动态更新方程，并把它和连续守恒方程一起在时间和空间上离散化，得到了新的二阶交通流模型，即 METANET 模型。

在 METANET 模型中，交通路网以有向图的形式来描述，其中用有向弧(link)表示一段连续的、道路等级一致的、没有分岔或者汇入的道路，用节点(node)表示两条或多条不同等级道路的连接，以及多条道路的分岔或者汇入连接。进一步，每一个弧所描述的道路又被分成若干等长度的小段(segment)，用速度、密度和流量来描述每段道路的交通流特征。

模型研究的整个时域被离散化，设采样周期为 T_s，对应总的采样时刻为 K。用离散的采样时刻 $k(k=0,1,\cdots,K)$ 来表述 $t=kT_s$ 的时间点或者 $t\in(kT_s,(k+1)T_s]$ 的时间段。模型中的基本变量定义：L_m 为道路 m 的长度；N_m 为道路 m 的路段数量；λ_m 为道路 m 的车道数量；$\rho_{m,i}(k)$ 为道路 m 路段 i 在 $t=kT_s$ 时刻的平均密度；$v_{m,i}(k)$ 为道路 m 路段 i 在 $t=kT_s$ 时刻的平均速度；$q_{m,i}(k)$ 为道路 m 路段 i 的出口端在 $t\in(kT_s,(k+1)T_s]$ 时间段内的平均流量；$r_{m,i}(k)$ 为道路 m 路段 i 在 $t\in(kT_s,(k+1)T_s]$ 时间段内的平均入口匝道流量；$s_{m,i}(k)$ 为道路 m 路段 i 在 $t\in(kT_s,(k+1)T_s]$ 时间段内的平均出口匝道流量。

道路 m 路段 i 在 k 时刻的交通动态描述为

$$\rho_{m,i}(k+1)=\rho_{m,i}(k)+\frac{T_s}{L_m\lambda_m}[q_{m,i-1}(k)-q_{m,i}(k)+r_{m,i}(k)-s_{m,i}(k)] \tag{2.35}$$

$$q_{m,i}(k)=\rho_{m,i}(k)v_{m,i}(k)\lambda_m \tag{2.36}$$

$$V[\rho_{m,i}(k)]=v_{f,m}\exp\left[-\frac{1}{\alpha_m}\left(\frac{\rho_{m,i}(k)}{\rho_{cr,m}}\right)^{\alpha_m}\right] \tag{2.37}$$

$$\begin{aligned} v_{m,i}(k+1) &= v_{m,i}(k) + \frac{T_s}{\tau}\{V[\rho_{m,i}(k)] - v_{m,i}(k)\} \\ &\quad + \frac{T_s}{L_m}[v_{m,i-1}(k) - v_{m,i}(k)]v_{m,i}(k) \\ &\quad - \frac{\upsilon T_s[\rho_{m,i+1}(k) - \rho_{m,i}(k)]}{\tau L_m[\rho_{m,i}(k)+\kappa]} - \frac{\phi T_s v_{m,i}(k) r_{m,i}(k)}{L_m \lambda_m[\rho_{m,i}(k)+\kappa]} \end{aligned} \tag{2.38}$$

式中，$v_{f,m}$为道路m 的自由流速度；$\rho_{cr,m}$为道路m 的临界密度；$V[\rho_{m,i}(k)]$为稳态速度，即道路 m 的速度-密度基本图中密度为 $\rho_{m,i}(k)$时所对应的速度；α_m 为参数；τ、υ、k、ϕ 为表征研究路网交通特性的参数，与道路几何形状、车辆种类组成、驾驶员习惯等相关联。

式(2.33)为交通守恒方程，即路段 i 在 $k+1$ 时刻的密度差，等于 k 时刻路段 i 和上游路段 $i-1$ 的流量差以及上出口匝道的流量差的和，乘以从流量到密度的转换系数 $T_s/L_m\lambda_m$。式(2.34)为流密速基本关系方程，描述交通流量等于速度与密度乘积的基本关系式。式(2.35)为稳态速度-密度关系方程，描述统计意义上道路 m 的交通流特性。式(2.36)为速度动态变化方程，路段 i 在 $k+1$ 时刻的速度变化由方程右边第 2 项到 5 项描述，其物理意义依次为：交通流以 τ 的速度趋于稳态(relaxation)，上游路段 $i-1$ 的车流汇入路段 i 带来的速度传递(convection)，下游路段 $i+1$ 的车辆密度带来的预期速度阻力(anticipation)，以及入口匝道汇入车流造成交织区的速度下降(merging)[44]。

2. 元胞传输模型

1995 年，Daganzo 在 LWR 模型的基础上提出了元胞传输模型(cell transmission model，CTM)[45,46]来研究网络上的动态交通问题。CTM 将道路分成若干段，每段称为一个元胞，然后推导出元胞之间密度和流量的差分方程。

$$n_i(k+1) = n_i(k) + q_{i-1}(k) - q_i(k) \tag{2.39}$$

$$q_i(k) = \min\left\{n_i(k), Q_i(k), \frac{w}{v_f}(N_{i+1}(k) - n_{i+1}(k)), Q_{i+1}(k)\right\} \tag{2.40}$$

式中，下标 i、$i-1$ 和 $i+1$ 分别表示第 i 个元胞、其上游的第 $i-1$ 个元胞和其下游的第 $i+1$ 个元胞；$n_i(k)$为 k 时刻元胞 i 的车辆数；$q_i(t)$为$(k,k+1]$时间段内流出元胞 i 的车流量；$N_i(k)$为 k 时刻元胞 i 的最大容量；$Q_i(t)$为 k 时刻元胞 i 的饱和流量；v_f 为自由流速度；ω 为后向激波传播速度。

式(2.38)以分段线性的形式近似表示了交通流量与密度之间的关系，如图 2.8所示。

CTM 中元胞长度被设定为车辆在自由流速度下单位采样时间(仿真步长)内能行驶的路程，从而保证了元胞内车辆数目的非负性。CTM 对未饱和交通流、饱和乃至过饱和交通流均可良好地描述，可以满足工程实践所要求的精度。此外，

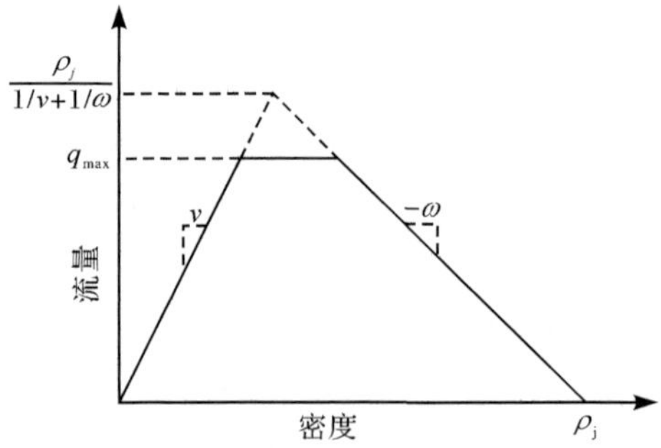

图 2.8　CTM 状态过程

由于采用了相对简单的一阶模型，当 CTM 模型应用于仿真软件时有着更快的速度。

CTM 有着广泛的应用，东南大学的盛慧等[47]根据 CTM 元胞间交通流的传递过程，提出了改进型 CTM，通过引入元胞为提高 CTM 的适用范围和对城市道路交通的预测能力长度参数，分别建立单路段、路段汇聚、路段分流等元胞传输表达式，克服了 CTM 需要所有元胞必须统一长度的不足，提高了模型在不同长度道路中应用的适应性。杨东霞和巨永锋[48]基于 CTM 建立了城市交通信号控制与优化模型，以整个网络延误、油耗以及路网机动车尾气排放量为优化目标，推导了基于元胞传输模型的网络延误、油耗以及路网机动车尾气排放量计算公式。

3. 交通波剖面模型

交通波剖面模型（shockwave profile model，SPM）是由 Wu 和 Liu[49]在研究城市交通拥堵时提出的一种基于 LWR 理论的适用于信号交叉口的宏观交通流模型。SPM 没有使用常见的微分方法，而采用的是积分方法来描述流量守恒。此外，与 CTM 不同，SPM 不再将路段分解成均匀的元胞，而是将拥有相同通行能力的（均匀）路段当成一个“区段”，主要的交通波就产生于这样的一个“区段”内或两个相邻的“区段”之间。事实上，基于“区段”的交通流模型这一概念，最初是由 Helbing[50]提出的，但是这一模型仅被用于分析高速公路上交通流的行驶时间。

SPM 的目的是提供一个能够快速充分描述和模拟实时应用的信号控制路网交通流的方法，从而对信号控制策略做出快速地评估。做这些评估并没有必要知道每一个细小元胞中的交通密度，而只需要确定交叉口排队车辆的队尾位置。因为对于交叉口而言，排队长度是一个重要的性能指标，从排队长度信息可以计算车辆延误、服务水平等其他交通评价指标。由于交通信号灯的缘故，车辆排队的形成和消散的交通波将路段上的交通流划分为三种交通状态：畅行、饱和、拥堵。SPM 描述这三种交通状态的交通流，进而获取队列的解析解，这显著地降低了计算时间。

下面给出了一个 SPM 应用于描述信号控制路段的交通演变的例子。为了便于说明,这里使用一个简单的单向路网(图 2.9)。这个路网含有三个信号控制交叉口 $n-1$、n、$n+1$,两个相邻路段长度分别为 L_n、L_{n+1},支路上的交通是双向的且含有专门的左转相位。在仿真时间$[0,T]$,三个交叉口的信号控制参数都是预先已知的。对任意的时间 $t\in[0,T]$,令 $O_n(t)$为交叉口 n 处有效红灯的开始时间,$r_n(t)$和 $g_n(t)$分别为有效红灯和绿灯时长。

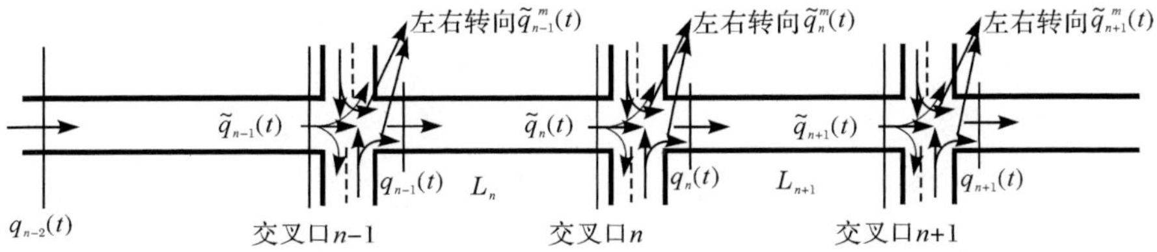

图 2.9　带有三个交叉口信控路段

在图 2.9 中,$q_{n-1}(t)$表示时刻 t 时,路段 L_n 入口处的流量(输入流量);$\tilde{q}_n(t)$和 $\tilde{q}_n^m(t)$分别表示时刻 t 时,交叉口 n 处主干道和支路上的离去流量(输出流量)。值得注意的是,$\tilde{q}_n^m(t)$包括支路上的左转和右转的流量。同时,路网的边界条件[输入流量 $q_{n-2}(t)$、$\tilde{q}_{n-1}^m(t)$、$\tilde{q}_n^m(t)$、$\tilde{q}_{n+1}^m(t)$]及路网的初始条件(每个路段开始的交通状态)也是假设已知的。

需要注意的是,下游路段的输入流量 $q_{n-1}(t)$,$q_n(t)$,$q_{n+1}(t)$等于从主干道和支路上的离去流量,举例来讲,对于交叉口 n:$q_n(t)=\tilde{q}_n(t)+\tilde{q}_n^m(t)$。

根据流量守恒定律,对于图 2.9 中的路段 L_n,在时刻 t_1 与 t_2 之间,假定在路段的出入口没有掉头和其他来源,则有如下的流量等价方程

$$\int_{t_1}^{t_2} q_{n-1}(t)\mathrm{d}t + N_n(t_1) = \int_{t_1}^{t_2} \tilde{q}_n(t)\mathrm{d}t + N_n(t_2) \tag{2.41}$$

式中,$N_n(t)$是时刻 t 时路段 L_n 上的车辆数。

但是,单独的流量守恒方程不足以充分描述交通流,需要增加额外的关系式,比如流量-密度方程或者描述速度演化的动量方程。信号交叉口的交通流可以由交通波曲线来表示,而且交通波曲线可以描述排队的形成和消散。由于受信号灯影响的周期性消散,在交叉口处存在一阶交通波,这些交通波将交通流状态分成畅行、饱和、拥堵状态。而 SPM 正是利用这些交通状态来描述基于交通波曲线的交通流。

采用特征分析方法求解 LWR 模型中的偏微分方程时即可得到交通波。当特征曲线相遇时会形成交通波,波速计算公式为

$$w=\frac{q_a-q_b}{\rho_a-\rho_b} \tag{2.42}$$

式中，q_a 和 q_b 分别为上游和下游的交通流量；ρ_a 和 ρ_b 分别为上游和下游的交通密度。

由于交通信号变化具有周期性，所以信号交叉口处交通波的变化也呈现周期性。交通波大致可分为排队波 w_1、消散波 w_2、分离波 w_3 和压缩波 w_4，如图 2.10 所示。

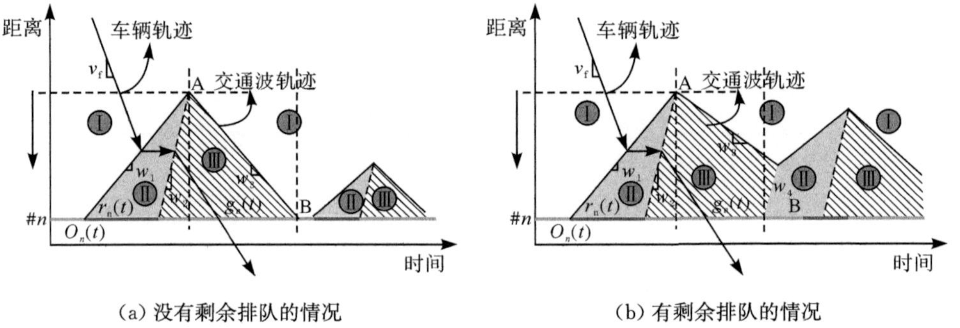

图 2.10　单个交叉口的交通剖面图

根据式(2.41)和式(2.42)，可计算出 t 时刻四类交通波的波速，分别见式(2.43)～式(2.46)。

$$w_1(t)=\begin{cases}\dfrac{-q_{n-1}\left(t-\dfrac{L_n-l_n^{\widehat{w}}(t)}{v_f}\right)}{\rho_j^n-q_{n-1}\left(t-\dfrac{L_n-l_n^{\widehat{w}}(t)}{v_f}\right)\Big/v_f}, & O_n(t)+\dfrac{l_n^{\widehat{w}}(t)}{w^*}\leqslant t<O_n(t)+r_n(t)+\dfrac{l_n^{\widehat{w}}(t)}{w^*}\\ 0, & \text{其他}\end{cases} \tag{2.43}$$

$$w_2(t)=\begin{cases}-w^*, & O_n(t)+r_n(t)\leqslant t<O_n(t)+r_n(t)+\dfrac{l_n^{\widehat{w}}(t)}{w^*}\\ 0, & \text{其他}\end{cases} \tag{2.44}$$

$$w_3(t)=\begin{cases}v_f, & O_n(t)\leqslant t<O_n(t)+\dfrac{l_n^{\widehat{w}}(t)}{w^*}\\ & \text{或 } O_n(t)+r_n(t)+\dfrac{l_n^{\widehat{w}}(t)}{w^*}\leqslant t<O_n(t)+r_n(t)+g_n(t)\\ 0, & \text{其他}\end{cases} \tag{2.45}$$

$$w_4(t)=\begin{cases}-w^*, & O_n(t)\leqslant t<O_n(t)+\dfrac{l_n^{\widehat{w}}(t)}{w^*}\\ 0, & \text{其他}\end{cases} \tag{2.46}$$

式中，w^* 为常数，表达式为

$$w^* = \frac{S^n}{\rho_j^n - \rho_s^n} \tag{2.47}$$

由于绿灯期间内车辆的实际消散率可能低于理想的饱和消散率，即类似通行能力下降(capacity drop)现象[51,52]，这里需要对 w_3 的计算进行了调整，用实际的消散率代替理想的饱和消散率，计算方式为

$$w_3(t)=\begin{cases}\dfrac{S^n - q_{n-1}\left(t-\dfrac{L_n - \widehat{l_n^w}(t)}{v_f}\right)}{\rho_s^n - q_{n-1}\left(t-\dfrac{L_n - \widehat{l_n^w}(t)}{v_f}\right)\Big/ v_f}, & O_n(t)\leqslant t < O_n(t)+\dfrac{\widehat{l_n^w}(t)}{w^*} \\ & \text{或 } O_n(t)+r_n(t)+\dfrac{\widehat{l_n^w}(t)}{w^*}\leqslant \\ & t < O_n(t)+r_n(t)+g_n(t) \\ 0, & \text{其他}\end{cases} \tag{2.48}$$

SPM 的另外一个显著特点是适用于描述过拥堵的信号控制的城市道路，特别是可以很好地描述排队溢出的问题。当排队的长度大于路段长度(溢出)时，车辆排队的形成和消散过程将不再具有稳定的周期性特点。依据排队溢流出现的时间和地点，可能会出现大量的复杂的交通波模式。因此，传统的跟踪波前的方法会变得非常困难。为了解决这一问题，SPM 将溢流效应等同于红灯相位延伸或者增加新的周期，如图 2.11 所示。这样做使得前面推导的获取跟踪波前的解析解成为可能。

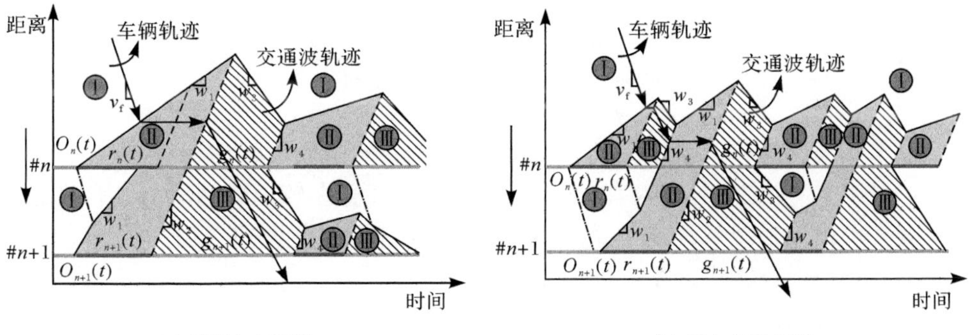

(a) 扩展红灯相位　(b) 增加新的周期

图 2.11　两种溢流情况

2.1.4　车辆排队模型

车辆排队模型所依据的基础理论并非连续流的流体力学理论，而是排队论，但二者在某种程度上具有一致性。在城市道路交通系统中由于信号交叉口的影

响,交通流通常处于时停时走(stop-and-go)的状态。如果将交通状态简化为只有行进和停止两种状态,就和排队系统中服务和等待的概念相对应,而按照交通波理论计算两个状态之间的停止波或消散波的传播速度,则与排队系统中的到达速度和服务速度相对应。因此,本节把车辆排队模型作为交通流模型的一个特例来介绍。

排队论最初是由丹麦数学家 Erlang 在研究电话转换问题时而发展起来的,第二次世界大战之后,排队论在很大范围内被采用。在交通工程中,排队论在研究车辆延误、通行能力、信号灯配时以及停车场、收费亭、加油站等交通设施的设计与管理方面得到了广泛的应用。

排队论是研究"服务"系统因"需求"拥挤而产生等待队列(排队)的现象,合理协调"需求"与"服务"关系的一种数学理论,是运筹学中以概率论为基础的一门重要分支,亦称"随机服务系统理论"。

排队论主要考虑的是顾客为寻求服务产生的拥堵排队的现象,并且优化服务实体与顾客实体之间关系的一种数学模型。排队的本质也就是顾客向服务台寻求服务的过程。排队系统主要由输入过程、排队规则和服务机构等三部分构成,其结构示意图如图 2.12 所示。

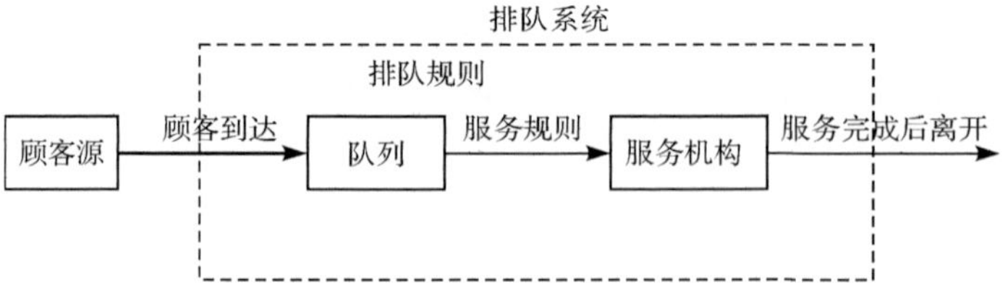

图 2.12 排队过程的示意图

以单一通道的排队系统为例,假设到达率为 λ 的泊松过程,服务率为 μ 的指数分布。设 $p_n(t)$ 为在 t 时间内有 n 个顾客的概率,并且在较短时间段 Δt 内,只能有一个顾客可以到达或离开这个系统,在 Δt 期间的概率可以表述如下:

$\lambda\Delta t$:有一个顾客进入系统的概率。

$1-\lambda\Delta t$:没有任何顾客进入系统的概率。

$\mu\Delta t$:有一个顾客离开系统的概率。

$1-\mu\Delta t$:没有任何顾客离开系统的概率。

在 t 时间里,该系统有以下三种方式可以到达 n 状态(当 $n>0$ 时):

(1) 在时刻 t,系统处于 n 状态,在 Δt 时间内没有顾客到达或离去(在 Δt 时间内,同时到达和离去的概率认为是零)。

(2) 在时刻 t,系统处于 $n-1$ 状态,而在 Δt 时间内有一个顾客到达。

(3) 在时刻 t,系统处于 $n+1$ 状态,而在 Δt 时间内有一个顾客离去。

因此，在 $t+\Delta t$ 时刻，系统处于 n 状态的概率如下：

当 $n>1$ 时，有

$$P_n(t+\Delta t)=P_n(t)[(1-\lambda\Delta t)(1-\mu\Delta t)] + P_{n-1}(t)[\lambda\Delta t(1-\mu\Delta t)]+P_{n+1}(t)[(1-\lambda\Delta t)\mu\Delta t] \tag{2.49}$$

展开合并同类项，略去无穷小量，得

$$\frac{P_n(t+\Delta t)-P_n(t)}{\Delta t}=\lambda P_{n-1}(t)-(\mu+\lambda)P_n(t)+\mu P_{n+1}(t) \tag{2.50}$$

设 $\Delta t\to 0$

$$\frac{\mathrm{d}P_n(t)}{\mathrm{d}t}=\lambda P_{n-1}(t)-(\mu+\lambda)P_n(t)+\mu P_{n+1}(t) \tag{2.51}$$

在$(t+\Delta t)$时刻，使系统处于零状态的概率，可以有两种方式：

(1) 在 t 时刻没有一个单位在停车线等候，并且在 Δt 间隔内没有到达的。

(2) 在 t 时刻有一个单位在停车线上，在 Δt 间隔内有一个单位离去而没有到达。

用概率表示这些关系式：

$$P_0(t+\Delta t)=P_0(t)(1-\lambda\Delta t)+P_1(t)[\mu\Delta t(1-\lambda\Delta t)] \tag{2.52}$$

展开合并同类项，略去二阶无穷小量，得

$$\frac{P_0(t+\Delta t)-P_0(t)}{\Delta t}=\mu P_1(t)-\lambda P_0(t) \tag{2.53}$$

设 $\Delta t\to 0$

$$\frac{\mathrm{d}P_0(t)}{\mathrm{d}t}=\mu P_1(t)-\lambda P_0(t) \tag{2.54}$$

当系统稳定时，有

$$\frac{\mathrm{d}P_n(t)}{\mathrm{d}t}=0 \tag{2.55}$$

由式(2.49)、式(2.52)和式(2.53)建立一些稳定状态的差分微分方程系统，得

当 $n>0$，

$$\mu P_{n+1}+\lambda P_{n-1}=(\lambda+\mu)P_n \tag{2.56}$$

当 $n=0$，

$$\mu P_1=\lambda P_0 \tag{2.57}$$

式中，P_n 是 $t\to\infty$时，$P_n(t)$的值。

将式(2.56)和式(2.57)整理如下：

$\lambda P_0=\mu P_1$，$\lambda P_0+\mu P_2=(\lambda+\mu)P_1$，$\lambda P_1+\mu P_3=(\lambda+\mu)P_2$，

令 $\rho=\dfrac{\lambda}{\mu}$，于是有

$$P_1 = \rho P_0$$
$$P_2 = (\rho + 1)P_1 - \rho P_0 = \rho^2 P_0$$
$$P_3 = (\rho + 1)P_2 - \rho P_1 = \rho^3 P_0$$

当 $n \geqslant 0$，

$$P_n = \rho^n P_0 \tag{2.58}$$

因为所有的概率总和为 1，即 $\sum_{n=0}^{\infty} P_n = 1$，当 $\rho < 1$，有

$$1 = P_0 + \rho P_0 + \rho^2 P_0 + \cdots = P_0\left(\frac{1-\rho^{n+1}}{1-\rho}\right)$$

当 $n \to \infty$，有

$$P_0 = 1 - \rho \tag{2.59}$$
$$P_n = \rho^n(1-\rho) \tag{2.60}$$

交通强度 ρ 又称服务强度或利用系数，表示单位时间内的平均服务时间，是衡量排队系统繁忙程度的重要尺度；P_0 为系统轮空的概率，而 $1-P_0$ 表示使用该系统的时间。

下面我们不加证明地给出了一些排队系统的常用指标。

系统中的顾客数的平均值记为 L_s，当 $\rho < 1$ 时，

$$L_s = E(n) = \sum_{n=0}^{n \to \infty} nP_n = \frac{\rho}{1-\rho} \tag{2.61}$$

车辆逗留在系统中的时间：

$$W_s = \frac{1}{\mu - \lambda} \tag{2.62}$$

车辆在队列等候的时间(服务之前的等待时间)：

$$W_q = W_s - \frac{1}{\mu} = \frac{\lambda}{(\mu - \lambda)\mu} \tag{2.63}$$

等候服务的顾客平均数(平均排队长度)L_q 为平均等候时间 W_q 与到达率 λ 的乘积：

$$L_q = E(N_q) = W_q\lambda = \frac{\lambda^2}{(\mu - \lambda)\mu} \tag{2.64}$$

式(2.64)为在全部时间内的排队平均长度，包括队列为空的部分时间在内。而人们重视的是排队长度大于零的平均排队长度，即

$$E(N_q \mid N_q > 0) = \frac{\mu}{\mu - \lambda} \tag{2.65}$$

2.2 交通信号控制理论

交叉口是城市路网的重要组成部分，路网中不同方向的车流汇聚于交叉口竞

争通行权,因此常常成为路网通行能力的瓶颈。提高交叉口通行能力的方法主要有两类:一类是通过扩建道路和交叉口来增加单位时间的通行车辆数,但随着城市土地资源的日益紧缺而成本剧增,此方法已经很难应用于开发程度较高的现代化城市中;另一类是从交通管理和控制方面来完善城市交通路网的管理,对路网中的交通流进行科学的引导和组织,提高通行效率以充分发挥路网的潜在通行能力,其中,信号控制是城市路网交通管控中最基本也是最重要的手段。

从原理上看,信号控制方法的目的在于合理分配各入口方向的通行权,使冲突车流在不同的时间高效地通过交叉口。从控制范围上看,信号控制可以分为单个交叉口的控制(点控)、干线交叉口的信号协调控制(线控)和区域交通路网的协调控制(面控)。本节主要讨论这三种控制方式和相应的参数配时方法,并特别讨论过饱和状态时的拥堵控制。

2.2.1　单点信号控制

单点信号控制又称点控,是指每个交叉口的交通控制信号只按照该交叉口的交通情况独立运行,与其邻近交叉口的控制信号没有任何联系,这是交叉口交通信号控制的最基本形式。点控只适用于相邻的信号灯相距较远、线控效果不明显的交叉口,其目的是通过合理的信号配时,减少或消除各向交通流之间的冲突,同时使车辆和行人的总延误最小,达到最大通行能力的目的。单点信号控制的优点在于简单实用,不需要复杂的设备和中心控制算法。

现代交通信号控制类型种类繁多,但点控仍然是应用最广泛的控制方式。单点信号交叉口的配时参数主要是信号周期和绿信比,其配时方法主要有 1958 年英国学者 Webster 和 Cobbe[53]提出的 TRRL 法(也称 Webster 法,F-B 法),1990 年澳大利亚学者 Akcelik[54]提出的 ARRB 法,2000 年美国联邦公路局提出的 HCM 法[55]及国内学者提出的停车线法、冲突点法等[56,57]。下面主要讨论 Webster 法。

Webster 模型是由 Webster 和 Cobbe 提出的,是以车辆延误时间最小为目标来计算信号配时的一种方法。其核心内容是车辆延误和最佳周期时长的计算,计算公式为

$$d=\frac{C(1-\lambda)^2}{2\left(1-\frac{q}{S}\right)}+\frac{\left(\frac{q}{\lambda S}\right)^2}{2q\left(1-\frac{q}{\lambda S}\right)}-0.65\left(\frac{C}{q^2}\right)^{\frac{1}{3}}\left(\frac{q}{\lambda S}\right)^{2+5\lambda} \tag{2.66}$$

式中,d 表示交叉口入口处每辆车的平均延误,s/veh;C 表示交叉口周期时长,s;λ 表示绿信比;S 表示饱和交通量,veh/s;x 表示饱和度,是指实际交通量与此方向通过交叉口的最大交通量之比,即 $x=\frac{q}{\lambda S}$;q 表示交通量,veh/s。

式(2.66)中第一项为均匀延误,是假设车辆均匀到达交叉口发生的延误;第

二项为随机延误，是由于车辆到达的随机性而发生的延误，公式中假定车辆的到达服从泊松分布；第三项是数值模拟得到的修正项，该项所占的比例较小，一般为5%～10%。

交叉口总延误的计算公式为

$$D=\sum_{i=1}^{n}q_id_i$$

式中，d_i 表示交叉口第 i 相的单车延误；q_i 表示第 i 相的车辆达到率。

令$\frac{\mathrm{d}}{\mathrm{d}C}(D)=0$，得到最佳周期 C_0 为

$$C_0=\frac{1.5L+5}{1-Y}$$

式中，C_0 为最佳周期时长；L 表示一个周期内总损失时间，$L=\sum_i(l+I-A)$，其中，l 为启动损失时间，I 为绿灯间隔时间，A 为黄灯时间，i 为一个周期的相位数；Y 表示组成周期的全部相位信号的各个最大流量比 y_i 的和，即

$$Y=\sum_i\max\{y_i\}=\sum_i\max\left\{\frac{q_i}{S_i}\right\}$$

式中，q_i 表示第 i 相位实际到达车流量；S_i 表示第 i 相位流向的饱和流量。

通过上述计算得到最佳周期时长后，各个相位的绿信比可以按照其各自的流量比在总的交通流量比所占的比值来分配，即

$$g_i=\frac{y_i}{Y}(c_0-L)$$

其中，g_i 为相位 i 的有效绿灯时间。

Webster 模型是现在很多交通控制模型的原型，是交通控制的基本理论之一，应用广泛。但是 Webster 模型易受交通量的影响：当交通量较小时，造成信号周期设置过短，不利于行车安全；而当交通量较大时，造成设置的周期过长，则车辆延误时间骤然增长，反而会造成交通拥挤[58]。

2.2.2 干线信号协调控制

干线信号控制，有时也称绿波信号控制或线控，是在单点交叉口控制基础上，把干线上若干连续交叉口的交通信号通过一定的方式连接起来，同时对各交叉口设计一种相互协调的配时方案。其目的是各交叉口的信号灯按此协调方案联合运行，最小化车辆连续通过这些交叉口时遇到红灯而停车的次数。

线控最基本的设计思路是：当车辆通过参与协调控制的第一个交叉口后，按照一定的车速行驶，通过后面的交叉口时就不再遇上红灯。但这只是一种理想状态，实际上，各个车辆在路段上行驶速度会不一样，而且随着环境的变化也会不

同,加之转弯车辆的进出等因素的干扰,所以很难实现干线上车队一路绿灯的目标。但是,线控在使沿路车辆少遇红灯、减少停车次数和延误时间等方面可以发挥重要作用。

干线协调控制的主要参数是周期时长、绿信比和相位差(也称时差)。为使车辆通过协调信号控制系统时能连续遇到尽可能多的绿灯,需使相邻信号间的相位差与车辆在其间的行程时间相适应,所以相位差是信号控制系统实现协调控制的关键参数。本节主要讨论相位差的优化算法,包括目前常采用的两种优化设计思路:最大绿波带法与最小延误法。

1) 最大绿波带法

最大绿波带法是由 Little[59]首次提出的,目标是寻求最大的绿波带宽度。车辆可以连续通过的绿波带宽度 B 越宽,表示车辆的延误时间越小,控制效果越好[60]。该方法一直以来是线控系统最常用的优化控制方法,具体做法是:对于一条较长的干线,首先将整个系统分成几个子系统,分别独立优化;然后,再以绿波带宽为目标函数,以信号周期为协调变量,对整个系统进行协调优化;最后求得最优控制参数[61]。

干线协调控制配时方案通常可由时间—距离图来描述,如图 2.13 所示。图中以时间(信号配时)为纵坐标,干线上交叉口间距离为横坐标。图中的一对平行线所标定的时间范围称为通过带,其宽度就是绿波带带宽。带宽确定了干线上交通流所能利用的通车时间,以秒或周期时长的百分数计[8]。平行斜线的斜率就是车辆沿干线可连续通行的车速,可称为通过带速度,简称带速。而最大绿波带法就是以绿波带宽度最大为优化目标,调整相邻交叉口之间的相位差,进而对干线上总体的配时方案进行调整,目的是使得绿波带带宽 B 达到最大值,在绿灯时长内通过尽量多的车辆数[62,63]。

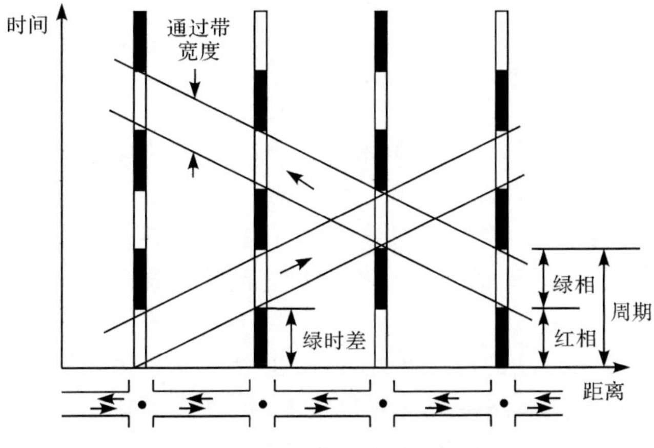

图 2.13 干线协调控制系统时间-距离图

2) 最小延误法

最小延误是基于车队行驶中延误时间的计算，即从实际路网出发，确定延误与各路口信号相位差之间的函数关系，然后根据交通数据进行优化计算，寻找相位差组合，使目标最优[64]。当目标函数是使系统延误与停车次数最小化时，它是一个多目标决策问题。通常采用的方法是通过选择适当的加权系数，取两者的“加权和”作为算法优化的目标。

20 世纪 60 年代，Hillier 研究了延误与相位差之间的关系，后来希尔在此基础上建立了“结合法”，这是一种求解串/并行结构路网最小延误时间的相位差优化算法。其原理是根据各条交叉口连线的相位差与延误时间的对应关系，利用串/并行结合对交叉口连线进行两两结合，将整个路网压缩简化为一条交叉口连线，从而确定相邻交叉口之间的最优相位差[65]。其假设前提是：每个交叉口的信号配时与交通流量之间没有关系；路段上的行车延误只与路段两端的信号相位差有关[66]。考虑延误、停车次数等参数的多目标函数的模型和系统，主要有：英国 Robertson等开发的 TRANSYT 系统和美国 Liberman 等建立的 SIGOP Ⅱ (traffic signal optimization program Ⅱ)系统。

以 TRANSYT 为例，TRANSYT 系统是一种脱机操作的定时控制系统，主要由交通仿真模型与信号优化程序两部分组成，其基本原理如图 2.14 所示。

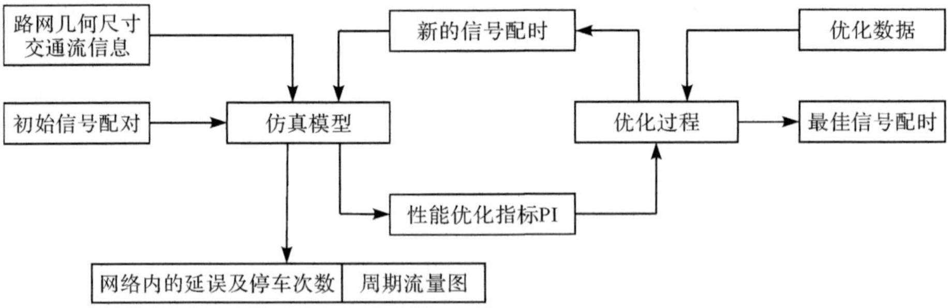

图 2.14 TRANSYT 基本原理图[8]

TRANSYT 系统以总延误时间和总停车次数的加权值，即性能指标(performance index，PI)值作为目标函数。优化时，先将网络的几何尺寸、流量、初始配时等信息送入仿真模型部分，通过仿真，求得目标函数的值，将此值送入优化部分进行优化，然后返回仿真部分，如此在两者之间反复迭代寻优，以求得最佳的信号配时方案。

TRANSYT 是最成功的静态系统，已被世界上 400 多个城市所采用，产生了显著的社会经济效益。但该系统计算量很大，很难获得整体最优的配时方案，同时也需要大量的路网几何尺寸和交通流数据作为支撑。

2.2.3　区域信号协调控制

区域信号协调控制，又称面控，是以某个区域中所有信号控制交叉口作为协调控制的对象。控制区内各受控交通信号都由交通控制中心集中控制，对范围较小的区域采用整区集中控制，对范围较大的区域采用分区分级管理。

随着城市道路交通量的增长，交叉口之间的相关性日益明显，一个交叉口的拥挤往往会波及周边的数个交叉口。因此，对区域内交叉口进行联动控制，可以从整体上系统地实现交叉口信号控制的目标。区域交通控制策略可分为定时式脱机操作控制系统和适应式联机操作控制系统（又称自适应控制系统或动态响应控制系统）。定时式脱机操作系统不能适应交通随机变化的特点，其代表有 TRANSYT 系统（见 2.2.2 节）。随后人们研究了能随交通变化自动优选配时方案的控制系统，即自适应式控制系统[66~73]，其代表有 SCOOT 系统和 SCATS 系统。

1. SCOOT 系统

20 世纪 70 年代，人们开始研究实时自适应的交通信号控制系统。从 1973 年开始，英国道路研究所开发了 SCOOT 自适应交通信号控制系统，并在 1977 年在哥拉斯格进行了现场试验，取得了成功。1979 年在哥拉斯格又成功实现了更大规模的试验（40 个交叉口）。至此 SCOOT 系统宣布成功并开始推广。

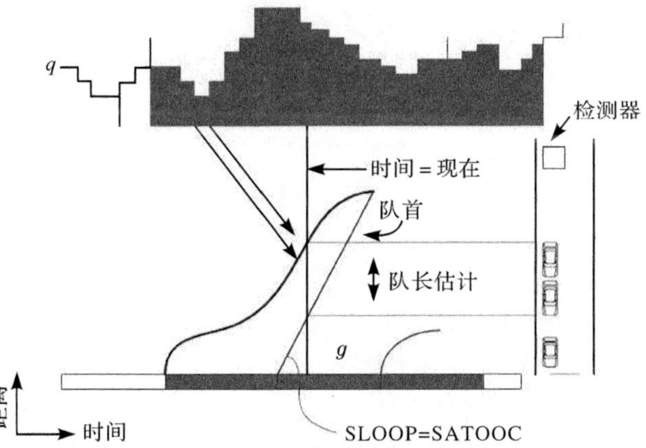

图 2.15　SCOOT 自适应控制系统中的排队长度识别[75]

SCOOT 系统有处理过饱和交通状态的功能。SCOOT 系统除了在路段上设置诸如停车线检测器之外，也在上游交叉口的进口道处设置检测器，如图 2.15 所示。这些进口道处的检测器向 SCOOT 交通状态评估模块提供到达交通流的信息

(输入信息)来评估下游交叉口的排对长度,而其他类型的检测器如停车线检测器等用于改善交通状态评估水平[74]。

为了评估过饱和状态,SCOOT 系统通过将上游交叉口停车线处的流量和实时饱和占有率代替固定饱和流率来估计交叉口的饱和度。其中,路段的实时饱和占有率是由 SCOOT 系统估算的能通过停车线的排队车辆的比例。SCOOT 系统中的饱和百分数 SAT 的计算公式如下:

$$\mathrm{SAT}=\frac{q}{\mathrm{STOC}\ g} \tag{2.67}$$

式中,g 表示绿灯时间;q 表示交通流和占有率的组合,LPU;STOC 表示排队车辆通过停车线的最大流出率,LPUs/s;SAT 表示系统饱和百分数,%。

LPU(link profile unit)是一个 SCOOT 系统定义的中间变量单位,一辆车近似等于 17 LPUs,饱和流量 2000veh/h 可换算为 10 LPUs/s 的 STOC。当 SAT 大于 100%时,即认为是过饱和状态。

2. SCATS 系统

SCATS 系统由澳大利亚新南威尔士干线道路局的 Sims 等[67]于 1970 年开始研究,并于 1980 年初投入使用。

与 SCOOT 系统不同的是,SCATS 系统利用停车线检测器作为主要的数据来源,且不存储上游交叉口数据。SCATS 系统主要针对短时交通变化,被动地做出控制方案的调整,而不具备主动预测的能力。SCATS 系统利用饱和度(degree of saturation,DS)来评价交通控制系统的饱和状态,其指的是有效使用的绿灯时间和全部有效绿灯时间之比。SCATS 系统的饱和度计算公式为

$$\mathrm{DS}=\frac{\mathrm{NF}[g-(T-tn)]}{g+r}=\frac{\mathrm{NF}[g']}{g+r} \tag{2.68}$$

式中,DS 表示系统饱和度;NF 表示偏差系数(权重系数);n 表示检测车辆数;g 表示绿灯时间;T 表示绿灯期间,停车线上无车通过(出现空当)的时间;t 表示车流正常通过停车线断面时,前后两辆车之间不可少的一个空当时间(每辆车的损失时间);r 表示每个相位未使用的绿灯时间;g' 表示有效使用的绿灯时间。

图 2.16 给出了 SCATS 系统估算饱和度的实例,每个信号周期的饱和度变化由图中的若干竖直线表示,当竖线超过水平线时,可认为本相位处于过饱和状态。SCATS 系统可以根据当时交通状态改变信号控制的周期长度,如图 2.16 右下角所示,在过饱和相位,交叉口的周期时间是逐渐增加的(有时下降)。循环周期性估算的饱和度随时间的变化显得十分紊乱,特别是左转相位的变化[74]。

2.2.4 过饱和拥堵下的交通控制

过饱和交通状态下的信号控制与欠饱和的一般状态下信号控制有所不同。

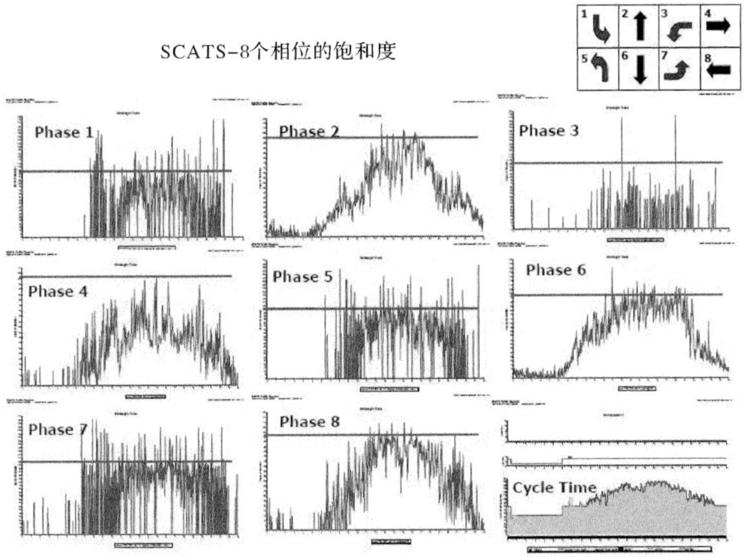

图 2.16　SCATS 自适应交通信号控制系统估计饱和度[75]

由于交通需求超过了交通供给(道路和或交叉口的通行能力),路网中车辆的数量必然会在一段时间内不断累积。过饱和状态下最主要的控制目标通常是最大化通行数量,而不是减少停车次数或延误时间。在过饱和交通状态下,交通拥堵和车辆排队往往始于某些瓶颈交叉口,重点优化这些瓶颈交叉口的信号控制方案可以避免交通拥堵的蔓延,并将交通拥堵控制在一定的范围。

过饱和交通状态下的交通延误模型也与一般交通状态下的延误模型有着很大的区别。这里的研究时间段是从过饱和状态初始出现时刻起,到滞留排队车辆完全消散时为止。假设过饱和状态持续 n_1 个周期,之后为欠饱和状态,并且经过 n_2 个信号周期后滞留排队车辆正好消散。n_1 和 n_2 满足如下关系式[75]:

$$q_1 n_1 C + q_2 n_2 C = Q(n1 + n_2)C \tag{2.69}$$

式中,q_1 和 q_2 分别表示过饱和状态和欠饱和状态下的车辆到达率;Q 表示车辆的平均驶离速率;C 表示信号周期。

整个过饱和的连续控制过程如图 2.17 所示。

忽略黄灯时间和损失时间,在 n_1 个过饱和信号周期内,其车辆延误分析如图 2.18所示。

图 2.18 中,A、C、E、G 和 B、D、F 分别对应红灯开始时刻与绿灯开始时刻,斜线 AH 的斜率表示车辆到达率 q,斜线 BC、DE、FG 的斜率表示进口道饱和流率 S,斜线 AC 的斜率表示进口道的平均驶离率 Q。当 $Q-q>0$,即 AJ 的斜率明显大于 AG 的斜率,说明该进口道为过饱和状态。此外,车辆到达积累线($AHIJ$)与

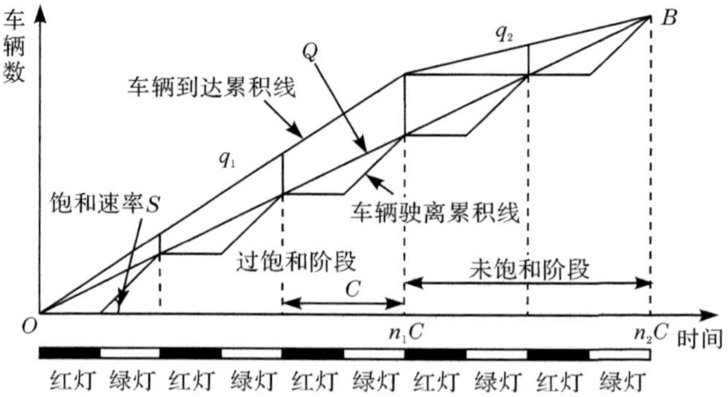

图 2.17　过饱和状态的连续控制过程

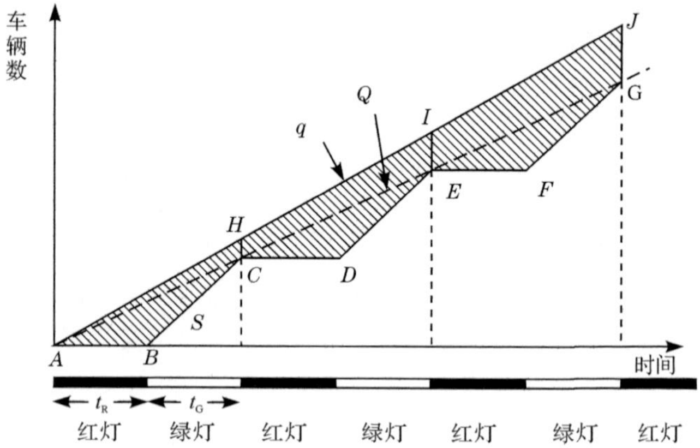

图 2.18　过饱和进口道车辆延误分析图

车辆驶离积累线(*ABCDEFG*)所围成的多边形称为延误多边形。在延误多边形中,任意水平线段代表相应到达车辆的延误时间,任意垂直线段代表相应瞬时时刻的停车线车辆排队长度,其中垂直线段 *HC*、*IE*、*JG* 分别代表第一、第二、第三个信号周期绿灯结束时的停车线处排队长度,即积累下来的滞留车辆数。全部到达车辆的总延误时间等于每辆车延误时间的总和,可表示为延误多边形的面积,如图 2.18 中阴影所示。

在过饱和的信号周期里,第 i 个周期车辆的到达-离去情况简化为如图 2.19 所示。图中,N_{i-1},N_i 分别表示第 i 个过饱和信号周期内红灯开始时刻和绿灯结束时刻进口道的滞留车辆数,两者的关系为

$$N_i = N_{i-1} + qC - St_G = i(q_1C - St_G) \tag{2.70}$$

在第 i 个饱和信号周期,该周期内的全部车辆延误时间总和 D_i 为

$$D_i = (i-1)(q_1C - St_G)C + \frac{1}{2}(q_1C^2 - St_G^2) \tag{2.71}$$

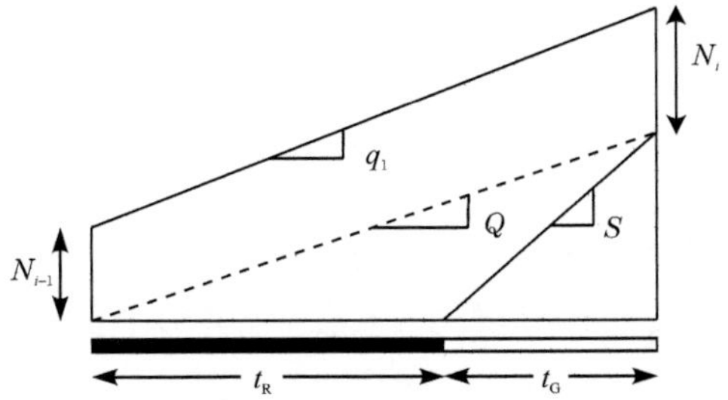

图 2.19　过饱和信号周期内车辆到达-离去情况

那么整个过饱和时段里(n_1C)，所有车辆的总延误时间 $\sum_{i=1}^{n_1} D_i$ 为

$$\sum_{i=1}^{n_1} D_i = \frac{1}{2} n_1 C [n_1 (q_1 C - QC) + Q t_R] \tag{2.72}$$

在欠饱和状态的周期里，第 j 个周期中车辆的到达-离去情况如图 2.20 所示。M_{j-1} 和 M_j 分别表示第 j 个未饱和的信号周期红灯开始时刻和绿灯结束时刻进口道的排队车辆数，两者之间的关系式为

$$\begin{aligned} M_j &= M_{j-1} + q_2 C - S t_G \\ &= n_1 (q_1 C - S t_G) + j (q_2 C - S t_G) \end{aligned}$$

在第 j 个未饱和的信号周期内，全部车辆的延误时间总和 D_j 为

$$D_j = \frac{C}{2} [2n_1 (q_1 C - QC) + (q_2 C - Q t_G)] + (j-1)(q_2 C - S t_G) C$$

在整个欠饱和时段(n_2C)内，所有车辆的总延误时间 $\sum_{j=1}^{n_2} D_j$ 为

$$\sum_{j=1}^{n_2} D_j = \frac{n_2 C}{2} [2n_1 (q_1 C - QC) + n_2 (q_2 C - QC) + Q t_R] \tag{2.73}$$

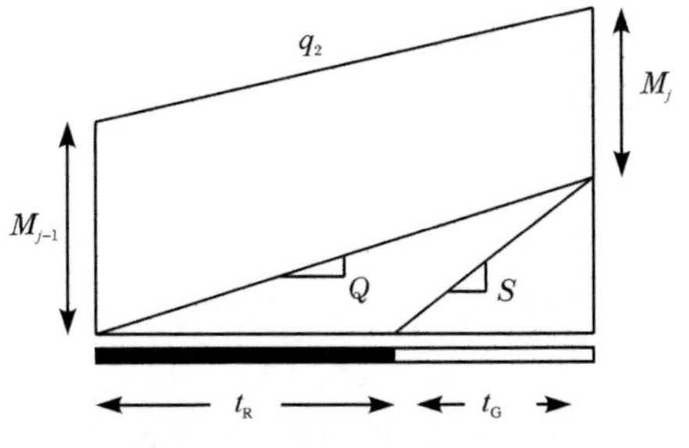

图 2.20　欠饱和状态信号周期内车辆到达-离去情况

由式(2.72)和式(2.73)可得整个研究时段($n_1 + n_2$)C 内，所有车辆的平均延

误时间 d 为

$$d=\frac{\sum_{i=1}^{n_1}D_i+\sum_{j=1}^{n_2}D_j}{(n_1+n_2)CQ}=\frac{t_R}{2}+\frac{n_2C}{2}\left(1-\frac{q_2}{Q}\right) \tag{2.74}$$

对式(2.74)关于周期 C 求导,可以获得最小化延误时间。另外,如果假设进口到过饱和时段为 T_1、欠饱和时段为 T_2 已知(这两个值可通过实际调查获取),则有

$$\begin{cases}\dfrac{\mathrm{d}d}{\mathrm{d}C}=0\\ n_1C=T_1\\ n_2C=T_2\\ q_1n_1+q_2n_2=Q(n_1+n_2)\end{cases}$$

通过上述方程组可以求得 n_1、n_2、Q、C 的值。也就是说,针对交叉口进口道过饱和交通信号控制,可以通过优化连续延误模型得到周期和绿信比。

此外,交通信号控制系统也逐渐引入针对过饱和交通流状态的控制方法。如 TRANSYT-7F 引入了用于处理过饱和交通网络状况信号优化的算法,采用的方法是使用户能够为指定的连线确定一个车队长度极限,然后,信号优化器去寻找方案,此方案使最大车队长度超过预先设定位置的可能性最小。具体实现方法如下:在性能指标 PI 中加入一个惩罚系统,当信号配时长度超过预订的极限时,将使 PI 值增大,优化器将寻求新的配时方案。研究表明,TRANSYT-7F 对于过饱和交通状况的控制有一定的改善作用。MOVA(microprocessor optimized vehicle actuation)对延误和停车最小化的过程不适用于过饱和状态,其在过饱和状态下以通行能力最大为目标进行处理,其处理对象往往局限在一个信号交叉口。在欧盟完成的 SMART NETS 项目中,开发的新一代的控制策略 TUC(traffic-responsive urban control)也充分考虑了过饱和交通流的情况,在其绿信比的控制模块中,控制目标是使过饱和状态和车队堵塞发生的可能性最小,采用的基本方法是将城市交通控制问题表达为线性二次方程最优控制问题,基于存储转发的数学建模方法进行建模[76]。但是,这些交通信号控制系统在解决过饱和交通信号控制上都存在不同程度的缺陷,如何进一步研究过饱和状态下信号交叉口的控制问题,将是本书的重点阐述的内容。

2.3 本章小结

本章分别概述了交通流模型和交通信号控制的基本理论。其中,交通流模型将作为研究的基础模型应用于后续章节的各个具体问题中,并且根据具体问题的

不同采取不同的最适合的交通流模型。此外，也会针对过饱和交通的特殊性，以经典交通流模型为基础提出新的状态变量、扩展新的模型，从而更准确地描述和分析过饱和交通状态。而对于交通信号控制理论，本章介绍了现有的经典体系框架，后续章节将会针对过饱和交通的特点提出新的控制方法，从“点-线-面”的多个层次探讨过饱和交通问题的解决之道。

第 3 章　基于地感线圈的信号交叉口高精度交通信息采集

准确、便捷地采集道路交通数据，是分析道路交叉口交通状态和交通控制的基础[77]。最常用的交通信息采集设备为埋设于道路下方的地感线圈，该设备根据电磁场的变化识别经过线圈的车辆，通常布设于交叉口的进口道附近。虽然地感线圈已被长时间广泛应用，但目前绝大部分地感线圈检测器只统计通过检测器的车流量和占有率信息，并将流量信息简单聚集到一起，形成时间间隔较大(通常为5min)的"低精度"检测数据。

本章将介绍基于地感线圈的高精度交通信息采集系统，利用现有线圈检测器改善数据采集和处理的方法来提高数据采集精度，无需重复建设，是一种低成本、高效率的系统建设办法。

3.1　高精度交通数据采集系统

城市信号交叉口高精度交通数据主要包括两种：一种是车辆经过地感线圈的触发事件的数据，记录了车辆踏上离开地感线圈的时间；另一种是信号灯变化事件的数据，记录了每个相位开始以及持续的时间。本节将会对几种高精度数据采集系统的组成框架、硬件结构、数据传输和存储进行简单的介绍。

3.1.1　地感线圈检测器数据收集原理

地感线圈检测器本质上是一个 LC 振荡电路，其组成部分包括：环形线圈、谐振电路、放大器和整形电路，如图 3.1 所示。环形线圈是由几匝金属线绕制而成的传感器，作为电路中的电感元件埋设在路面下方。当有车辆通过线圈埋设位置时，车辆处于环形线圈的交变磁场中，因而会在车辆内部产生感应电动势，而车辆本身可以看做是一个具有电感 L_V 和电阻 R_V 的短环路，因此环路中产生感应电流，这种感应电流称为涡流。涡流又会产生与原闭合回路中磁场相反的新磁场，导致线圈的总电感量减小。虽然车辆出现在线圈附近会增大线圈周围的磁导率，使线圈电感有略微增加的趋势，但是相比于涡流的作用，这种趋势并不明显，最终的结果还是环形线圈电感量变小。从电路层面来说，一辆车不论其形状结构以及行驶速度，通过环形线圈时必然会在底盘中形成涡流并引起电感量变化。环形线圈和车辆发生作用时的等效电路如图 3.2 所示，环形线圈回路的电感为 L_D，电阻

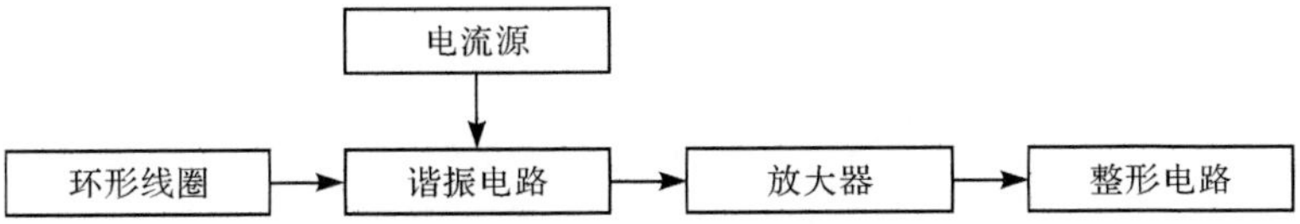

图 3.1　环形线圈检测器组成结构

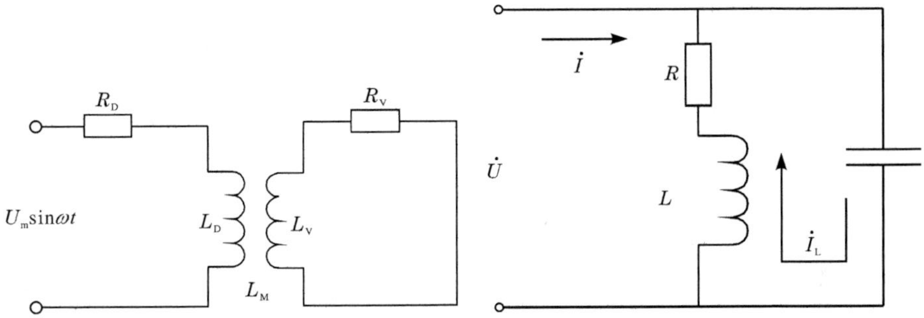

(a) 环形线圈与车辆的等效电路　　(b) 并联谐振电路原理图

图 3.2　环形线圈电路原理图

为 R_D，交流电压幅值为 U_m，环形线圈与车辆之间的互感为 L_M，环形线圈回路与车辆回路中的电流分别为 i_D 和 i_V。

为了测量电感的变化，需要通过谐振电路将等效电感的变化转换成谐振频率的变化然后进行输出测量。图 3.2(b)为 LC 并联谐振电路图，在一定的等效电感和电容下，并联谐振电路中将产生一个固定振荡频率，计算公式如式(3.1)所示。当车辆通过环形线圈时，引起等效电感的变化，经过谐振电路输出为一定谐振频率的正弦信号，放大整形后得到方波信号，最终通过交通信号控制柜中的工控机检测方波信号频率，判断是否有车辆经过。

$$f_0 \approx \frac{1}{2\pi\sqrt{LC}} \tag{3.1}$$

检测器的配置将显著影响到实地采集数据的准确性。在多车道路段上安装检测器时有两种线路连接方法，如图 3.3 所示，分别为并行连接和串联连接。采用并行连接时，各个检测器平行安装在各个车道，每个检测器的连线单独连接到交通信号柜的背板上，它们可以分别反映各个车道的车辆运动情况。而采用串联连接时，各个检测器的连线将连接到同一条线路，最后连接到机柜背板，因此，多个检测器的信号将进入同一个信号通道，而工控机无法判定产生的信号来源于哪一个检测器或哪一条车道。串联连接的检测器布置方式只能获取道路截面有无车辆的信息，而并行连接的检测器布置方式可以获取道路截面各个车道的车辆运

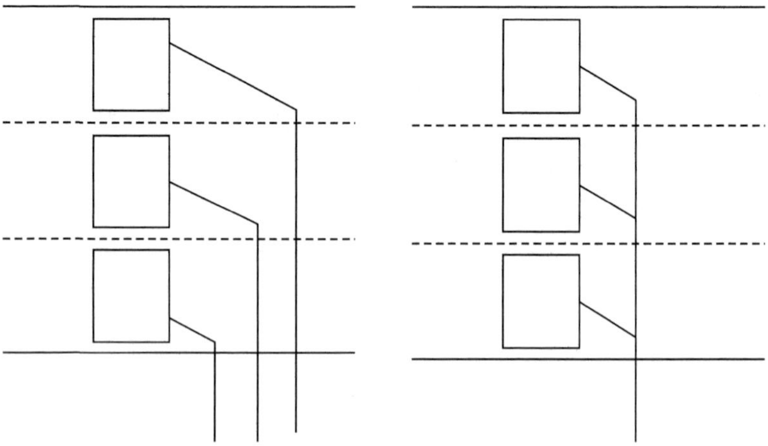

图 3.3　检测器连接方式示意图

动信息，得到的信息更加全面。

3.1.2　高精度交通数据采集系统

经过多年的发展，当前已经有多个不同的高精度数据采集系统在运行。本节将对这些系统进行简单介绍。

1. 伯克利高速公路实验室数据收集系统

伯克利高速公路实验室(Berkeley Highway Laboratory，BHL)在旧金山-奥克兰湾大桥东部拥有一个 2mi① 的试验路段。在 1993 年，BHL 开始试验收集单独的检测器的高精度数据，数据采集频率为 60Hz。BHL 覆盖了加利福尼亚地区 4 个交通监测站包括 170 个线圈检测器的数据[78]。为了提取事件数据，实验室开发了新的控制器软件。最初，每个检测器的数据需要在现场使用电脑来收集和存储。在 2002 年，实验室对检测器系统进行了升级，可以远程直接对线圈检测器进行测试，并通过相对简单便宜的通讯网络将数据直接传输到数据中心[79]。

2. 华盛顿大学的检测器事件收集系统

BHL 的数据采集系统可以说是第一个收集车辆与线圈的触发事件的系统。但是，由于信号控制器能力有限，控制器为了输出 60Hz 的交通流数据，不但耗尽

①1mi=1609.344m。

了处理器的处理能力，而且影响了控制器的正常操作。为了克服这些困难，华盛顿大学的项目组开发了检测器事件收集系统(detector event data-collection, DEDC[80])。这个系统最初的目的是为了检测华盛顿交通系统线圈检测器的质量。与伯克利系统不同的是，在这个系统中，加入了数字输入/输出采集卡，并与信号控制器的输入文件的接线端子进行连接。因此，数字采集卡可以直接从信号控制器的输入文件采集车辆检测器的驱动信号。通过设置 60Hz 的采样频率，该系统可以获得高频率的事件数据。基于这样的设计，该系统可以在不干扰信号控制器正常运行的情况下，获得高精度数据。这个系统最初是为了双线圈检测器设计的，但是后来可以直接应用到单一线圈检测器中。这个系统已经在数个高速公路站进行了测试[81]。

3. 德克萨斯交通信号性能监测系统

伯克利与华盛顿大学开发的系统都是为了从高速公路系统中收集数据。德克萨斯交通研究所开发的交通信号性能监测系统(traffic signal performance monitoring system, TSPMS)则专门用来收集信号交叉口的数据。因此，该系统除了需要收集线圈检测器的信息，还需要收集信号灯相位的信息[82]。

TSPMS 主要包含三个部分：信号控制器接口装置、交通信号事件记录和性能测量报告生成[82]。信号控制器接口装置是用于连接交通信号性能监测系统和交通信号控制系统的硬件装置，任何信号灯相位的变化和车辆触发检测器的行为都可以被这个接口装置获取到。交通信号事件记录是在信号控制箱工控机上运行的一个软件，通过这个软件可以记录信号控制器所有的信号变化。使用这些事件数据，该系统可以计算一系列参数指标，包括周期时间、服务时间、排队时间、绿灯时间、黄灯时间、全红时间、不同时间间隔到达交叉口的车辆等。但是该系统仅仅在两个信号交叉口进行了测试。

4. 普度大学数据记录信号控制器

不同于上面的 TSPMS 等信号控制系统需要额外的数据采集装置，Econolite 公司在他们的 ASC/3 型信号控制器中加入了数据记录功能，可以收集基于事件的交通信号数据。该信号控制器的数据记录功能由普渡大学的 Darcy Bullock 教授和他的研究团队研制开发，并且在 2000 年左右由印第安纳交通运输部在一些信号交叉口进行了应用。这些交叉口最初布置这些信号控制器的原因是为了验证视频检测设备的有效性。

ASC/3 型的数据记录器是将每个小时的高精度信号灯相位变化信息和检测器触发的信息以二进制的格式存储到一个文件，然后基于 TCP/IP 的网络连接进行数据传输。这套系统开发了一个基于 Windows 的程序，可以将这些二进制的数据转换成 CSV 格式的报告。自 2010 年以来，为了更好地提取大量的事件数据，这套系统进一步搭建了基于 SQL 的数据库。

ASC/3 型的数据记录器未来具有较大的应用潜力，因为该数据记录器不需要额外的硬件设备，因此可以非常方便低廉地得到推广。该系统首先在印第安纳波利斯东北部的诺布尔斯维尔的 9 个信号交叉口进行了应用，然后到 2010 年，扩展到了 34 个交叉口。这些基于事件的数据，可以用来评估主干道和交叉口的延误等，并且可以用来优化交叉口的信号配时。基于这些数据的评价指标已经被加入到了 Econolite 公司开发的商业交通管理系统中。

5. 明尼苏达交通信号控制路口监测系统

美国明尼苏达大学在 TSPMS 的基础上，研发了一套高精度交通数据采集系统 SMART-SIGNAL(systematic monitoring of arterial road traffic signals)。这套系统集成了数据采集、存储及分析功能。该系统能够从交叉口处连续、准确地采集车辆踏上和离开线圈检测器的高精度事件数据及信号灯相位切换的事件数据。这套系统不仅可以应用于独立的交叉口，也能够应用于一条干线或是整个信号化的道路路网，并实现了数据实时联网存储和调用，产生实时交叉口及干线运行性能指标。

SMART-SIGNAL 系统包含了三个主要组成部分：基于事件的数据采集系统、性能指标计算系统以及用户界面[83]。如图 3.4 所示，第一部分是数据采集系统，该部分安装于实地交叉口附近，对信号灯相位切换数据及检测器数据进行采集并存储在每日日志文件中。早期装置对不同交叉口处采集的数据需要先通过串口协议传输至主机柜的数据服务器，然后主机服务器通过数字线路(digital subscriber line，DSL)将数据传输到实验室服务器。后期改进的装置可使每个交叉口的数据直接通过手机终端或者无线网络传输到实验室服务器。系统第二部分根据所采集的高精度数据生成多种性能指标来评价交叉口服务水平和干线服务水平，指标包括流量、排队长度、延误、旅行时间等。系统最后将数据信息及评价指标信息更新在网络站点上，使不同的用户能通过网络获取所需的交通信息。

SMART-SIGNAL 系统能够采集两种类型的事件信息数据：车辆与线圈触发事件及信号相位切换事件。一个检测器产生响应或发生状态的改变时，表明了一个车辆的到达事件和它的通行需求。此外，信号相位的切换也可以被视为一种事件。信号灯事件和检测器事件由交叉口交通信号柜中的不同数据采集单元分别进行采集。车辆运动事件通过感应线圈检测器来实现获取。当有车辆通过检测器上方时，将引起回路电感变化。信号柜中的检测单元会将电感变化转换成电压的变化，经过调制输出一个典型数字信号至背板中，最终传递到信号柜中的交通控制器。信号灯的状态是由交通控制器控制的，当需要切换相位时，控制器会向

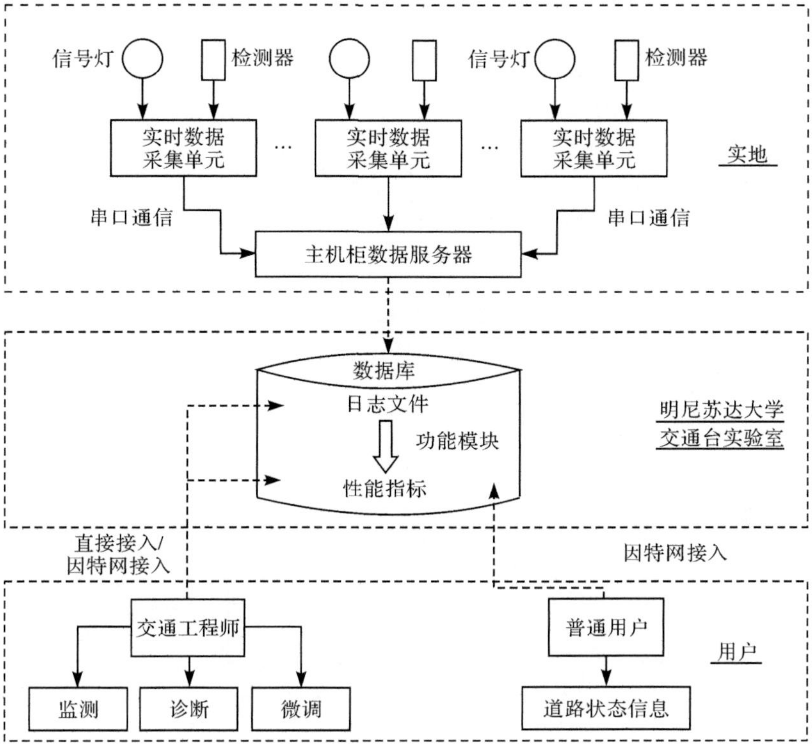

图 3.4　SMART-SIGNAL 系统框架

信号灯发送一个高/低数字控制信号[82]。

各交叉口的数据采集系统实现过程如图 3.5 所示。系统的功能组件可以分为两类：现有的功能要素和附加的数据采集单元。现有的要素包括车辆检测单元、交通信号控制器以及交通信号控制柜背板。附加的单元包括交通控制器接口设备(traffic controller interface device，CID)、交通事件记录器软件程序以及交通日志数据服务器。CID 作为一种接口设备，负责将现有交通信号组件与机柜中附加的工控机进行连接以实现数据传输。经过这一系列的流程，车辆运动事件和信号状态改变事件最终在背板中表现为高低电平的变化，交通控制器接口设备能捕获这种数字电压信号变化。

SMART-SIGNAL 系统最关键的设备是数据采集单元，数据采集单元由工控机和数据采集卡两部分组成。每一个交叉口需要布置工控机和数据采集卡，采集到的基于事件的数据通过数据传输线传输到信号控制箱的数据中心。SMART-SIGNAL 的早期系统所采用的数据采集卡为美国国家仪器公司生产的 PCI-6528 数字输入/输出(I/O)型，具有 24 个输入通道，如图 3.6(a)所示，为了将输入的直流电流(DC)限制在一个安全范围内，设计了如图 3.6(b)所示的接线条，接线条由

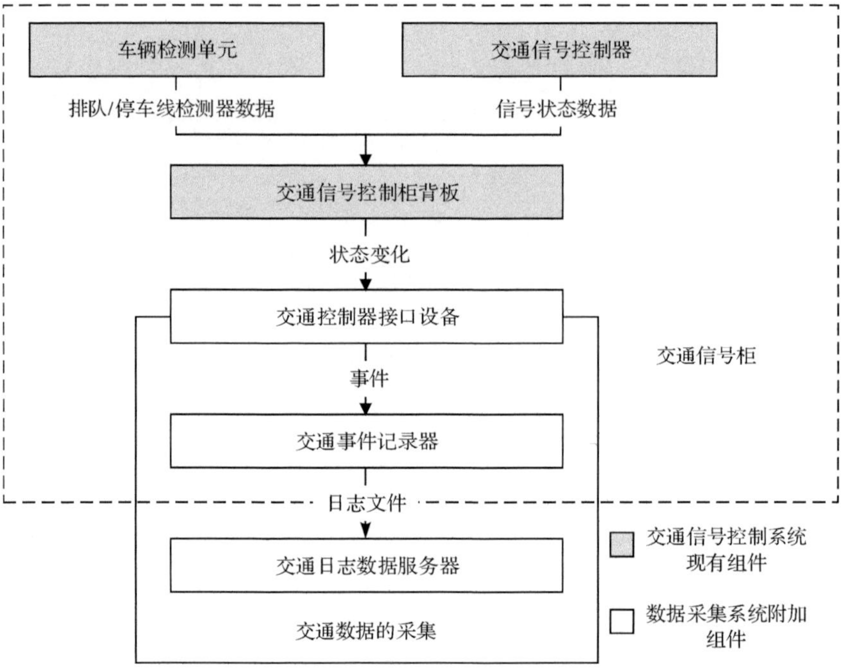

图 3.5　交通数据采集组件流程图

24 个 16.2k 电阻、1 个 200mA 保险丝以及 2 个连接器构成。交通信号柜中各数据采集组件的实线连接方式如图 3.6(c)所示。

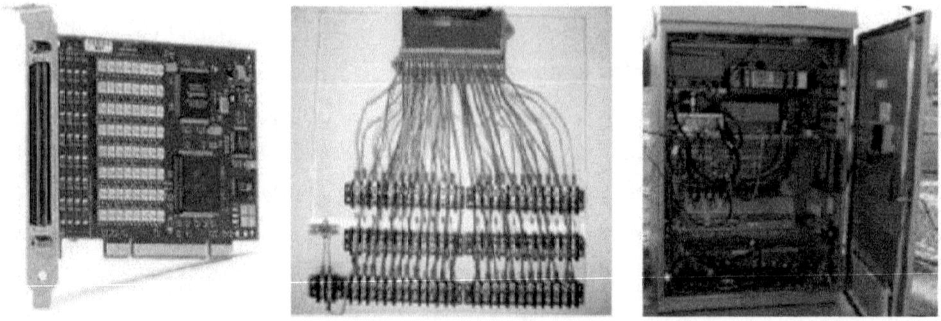

(a) 数据采集卡　(b) 接线条　(c) 交通信号柜

图 3.6　早期数据采集单元

为了更好的采集高精度数据，SMART-SIGNAL 对数据采集卡和相对应的接线条进行了升级(图 3.7)。目前，系统采用的数据采集卡为美国国家仪器公司生产的 PCI-6511 的采集卡，该采集卡具有 64 个输入通道，拥有足够的通道去收集

(a) 数据采集卡

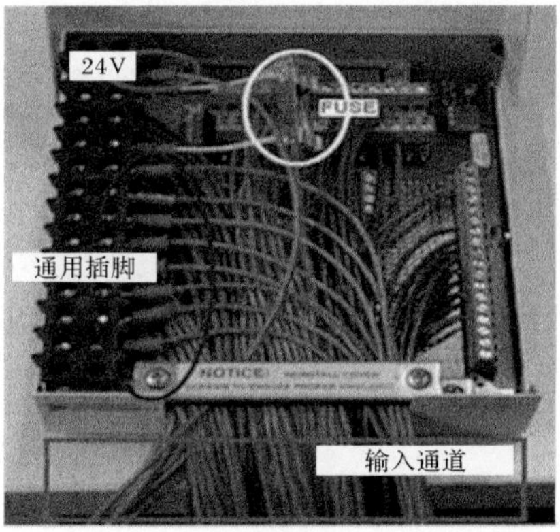

(b) 接线条

图 3.7　数据采集单元

交叉口的高精度数据，并且，如果交叉口的检测器和信号灯相位数目超过 64 个通道，则可以通过增加采集卡的方式来保证数据的收集。

数据采集系统中的信号流向如图 3.8 所示。当检测器安装地点检测到了车辆的占用或信号灯状态发生改变时，不同的事件会使背板中产生不同的数字电压变化，数字电压信号经过接线条被工控机中的数据采集卡捕获。

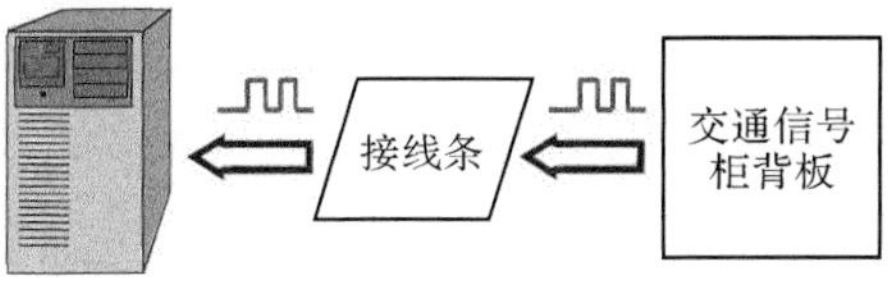

图 3.8　CID 中信号流向

交通事件记录器软件程序采用 Visual C# 语言进行编程，并植入工控机中运行，能够将事件数据记录至日志文件中。图 3.9 所示为实地数据采集程序的实现流程。交通事件记录器能持续实时地监控数据采集卡的各个通道状态，当一个通道的状态发生改变时，能够立即进行记录。交通事件记录器实现了非常高的精度，记录事件发生时刻的准确性可以达到毫秒级。

不同信号箱的控制箱之间也可以通过双绞线以 RS-485 方式来进行数据的传输，并且同步不同信号箱之间的时间。数据采集后，系统的数据传输系统通过无线网络将数据传输到实验室服务器，并在服务器上生成交叉口及干线运行性能指标。

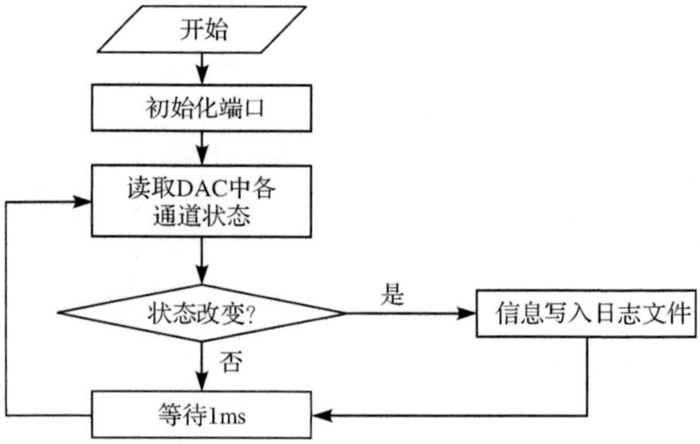

图 3.9 交通事件记录器工作流程

3.2 交叉口基本交通状态参数提取

高精度数据记录了非常详尽的包括车辆与线圈触发事件及信号相位切换事件在内的信息。这些信息可以用来提取一系列交叉口、路段以及整个网络的交通运行状态。本书大部分章节将以 SMART-SIGNAL 收集的高精度事件数据为例来说明如何用高精度交通数据来进行排队长度估算[83]、旅行时间估算[84,85]、过饱和识别[86]以及信号控制优化[87,88]等一系列研究，但在进行这些研究之前，需要对原始数据进行处理。本节主要阐述如何对 SMART-SIGNAL 提取的原始数据进行处理，并简单说明如何提取一些基本交通状态参数。

3.2.1 原始数据采集

SMART-SIGNAL 系统已经在明尼苏达州的多条干线公路和多个交叉口上实现了实地安装测试。这里以从 TH55 号公路的 5 个连续交叉口采集来的高精度数据为例来说明如何处理和分析原始数据。

图 3.10(a)展示了明尼苏达州 TH55 号公路的 5 个连续交叉口(分别为 Boone Ave.、Winnetka Ave.、Rhode Island Ave.、Glenwood Ave. 和 Douglas Ave.，编号 101、102、103、104、105)的地理位置，图 3.10(b)展示了各交叉口的环形线圈检测器布置位置。如图 3.10(b)所示，各交叉口在主干道双向均布设了排队检测器、停车线检测器及下游入口检测器。排队检测器安装在停车线检测器上游 400ft 左右的位置，停车线检测器安装于停车线上游 10～50ft① 的位置。这 5 个交叉口中，交叉口 Boone Ave.、Winnetka Ave. 以及 Douglas Ave.（101、102 和

①1ft=0.3048m。

105)为十字形交叉口,其余两个为丁字形交叉口。

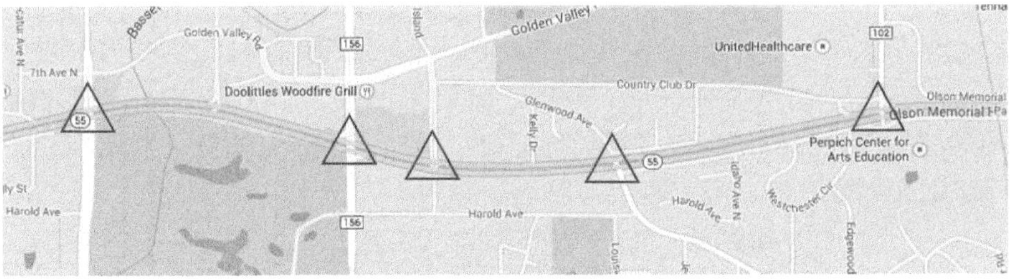

(a) 研究区域

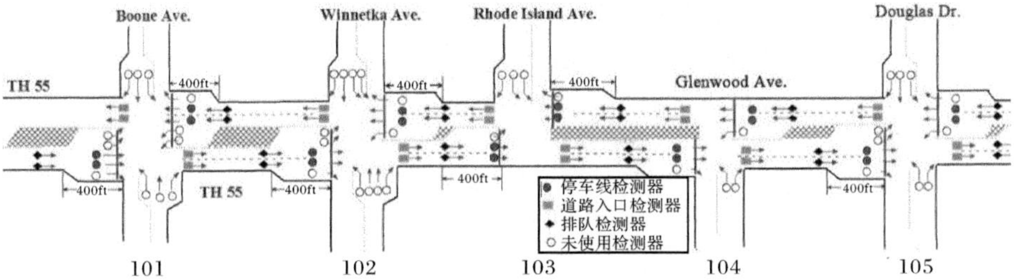

(b) 交叉口布局与检测器安装位置示意图

图 3.10　TH55 号公路检测器位置图

5 个交叉口都应用了感应式信号控制,并采用 NEMA(National Electrical Manufactures Association)标准的相位设计方法。NEMA 标准将传统的四相位方案分解成了双环八相位方案。如图 3.11 所示,环 1 由相位 1-2-3-4 组成,环 2 由 5-6-7-8 组成。1、2、5、6 组成的相位组和 3、4、7、8 组成的相位组之间存在着方向冲突,所以这两个相位组需要确立明确的“界限”。NEMA 标准的相位设计灵活多变,对于各入口方向流量差别较大的情况,能够提高交叉口通行能力。而且相比于传统四相位设计,NEMA 标准的相位设计对感应控制的适应性更高。

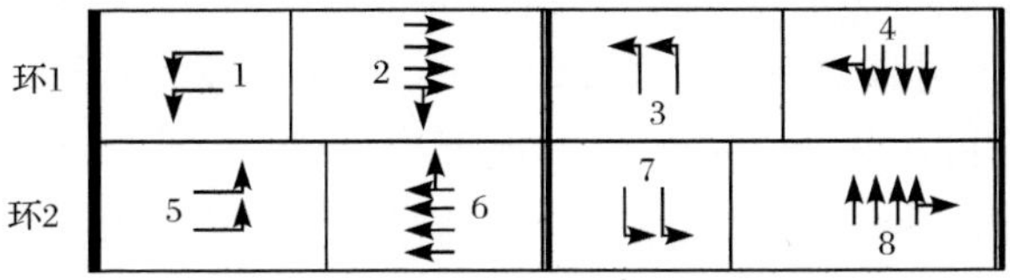

图 3.11　NEMA 标准的相位设计

SMART-SIGNAL 系统所采集的事件数据包含了事件发生日期和时刻、事件类型以及事件持续时间等信息,其中事件类型包括车辆踏上检测器(“On”)、离开检测器(“Off”)以及信号相位的开始和结束时间。采集到的时间数据基于电脑系统时间可以精确到毫秒。图 3.12 为 SMART-SIGNAL 系统所采集的部分数据，数据 1 显示在 08:09:15.012 时刻有车辆踏上第 8 号地感线圈检测器，此前 8 号检测器的空置时间为 7.902s；数据 2 显示在 08:09:16.761 时刻，相位 3 的绿灯时间结束，绿灯时间共持续了 29.389s；数据 3 显示在 08:09:18.823 时刻，车辆离开第 10 号地感线圈检测器，车辆在检测器上占用时间为 0.671s；数据 4 显示在 08:09:23.242 时刻，相位 1 绿灯启亮，红灯时间间隔为 172.806s。

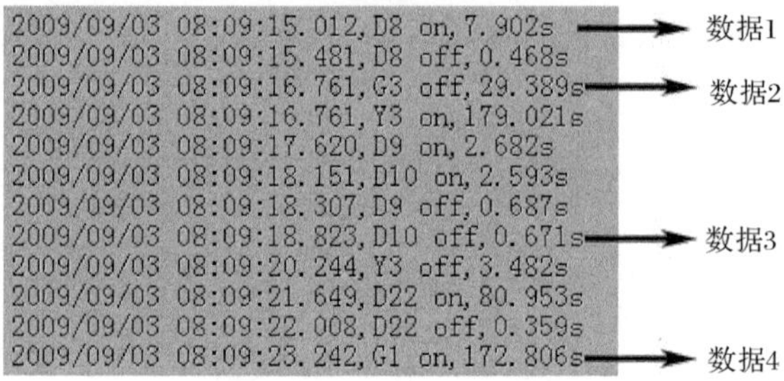

```
2009/09/03 08:09:15.012,D8 on,7.902s
2009/09/03 08:09:15.481,D8 off,0.468s
2009/09/03 08:09:16.761,G3 off,29.389s
2009/09/03 08:09:16.761,Y3 on,179.021s
2009/09/03 08:09:17.620,D9 on,2.682s
2009/09/03 08:09:18.151,D10 on,2.593s
2009/09/03 08:09:18.307,D9 off,0.687s
2009/09/03 08:09:18.823,D10 off,0.671s
2009/09/03 08:09:20.244,Y3 off,3.482s
2009/09/03 08:09:21.649,D22 on,80.953s
2009/09/03 08:09:22.008,D22 off,0.359s
2009/09/03 08:09:23.242,G1 on,172.806s
```


图 3.12　原始数据格式

3.2.2　原始数据处理

图 3.13 为 SMART-SIGNAL 数据处理应用过程流程图。当原始数据从实地传输到明尼苏达大学交通实验室后，第一个过程是进行数据的校验，对原始数据进行确认并剔除错误数据。例如，当数据显示有某个检测器一天内的占用时间达到 24 个小时时，可以明显判断为检测器运行出错，此外，可能出现的另外一种错误为日志文件中缺少某个相位或某个检测器的数据，造成该错误的原因可能是连接线路失效，需要进行现场维护。

第二个过程为数据预处理过程。通过对原始数据进行简单的统计分析，获取 4 类基本参数，分别为流量、占用时间、信号状态以及配时方案。这些参数可用于之后的其他性能指标的计算。

第三个数据处理过程是性能评价指标的计算。对预处理数据采用不同的算法计算交叉口或干道性能评价指标，如停车次数、延误、排队长度、旅行时间等。最终，产生的评价指标通过多种技术实现可视化后，可提供给道路用户及交通工程师使用。某些评价指标还可应用于交通信号系统的诊断和调整。

3.2.3　交通基本状态参数提取

1. 微观车辆速度及车头时距提取

如图 3.14 所示，基于线圈检测器的高精度数据包含车辆踏上检测器的时间

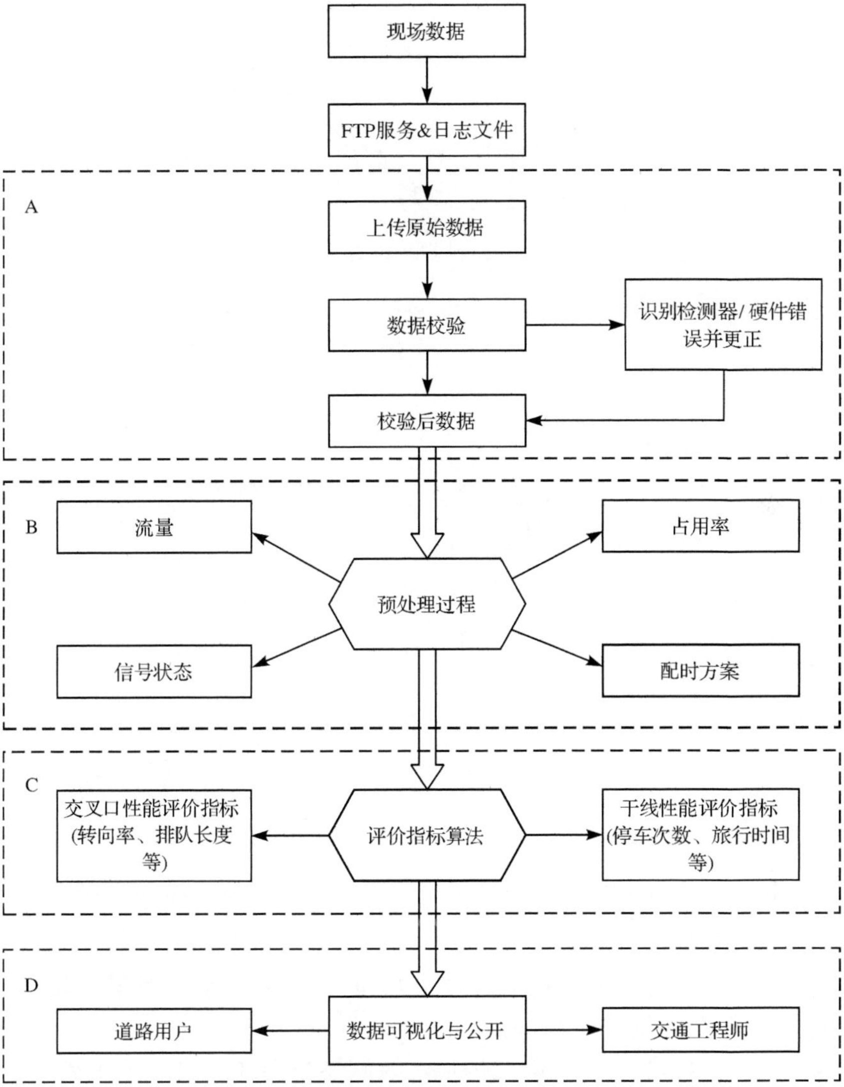

图 3.13　SMART-SIGNAL 数据处理流程图

T_i^o 和离开检测器的时间 T_i^f。车辆离开检测器的时间与车辆踏上检测器的时间差就是检测器被车辆占有的时间 t_i^{on}，通常简称为占有时间。如果我们设定车辆的有效车长 l_{eff} 为车辆有效长度和检测器长度 l_d 之和，那么该车的速度 v_i 可以通过式(3.2b)得到。采集连续两辆车的信息，基于这两辆车踏上离开检测器的时间，两辆车之间的车间时距 t_i^{gap} 和车头时距 t_i^h 可以通过式(3.2c)和式(3.2d)计算得到。头车离开检测器的时间与后车踏上检测器的时间之差，即为两辆连续车辆之间的车间时距。检测器被车辆占用的时间、单独车辆的速度、车辆的车间时距和

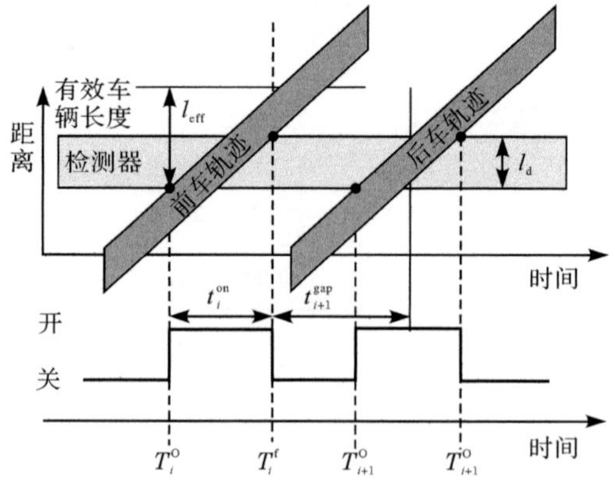

图 3.14　高精度数据示意图

车头时距等交通流理论里的关键参数，通过传统的检测器数据是无法获得的，高精度数据的出现填补了这方面的空白。

$$t_i^{\mathrm{on}} = T_i^{\mathrm{f}} - T_i^{\mathrm{o}} \tag{3.2a}$$

$$v_i = \frac{l_{\mathrm{eff}}}{t_i^{\mathrm{on}}} \tag{3.2b}$$

$$t_i^{\mathrm{gap}} = T_{i+1}^{\mathrm{f}} - T_i^{\mathrm{f}} + \frac{l_{\mathrm{eff}}}{v_{i+1}} \tag{3.2c}$$

$$t_i^{\mathrm{h}} = T_{i+1}^{\mathrm{o}} - T_i^{\mathrm{o}} \tag{3.2d}$$

2. 宏观流密速提取

流量、密度和速度被称为交通流三要素，是交通流理论的基本要素。早期的交通流研究人员使用的测量仪器只有秒表和计数器，测量方法不仅复杂，而且精度不高，很难对一段时间的交通流特性进行研究。相反，基于高精度数据可以很容易地获得道路的流量、密度和速度。

宏观交通流的流量为单位时间内通过检测器断面或车道的车辆数目，用 q 表示。若在 T 时间内，踏上检测器的车辆为 N 辆，那么流量计算公式为

$$q = \frac{N}{T} \tag{3.3}$$

基于高精度数据，我们可以获取车辆 i 的速度信息 v_i、检测器占有时间 t_i^{on}、与前车的车间时距 t_i^{gap} 和车头时距 h_i。那么，路段的交通流量我们可以通过如下的公式计算得到

$$q = \frac{N}{T} = \frac{1}{\frac{1}{N}\sum_{i=1}^{N} h_i} = \frac{1}{\frac{1}{N}\sum_{i=1}^{N}(t_i^{\mathrm{on}} + t_i^{\mathrm{gap}})} \tag{3.4}$$

空间平均速度是在道路的一段空间区域内车辆平均车速的平均值，基于高精度数据可以对每一个经过检测器的车辆的速度进行估算[式(3.5)]。这样就可以得到空间平均速度 v_s：

$$v_s = \frac{1}{\frac{1}{N}\sum_{j=1}^{N}\frac{1}{v_i}} \tag{3.5}$$

交通密度为单位路段长度上存在的车辆数目，是宏观交通流的重要参数之一，用 k 表示：

$$k = \frac{q}{v_s} \tag{3.6}$$

宏观流的密度参数的物理意义很直观，传统的数据收集系统很难动态地获取宏观流的密度。随着 SMART-SIGNAL 系统的开发和高精度数据的应用，获取宏观流密度将变得容易。

3. 案例分析

为了详细说明如何利用高精度数据进行交通状态基本参数提取，我们选取了明尼苏达双城区 TH55 高速公路 Boone Ave. 信号交叉口作为案例进行研究。如图 3.15 所示，交叉口 Boone Ave. 布设有路段检测器和停车线检测器。选取路段检测器 1 的数据，分析交叉口 Boone Ave. 自西向东方向，一条车道对应的主要的交通基本参数，数据采集时间为 2009 年 7 月 7 日，7:00～8:00 早高峰时段。

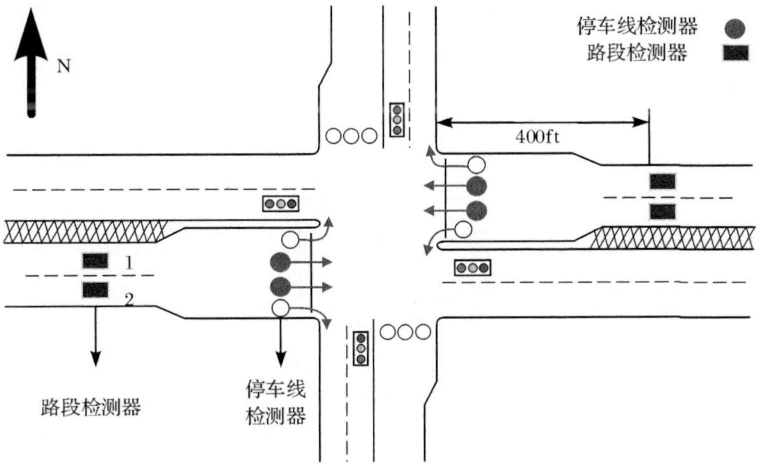

图 3.15　交叉口 Boone Ave. 示意图

高精度数据包含了车辆踏上和离开检测器的时间，以及相应的信号灯变化的时间。在这里，我们用路段检测器 1 采集的高精度信息来推算基本交通参数。首先设定车辆的有效车长 l_{eff} 为 20ft，利用式(3. 2a)～式(3. 2d)，可以计算该车的速度 v_i；然后，根据该检测器连续两辆车的信息(包括这两辆车踏上和离开检测器的时间)，利用式(3. 2c)和式(3. 2d)来计算两辆车之间的车间时距 t_i^{gap} 和车头时距 t_i^{h}。计算结果包括车辆占有时间、速度、车间时距与车头间距，如表 3. 1 所示。

表 3. 1　车辆信息

ID	踏上时间	离开时间	占有时间/s	速度/(km/h)	车间时距/s	车头间距/s
1	7:00:02. 640	7:00:02. 906	0. 266	51. 3	2. 376	2. 131
2	7:00:04. 625	7:00:04. 906	0. 281	48. 5	2. 281	1. 985
3	7:00:06. 312	7:00:06. 609	0. 297	45. 9	2. 000	1. 687
4	7:00:11. 078	7:00:11. 359	0. 281	48. 5	5. 031	4. 766
5	7:00:11. 937	7:00:12. 203	0. 266	51. 3	1. 110	0. 859
…	…	…	…	…	…	…

通过统计路段检测器，总共获得 878 条车辆数据，基于这些数据以及计算得到的相应的车辆占有时间、速度、车间时距、车头间距等，利用式(3. 3)可以计算每 15min 内该车道的流量；同时利用式(3. 5)和式(3. 6)，可以得到空间平均速度和密度。计算结果具体如表 3. 2 所示。

表 3. 2　早高峰时段每 15min 的流量

ID	时间	流量/(veh/h)	空间平均速度/(km/h)	交通密度/(veh/km/lane)
1	7:00～7:15	736	39. 92	73. 7
2	7:15～7:30	900	41. 01	87. 8
3	7:30～7:45	984	34. 89	112. 8
4	7:45～8:00	892	40. 55	88. 0
	平均	878	38. 77	90. 6

根据表 3. 2 的数据，可以计算对应的高峰时间因子(peak hour factor，PHF)。首先选取每 15min 高峰时段最大流量：984veh/h(7:30～7:45)可以计算高峰时段的流量为 878veh/h；然后 PHF 可计算得

$$\text{PHF}=\frac{878}{984}\approx 0.893$$

通常对于快速路的高峰时段因子为 0. 8～0. 95，这里计算为 0. 893。

3. 3　本 章 小 结

关于使用高精度数据进行交通建模和控制的研究仍需要进行大量的研究工

作。相比传统检测器数据，高精度数据能获取事件级的交通信息，这可以为交通工程的相关研究和应用带来极大的提升。目前的研究已经表明，高精度数据在检测器的故障诊断、车辆分类、旅行时间估计、干线性能评估、交通信号优化、交通安全、交通流理论和环境等研究领域具有极大的潜力。另外，由于高精度数据的收集相比于其他的数据具有建设成本低，可以在当前的检测器基础上进行收集，而且可以连续不断地收集等优势，这为高精度数据的应用提供了广阔的空间[82]。本书将围绕如何用高精度数据来对信号交叉口进行有效的评估和控制，特别是对过饱和信号交叉口的评估和信号控制问题进行详尽的阐述。

第 4 章　基于低空无人机的多模式交通信息采集

随着近几年民用无人机技术的迅猛发展，基于无人机的交通信息采集方法引起了世界各地学者和研究机构的关注。相比现有交通信息采集方式(固定型如地磁感应线圈及移动型如浮动车)，采用无人机进行交通信息采集具有三大优势：①航拍图像覆盖范围大；②应用条件广，可对无地面交通监控设备的路段进行交通状态数据采集；③获取的交通信息种类多、数据详细，如常规方式无法直接获取的交通密度、排队长度等。

本章将着重介绍无人机在交通信息采集及监控方面的相关应用，包括以 Viola-Jones 方法为基础的车辆识别方法和视频图像增稳方法，道路方向检测与道路区域识别方法，机动车、货车及公交车检测和车辆跟踪，以及基于红外热图像的行人及自行车的检测与跟踪方法。

4.1　概　　述

基于无人机航拍图像进行交通信息采集，是在无人机平台上搭载光学摄像仪或扫描雷达等传感器或设备，利用航拍图像检测道路并实现对地面车辆及行人的检测与跟踪。国内外目前已有不少学者和研究机构在这一领域进行了相关研究。

美国亚利桑那大学的 Shastry 和 Schowengerdt[89] 使用无人直升机拍摄的视频来估算交通参数。为了消除无人机平台运动造成的视频抖动问题，他们采用基于特征点跟踪的视频配准方法来消除背景图像的运动，然后应用帧差法检测车辆，并利用 KLT(Kanade-Lucas-Tomasi)特征跟踪器[90]对车辆进行跟踪，同时利用检测到的车辆轨迹数据对平均车速、瞬时车速及其他参数进行了估算。同在亚利桑那大学的 Hickman 则对如何从无人机低空航拍图像中提取交通参数做了较多研究。他们提出了一系列方法用于提取航拍图像中的信息，如车速、旅行时间、交通密度和排队延误等交通参数[91]。他们提出了两种基于无人机低空航拍图像的交叉口排队长度估算方法[92]：一种方法是直接通过统计车辆数获取排队长度，但这种方法的准确度会受到车辆检测结果的影响；另一种是通过多边形的面积来估算多边形内的车辆数目及排队长度。另外，他们提出了一种道路区域估计方法[93]，这种方法可以用来缩小检测的道路区域，从而提高车辆检测和跟踪的效果。俄亥俄州立大学的 Coifman 等[94]利用无人机采集的数据来对道路服务水平进行评价，包括估算年平均日交通流量、小型路网的 OD 和停车场的使用率。美国南佛罗里达大学的 Puri[95]总结了前人的研究成果，利用小型无人直升机采集的实时时空数据进行交通监控、交通模式评估和车辆统计，并将获得的时空数据转换成能够导入交通仿真模型的流量配置文件，用于提高模型标定、交通仿真和交通预测的精度，提高交通仿真的可靠性[95～97]。德国宇航中心的 Reinartz 等[98]对如何从空基图像中提取精确的交通流参数进行了进一步研究。为了实现多参数的精确提取，他们对视频采样的最小频率进行了研究，并使用数字道路数据库来改善车辆跟踪算法。

国内这方面的研究也比较成熟。如上海交通大学的彭仲仁等[99]对无人机的路径规划问题进行了相关研究，并对无人机在交通信息采集方面的应用进行了剖析和分解；武汉大学的李清泉利用飞艇采集的航拍视频进行了车辆检测与跟踪技术研究，并基于这些技术对交通参数进行估算[100]；中国科学技术大学的曹先彬[101～109]则将机器学习、KLT 特征跟踪和配准等技术综合应用于车辆检测与跟踪方面，并取得了显著的成果。

无人机具有飞行不受地面道路限制、视野广、机动灵活等优点。一方面，对于没有布设交通监控设施的地区，无人机可以作为一种移动式交通监控设备完成交通监控的任务；另一方面，对于交通监控的盲区，无人机作为移动监测平台，可完成盲区监测的任务。随着近几年元器件成本的下降和无人机技术的发展，民用无人机在功能更加完善的同时，价格也更加低廉，这将有力地促进无人机在交通监控领域的应用。

现实中，将无人机应用于道路交通监控还面临较多需要解决的问题，包括如何制定针对交通监控的无人机系统、自动化的交通状态感知系统以及相关法律法规等。本章将围绕无人机在交通监控上的应用，就无人机交通数据采集系统集成和基于无人机航拍图像的车辆与行人的检测与跟踪算法进行系统的介绍。

4.2　无人机数据采集系统框架

空基交通状态感知系统(图 4.1)主要包含两部分:六轴飞行器平台和地面端控制系统及两者之间的数据无线传输。

4.2.1　六轴飞行器平台

这里介绍的无人机系统是以六轴飞行器(图 4.2)为载体，搭载飞行控制器、摄像机、摄像增稳云台、编码正交频分复用(coded orthogonal frequency division multiplexing，COFDM)图像传输模块、GPS 模块及数据通讯电台。六轴无人机系统具有人工遥控、人工超视距遥控、自主飞行三种模式。飞行器与地面端的控制指令和监控数据传送通过双向数字通信电台来实现。

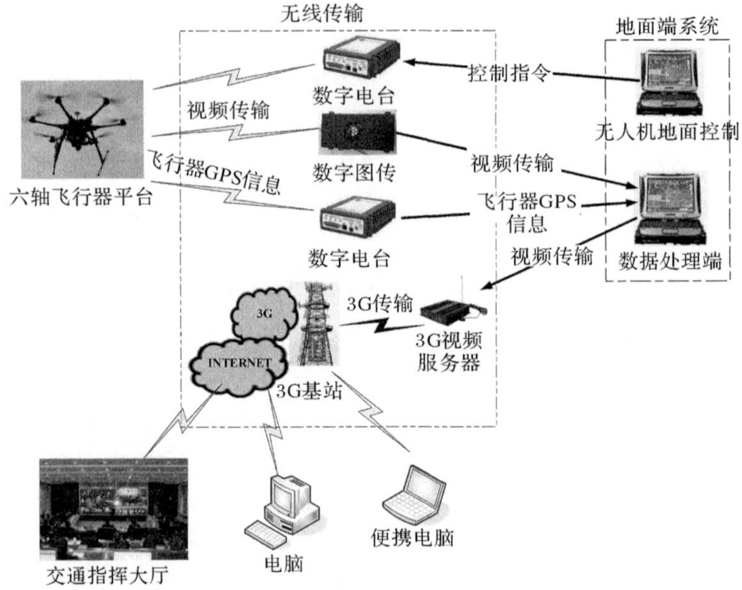

图 4.1 空基交通状态感知系统构架图

以大疆 S800 六轴飞行器为例(图 4.2)。S800 采用快拆结构,机臂为电调、电机和桨一体化设计,并配合 WooKong-M 多旋翼飞行控制系统,可完成精准悬停、匀速巡航、大机动转弯等飞行动作。其中,WooKong-M 多旋翼飞行控制系统(图 4.3)是一款多旋翼平台的飞控系统,集成了高精度的传感器,并运用先进的温度补偿算法和精准的工业化校准算法,使系统发挥出稳定、高效、可靠的性能。

图 4.2 六轴无人飞行器

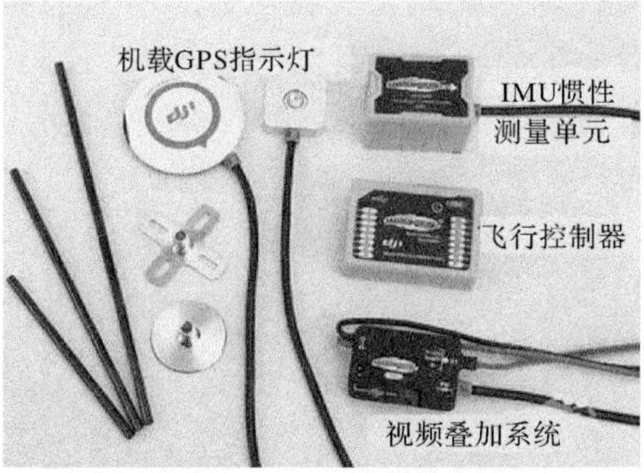

图 4.3　大疆 WooKong-M 多旋翼飞行控制系统

4.2.2　可见光与红外热感图像采集设备

无人机交通信息采集的核心是通过无人机搭载成像设备进行航拍，以获取现场航拍数据。无人机成像设备分为光学（可见光、红外）和测绘雷达等，较常用的为可见光和红外热成像设备。

1. 可见光图像采集设备

可见光图像采集设备一般包括摄像机和增稳云台，如图 4.4 所示。为增加飞行器的续航时间，选择摄像头的原则是在满足清晰画面的基础上优先选择重量小的设备。增稳云台的作用是自动抵消飞行器运行过程中的俯仰角、侧倾角及滚转角的变化，实现摄像机姿态的稳定并保持垂直正摄状态，以获得清晰、无晃动的影像，降低后续图像处理的难度。同时，数据收集系统安装了 COFDM 无线图像传输模块用于长距离的图像传输。

COFDM 具备如下优点：①不受环境影响或受环境影响小，即在一定阻挡的环境中，也能够实现图像的稳定传输；②适合于高速移动中的实时图像传输；③传输带宽高，适合高码流、高画质的音视频传输；④在复杂电磁环境中，COFDM 具备优异的抗干扰性能；⑤传输距离远，可达到 10～50km。上述特点保障了无人机进行高速公路巡查过程中图像的稳定传输。

2. 红外热成像设备

红外热感成像设备是利用物体发射出的红外线来实现目标检测，如图 4.5 所示。一般说来，利用红外热感成像设备对物体进行检测与白天或夜间无关，只与物体与环境的温差相关。与基于可见光的图像采集设备相比，红外热成像设备可实现全天候的交通态势监控，尤其对于行人等较小的目标，红外热图像可以达到比较好的辨识效果。但红外热成像设备存在分辨率和采样率低的不足，因此，对高速运动的目标检测有一定的限制。这里采用 FLIR 公司生产的 Tau2 640 长波红外热成像相机机芯进行红外图像采集，该设备最大分辨率为 640×480 像素，采样频率为 9Hz。

图 4.4　GoPro 相机与 GH3 增稳云台

图 4.5　FLIR Tau2 640 红外热成像摄像头

4.3　基于视频数据的改进 Viola-Jones 车辆检测方法

图像处理技术是实现自动化交通信息采集的基础，相关研究比较多[91,92,94,104,110~121]。为了实现车辆的快速检测，本节将介绍一种在 Viola-Jones 物体检测框架基础上改进的车辆检测方法。由于无人机的运动会造成航拍视频抖动，本节将同时介绍消除视频抖动的视频配准方法。

4.3.1　Viola-Jones 方法

Viola-Jones 方法是最为广泛采用的物体快速检测的算法。Viola-Jones 算法采用 Haar 特征分类器[122~124]，其基本原理是将多个弱 Haar 分类器级联成一个强分类器。Haar 特征(图 4.6)是 Viola-Jones 方法的核心，该特征由白色和黑色两种矩形构成，特征值为白色矩形和黑色矩形的像素差。Haar 特征可以用积分图像进行快速计算。积分图像是由 Viola 和 Jones[123] 提出，用来表述图像的一种中间形式。

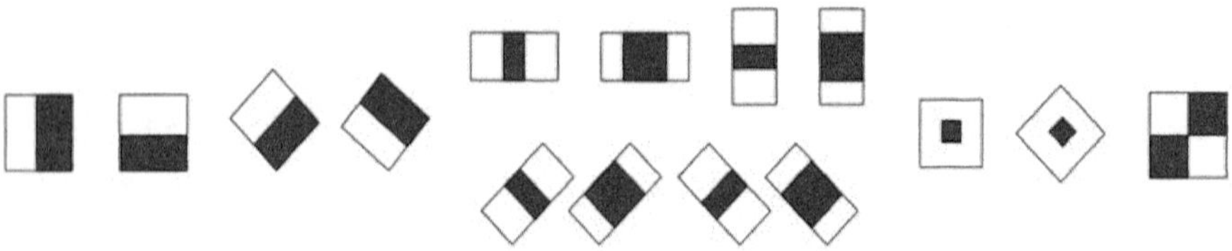

(a) Haar 特征(边缘、直线、中心和对角特征)

(b) 使用 Haar 特征进行车辆检测

图 4.6　Haar 特征及车辆检测

但是这些单独的 Haar 特征值是弱分类器，给出正确判断结果的几率仅仅比随机选择正确的几率略高。因此，为了构建一个强分类器，Viola 和 Jones 应用 AdaBoost 算法将数百甚至数千个独立的弱分类器特征训练成一个级联分类器[125]。

AdaBoost 算法训练的强分类器检测速度快，但是仍然达不到实时性的要求。为了提高检测速度，强分类器被组合成级联分类器。在训练过程中，只有检测通过当前层分类器的样本被用于训练下一级的分类器。使用这种级联分类器，若待检测的图像在分类器的某一层被判为非目标物体，该图像的检测将立即结束，不再进行级联分类器后续环节的判断。级联分类器本质上是一种决策树，这种结构的优点在于，当检测一帧图像时，如果级联分类器中的某一级分类器否定了该图像，则检测过程直接中断，因此物体检测的主要时间将用于检测期望值更高的图像。这种检测策略极大地提高了检测器的速度，既实现了物体检测的尺度不变性，又实现了实时性。

利用 Viola-Jones 方法进行车辆检测，首先需要训练分类器。训练分类器的第一步是建立样本库，样本库是一个包含正负样本的图像数据集。这个过程需要手工选取上万个车辆正样本和负样本[图 4.7(a)、(b)]。为了提高检测率，对一些特殊情况下的车辆样本也需要进行收集，如相对于水平线有轻微旋转角度[图 4.7(c)]，周围有白色标线[图 4.7(d)]，周围有阴影[图 4.7(e)]。样本选取后，正负样本需要先转换为灰度图像，并将尺寸归一化为 40×20 像素。每个 40×20 像素的灰度图像可以提取出 479430 个不同的 Haar 特征。通过训练过程筛选出几百个 Haar 特征构成了一个具有多个阶层的级联分类器。

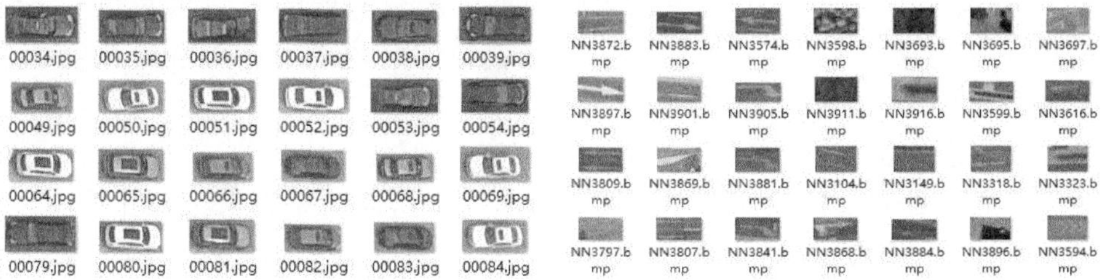

(a) 正样本　　　　(b) 负样本

(c) 特殊正样本：
与水平线成一定角度的车辆

(d) 特殊正样本：
周围有白色标线车辆

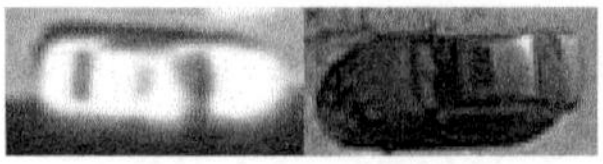

(e) 特殊正样本：带阴影的车辆

图 4.7　训练样本：正样本和负样本

4.3.2　道路方向矫正方法

直接利用上节所述的 Viola-Jones 方法检测无人机航拍图像中的车辆仍有一定的局限性，其原因是 Viola-Jones 物体检测方法具有方向性，即该方法只能检测与正样本中朝向一样的车辆。当用于检测无人机航拍图像时，由于无人机平台的运动，航拍图像中车辆的方向是未知而且是变化的，这种情况下 Viola-Jones 方法的检测性能就会大大地降低。现有文献中，一类是通过训练多个不同朝向的分类器来实现不同方向的车辆检测[126]；另一类是通过多次旋转图像涵盖 360°内各种朝向的车辆[104]。但是训练多个分类器的方法费时费力，对同一图像检测多次的方法耗时严重而且会增加误检率。为了解决这个问题，本节介绍一种通过矫正道路方向来获取车头方向的方法。与训练多个检测器或多次旋转图像不同，该方法只需旋转图像一次，将道路（及道路上的车辆）调整为水平方向，车辆的方向因而正好与训练好的分类器相对应。将道路矫正方法与 Viola-Jones 方法相结合，可以使 Viola-Jones 方法适用于航拍道路方向未知情况下的车辆检测，并且满足高效检测的需求。

道路方向矫正方法本质上是根据道路方向（道路和图像水平方向的夹角）来旋转图像，使旋转后道路上的车辆方向与训练的分类器的方向相匹配。这样，Viola-Jones 方法就可以直接应用，从而实现高检测率、低误报率并且检测速度快。

道路方向矫正的基本步骤如下：

(1) 将采集的原始彩色图像转化成为灰度图像[图 4.8(a)]。

(2) 应用 Canny 边缘检测[127]和霍夫变换提取边缘和线条[图 4.8(b)]。

(3) 计算每条被检测到的线条方向θ_i，然后根据这些角度来绘制相对直方图 H(A)[图 4.8(c)]。相对直方图的最大分布频率所对应的角度就是道路方向。

(4) 为了减少平面旋转时产生的抖动，使用一阶滞后滤波算法对该帧的最终旋转角进行平滑处理。旋转之后,道路和车辆的方向将与图像的水平方向对齐[图 4.8(d)]。

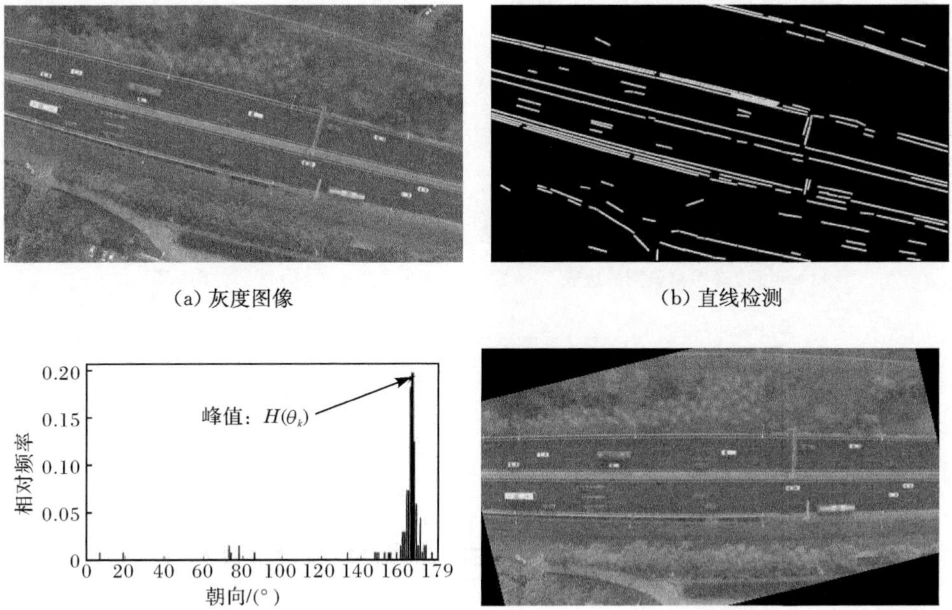

(a) 灰度图像 (b) 直线检测

(c) 相对直方图 (d) 图像矫正

图 4.8 道路方向水平矫正

下面给出一些关键步骤的详细解释。

1. 直线检测

道路修正方法的关键步骤之一是直线检测。这个方法首先应用 Canny 边缘检测算法[127]来检测灰度图像中的边沿,然后应用霍夫变换检测直线。如图 4.9(a)所示,许多直线被检测出来。每条直线的方向可根据下式进行计算

$$\varphi_i = \begin{cases} \arctan\left(-\dfrac{r_{i\_2} - r_{i\_1}}{c_{i\_2} - c_{i\_1}}\right), & c_{i\_1} \neq c_{i\_2} \\ 90°, & c_{i\_1} = c_{i\_2} \end{cases} \tag{4.1}$$

式中,φ_i 是检测出的直线 i 的方向,它是一个区间,$\varphi_i \in [0°, 180°)$。

(c_{i_1}, r_{i_1})和(c_{i_2}, r_{i_2})分别代表直线 i 开始和结束点的像素坐标,即直线的两个端点 $P1$ 和 $P2$,如图 4.9(b)所示。

2. 道路方向估算

如图 4.9(a)所示,检测到的直线大多数与道路方向是平行的,根据这个规律,

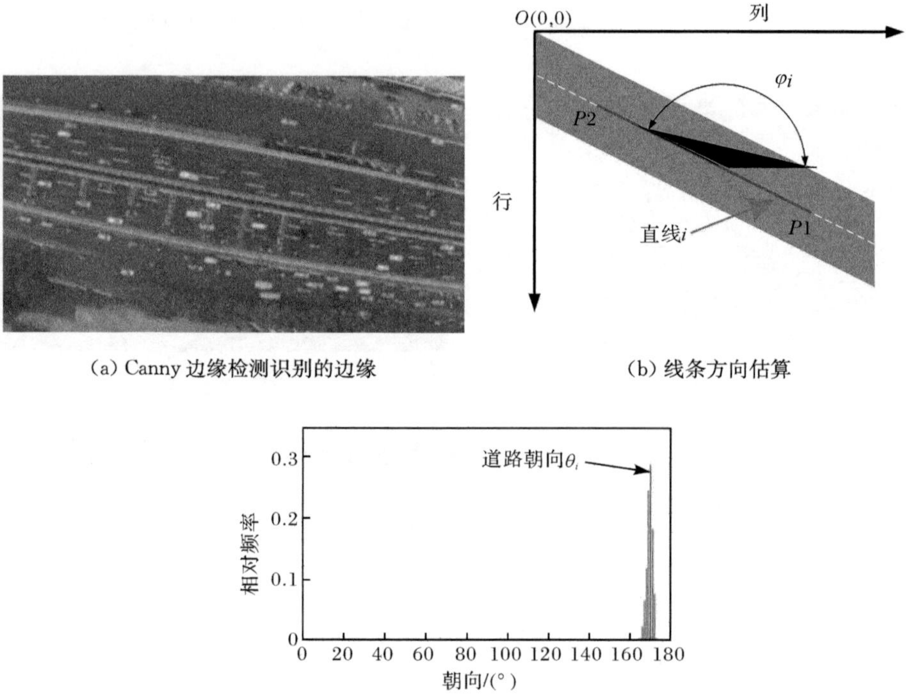

(a) Canny 边缘检测识别的边缘　(b) 线条方向估算

(c) 相对直方图

图 4.9　道路方向估算

可以统计所有检测到的直线方向，然后建立直线方向的直方图。其中，角度出现频数最大的角度即为道路的方向。检测的方向以 1°为最小计算单位。道路方向估算的步骤如下所示：

(1) 计算检测到的直线的总数 n。

(2) 定义 180 组角度区间：$\theta_1=[0°,1°)$，$\theta_2=[1°,2°)$，…，$\theta_i=[(i-1)°,i°)$，…，$\theta_{180}=[179°,180°)$。

(3) 计算方向在区间 θ_i 内的直线的数量 $h(\theta_i)$。

(4) 计算每组区间内同一角度出现次数的相对频率 $H(\theta_i)=h(\theta_i)/n$。

(5) 以每组区间为底构建直方图，直方图高度等于该组的相对频率[图 4.9(c)]。

(6) 直方图中幅度最大的值对应的角度 θ_k 即是道路的方向，$\Theta=k$。

3. 道路方向滤波

实际应用中，由于无人机的运动是连续的，将导致航拍图像的旋转也是连续的。同时，由于计算后的道路方向为离散值，根据该角度旋转校正后的视频将会有小幅度、高频率的抖动。为了消除这种小幅的抖动，这里采用一阶滞后滤波算法对上节中得到的道路方向进行滤波。一阶滞后滤波算法的基本原理是将前一帧中获得的道路方向加权后再计算当前帧的旋转角度。所以当前帧 j 中计算的最终旋转图像的角度值可以通过下式计算

$$\omega_j = (1-w)\omega_{j-1} + w\Theta \tag{4.2}$$

式中，ω_{j-1} 是帧 $j-1$ 的图像旋转角；w 是预定权值。

根据 ω_j 将图像进行旋转后，图像中的道路被矫正为水平方向。图 4.10 列出

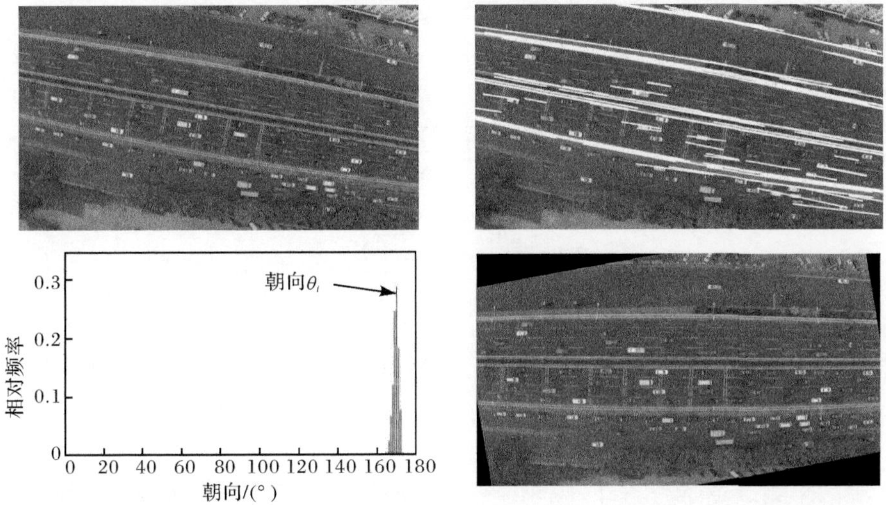

(a) 城市道路

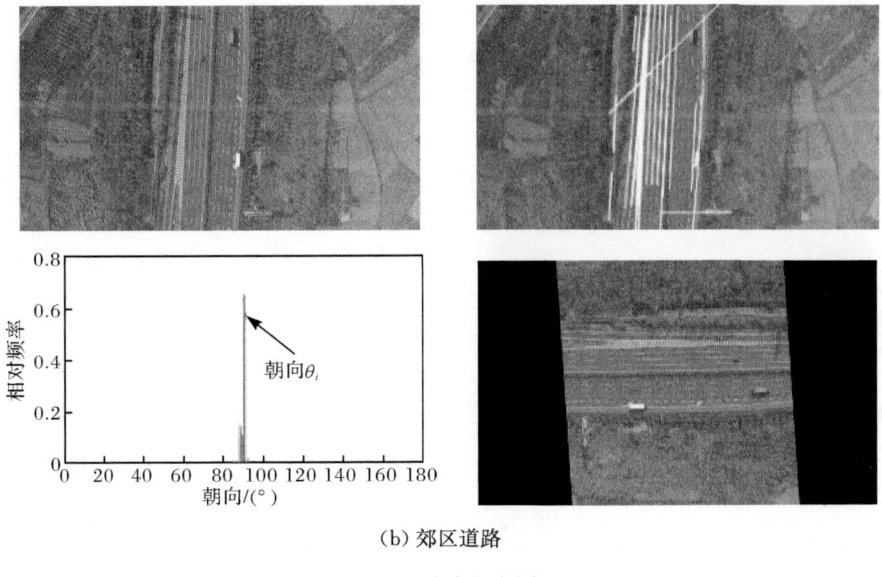

(b) 郊区道路

图 4.10　道路方向矫正

四个小图分别代表：原始图像、霍夫变换检测直线、直线角度直方图、矫正后的图像

了两个道路角度调整的例子，一个是城市道路，另一个是郊区道路。

4.3.3 车辆检测测试

4.3.2 节阐述的改进的 Viola-Jones 方法可以用来对不同类型的车辆进行检测和追踪。城市道路中主要的车辆类型可分为小型汽车和公交车，这里将对这两种车型进行测试。

测试的第一步是针对小型汽车与公交车分别训练了不同的 Viola-Jones 车辆检测分类器，然后利用改进的 Viola-Jones 方法对不同天气、不同路况下的场景进行了测试。

车辆检测精度采用两个典型的指标来评价，分别是检测率(detection rate, DR)和误报率(false alarm rate, FAR)。检测率与误报率的定义为

$$\begin{cases} \text{DR}=\dfrac{\text{TP}}{\text{TP}+\text{FN}} \\ \text{FAR}=\dfrac{\text{FP}}{\text{TP}+\text{FP}} \end{cases} \tag{4.3}$$

式中，TP 为正确检测到的车辆数；FN 为漏检的车辆数；FP 为误检的车辆数。

1. 小汽车检测精度统计

小汽车测试场景考虑了不同的路况(拥堵与否)和天气(晴天、雾霾、倾斜光照)等因素，通过 5 组视频测试其检测精度。测试视频的分辨率为 1920×1080 像素，视频的拍摄高度为 150～200m。每组视频长 20min，测试时每隔 10s 取一帧，即每个场景测试 120 帧图像。小汽车检测精度的统计如表 4.1 所示，小汽车检测的平均精度为 90.0%，平均误检率为 7.3%，测试效果如图 4.11 所示。

表 4.1 小汽车检测精度统计

测试场景			TP	FN	FP	DR/%	FAR/%
1	畅通道路	晴天	2430	212	163	92.0	6.3
2		雾霾	3809	471	341	89.0	8.2
3		倾斜光照	4594	586	544	88.7	10.6
4	拥堵道路	晴天	8524	916	691	90.3	7.5
5		雾霾	19122	2078	1307	90.2	6.4
总计			38479	4263	3046	90.0	7.3

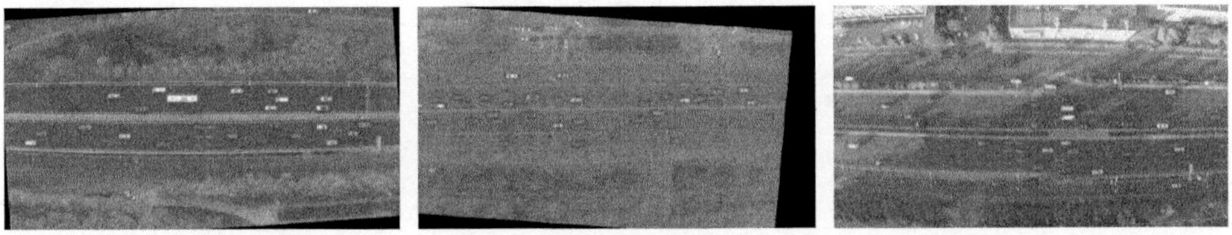

(a) 晴天无拥堵　　(b) 雾霾天气无拥堵　　(c) 斜光照无拥堵

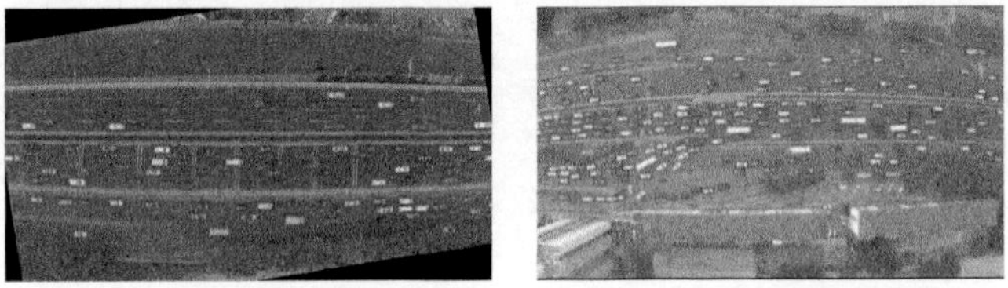

(d) 傍晚拥堵条件　　(e) 雾霾拥堵条件

图 4.11　小型汽车检测

2. 公交车检测精度统计

为检测公交车辆，必须先训练针对公交车的分类器。与小轿车分类器的训练方法类似，首先需要建立公交车的样本库，其中正样本为仅含公交车的图片，负样本为不含公交车的图片。样本选取后，正负样本转换为灰度图像，并将尺寸归一化为 60×20 像素，即可被检测到的公交车的最小尺寸是 60×20 像素。通过训练好的分类器对视频进行检测，测试分类器对公交车的检测精度 DR 和误报率 FAR。

公交车检测方法性能测试采用了两种场景各 3 组视频，其中公交站处的视频分辨率为 1920×1080 像素，拍摄高度为 100m；十字路口处的视频分辨率为 1920×1080 像素，拍摄高度为 150m。每组视频长 10min，测试时每隔 10s 取一帧，即每个场景 3 组视频共测试 180 帧图像。为了能够较好地检测十字路口处竖直方向的车辆，将图像旋转 90°，即十字路口处的每幅图像检测两次。

公交车检测精度如表 4.2 所示，与小型汽车相比，公交车的检测精度相对较低，这是因为公交车的长宽比(3∶1)较小轿车(2∶1)大，当公交车转弯或换道时，由于 Viola-Jones 车辆检测方法对车辆的朝向变化比较敏感，图像中与水平方向不平行的公交车会被漏检。另一方面，公交车检测的误检率也较高，这是因为公交站牌处的顶棚易被误检，部分道路区域也会被误识别为公交车。

公交车检测效果如图 4.12 所示。

表 4.2　公交车检测精度

测试场景			TP	FN	FP	DR/%	FAR/%
1	公交站	晴天	160	33	42	82.9	20.8
2	十字路口	晴天	183	42	38	81.3	17.2

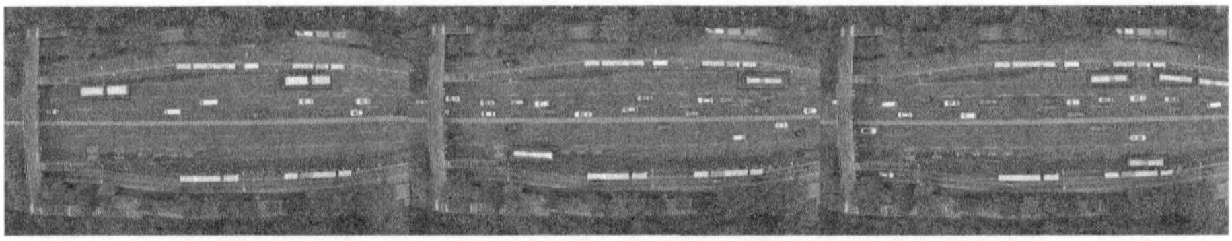

(a) 公交车站

(b) 十字路口

图 4.12　公交车检测

4.4　基于多颜色直方图的车辆跟踪算法

车辆跟踪本质上是对连续帧中的车辆进行匹配。本节提出的车辆跟踪方法是比较车辆的颜色直方图。不同的车辆会有不同的颜色直方图，所以通过比较 t 时记录的图像帧中识别到的目标车辆的颜色直方图和 $t+i(i=1,2,3,\cdots)$ 时对应的图像帧中检测到的目标车辆的颜色直方图，可以找到最佳匹配车辆，从而实现目标车辆跟踪。为提高跟踪的效率，这里所提出的车辆跟踪系统首先采用了一个简单的车辆位置预测方法，该方法先在连续帧中大约估计目标车辆的可能位置，之后只比较在连续帧中预测位置周围车辆的颜色直方图来寻找最佳匹配。通过先实施车辆位置预测可大大提高跟踪的效率和准确率。

4.4.1　车辆位置预测

车辆位置预测可以减少搜索区域，从而有效地提高跟踪效率。通常情况下，需要知道车辆的运动方向和车速才能预测车辆在 $t+i$ 时的位置。相关学者利用交通信息(如车速)和道路信息(如车速限制和方向)进行车辆位置预测[115]，但是这种数据很难从 UAV 视频中获得。为了解决这个问题，这里提出的方法先随机设置了一个矩形区域 R 作为搜索区域，其长宽比等于 Viola-Jones 检测器输出的检测窗口的大小。检测窗口大约等于图像中被检测出来的车辆大小，并且这个窗口可以根据车辆在图像中的大小自动调整。如果检测窗口大小是 $w\times h$（w 和 h 分别是宽度和高度），而且在 t 时的图像帧中目标车辆的原始相对坐标是 (x_t, y_t)，目标车辆在 $t+1$ 时的可能位置的一个覆盖区域 R（图 4.13 中的带交叉线的矩形）可以根据式(4.4)估计：

$$R:\{(x_{t+1}, y_{t+1}) \mid x_{t+1} \in [x_t \pm \alpha w] \cap [1, \mathrm{Img}W], y_{t+1} \in [y_t \pm \alpha h] \cap [1, \mathrm{Img}H]\} \tag{4.4}$$

式中，Img$W$ 和 Img$H$ 是图像的宽度和高度；α 是比例因子。

上述方程用四个角坐标描述了一个矩形区域，分别为 $(x_t-\alpha w, y_t-\alpha h)$、$(x_t-\alpha w, y_t+\alpha h)$、$(x_t+\alpha w, y_t-\alpha h)$ 和 $(x_t+\alpha w, y_t+\alpha h)$。由于缺少行驶方向的信息，这个矩形覆盖了目标车辆前后左右区域。在这个方程中，比例因子 α 是一个默认值为 1 的整数，但如果矩形区域太小以至于在其内部找不到匹配车辆，这个值可以扩大。此外，符号 $\cap$ 用于约束区域 $\boldsymbol{R}$，使其坐标范围始终位于原始航拍图像中。原始图像是一个大小为 Img$W\times$Img$H$ 的矩形，即图像的分辨率为 1920×1080 像素。

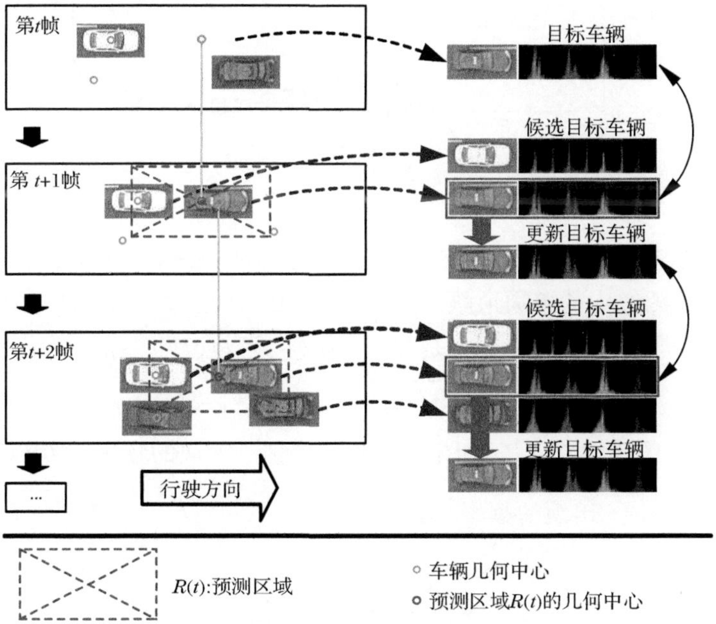

图 4.13　车辆位置预测和车辆四通道直方图

4.4.2　基于颜色相似的目标匹配

通常在下一帧中的搜索区域 R 内，会有不止一辆车被检测出来。为了找到前一帧的同一辆车，需要进一步筛选，这里采用颜色直方图相似性匹配的方法在矩形区域 R 内寻找目标车。

对于一幅单通道图像 P，每个像素的强度值为 $0\sim n$，定义 $h_i(P)$ 来表征某个像素强度值在图像 P 中出现的频率，$h_i(P)$ 表述为

$$h_i(P)=\frac{s_i(P)}{\sum_{i=1}^{n}s_i(P)} \tag{4.5}$$

式中，$s_i(P)$ 是图像 P 中像素强度值 i 出现的频数。

图像 P 可以用一个 $n+1$ 维向量表示，$H(P)=[h_0(P),h_1(P),\cdots,h_n(P)]$。

为了增强目标车与不同车匹配时直方图相似性的区分度，考虑了包括红(R)、绿(G)、蓝(B)三个通道及灰度图四种图像的单通道颜色直方图。图 4.14 列出了某辆车 4 个通道的直方图。

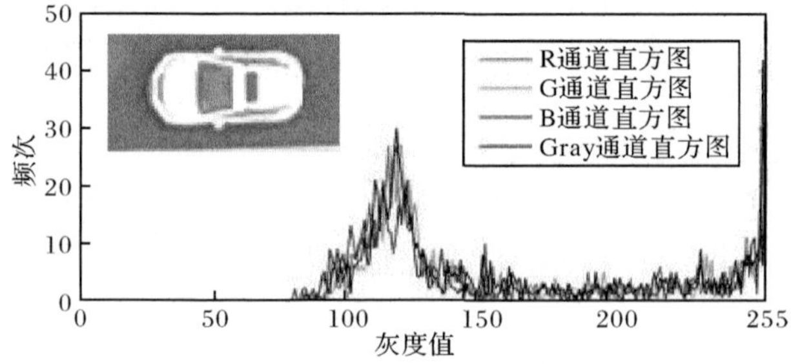

图 4.14　车辆直方图(40×20 像素)

两幅图像(P 和 P')的 4 个通道的颜色直方图相似性匹配结果用 $S(P,P')$ 表述。P 和 P' 两图像中的单通道颜色直方图相似性匹配值可用下式进行计算

$$C_i(P,P')=\frac{\sum_{j=1}^{N}[h_i^j(P)-\bar{h}_i(P)][h_i^j(P')-\bar{h}_i(P')]}{\sqrt{\sum_{j=1}^{N}[h_i^j(P)-\bar{h}_i(P)]^2\,[h_i^j(P')-\bar{h}_i(P')]^2}} \tag{4.6}$$

式中，N 是直方图维数；$h_i^j(P)$ 是图像 P 中像素值 i 出现的频率；$\bar{h}_i(P)$ 则是图像 P 中加权平均像素值 i 出现的频率，其中，$\bar{h}_i(P)=\frac{1}{N}\sum_{j=1}^{N}h_i^j(P)$；$C_i(P,P')$ 的取值为 $0\sim1$。

在计算了 P 和 P' 两幅图像的单通道的颜色直方图相似性 $C_i(P,P')$ 之后，$S(P,P')$ 可以通过以下公式进行计算

$$S(P,P')=\prod_{i\in\{R,G,B,Gray\}}C_i(P,P') \tag{4.7}$$

如果 $S(P,P')$ 比预设的阈值大，则认为这两幅图像中包含的车辆为同一辆车。被跟踪的车的直方图与位置会被更新成当前车辆的状态。跟踪程序继续在下一帧中搜索目标车辆的最佳匹配，直到车辆离开无人机相机的视野。图 4.15 显示了 8 辆车的轨迹提取结果。其中轨迹有交叉是因为不同车道的车辆发生了超车行为。

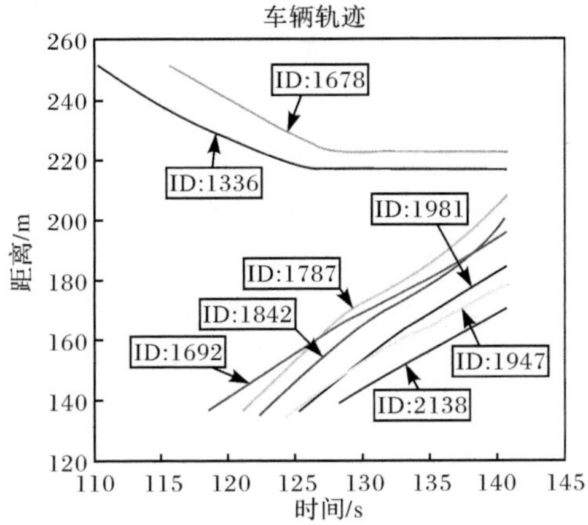

图 4.15　车辆跟踪与轨迹提取

4.5　行人及自行车检测与跟踪

使用无人机搭载可见光成像设备进行行人航拍，当相机采取垂直向下的拍摄角度时，图像中行人尺寸小而且特征不明显，行人检测误报率高。但行人与环境通常具有较大的温差，因此红外热图像中行人具有更明显的特性，相对于背景物体，行人为明显的高温度亮团。因此，对行人及自行车的检测及跟踪采用红外热成像摄像头为数据采集设备，并采用垂直向下的角度进行行人航拍。这里所用的红外热成像采集设备为 4.2.2 节中介绍的 FLIR Tau2 640。

行人检测分为两步：第一步是检测感兴趣区域（region of interest，ROI），提取可能包含行人的区域，这里将介绍一种基于梯度特征的 ROI 检测算法；第二步是基于支持向量机（support vector machine，SVM）对行人 ROI 进行分类。在第一步提取的感兴趣区域的基础上，利用梯度方向直方图（histograms of oriented gradients，HOG）[128] 与离散余弦变换（discrete cosine transform，DCT）共同描述的特征来表征行人 ROI，并应用 SVM 算法来对行人 ROI 进行分类，从而实现行人检测。

4.5.1 基于梯度特征的精确 ROI 提取

红外热图像反映了不同热辐射率物体表面的温度分布情况。通常情况下，人体温度与周围环境温度具有较大差异，因此，在红外热图像中，行人目标呈现亮团或暗团。利用红外热图像中行人显著的红外特性，可以提取精确的行人 ROI。但是红外热图像存在质量差、信噪比低且行人目标较小的不足，因此，实现准确的 ROI 提取是一个具有挑战性的难题。且由于无人机航拍成像平台的抖动以及成像质量的限制，传统的帧差法与背景差法无法适用于低空航拍红外热图像的 ROI 提取。另外，红外热成像摄像头在实际工作时，会根据所拍摄场景的温度变化自动进行校正，使得红外图像中固定物体所呈现出的亮度值也呈现动态变化，而传统的阈值分割方法难以应对如此复杂的情形。

在通常情况下，人体温度高于周围环境温度，人体区域在红外图像上亮度较高，反映在图像数据中也就是灰度值较大，从三维灰度图像(图 4.16)可以清晰地看到人体目标呈现山峰形状，即灰度值明显高于周围环境，且灰度值从中间向四周呈减小趋势。这里根据人体目标在三维灰度图像中呈现出的梯度特征提出一种基于梯度特征和连通区域几何特征的人体目标 ROI 提取算法。具体算法步骤如下：

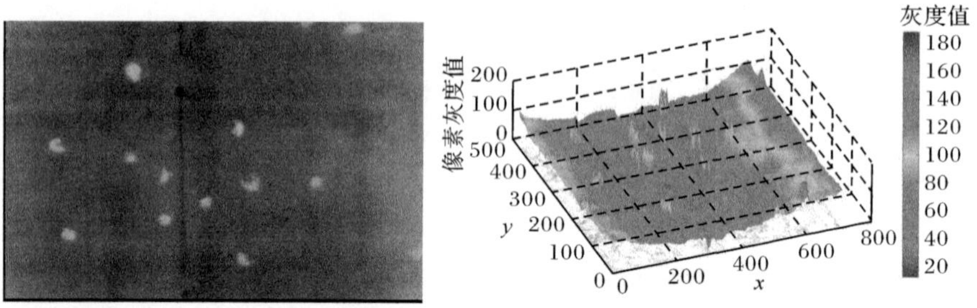

图 4.16 行人红外热图像三维示意图

(1) 检测团块区域。该步骤首先引入方阵元素结构表征团块区域，并计算方阵元素结构中的平均梯度 Grad，然后结合滑动窗口法初步提取 ROI。这种方法可以直接检测到亮团或暗团区域，且避免了帧差法与背景差法只能检测运动目标的限制，既可以检测静止物体，也可以检测运动的物体，而且适用于动态变化场景，克服了传统阈值分割方法对灰度变化场景不适应的不足。

(2) 对于检测到的团块区域利用 Otsu 阈值分割方法[129]提取连通区域。Otsu 阈值分割算法自适应性较强，可以在获取团块区域图像的基础上精确提取连通区域。

(3) 利用连通区域的几何特征精确锁定行人 ROI，通过计算连通区域的矩质心到方阵中心的距离以及连通区域最小外接圆的半径 r 来精确定位 ROI。

该方法流程如图 4.17 所示。

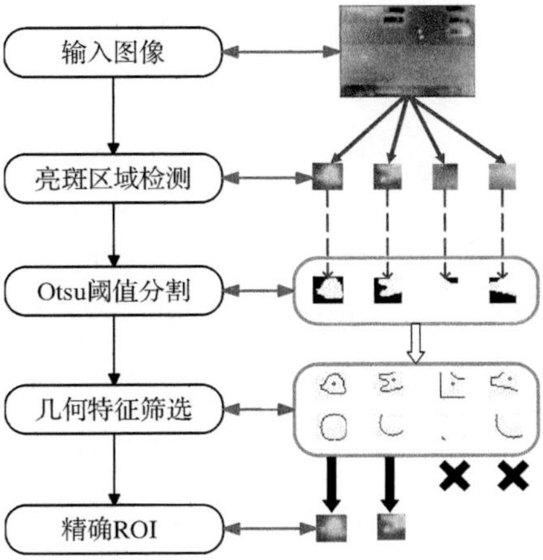

图 4.17 提取算法流程示意图

下面介绍一些关键步骤的细节。

1. 亮团区域(hot-blob)检测

在人体温度普遍高于周围环境温度的假设下，低空航拍红外图像中的亮团区域极有可能是行人。这里所研究的红外图像拍摄角度是垂直 90°，即垂直俯视角度。在这种角度下拍摄的图像中，行人呈现出团块形状。这样利用三维灰度图像呈现出的山峰特征，和利用方阵元素结构的平均灰度梯度来表征山峰特征的倾斜度，并根据设定梯度阈值，利用滑动窗口法可初步确定亮团区域。

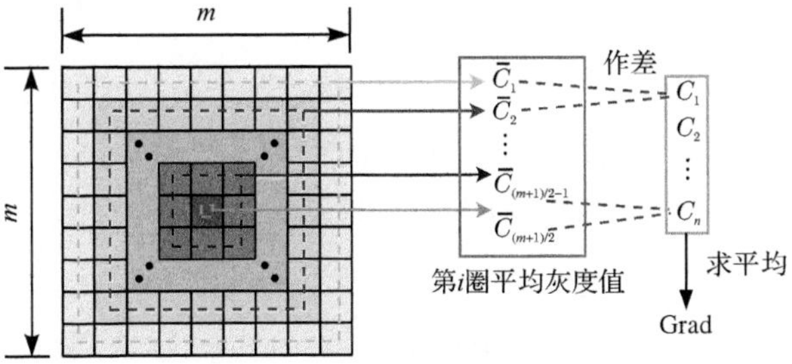

图 4.18 方阵元素结构示意图

由于行人在行走过程中呈现出不同状态，如摆臂、迈步、不同行走方向的差异，所以采用方阵每一圈的灰度平均值来均衡差异。对于图 4.18 所示大小为 $m\times m$ 像素的方阵元素结构，在计算方阵结构每一圈元素的灰度平均值 $\overline{C}_n$ 之后，对相邻圈的灰度值平均值 $\overline{C}_n$、$\overline{C}_{n+1}$ 作差，若行人目标较周围环境高亮，则灰度梯度值 $G_j=\overline{C}_{n+1}-\overline{C}_n$；若行人目标较周围环境黑暗，则灰度梯度值 $G_j=\overline{C}_n-\overline{C}_{n+1}$，其中 $j\leqslant\frac{m+1}{2}-1$。整个方阵结构的平均梯度值 Grad 为

$$\text{Grad}=\frac{\sum G_j}{\frac{m+1}{2}-1} \tag{4.8}$$

由于在红外行人视频图像中，行人目标通常情况下较周围环境高亮或黑暗，所以行人区域的平均梯度值 Grad 较大，故通过设定平均梯度 Grad 阈值可以初步筛选出超过设定阈值的团块区域。

2. Otsu 阈值分割

采用平均梯度值去表征区域梯度特征会带来许多误检。经分析行人目标与非行人目标，发现其连通区域的几何特征有着明显的区别，所以可以采用 Otsu 阈值分割方法来进一步提取连通区域。

Otsu 阈值分割又称最大类间方差法，它是一种自适应无参数的全局最佳阈值计算方法[129]。通过寻求最佳阈值，使得前景目标与背景目标的类间方差最大，从而在最大程度上分割前景目标。

假设一帧图像的直方图成分由式(4.9)表示：

$$p_q=\frac{n_q}{n},\quad q=0,1,2,\cdots,L-1 \tag{4.9}$$

式中，n 是图像中像素的总和；n_q 是灰度级为 q 的像素数目；L 通常为 255。

假设阈值 k 已经选定，那么 C_{f} 是一组灰度级为[$0,1,2,\cdots,k$]的前景目标像素集合，$\boldsymbol{C}_{\mathrm{b}}$ 是一组灰度级为[$k+1,\cdots,L-1$]的背景目标像素集合。最大类间方差可定义为

$$\sigma_{\mathrm{B}}^2(k)=P_{\mathrm{f}}(k)\left[\mu_{\mathrm{f}}(k)-\mu_{\mathrm{G}}\right]^2+P_{\mathrm{b}}(k)\left[\mu_{\mathrm{b}}(k)-\mu_{\mathrm{G}}\right]^2 \tag{4.10}$$

式中，$P_{\mathrm{f}}(k)$、$P_{\mathrm{b}}(k)$ 分别是集合 C_{f}、C_{b} 发生的概率；$\mu_{\mathrm{f}}(k)$、$\mu_{\mathrm{b}}(k)$ 分别是集合 C_{f}、C_{b} 中像素的平均灰度；μ_{G} 是整幅图像的平均灰度。

$$\begin{aligned}P_{\mathrm{f}}(k)&=P(x\in C_{\mathrm{f}}(k))=\sum\nolimits_{i=0}^{k}P_i\\P_{\mathrm{b}}(k)&=P(x\in C_{\mathrm{b}}(k))=1-P_{\mathrm{f}}(k)\end{aligned} \tag{4.11}$$

$$\mu_{\mathrm{G}}=\sum\nolimits_{i=0}^{L-1}iP_i \tag{4.12}$$

展开 $\sigma_{\mathrm{B}}^2(k)$ 的表达式，并根据 $P_{\mathrm{b}}(k)=1-P_{\mathrm{f}}(k)$ 这一事实，类间方差可写成

$$\sigma_{\mathrm{B}}^2(k)=\frac{\left[\mu_{\mathrm{G}}P_{\mathrm{f}}(k)-\mu(k)\right]^2}{P_{\mathrm{f}}(k)\left[1-P_{\mathrm{f}}(k)\right]} \tag{4.13}$$

进一步将类间方差最大化，使得前景目标的像素集整体与背景有较强的分

割，这样使 $\sigma_B^2(k)$ 最大的灰度级 k 即是全局最佳分割阈值 t。

3. 精确提取 ROI

对于提取出的连通区域，可以根据几何矩质心与团块区域中心的距离 dist 和连通区域最小外接圆半径 r 来进一步精确提取 ROI。

矩特征主要表征了图像区域的几何特征，又称为几何矩，由于其具有旋转、平移、尺度等特性的不变特征，所以又称其为不变矩。它是将区域内部的像素作为质点，像素的坐标作为力臂，以各阶矩的形式来表示区域的形状特征。

对于二元有界函数 $f(x,y)$，它的 $(j+k)$ 阶矩为

$$M_{jk}=\int_{-\infty}^{+\infty}\int_{-\infty}^{+\infty}x^j y^k f(x,y)\mathrm{d}x\mathrm{d}y \tag{4.14}$$

特别地，零阶矩 M_{00} 是物体的面积。

$$M_{00}=\int_{-\infty}^{+\infty}\int_{-\infty}^{+\infty}f(x,y)\mathrm{d}x\mathrm{d}y \tag{4.15}$$

对于一幅大小为 $X\times Y$ 的二值图像，$f(x,y)$ 为坐标 (x,y) 像素点的灰度值，那么白色区域的面积 M_{00} 为

$$M_{00}=\sum_{x=1}^{X}\sum_{y=1}^{Y}f(x,y) \tag{4.16}$$

当 $j=1, y=0$ 时，M_{10} 对二值图像来讲是所有像素点 X 坐标的总和，同理 M_{01} 是所有像素点 Y 坐标的总和，所以连通区域的质心 $(\overline{X},\overline{Y})$ 为

$$\overline{X}=\frac{M_{10}}{M_{00}},\quad \overline{Y}=\frac{M_{01}}{M_{00}} \tag{4.17}$$

而质心到亮团区域中心的距离 dist 可用如下公式计算：

$$\mathrm{dist}=\sqrt{\left[\overline{X}-\left(\frac{k+1}{2}\right)\right]^2+\left[\overline{Y}-\left(\frac{k+1}{2}\right)\right]^2} \tag{4.18}$$

根据找到的质心可以确定连通区域最小外接圆半径 r，通过对 dist 与 r 设定阈值，从而剔除大量误检 ROI。实验结果证明这种 ROI 提取方法在简单场景下或目标较明显的环境下，对真实目标的检测具有很好的效果，可以直接锁定行人目标。从实际检测效果来看，这种 ROI 提取方法具有以下优点：

(1) 不受限于背景的运动状态。背景静止或动态变化均可以提取，也就是对无人机定点拍摄或跟踪拍摄均适应。

(2) 可以解决行人亮度不统一问题。本节计算的平均梯度是局部区域的梯度相对值，不受背景灰度影响，避免了传统阈值分割方法对背景灰度变化适应性差的缺点。

部分试验检测结果如图 4.19 所示。

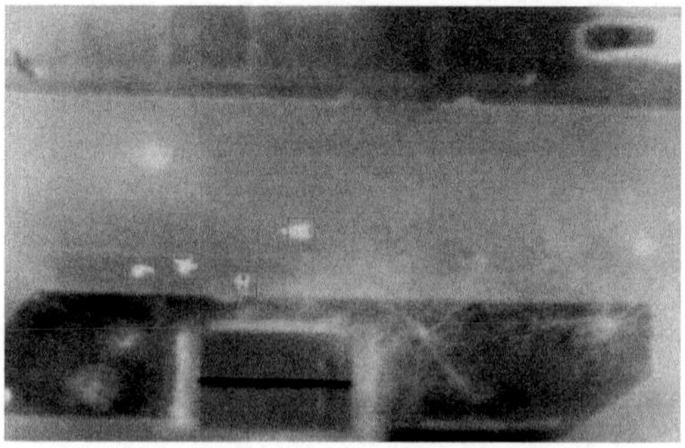

图 4.19　亮团检测与精确 ROI 提取

4.5.2　红外行人检测

尽管上节提出的基于梯度特征的精确 ROI 提取算法对于行人目标的检测效果非常好，但在环境复杂、干扰因素较多的条件下，会将路灯、车灯、灌木丛等其他物体误检测为行人目标。针对这样的情况，本节采用有监督的机器学习方法，融合 HOG 和 DCT 特征描述子，结合线性 SVM 分类器来对行人目标进一步确定。

训练 SVM 分类器需要正负样本。由于本节的分类算法只基于检测到的 ROI，所以正负样本均来自于正检与误检目标，这样大大地降低了筛选样本的工作量，实验结果证明，仅仅需要较少的样本就可以达到较高的分类精度。

1. 行人描述子提取

1) HOG 特征提取

HOG 特征属于图像局部特征，它刻画了图像的局部梯度幅值和边缘方向信息，在光学图像的行人检测领域得到广泛发展与应用。HOG 特征的提取过程分为如下几个步骤：

(1) 对图像的颜色空间进行归一化，以减小光照对目标表面灰度值的影响。

(2) 计算整幅图像的灰度梯度值，采用中心对称的一维点模板[−1,0,1]进行卷积计算，得到每个像素点的 X、Y 方向的梯度幅值。

(3) 将整幅图像划分成相同大小的单元格(cell)，在每一个单元格内统计一维梯度方向直方图。

(4) 将相邻的单元格合并为更大的有重叠的区块(block)，将区块内所有单元格的一维梯度方向直方图串联起来，并进行归一化处理，以降低光照与人体表面细微变化的影响。

(5) 将图像区域内所有的区块特征向量串联起来构成整幅图像的 HOG 特征向量 V_{HOG}。

对于航拍红外行人样本图片，可以先统一归一化为 32×32 像素，然后设定单元格大小为 4×4 像素，区块大小为 8×8 像素，滑动步距为 4 像素。图 4.20 表示了 HOG 特征的提取过程。

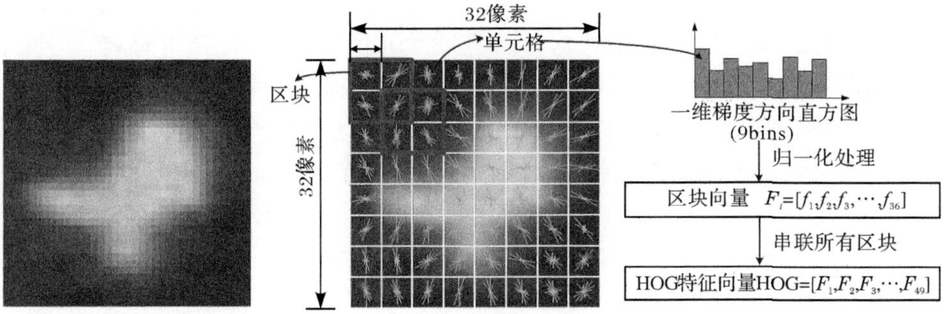

图 4.20　HOG 特征提取过程 ROI

2) DCT 特征提取

离散余弦变换是从傅立叶变换演变而来的一种正交变换。离散余弦变换作为一种重要的分析手段，对一维或二维信号进行频率域的变换有着广泛的应用。在图像数据压缩和编码方面，用 DCT 将图像表示成频率域数据，然后根据压缩以及图像品质的需求，忽略一部分高频数据，可以大大降低图像的数据量，从而达到压缩的目的，换言之，就是只保留低频数据。离散余弦变换具有很强的“能量集中特性”，图像大部分的信息都存储在 DCT 变换后系数矩阵的左上角，即低频部分。利用这样的特性，如果对检测到的 ROI 提取 DCT 描述子，可以用来对目标与非目标进行分类。

在二维情况下，设 $f(x,y)$ 为 $M\times N$ 的数字图像矩阵，其离散余弦变换表示为

$$F(u,v)=\frac{2}{\sqrt{MN}}\sum_{x=0}^{M-1}\sum_{y=0}^{N-1}C(u)C(v)f(x,y)\cos\left[\frac{\pi u(2x+1)}{2M}\right]\cos\left[\frac{\pi u(2y+1)}{2N}\right] \tag{4.19}$$

其中，

$$C(u)C(v)=\begin{cases}0.5, & u=0,v=0\\ 1, & \text{其他}\end{cases} \tag{4.20}$$

$F(u,v)$ 为离散余弦变换后的系数矩阵。

对于检测到的 ROI($m\times m$)，采用分块计算 $F(u,v)$ 的方式提取 DCT 描述子，具体步骤如下：

(1) 归一化 ROI 尺寸，本节选用 24×24 像素大小的样本图片。

(2) 确定分块区域大小(block)与窗口滑动步距(step)，经测试，8×8 像素大小的区块结合 4 个像素的窗口滑动步距可以取得较好的效果。

(3) 在所有分块区域上分别进行离散余弦变换，得到系数矩阵 $F(u,v)$。

(4) 利用 Zig-Zag 扫描方式获取系数矩阵的前 21 个低频系数作为对应区块的描述向量。

(5) 将所有区块的描述向量串联起来构成整幅样本图片的 DCT 描述子 V_{DCT}。

经多次试验比对，决定选用 24×24 像素大小的样本图片，8×8 像素大小的区块，滑动窗口步距为 4 像素，共有 25 个区块，DCT 描述子的维数为 25×21＝525 维。如图 4.21 所示，左边为正样本图片，右边为区块经过离散余弦变换后的系数矩阵，利用 Zig-Zag 扫描方式提取前 21 个系数值作为特征值，从而得到 DCT 描述子。

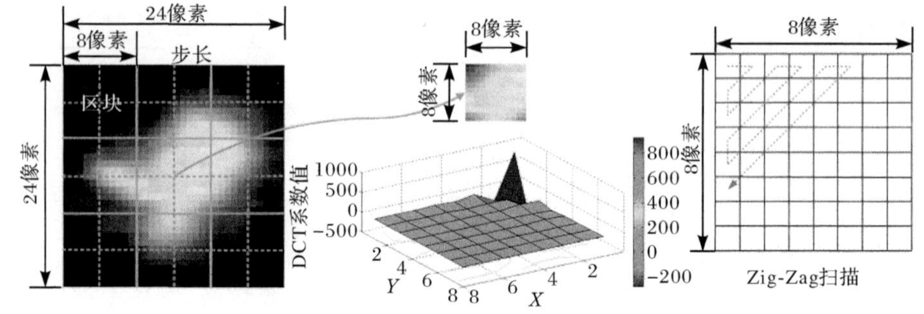

图 4.21　DCT 描述子提取示意图

3) HOG 与 DCT 融合

为了增强特征描述子对红外行人的表征能力，这里提出了一种融合 HOG 与 DCT 的特征描述子。将行人和非行人样本图像提取的 HOG 特征描述子 V_{HOG} 与 DCT 特征描述子 V_{DCT} 进行自适应加权串联，形成最终的行人和非行人样本图像的融合特征描述子 $V_{Fusion}=[\alpha V_{HOG},\beta V_{DCT}]$，其中确定 α 与 β 的原则是使训练得到的分类器对训练样本进行分类的误判最少。

融合特征描述子不仅可以表征目标梯度方向与边缘方向信息，还可以对于行人和非行人目标表面细微变化以及红外图像的光晕效应具有一定的处理能力，对红外行人目标具有更强的表征能力。融合描述子不仅可以表征目标梯度方向与边缘方向信息，还对于目标表面细微变化以及红外图像的光晕效应具有一定的处理能力。试验结果证明，所提出的融合描述子对于红外行人目标具有较好的分辨能力。

2. SVM 分类器

SVM 是由 Cortes 和 Vapnik[130] 依据统计学习理论提出的一种有监督机器学习方法。SVM 依靠统计学习理论框架，以统计学习理论的 VC 维理论和最小化结构风险原理为基础，通过合适地选择函数子集与该子集中的判别函数，在有限的样本信息中寻求平衡模型的复杂性和良好学习能力的最佳折中方案，使学习机最终的实际风险达到最小，以期获得最好的泛化能力。VC 维理论与最小化结构风险原理的利用，保证了通过有限的训练样本得到小误差分类器，使得对独立测试集的测试误差较小。因而可以说，支持向量机是一个具有最优泛化能力的学习机器。

SVM 包含了三种思想：最优超平面技术、软间隔概念、内积核函数。最初是从线性可分情况下的最优分类面提出的。所谓最优分类面，就是要求分类面不但能将两类样本点无错误地分开，而且要使两类的分类空隙最大。

多维空间中线性判别函数的一般形式为 $g(x)=\boldsymbol{w}\cdot x+\boldsymbol{b}$，分类面方程是 $\boldsymbol{w}\cdot x+\boldsymbol{b}=0$，将判别函数进行归一化，使两类所有样本都满足 $|g(x)|\geqslant 1$，此时离分类面最近的样本是 $|g(x)|=1$，而要求分类面对所有样本都能够正确分类，即要求它满足

$$y_i(\boldsymbol{w}\cdot x_i+\boldsymbol{b})\geqslant 1,\quad i=1,2,\cdots,n \tag{4.21}$$

式中，n 指训练样本的数目；x_i 与 y_i 分别表示第 i 个训练样本的数据及类别标签。

使等号成立的那些样本就叫做支持向量。此时，分类间隔等于 $\dfrac{2}{\|\boldsymbol{w}\|}$，使间隔最大等价于使 $\|\boldsymbol{w}\|^2$ 最小。满足式(4.34)且使 $\|\boldsymbol{w}\|^2$ 最小的分类面就是最优分类面。

二维平面的简单例子如图 4.22 所示，实心点和空心点分别代表两类样本，中间的黑实线即为最优分类线，两条虚线为各类中离分类线最近且平行于分类线的直线，他们之间的距离叫做分类间隔。所谓最优分类线就是要求分类线不但能将两类正确分开，而且分类间隔最大。

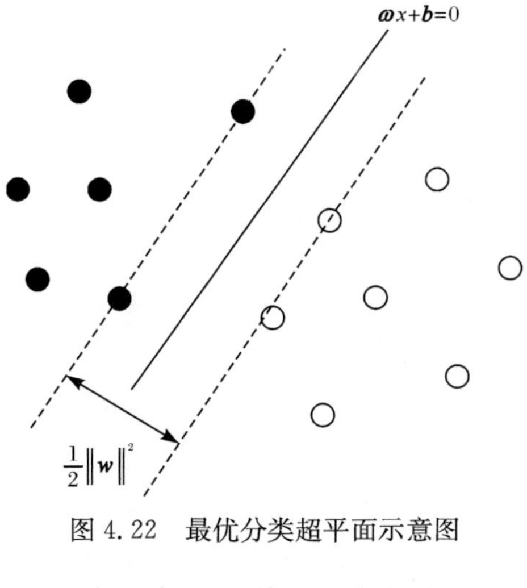

图 4.22　最优分类超平面示意图

该优化问题可通过求解拉格朗日函数的鞍点得出，上述问题的拉格朗日函数可以表示为

$$L(\boldsymbol{w},\boldsymbol{b},\alpha)=\frac{1}{2}\ \|\boldsymbol{w}\|^2-\sum_{i=1}^{n}\alpha_i[(x_i\boldsymbol{w}+\boldsymbol{b})y_i-1] \tag{4.22}$$

式中，α_i 为拉格朗日乘子。

该问题是一个凸二次规划问题，存在唯一的最优解。

在鞍点上，解必须满足对 $\boldsymbol{w}$ 和 $\boldsymbol{b}$ 的偏导数为 0，即

$$\begin{aligned}\frac{\partial L}{\partial \boldsymbol{w}}&=\boldsymbol{w}-\sum_{i=1}^{n}\alpha_i y_i x_i=0\\ \frac{\partial L}{\partial \boldsymbol{b}}&=\sum_{i=1}^{n}\alpha_i y_i=0\end{aligned} \tag{4.23}$$

又由 Kuhn-Tucker 条件可知，最优超平面的充分必要条件是使分类超平面满足：

$$\alpha_i[(x_i\cdot\boldsymbol{w}+\boldsymbol{b})y_i-1]=0 \tag{4.24}$$

将式(4.23)代入式(4.22)，利用对偶原理，拉格朗日函数可转化为求解如下泛函的优化问题：

$$\begin{aligned}&\max W(\alpha)=\sum_{i=1}^{n}\alpha_i-\frac{1}{2}\sum_{i,j=1}^{n}\alpha_i\alpha_j y_i y_j(x_i\cdot x_j)\\ &\text{s. t.}\begin{cases}\alpha_i\geqslant 0\\ \sum\limits_{i=1}^{n}\alpha_i y_i=0\end{cases}\end{aligned} \tag{4.25}$$

设 $\alpha^*=(\alpha_1^*,\cdots,\alpha_n^*)$ 为上面二次优化问题的解，则最优超平面中向量 $\boldsymbol{w}^*$ 的模为

$$\|\boldsymbol{w}^*\|^2=2w(\alpha^*)=\sum_{i=1}^{n}\alpha_i^*\alpha_j^*(x_i\cdot x_j)y_i y_j \tag{4.26}$$

最后得到的分类函数为

$$f(x)=\text{sign}\left(\sum_{i=1}^{n}y_i\alpha_i^*(x_i\cdot x)+b^*\right) \tag{4.27}$$

式中，x_i 是支持向量；α_i^* 是支持向量对应的拉格朗日乘子；b^* 是常数，可由式(4.24)获取；sign()是符号函数，取 1 或−1。

对于非线性问题，可通过非线性变换转化为某个高维空间中的线性问题，在变换空间求最优分类面，即采用适当的核函数 $K(x_i,y_j)$，把优化问题中的点积运算都用核函数运算代替，就得到最一般形式的 SVM 算法。

SVM 与其他机器学习方法相比，主要有以下优点：

(1) 以严格的数学理论为基础，克服了传统神经网络学习中靠经验和启发的先验成分的缺点。

(2) 通过求解凸二次规划问题,可以得到全局最优解,而不是传统神经网络学习中的局部最优解,保证了解的有效性。

(3) 用内积的回旋巧妙地构造核函数,克服了特征空间中的维数灾难问题,通过非线性的映射,只需在原空间中计算样本数据与支持向量的内积,而不需要知道非线性映射的显示表达。

(4) 成功地解决了小样本学习问题,克服了传统上需要以样本数目无穷多为假设条件来推导各种算法的缺点,得到了小样本条件下的全局最优解。

3. 基于 SVM 分类器的红外行人检测算法

行人的检测基于精确 ROI 的提取,整体算法分为两个步骤:

(1) 提取 ROI,首先检测团块区域,之后利用 Otsu 阈值分割获取前景目标连通区域,最后通过连通区域质心到亮团区域中心的距离 dist 和最小外接圆半径 r 来精确锁定 ROI。

(2) 对提取到的 ROI 利用训练好的 SVM 进行分类,完成行人的检测。其中用来训练 SVM 的样本图片来自精确提取的 ROI。

整体检测算法流程如图 4.23 所示,具体步骤如下:

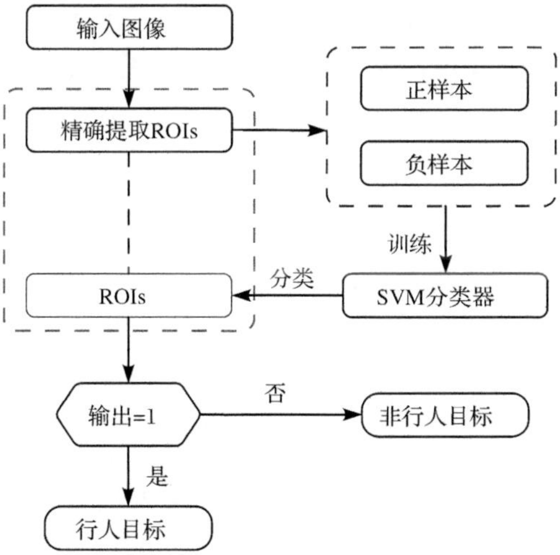

图 4.23　行人检测算法流程图

(1) 样本准备。由于检测到的 ROI 既包含行人目标也包含一部分误检目标,所以将初步检测到的 ROI 作为训练分类器的样本图片,做好标注输入到分类器进行训练。

(2) 提取特征采用分区块滑动窗口法提取融合 HOG 和 DCT 特征描述子。

(3) SVM 分类器在进行训练之前需要对输入向量进行归一化,主要是为了避免一些大的数据范围的特征占据主导地位，从而影响一些小数值范围的特征，另外也有利于减小计算的复杂性。训练结束后得到一个模型，存储了 SVM 分类器的学习结果，然后用得到的学习结果来对 ROI 进行分类。

(4) 精确提取 ROI。采用 4.5.2 节所提出的 ROI 提取方法精确提取 ROI，作为行人检测的基础图片。

(5) ROI 分类。对于检测到的 ROI，利用训练好的支持向量机分类器进行分类，若分类结果为 1，则认为是行人目标，分类结果为 −1，则认为是错误目标，并进行剔除，得到的结果就是所有的行人目标。

整体算法的关键是在提取 ROI 步骤中不能遗漏正确的行人目标，因为用于训练的样本图片来自于检测到的 ROI，若 ROI 遗漏正确目标，那么在后续的分类算法中，正确的行人是不会被检测出来的。所以在提取 ROI 步骤中，应该降低平均梯度 Grad 的值，以期囊括所有的行人目标。

4.5.3 红外行人检测精度统计

1. 评价指标

采用精确度(precision)、查全率(recall)、误检率(false positive rate，FPR)、漏检率(false negative rate or miss rate)四个指标来评价检测算法在每个数据集上的表现。其中，Precision 表示在检测到的所有目标中，正确的目标所占的比重，其计算公式为

$$\text{Precision}=\frac{\text{TP}}{\text{TP}+\text{FP}} \tag{4.28}$$

其中，TP(true positives)代表正确的检测数目；FP(false positives)代表误检的数目。精确度反映了检测算法对于真实目标的识别能力，精确度越大，意味着误检就越少。

Recall 表示检测到的正确目标数目与图片中所有真实目标数目之比，其计算公式为

$$\text{Recall}=\frac{\text{TP}}{\text{TP}+\text{FN}} \tag{4.29}$$

其中，FN(false negatives)代表漏检数目。查全率反映了检测算法对于所有真实目标的检测能力，与漏检率相反，查全率越大，意味着漏检率越小。

那么，误检率 FPR 表示检测到的目标中，误检的目标所占的比重，漏检率 Miss Rate 则表示所有真实目标中，漏检的目标所占的比重，计算公式分别为

$$\text{FPR}=\frac{\text{FP}}{\text{TP}+\text{FP}} \tag{4.30}$$

$$\text{Miss Rate}=\frac{\text{FN}}{\text{TP}+\text{FN}} \tag{4.31}$$

2. 评价结果

为了验证本节红外行人检测算法的可行性和适应性，建立了 5 个测试数据集，共计 8492 幅分辨率为 720×480 像素的图片，包括不同拍摄高度不同拍摄场景，背景由简单到复杂，数据集详细信息如表 4.3 所示。对于简单场景的数据集(如数据集 1)，采用提出的精确 ROI 检测方法可以精确检测到行人目标。而对于复杂场景的数据集(数据集 2～5)，疑似行人目标较多，例如路灯、车灯、灌木丛等，需要在 ROI 检测的基础上借助训练好的支持向量机分类器对 ROI 进一步分类确定其是否为行人目标。表 4.4 为最终的检测结果，可以看出，提出的算法在所有的测试数据集上检测精确度均在 90%以上，表明该算法能够实现航拍红外热图像中的行人检测。图 4.24 为部分检测图片。

表 4.3　测试数据集信息

数据集	图片数	飞行高度/m	场景	日期/时间	温度/℃
1	176	40～70	多种场景	四月/下午、夜晚	10～15
2	2783	50	道路	一月/夜晚	5
3	2817	60	道路	一月/下午	6
4	1446	40	道路	四月/夜晚	14
5	1270	50	道路	七月/下午	28

表 4.4　行人检测精度统计

数据集	行人数目	正确检测	误检	漏检	精确度	查全率/%
1	1320	1228	78	92	94.03	93.03
2	9214	8216	686	998	92.30	89.17
3	10029	9255	344	774	96.41	92.28
4	5094	4322	396	772	91.61	84.84
5	3175	2923	197	252	93.69	92.06

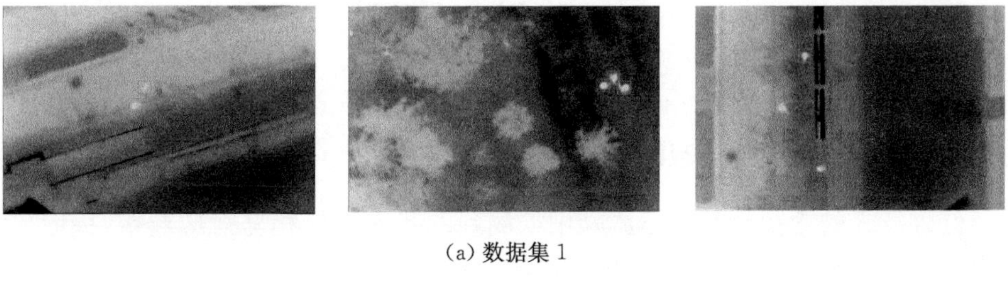

(a) 数据集 1

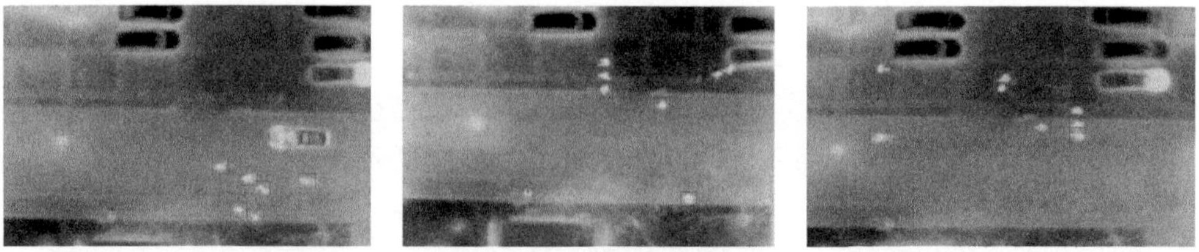

(b) 数据集 2

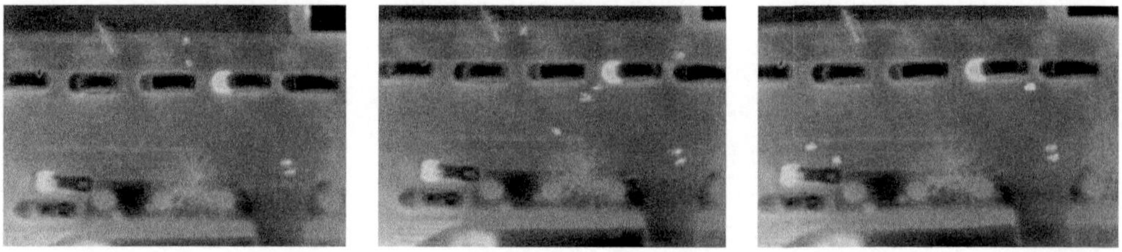

(c) 数据集 3

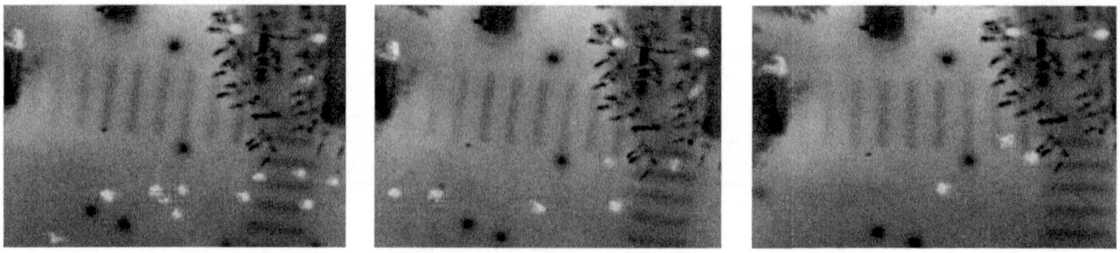

(d) 数据集 4

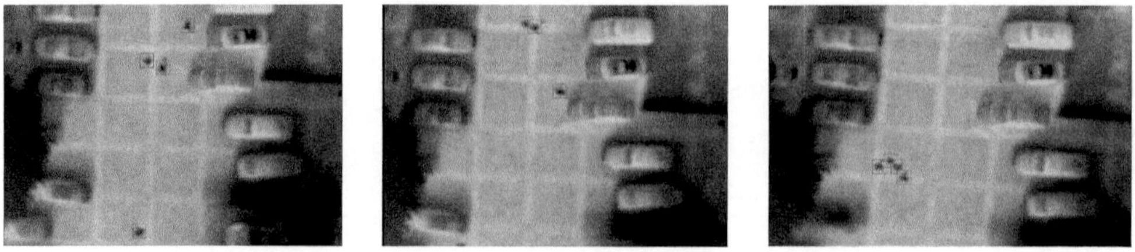

(e) 数据集 5

图 4.24　红外行人检测结果

4.5.4　基于 KLT 特征点跟踪的红外行人跟踪方法

红外行人的跟踪就是将不同帧中检测到的行人目标相互对应起来，提取出每个目标的运动轨迹，进而对行人的运动轨迹进行分析。

低空航拍红外视频的行人跟踪有以下难点：

(1) 行人目标较小，人体轮廓特征不明显。由于成像平台呈俯视角度拍摄，行人表现出团块形状，没有典型的人体轮廓特征可以利用，所以传统基于模板匹配等跟踪方法不适用。

(2) 受到红外成像本身的限制，缺乏目标颜色、纹理等信息，因此在可见光图像中利用颜色信息跟踪的一系列方法不适用。

KLT 算法将图像的运动理解为一种变换，对于一幅灰度图像 I，其时间与空间信息的变化可以被定义为函数 $I(x,y,t)$，这里 (x,y) 是像素点的空间位置，而 t 是图像帧的某一时刻。在满足亮度恒定、时间连续和空间一致的假设条件下，运动可以描述为

$$I(x+\mathrm{d}x, y+\mathrm{d}y, t+\mathrm{d}t) = I(x,y,t) \tag{4.32}$$

式(4.32)表示 t 时刻的像素点 (x,y) 在 $\mathrm{d}t$ 时间内发生了 $(\mathrm{d}x,\mathrm{d}y)$ 的位移。

如果有光照或噪声的影响，则很难在两幅图片中跟踪到独立的一个像素点，所以 KLT 算法定义了一个特征窗口 W，将运动参数的求解转化为特征窗口位移 $\boldsymbol{d}$ 的求解，也就得到了跟踪点的新位置 $(x+\mathrm{d}x, y+\mathrm{d}y)$。

定义：

$$J(X+\boldsymbol{d}) = I(x+\mathrm{d}x, y+\mathrm{d}y, t+\mathrm{d}t) \tag{4.33}$$

$$I(X) = I(x,y,t) \tag{4.34}$$

考虑光照变化产生的噪声 $n(X)$，联合式(4.33)和式(4.34)得

$$J(X+\boldsymbol{d}) = I(X) + n(X) \tag{4.35}$$

将 $n(X)$ 平方，并在 W 窗口范围内求积分，可得窗口图像的 SSD 函数：

$$\varepsilon = \iint_W [J(X+\boldsymbol{d}) - I(X)]^2 w(X)\mathrm{d}X \tag{4.36}$$

式中，$w(X)$ 为加权函数，可以用来归一化，通常取 1，也可以采用高斯函数来突出窗口的中心。

通过使式(4.36)的灰度差平方和 ε 最小来求取窗口 W 的位移 $\boldsymbol{d}$。

对于微小运动，位移向量 $\boldsymbol{d}$ 较小，图像函数可以被泰勒级数近似，截取线性项：

$$J(X+\boldsymbol{d}) = J(X) + \boldsymbol{g} \cdot \boldsymbol{d} \tag{4.37}$$

其中，$\boldsymbol{g} = \left[\frac{\partial J}{\partial x}, \frac{\partial J}{\partial y}\right]^{\mathrm{T}}$，使 $h = J(X) - I(X)$，那么式(4.36)可以写成

$$\varepsilon = \iint_W (h - \boldsymbol{g} \cdot \boldsymbol{d})^2 w(X)\mathrm{d}X \tag{4.38}$$

再对 $\boldsymbol{d}$ 求导并使其等于 0，可得

$$\iint_W (h - \boldsymbol{g} \cdot \boldsymbol{d})\boldsymbol{g} w(X)\mathrm{d}A = 0 \tag{4.39}$$

最终式(4.39)可以被化简成

$$\boldsymbol{G}\boldsymbol{d} = \boldsymbol{e} \tag{4.40}$$

其中，G 系数矩阵为 2×2，$\boldsymbol{e}$ 是二维向量。

$$G=\iint_W \boldsymbol{g}\boldsymbol{g}^{\mathrm{T}}w(X)\mathrm{d}A \tag{4.41}$$

$$\boldsymbol{e}=\iint_W [J(X)-I(X)]\boldsymbol{g}\,w(X)\mathrm{d}A \tag{4.42}$$

式(4.41)是跟踪算法的基础，对于连续两幅图像帧，通过估计 $\boldsymbol{g}$ 和它的二阶矩计算 G，向量 $\boldsymbol{e}$ 通过两幅图像的灰度差与 $\boldsymbol{g}$ 得到。再通过式(4.40)得到位移 $\boldsymbol{d}$，从而估计出图像特征点的运动参数。

综合分析，本章采用基于 KLT 特征点跟踪结合检测结果校正的方法实现行人跟踪。KLT 算法跟踪效果依赖于目标运动速度、跟踪窗口尺寸以及目标纹理特征。跟踪不需要先验知识，只计算偏移量 $\boldsymbol{d}$ 实现对位置的估计。因此，基于 KLT 跟踪算法，选取红外行人目标的中心点作为 KLT 跟踪算法的输入，由于红外图像成像质量较差，会使跟踪点发生小范围偏移，不利于行人目标的精确跟踪。因此，利用实时检测到的行人坐标对 KLT 的跟踪结果进行实时校正，完成行人运动轨迹的输出。跟踪方法具体步骤如下：

(1) 读入当前帧图像 I_i，利用 4.6.2 节所述的行人检测方法确定行人目标的坐标$[X_i, Y_i]$。

(2) 读取下一帧图像 I_{i+1}，将 I_i、I_{i+1}、$[X_i, Y_i]$输入 KLT 跟踪器，计算出当前帧特征点的坐标$[X_{i+1}, Y_{i+1}]$，并作为下一次 KLT 跟踪器的输入，实现持续跟踪。

(3) 当输出特征点坐标$[X_{i+1}, Y_{i+1}]$偏移检测窗口中心大于设定的阈值 t 时，对 KLT 跟踪器的输入坐标进行校正，保证跟踪的持续有效。

试验结果表明(图 4.25)，本节所提出的方法能够较好地实现对行人持续、准确的跟踪，输出行人运动原始轨迹数据。

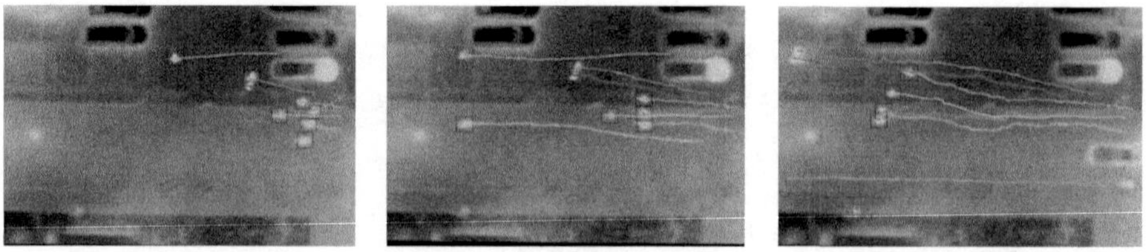

图 4.25　红外行人跟踪结果

4.6 本章小结

本章介绍了无人机系统及基于无人机航拍图像的多模式交通数据提取方法。其中，重点介绍了以六轴飞行器为航拍平台，集成了可见光与红外热成像视频采集设备的交通信息采集系统。通过对航拍获取的交通视频数据进行处理，可以很好地完成道路及道路方向识别、车辆识别及跟踪、行人识别及跟踪等工作。基于无人机系统的空基交通信息采集方法在灵活性上具有突出的优势，可以作为现有地面传感器的良好补充，并会随着无人机技术的不断发展具有更广阔的应用前景。

第 5 章　交叉口过饱和状态量化评估

随着城市交通拥堵日益严重，对过饱和信号交叉口的控制和管理显得尤为重要。交叉口过饱和的研究始于 20 世纪中叶，相关的研究工作涉及过饱和状态界定、过饱和状态识别及过饱和控制。接下来的几章将逐一探讨“点-线-面”的过饱和状态评估及信号控制方法。

过饱和状态的界定和识别是过饱和控制的基础。虽然有不少对过饱和状态界定和识别的研究，但是由于过饱和状态本身涉及到达率、通行能力、排队及溢流等多方面的内容，所以对过饱和状态的界定和识别仍然是当前研究热点之一。其中，车辆排队是过饱和状态的重要特点及关键指标，对过饱和状态下交叉口排队长度的估算尤为重要。所以，本章将首先介绍如何基于高分辨率交通数据来估算过饱和交叉口的排队长度，然后根据排队长度的预测来制定相关的过饱和状态评价指标，使过饱和交通状态从定性描述发展到定量描述。

5.1　过饱和状态定义概述

交叉口的过饱和状态通常被定义为其交通需求大于供给能力，从而导致车辆滞留产生严重拥堵。这样的定义既适用于整个交叉口也适用于某个车道。对于单个车道 i，其饱和度的定义(到达流量与通行能力的比值)为

$$X_i = \frac{q_i C}{s_i G} \tag{5.1}$$

式中，X_i 为车道 i 的饱和程度；q_i 为车道 i 的平均到达率；s_i 为车道 i 的饱和流率；G 为对应的绿灯时间；C 为周期长度。

根据式(5.1)，可以直观地定义当 $X_i>1$ 时，车道 i 处于过饱和状态。

基于以上概念，1964 年，Gazis[15]对两股冲突车流交汇的单一交叉口过饱和状态给出了如下定义：

$$\frac{q_a}{s_a} + \frac{q_b}{s_b} > 1 - \frac{L}{C} \tag{5.2}$$

式中，q_a 和 q_b 为两个冲突方向 a 和 b 的车辆到达流率；s_a 和 s_b 为两个冲突方向的饱和通行流率；L 为总的绿灯损失时间。

以上定义虽然直观且容易理解，但却难以直接用于检测过饱和状态的发生以及量化过饱和状态的持续时间和程度。原因之一是交叉口饱和流率具有不确定

性，但更重要的是在过饱和状态下，车辆到达流率难以准确测量。所以，越来越多的研究开始采用其他间接的评价指标来定义过饱和。例如，一些研究为了让交叉口评价与优化控制结合得更紧密，采用了绿灯使用率作为过饱和程度的指标[67,131]；还有一些研究将过饱和与交叉口排队车辆相联系，将过饱和定义为绿灯期间排队不能完全消散[15]，或由于绿信比不足导致排队持续存在[132]。相对于原来过饱和的定义，这些定义在实际应用中更为实用。

结合以上思路，本书提出一种通过量化有效绿灯时间损失来判断交叉口过饱和的新概念。这个新概念定义了任何由于过饱和交通状态导致有效绿灯时间损失的交叉口为过饱和交叉口；同时，根据这个概念可以量化由过饱和交通状态引起的有效绿灯时间损失，进而量化交叉口的过饱和度。下面先阐述有效绿灯时间损失的具体含义。

由过饱和交通状态导致有效绿灯时间的损失可以是时间维度上的，也可以是空间维度上的。对于一个过饱和交叉口，过饱和状态在时间维度上带来的不利影响主要来自于上一个信号周期结束时的滞留车辆，它们在上个信号周期中已经加入排队但由于绿灯时间不充足而无法在该周期内通过交叉口。这些滞留车辆将会占用下一周期的有效绿灯时间，从而导致下一周期内"有效绿灯"时间的损失，减少了下一周期内到达车辆的通行时间。在空间维度上，过饱和状态的不利影响主要体现为交叉口拥堵产生溢流，即下游道路的车辆排队超出了道路长度。当溢流发生时，交叉口受到下游排队车辆的阻塞而导致交叉口无法正常通行，造成当前周期内一部分绿灯时间不能正常使用。尽管两种维度上的损失都是有效绿灯时间的减少，但时间维度上的损失仅仅停留在单个交叉口，而空间维度上的损失体现了过拥堵在空间上的蔓延。

新的过饱和的定义将极大地有助于过饱和的量化研究。根据新的定义，一个交叉口的过饱和度可以用过饱和严重度指数(oversaturation severity index，OSI)来表示。OSI 定义为因过饱和导致的浪费的绿灯时间与原来总绿灯时间的比率。根据新定义的过饱和度在时间和空间上的特性，OSI 可进一步细分成在时间维度上的 OSI，即 T-OSI(temporal OSI)和在空间维度上的 OSI，即 S-OSI(spatial OSI)。这样的细分清晰地表明了过饱和的产生原因：T-OSI 的存在代表了滞留排队长度产生了不利影响，而 S-OSI 的存在体现了溢流已经产生了不利影响。这样，一个交叉口的过饱和度就可以用 T-OSI 和 S-OSI 来量化，从而成功地解决了原来过饱和度定义中交通需求在拥堵状况下无法测量的困难，并有助于分析主干道交通拥堵原因。

根据新的过饱和度的定义，交叉口过饱和度的量化可以转化成如何估算交叉口滞留排队长度及溢流时间。下面章节将详细阐述如何利用高精度的线圈检测数据来估算拥堵交叉口滞留排队长度及溢流时间，并利用估算的滞留排队长度及溢流时间来量化交叉口的过饱和度。

5.2 拥堵交叉口排队长度及滞留排队长度估算

排队长度是交叉口运行效率评价和信号控制的重要依据,准确地测量或估算每个周期的最大和最小排队长度十分重要。对交叉口排队长度的估算已经有不少研究,最为传统的是基于"输入-输出"平衡的排队长度预测模型。1958 年,Webster[133]提出了基于"输入-输出"累积流量分析的排队长度预测模型。随后,Newell[134]、Robertson[135]、Gazis[136]等对此模型进行了进一步的扩展和完善。

但是,在过饱和状态下,传统的基于"输入-输出"平衡的排队长度预测方法却无法直接应用,因为在交通拥堵状态下,检测器已经无法测量输入交通状态,从而无法计算相对应的累积交通流量。

随着交通检测技术的发展,高精度的检测数据为拥堵状态下交叉口排队估算提供了新的思路。本节将介绍一种结合 LWR(Lighthill-Whitham-Richards)[37]宏观交通流流体力学模型和高精度交通数据的拥堵交叉口排队长度及滞留排队长度的预测方法。

5.2.1 信号交叉口 LWR 交通波动理论

20 世纪 50 年代,Lighthill 和 Whitham[37]以及 Richards[39]各自独立地提出了交通流流体力学模型,将交通流类比为由车辆组成的可压缩连续流体介质,用车流的平均密度、平均速度和流率等宏观变量来描述交通流的演化过程。LWR 交通流模型假设交通流率为道路上任意点密度的函数,从而根据流体力学的相关理论,可以将交通密度的间断点在空间上的传播界定为交通波[137]。交通波本质上是由两个密度和流率不同的车队交界形成的,其传播速度(波速)可以由式(5.3)计算:

$$u_w = \frac{\Delta q}{\Delta k} = \frac{q_2 - q_1}{k_2 - k_1} = \frac{k_2 u_2 - k_1 u_1}{k_2 - k_1} \tag{5.3}$$

式中,q_1、k_1 和 u_1 分别为上游区域的流率、密度和速度;q_2、k_2 和 u_2 分别为下游区域的流率、密度和速度。

交通波也可通过宏观交通基本图(流率-密度图)进行描述。流率-密度图中任意两点之间连线的斜率即为波的速度,详见图 5.1。

在信号控制交叉口,多重交通波的形成主要源自信号灯的周期性变化所造成的车辆走走停停。为了更好地理解交叉口交通波动行为,先假设当前绿灯期间车辆全部消散,在接下来的红灯期间,车辆被迫在停车线前停止。因此,到达车辆和停止车辆形成了两组流率和密度不同的车队。这两组状态不同的车队在相交处

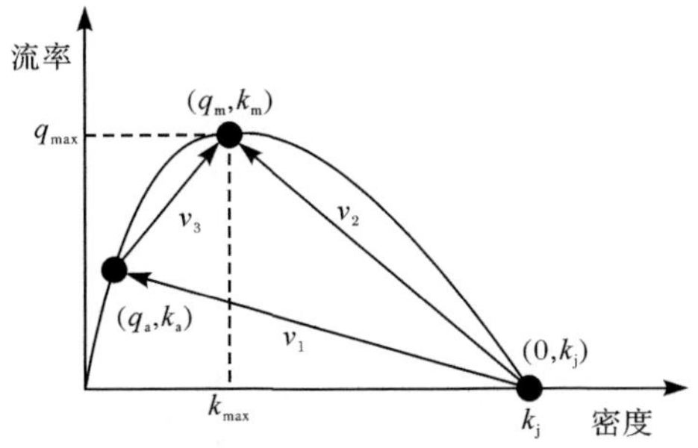

图 5.1　交通波示意图

[图 5.2(a)]就形成了排队波(图 5.1),其传播速度为 v_1,传播方向为向上游交叉口移动。

$$v_1=\frac{0-q_a^n}{k_j-k_a^n} \tag{5.4}$$

式中,0 和 k_j 代表堵塞流率和密度;q_a^n 和 k_a^n 为第 n 个周期的平均到达流率和密度;T_g^n 和 T_r^n 分别代表第 n 个周期有效绿灯的开始和结束时间。

排队波 v_1 持续向上游传播。当该方向的红灯结束、绿灯开始时[图 5.2(b)中 T_r^n],排队车辆开始以饱和通行流率消散(假设下游没有堵塞),同时形成消散波以速度 v_2 沿停车线向上游延伸。

$$v_2=\frac{q_m-0}{k_m-k_j} \tag{5.5}$$

式中,q_m 和 k_m 为饱和通行车辆的流率和密度。

消散波速度 v_2 通常高于速度 v_1,所以两波会在 T_{max}^n时[图 5.2(c)]相遇,此时达到最大排队长度。两波一旦相遇,就会形成第三个波向停车线以速度 v_3 传播。

$$v_3=\frac{q_m-q_a^n}{k_m-k_a^n} \tag{5.6}$$

在当前信号周期结束、下个周期红灯开始时,如果队列仍不能完全消散,将会形成滞留队列并形成第 4 个交通波沿着停车线以速度 v_4[图 5.2(d)]向上游移动。

$$v_4=\frac{0-q_m}{k_j-k_m} \tag{5.7}$$

交通波 v_4 描述的是排队的压缩过程。v_3 和 v_4 的移动方向相反,因此会在 T_{min}^n[图 5.2(e)]时刻相遇,此时为最小排队长度,即滞留队列长度。两波相遇时将形成下一周期中的排队波 v_5,向上游移动的波速与 v_1 相似。

$$v_5=\frac{0-q_a^{n+1}}{k_j-k_a^{n+1}} \tag{5.8}$$

如此往复循环,如图 5.2(a)～(f)所示。

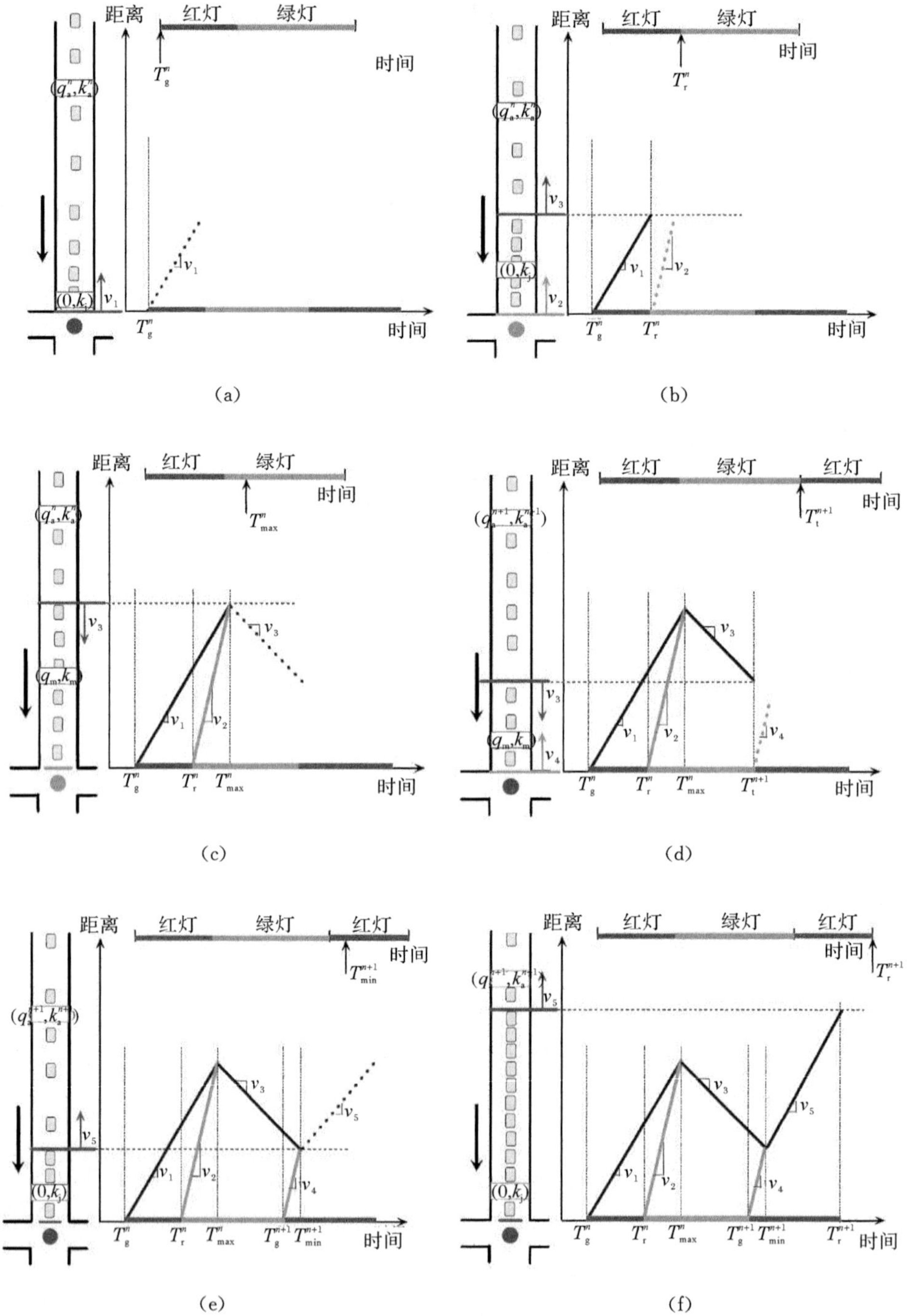

图 5.2　交通波在信号控制交叉口形成和消散过程图

根据 LWR 波动理论，信号交叉口的车辆排队呈很明显的周期性变化：红灯开始时车辆开始排队，有效绿灯开始时车辆驶离排队消散，排队长度在绿灯开始后的某一时刻达到最大，而在绿灯结束或红灯开始不久后形成最小排队长度，如图 5.3所示。如前所述，传统的依据车辆守恒定律，通过计算经过停车线检测器和排队检测器的流量差来计算出剩余车辆数(排队长度)的方法在过饱和状态下无法应用。在高峰期拥堵的时候，排队长度经常会超过排队检测器的位置，从而无法观察到车辆的到达流量。但是，排队长度的变化具有很强的周期规律性，所以如果能够根据相关数据识别出图 5.3 中的某些重要的状态转折点(break points)，如点 A、点 B 和点 C，那么即使没有到达车辆的流量信息，整个周期内的排队和消散过程也可以推出，从而得到最大排队长度(图 5.3 中点 H)和最小(滞留)排队长度(图 5.3 中点 D)。下面将介绍如何用高精度交通数据来检测这些关键点。

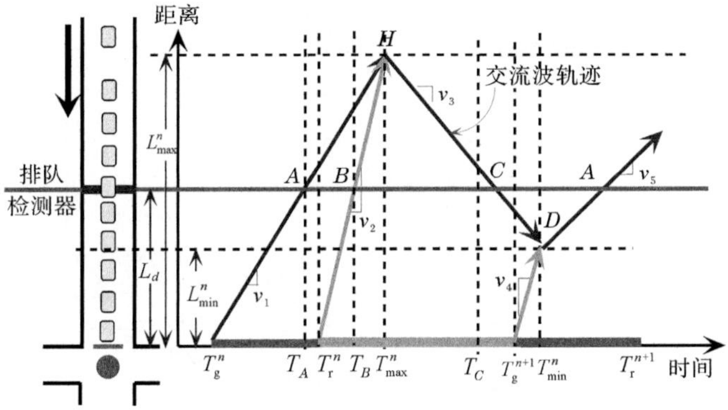

图 5.3　交通波轨迹图

5.2.2　转折点识别

如图 5.3 所示，转折点 A、B 和 C 分别代表同一周期内交通状态发生改变的时刻。这里，周期定义为红灯开始时刻到绿灯结束。首先，容易看出，点 A 出现的时刻(T_A)为排队波 v_1 向后传播到排队检测器那一刻。在 T^n_g 和 T_A 时间段内，车辆以(q^n_a,k^n_a)的状态通过排队检测器，而 $T_A \sim T^n_{max}$时间段内，由于交通拥堵，车辆无法通过排队检测器，交通状态为(0,k_j)。点 A 可用于判断排队车辆是否越过排队检测器。如果点 A 不存在，这意味着排队波没有传播到检测器，即排队长度小于停车线检测器与排队检测器之间的距离。点 A 比较容易判断，因为 T_A 时刻之后，检测器会在较长时间内被车辆占用，所以检测器占用时间(occupancy time)相对较长。通过实际观察总结，如果 T^n_g 时刻之后，检测器占用时间大于 3s，表示点 A 存在，交叉口处排队长度较长，反之亦然。图 5.4(a)为一样本信号周期内检测器占用时间。可以看出，当车辆排队到检测器之后，检测器占用时间远远大于 3s

（约 45s 时）。注意，通过检测器占用百分比（occupancy）也可判断出点 A，即在连续 3s 内的占用百分比都保持在 100%。

点 B 表示消散波向后传播到达排队检测器的时刻。在绿灯开始 T_r^n 后到 T_B 之间，检测器处的交通状态都为$(0,k_j)$，T_B 时刻之后，车辆以饱和流率开始消散，交通状态变为(q_m,k_m)。通过高精度数据也比较容易判断点 B。绿灯开始之后到 T_B 时刻之前交通流率为 0，检测器占用时间通常高于 3s 或检测器占用百分比持续为 100%。T_B 时刻之后，检测器后的排队车辆开始消散，所以检测器占用时间和连续车流的间隔时间均减小。如图 5.4(a)所示，T_B 之后检测器占用时间明显下降。

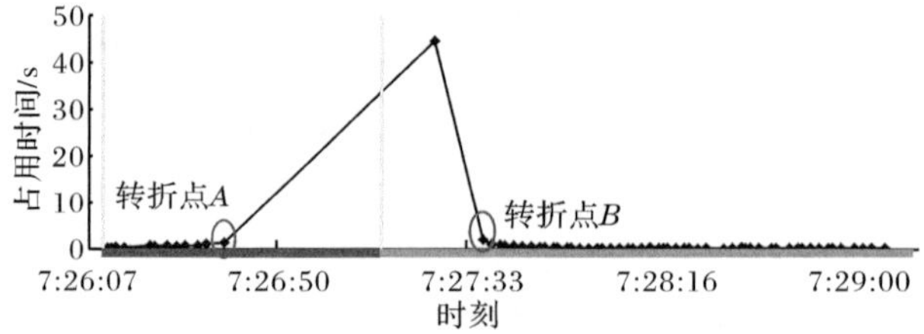

(a) 检测器占用时间图

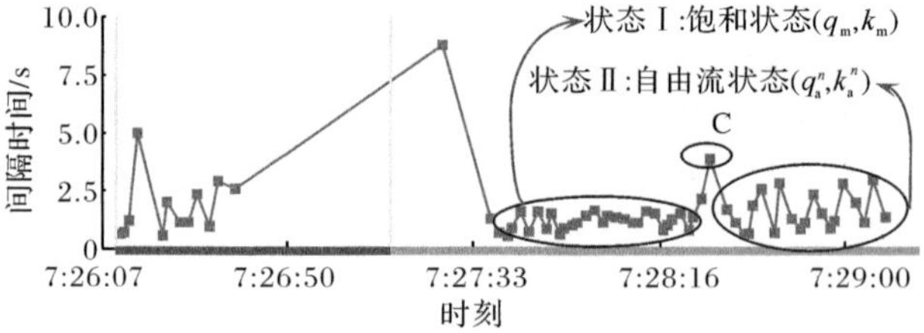

(b) 连续车辆间隔时间图

图 5.4　转折点识别图

点 C 的判断显得极为重要，因为通过点 C 与消散波 v_2 可推算出最大排队长度及滞留排队长度，并可以此还原整个排队与消散过程，点 C 表明 T_C 时刻队列中末端车辆通过检测器。T_C 时刻之后，交通状态由饱和状态(q_m,k_m)过渡到到达流状态(q_a^n,k_a^n)并产生交通波 v_3。具体说来，在点 C 出现之前，检测器处的车辆以饱和流率消散，即交通状态为(q_m,k_m)；当波传播到检测器之后，交通状态转为(q_a^n,k_a^n)，即检测器处的流率为到达流率，通常低于饱和流率。为辨识点 C，需要设定初始值来区分两种不同交通状态(q_m,k_m)和(q_a^n,k_a^n)。对数据进行分析可以看出，车头时距对交通状态的改变十分敏感。如图 5.4(b)所示，转折点 C 将交通分为两种状态。T_C 时刻之前，车间时距小于 2.5s，并且方差非常小。这意味着大部分车辆以饱和流率消散。然而在 T_C 时刻之后，车头时距变大且方差剧增，即车辆以到达流率消散。基于这个规律，可以采用统计分析的方法（如比较车头时距的均值和方差）来判断交通状态是否发生变化。实际应用中，当车间距超过 2.5s 时，则可以认为队尾车辆开始向前移动并且已经到达排队检测器，据此可以判断此点为 T_C，但是这种方法可能带来判断误差。为避免误判，可以持续搜索第二个及第三个车头间距超过 2.5s 的点，以保证交通状态发生了变化。

但是当交通特别拥堵的时候，转折点 C 可能不存在，如图 5.5(a)所示。这是因为在整个绿灯期间，车辆都以饱和流率消散，所以交通状态没有发生改变，转折

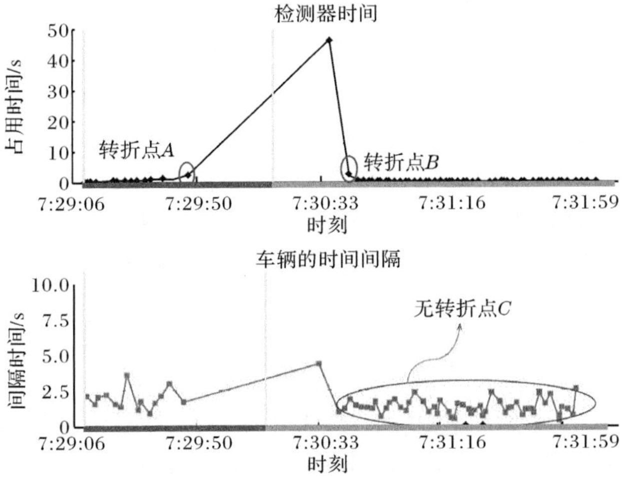

(a) 过饱和

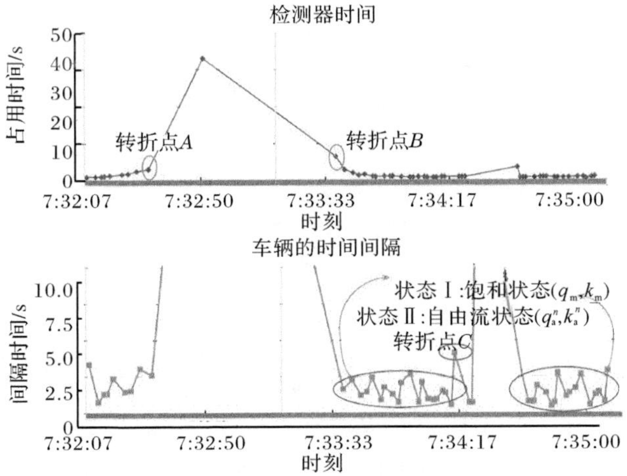

(b) 车辆成群到达

图 5.5　特殊示例

点 C 不存在。另外一种情况是车辆可能以队列形式到达，导致转折点 C 前后交通状态没有明显变化。如图 5.5(b)所示，虽然转折点易于判断，但转折点前后的交通状态相似。交通状态无明显变化的主要原因是上游交叉口的消散队列在滞留车辆完全消散时成群到达。

5.2.3 交叉口排队长度估算

在判断关键点 A、B 和 C 后，结合图 5.3，可以用一些简单的模型来估算交叉口排队长度。

1. 基本模型

从图 5.3 可以看出，为预测排队长度，需要先计算波速 v_2 和 v_3，这需要利用检测器收集的高分辨率数据。v_2 可以简单地利用式(5.5)来计算，如果饱和流率 q_{m}、饱和密度 k_{m}、堵塞密度 k_{j} 已知的话。在实际计算中，v_2 也可以利用排队检测器与停车线之间的距离 L_{d} 和绿灯开始时间 T_{r}^n 到消散波传到排队检测器的时间 T_{B} 推导出

$$v_2 = \frac{L_{\mathrm{d}}}{T_B - T_{\mathrm{r}}^n} \tag{5.9}$$

当利用式(5.6)来预测波速 v_3 时，需要先判断两种交通状态，即$(q_{\mathrm{m}}, k_{\mathrm{m}})$和$(q_{\mathrm{a}}^n, k_{\mathrm{a}}^n)$。这首先需要根据已知的检测器检测的占用时间和车间时距，计算出平均速度 u_s、平均流率 q 及交通密度 k。

$$\begin{cases} u_i = \dfrac{L_{\mathrm{e}}}{t_{\mathrm{o},i}} \\ u_{\mathrm{s}} = \dfrac{1}{\dfrac{1}{n}\displaystyle\sum_{i=1}^{n}\dfrac{1}{u_i}} \\ q = \dfrac{1}{\dfrac{1}{n}\displaystyle\sum_{i=1}^{n} h_i} = \dfrac{1}{\dfrac{1}{n}\displaystyle\sum_{i=1}^{n}(t_{\mathrm{o},i} + t_{\mathrm{g},i})} \\ k = \dfrac{q}{u_{\mathrm{s}}} \end{cases} \tag{5.10}$$

式中，$t_{\mathrm{o},i}$ 和 $t_{\mathrm{g},i}$ 分别为检测器占用时间和间隔时间；u_i 和 h_i 分别为车速和车头时距，L_{e} 为有效车长(车长和检测器长度总和)；n 为车辆总数。

推算出 u_s、q、k 后，式(5.10)可以用来计算$(q_{\mathrm{m}}, k_{\mathrm{m}})$和$(q_{\mathrm{a}}^n, k_{\mathrm{a}}^n)$。需要注意的是，交通状态$(q_{\mathrm{m}}, k_{\mathrm{m}})$发生在 T_B 和 T_C 之间，而状态$(q_{\mathrm{a}}^n, k_{\mathrm{a}}^n)$出现在 T_C 之后(T_{g}^{n+1} 之前)，所以需要采用不同时间段的数据来计算这两种交通状态。我们可以用实时数据计算交通状态$(q_{\mathrm{m}}, k_{\mathrm{m}})$来代替以往的常数设定方法，这样可以消除下游交

叉口排队溢出造成的通行能力或饱和流率下降所带来的影响。

计算出 v_3 和 v_2 后，任何周期 n 内的最大排队长度 $L_{\max}^n$ 和达到最大排队长度时刻 $T_{\max}^n$ 可以通过式(5.11)推算：

$$\begin{cases} L_{\max}^n = L_d + \dfrac{T_C - T_B}{\dfrac{1}{v_2} + \dfrac{1}{v_3}} \\ T_{\max}^n = T_B + \dfrac{L_{\max}^n - L_d}{v_2} \end{cases} \tag{5.11}$$

式中，L_d 为排队检测器与停车线之间距离。

同样，根据图 5.6，最小排队长度 $L_{\min}^n$ 和相应时刻 $T_{\min}^n$（如果存在滞留车辆）可以用如下公式推算：

$$\begin{cases} L_{\min}^n = \dfrac{\dfrac{L_{\max}^n}{v_3} + T_{\max}^n - T_g^{n+1}}{\dfrac{1}{v_3} + \dfrac{1}{v_4}} \\ T_{\min}^n = T_g^{n+1} + \dfrac{L_{\min}^n}{v_4} \end{cases} \tag{5.12}$$

式中，v_4 为交通波的速度，与 v_2 波速的数值相同[式(5.7)]。

得到波速 v_3 后，$T_{\max}^n$ 之后的队列消散过程易于推导。T_A 之前的排队过程一般检测器已经记录。注意，如图 5.6 所示，到达车辆不一定为常数。

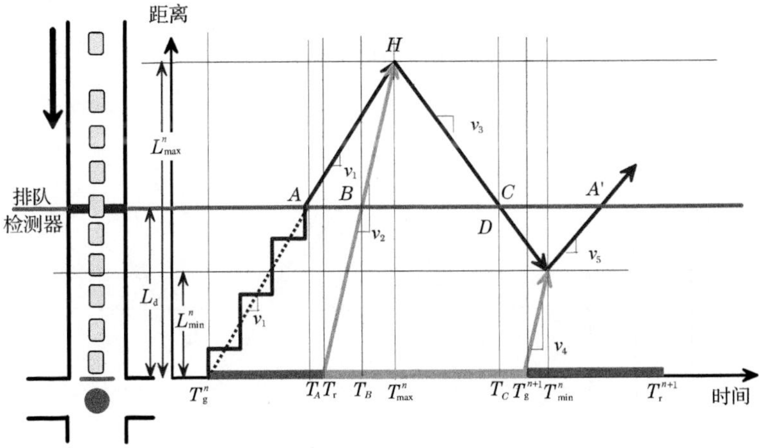

图 5.6　交通波轮廓图

点 A 和点 H 之间的排队状态，由于没有其他信息可用，可以简单假设 v_1 为常数，通过式(5.13)计算：

$$v_1 = \frac{L_{\max}^n - L_d}{T_{\max}^n - T_A} \tag{5.13}$$

值得提出的是，这里介绍的模型是基于高精度车辆检测器激发事件数据。传统的交叉口数据采集方法无法获取这类数据，但越来越多的系统，如 ASC-Lite，可以记录每秒的数据，这种数据仍然可以用来识别转折点 A、B 和 C 以及计算交通状态变量，进而计算出最大和最小排队长度。

2. 扩展模型Ⅰ

扩展模型Ⅰ提出一种简单的计算最大和最小排队长度的方法。从图 5.6 可以看出，在 T_C 时刻之前通过检测器的车辆中，为最大排队长度 $L_{\max}^n$ 中的大部分，但同时也包括一小部分车辆在原始队列的队尾车辆开始移动时加入到队列中。这一部分车辆事实上并没有影响最大排队长度。区分这一小部分车辆比较困难，为简化计算，扩展模型Ⅰ近似的认为排队车辆包括所有从绿灯开始到 T_C 时刻内通过检测器的车辆(图 5.7)。通过这种简化，排队长度可以简单的通过记录检测器的流量数据得到。如果假设堵塞密度 k_j 为常数，最大排队长度 $L_{\max}^{n'}$、时间 $T_{\max}^{n'}$ 和波速 v'_3 可计算得

$$\begin{cases} L_{\max}^{n'}=\dfrac{n}{k_{\mathrm{j}}}+L_{\mathrm{d}} \\ T_{\max}^{n'}=T_{\mathrm{r}}^n+\dfrac{L_{\max}^{n'}}{v_2} \\ v'_3=L_{\max}^{n'}-\dfrac{L_{\mathrm{d}}}{T_C-T_{\max}^{n'}} \end{cases} \tag{5.14}$$

式中，n 为 T_{g}^n 和 T_C 时间段内通过检测器的车辆数。

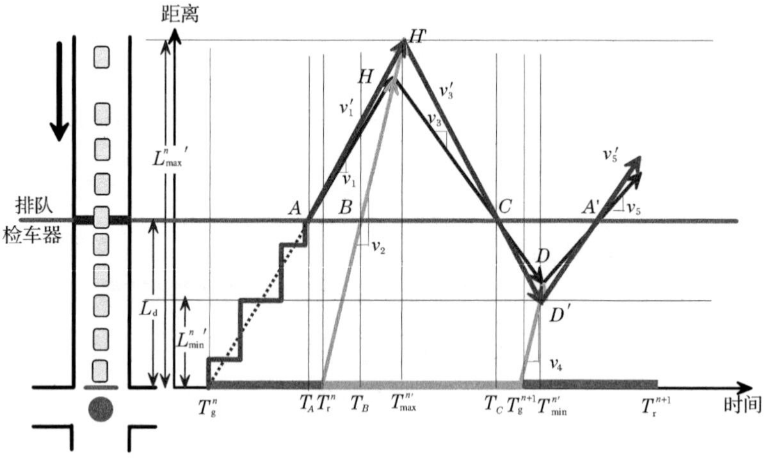

图 5.7　扩展模型Ⅰ

给定交通波 v_4，根据式(5.12)可计算出最小排队长度 $L_{\min}^{n'}$、时间 $T_{\min}^{n'}$ 和波速 v'_1。

扩展模型Ⅰ是一个简化的排队预测模型。如图 5.7 所示，点 H 为排队长度真实值，而 H' 为近似值。这是因为扩展模型Ⅰ中的一部分车辆本不属于排队车辆，从而导致估计值偏大。

3. 扩展模型Ⅱ

扩展模型Ⅱ适用于多个车道检测器串联或单一检测器覆盖多个车道的情况(图 5.8)。在这种情况下，如果不同车道上行驶的车辆同时驶过检测器，则只能检测出一辆车经过。尽管根据这种数据仍然可以用来识别转折点 A、B 和 C，但是这会影响车辆数的测量。在这种情况下，为了仍然能够使用这种数据来预测车辆排队长度，可以假设当最大排队长度的队尾车辆开始移动时，没有车辆加入队列中，那么交通波 v'_3 为队尾车辆的行驶轨迹。通过假设加速度 a 已知，可分析出队尾车辆的行驶轨迹，并根据队尾车辆在转折点 C 时是否达到最大速度，可估算出 $T^{n'}_{\max}$ 与 $T_C(t)$ 的时间差，计算公式为

$$\begin{cases} \dfrac{1}{2}a\left(\dfrac{u_{\mathrm{f}}}{a}\right)^2 + u_{\mathrm{f}}\left(t - \dfrac{u_{\mathrm{f}}}{a}\right) = v_2(T_C - T_B - t), & t \geqslant \dfrac{u_{\mathrm{f}}}{a} \\ \dfrac{1}{2}at^2 = v_2(T_C - t), & t < \dfrac{u_{\mathrm{f}}}{a} \end{cases} \tag{5.15}$$

式中，u_{f} 和 a 分别为自由流速度和假设已知的加速度。

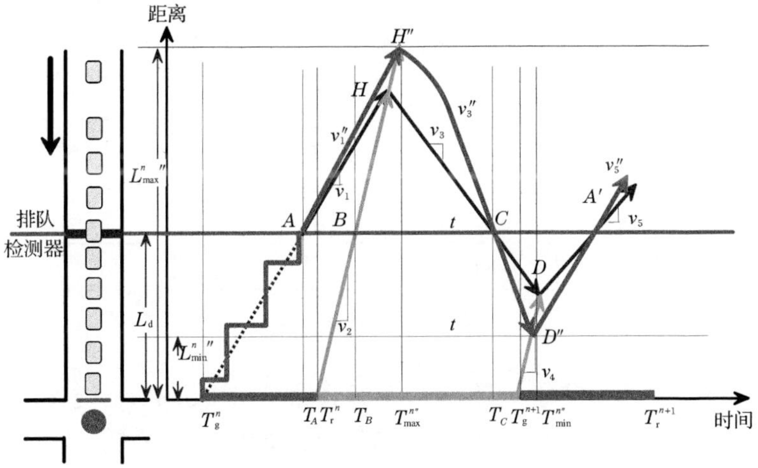

图 5.8　扩展模型Ⅱ

那么，最大排队长度 $L^{n'}_{\max}$ 和时间 $T^{n'}_{\max}$ 计算方法为

$$\begin{cases} L^{n''}_{\max} = L_{\mathrm{d}} + v_2(T_C - T_B - t) \\ T^{n''}_{\max} = T_C - t \end{cases} \tag{5.16}$$

估算最小排队长度 $L^{n''}_{\min}$、时间 $T^{n''}_{\min}$ 和波速 v''_1 方法同上。

同样，扩展模型Ⅱ估算的排队长度将偏大，如图 5.8 所示，点 H 为排队长度真实值，H'' 为估计值。

5.2.4 测试与结果

实际应用中，以上模型可以总结成如图 5.9 所示的算法流程图。首先，判断转折点 A 是否存在。如果转折点 A 不存在，为短排队问题，根据输入输出方法即可估算排队长度；如果转折点 A 存在，那么继续识别转折点 B 和 C（实际应用中，转折点 B 判断可以略过，因为一般情况下 v_2 为常数）。如果根据检测数据找到转折点 C，则可根据不同数据形式应用不同模型来估算排队长度；如果找不到转折点 C，正如之前讨论，交通处于过饱和状态。过饱和状态下的排队长度的估算将在 5.2.5 节讨论。

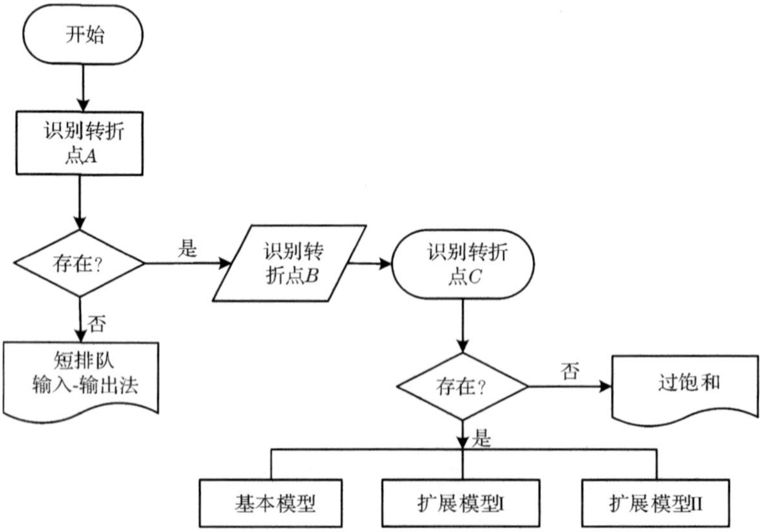

图 5.9 算法流程图

测试场地选取明尼苏达州第 55 号干线公路的 Rhode Ave. 交叉口，早高峰期间从 Glenwood Ave. 向西到 Rhode Ave. 之间交通拥堵现象频繁发生。图 5.10(a) 为交叉口示意图（包含 6 个关联交叉口），图 5.10(b) 为交叉口检测器布局示意图。这里选取 2008 年 7 月 11 日检测器 9 号、10 号收集的早高峰两小时数据用于估算排队长度，并将估算值与安装在交叉口处摄像头记录的真实数据（根据观察录像提取最大排队长度）进行对比。基于检测器收集的事件数据对三个模型进行测试。最大排队长度估算结果见图 5.11。表 5.1 中是预测数据和真实数据的平均绝对百分比误差（mean absolute percentage error，MAPE），其计算方法为

$$\text{MAPE} = \frac{1}{m}\sum_{m}\left|\frac{\text{观察值}-\text{估算值}}{\text{观察值}}\right|\times 100\% \tag{5.17}$$

式中，m 为样本总数。

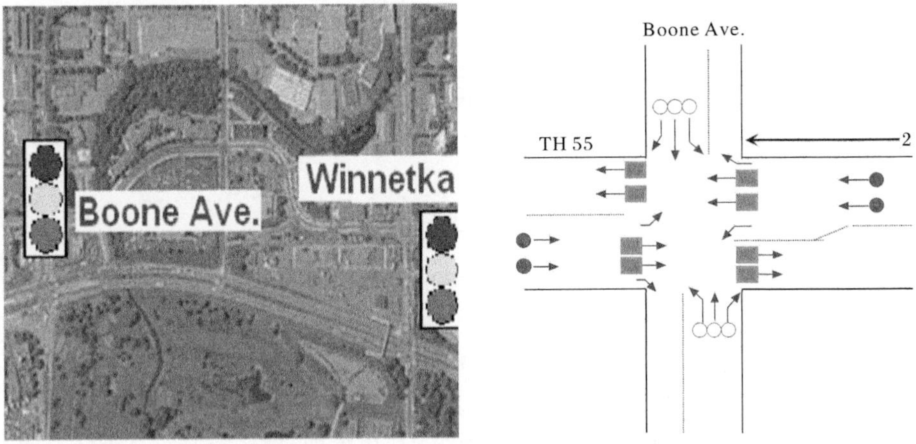

(a) 数据收集站　　(b) 检测器布局

图 5.10

表 5.1　3 个模型的 MAPE 值

MAPE	基础模型/%	扩展模型Ⅰ/%	扩展模型Ⅱ/%
左侧车道(10 号检测器)	6.5	15.9	22.3
右侧车道(9 号检测器)	8.7	13.4	18.8

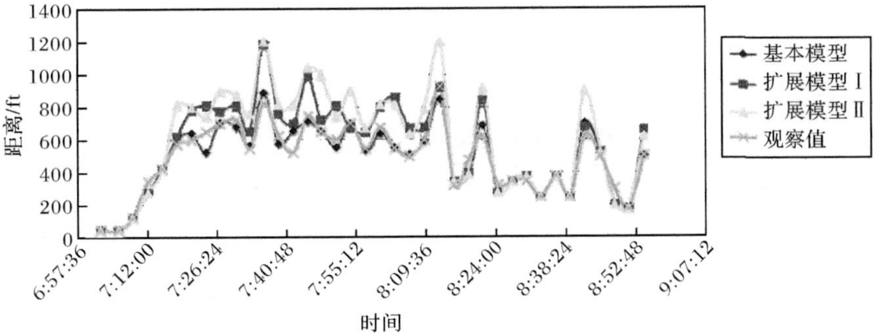

(a) 最大排队长度对比图-左车道

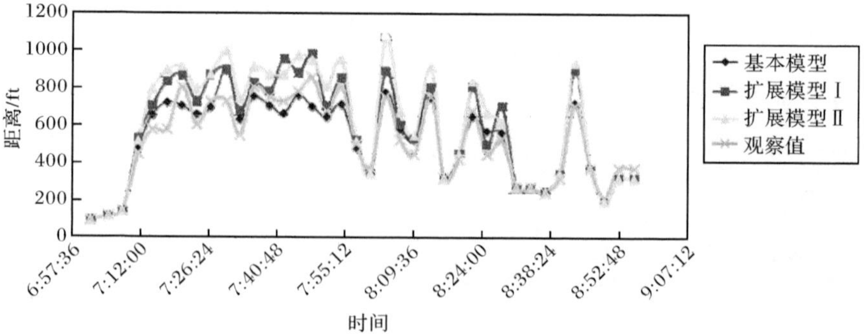

(b) 最大排队长度对比图-右车道

图 5.11　测试结果

如图 5.11 所示，基础模型可准确估算左侧车道和右侧车道的排队长度，平均 MAPE 值约为 7%（表 5.1）。然而如前所述，扩展模型Ⅰ和Ⅱ的估算值偏大，平均误差百分比值分别约为 14%和 20%。图 5.12 直观地表达了动态排队估算过程。可以看出，该模型能够清晰描绘出排队形成和消散过程。另外，表 5.2 列出了 3 种模型达到最大排队长度时间（$T_{\max}^{n''}$）与观察值差的绝对值。三种模型的绝对误差大约为 5s。

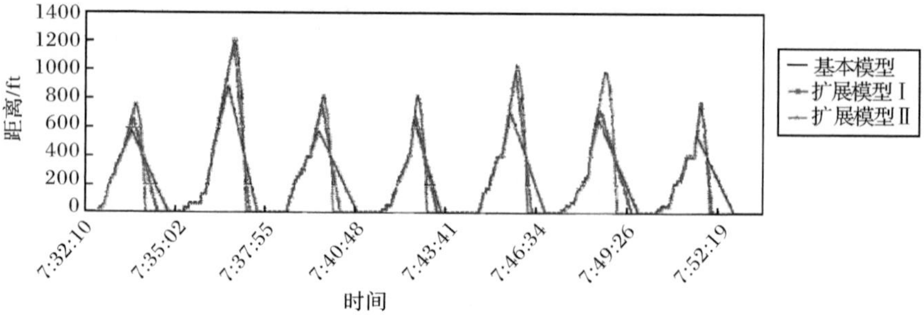

图 5.12　排队轨迹

表 5.2　最大排队长度时间的绝对误差

绝对误差	基础模型/s	扩展模型Ⅰ/s	扩展模型Ⅱ/s
左侧车道(10 号检测器)	6	6	5
右侧车道(9 号检测器)	5	6	4

5.2.5　过饱和状态下滞留排队长度估算

如果转折点 C 能被检测出来，式(5.12)可以用来预测滞留排队（最小排队）长度。但是当交通拥堵比较严重时，绿灯期间内转折点 C 很可能不存在。这种情况下，整个绿灯期间车辆以饱和流率进行消散，见图 5.5(a)。那么滞留队列一定存在，至少在停车线与检测器之间。由于波速 v_3 无法计算得出，式(5.11)将不能用于计算最大排队长度。此时，检测数据将不能用来构建排队过程。但是，由于绿灯时间全部用来消散车辆，因此可以简单地通过统计通过检测器的车辆数来估算最小队列长度 $\min(L_{\max}^n)$。同时由于在交通拥堵的情况下，车头间距和消散波速 v_2 可设为常数，这样可以通过如下方程来估算最大排队长度及其发生的时间。

如果转折点 C 无法识别，有

$$\begin{cases}\min(L_{\max}^n) = I_{\text{jam}}N + L_{\text{d}} \\ \min(T_{\max}^n) = T_{\text{r}}^n + \dfrac{\min(L_{\max}^n)}{v_2}\end{cases} \tag{5.18}$$

式中，N 为 T_B 到 T_{g}^{n+1} 时间段内累积通过的车辆数；I_{jam} 为交通拥堵时的车头间距(设为常数)；T_{r}^n 为红灯结束时刻。

注意，式中 min 表示这个公式仅仅是预测最大排队长度的一个保守估计的下限值。

如果转折点 C 无法识别(图 5.13)，有

$$v_3 = \frac{\min(L_{\max}^n) - L_{\text{d}}}{T_{\text{g}}^{n+1} - \min(T_{\max}^n)} \tag{5.19}$$

计算 v_3 后，最小队列长度坐标，即点 D 对应的 $\min(L_{\min}^n)$、$\min(T_{\min}^n)$，通过式(5.12)可计算得出。计算的滞留排队长度将用来量化交叉口的过饱和度。这将在 5.4 节讨论。

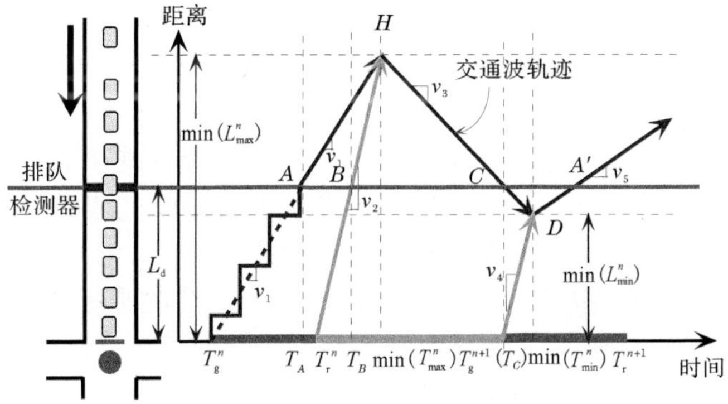

图 5.13 滞留队列长度(点 C 无法识别)

5.3 拥堵交叉口溢流时间估算

交叉口过饱和度的量化同时需要估算溢流时间。溢流的发生意味着过饱和

状态对上游交叉口的交通状态产生了不利的影响，这也意味着交通拥堵开始在交通网络中蔓延，所以准确地识别溢流状态显得十分重要。为检测溢流的发生及测量溢流时间的长度，这里首先引进排队超过检测器(queue-over-detector，QOD)概念。

QOD具体是指排队的车辆蔓延到了排队检测器的一种现象。QOD出现时，检测器占用时间(occupancy time)将会出现异常大的值。根据QOD的具体成因，QOD可以分成两种类型。一类是由红灯信号引起的：由于车辆在红灯时减速而停在检测器上，使检测器一直处于占用状态，从而形成第一类QOD-Ⅰ。第二类QOD-Ⅱ则是由溢流引起的：当队列沿着下游交叉口向上游溢出时，上游交叉口可能堵塞以至绿灯时车辆不能消散，一些车辆将会长时间停留在检测器处，导致检测器长时间被占用。从两类QOD的定义可看出，第二种类型QOD-Ⅱ的持续时间直接显示了溢流的发生及溢流的程度。所以，通过测量QOD-Ⅱ的持续时间可以量化溢流带来的不利影响。

使用高精度数据非常容易判断QOD现象：当占用时间相对较长(或占用百分比在某一时间段内保持在100%)，则表示QOD的发生。根据实际观察，鉴别QOD的阈值可设为3s，这是根据车长为22ft、车速为5mi/h的假设推算出来的。

由于第一种类型的QOD-Ⅰ并没有预示着溢流，所以需要对检测器检测出的QOD进行识别。为进一步理解两类QOD的区别，可以通过描绘上游与下游之间的车辆行驶轨迹来显示两种类型的QOD发生的条件。如图5.14所示，第一种类型QOD-Ⅰ是由红灯信号引起，所以最长持续时间为红灯持续时间。如果考虑滞留队列和绿灯开始的排队波，QOD-Ⅰ仅发生在压缩波和消散波之间。所以如果QOD出现在$T_g^n+L_d/v_4$和$T_r^n+L_d/v_2$之间，即为第一种类型QOD-Ⅰ。

第二种类型QOD-Ⅱ则发生在$T_g^n+L_d/v_4$和$T_r^n+L_d/v_2$区间之外，预示下游已经发生溢流。这将造成绿灯时间闲置，意味着下游堵塞车辆在绿灯时间内不能消散。所以，当QOD-Ⅱ现象发生时，溢流发生的开始时间或结束时间应该落在$T_g^n+L_d/v_4$和$T_r^n+L_d/v_2$区间之外的时间段(图5.14)。

为了更精确地识别溢流状态，可以同时应用5.2节的排队估算方法来计算下游交叉口的最大排队长度。如果最大排队长度大于或等于干线长度，那么确定处于过饱和状态。这有助于避免由一些意外事件(如检测器被事故车辆长时间占用)引起的判断误差。这些状况也许会形成第二种类型QOD-Ⅱ，但不是由溢流引起的。

注意，当溢流发生时，5.2节提出的排队长度估计方法并不能直接用于溢流交叉口。溢流存在时，当下游堵塞消除并且信号灯为绿时，排队车辆才能开始消散，示例见图5.15。当交叉口i信号灯转绿T_r^n时，排队车辆开始消散，由于下游交叉口$i+1$车辆逐渐增加最终溢流到上游交叉口i，消散过程将被干扰。利用检测器

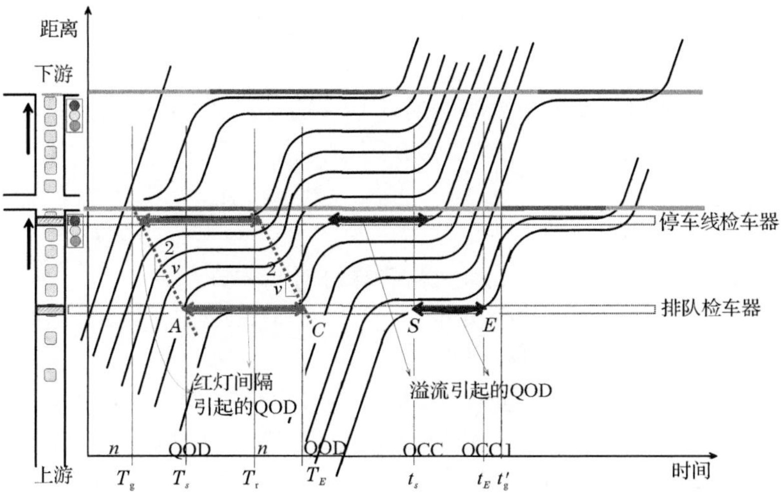

图 5.14　QOD 示例

识别第二种类型 QOD-Ⅱ，开始时间为 $T_{\mathrm{start},i}^{\mathrm{QOD}}$。当溢流消除时 QOD 也随之结束，即 $T_{\mathrm{end},i}^{\mathrm{QOD}}$。在这种情况下，由于转折点 A、B 和 C 更新为 A'、B' 和 C'（图 5.15），所以排队长度的估计方法需要进行修正，但计算公式仍然有效。

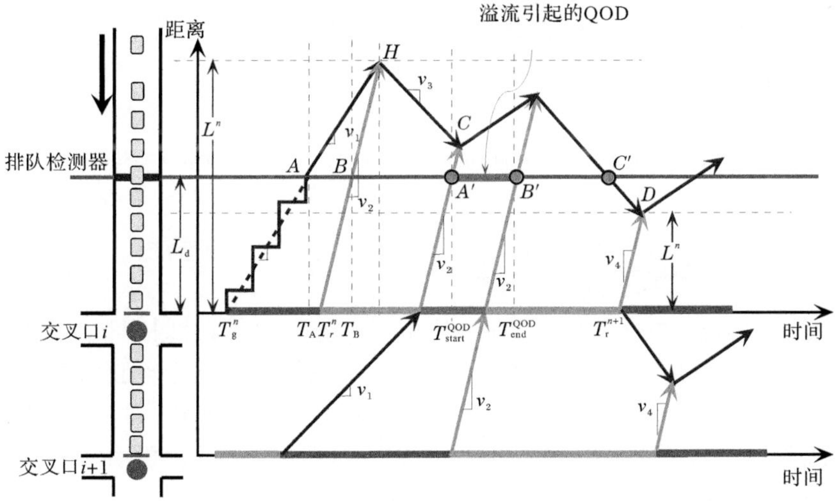

图 5.15　下游溢流交通波轮廓图

5.4 过饱和状态量化

在估算滞留排队长度及溢流时间后，则可以通过 OSI 来对交叉口的饱和度进行量化，包括 T-OSI 和 S-OSI。本节将介绍如何推算 T-OSI 和 S-OSI。

5.4.1 T-OSI

T-OSI 定义为滞留车辆消散时间与总绿灯时间的比：

$$\text{T-OSI}=\frac{\text{无效绿灯时间}}{\text{总绿灯时间}}\times 100\%=\frac{L_{\min}^{n}/I_{\text{jam}}h}{G}\times 100\% \tag{5.20}$$

式中，G 为总绿灯时间；h 为饱和状态时的车头时距；$L_{\min}^{n}$是滞留排队长度；I_{jam}是交通拥堵时的车头间距。$L_{\min}^{n}$和 I_{jam}可以通过式(5.12)计算得到。

T-OSI 是 0～100 间的非负数，它量化了过饱和状态对下一周期造成的影响，是识别过饱和交叉口的重要指标。0 表示绿灯结束时车辆全部消散，交叉口处于正常状态；100 表示消散滞留车辆将占用下一周期全部的绿灯时间，说明交叉口严重拥堵，需要立即采取措施缓解交通拥堵，以避免交通拥堵态势对上游交叉口造成影响。当 T-SOI>0 时，表明这一周期的绿灯时间不够充足，车辆不能完全消散，将造成车辆在交叉口处滞留，消散滞留车辆将会占用下一信号周期的一部分绿灯时间。如果 T-OSI 持续大于 0，可能会导致交叉口排队长度过长从而引起溢流现象，阻碍上游车辆的正常行驶，预示着过饱和状态正在向着上游交叉口蔓延。

5.4.2 S-OSI

S-OSI 表明了空间维度上过饱和的严重程度，可以根据溢流时间来计算。具体计算公式为

$$\text{S-OSI}=\frac{\text{无效绿灯时间}}{\text{总绿灯时间}}\times 100\%=\frac{\sum\left(T_{\text{end},i}^{\text{QOD}}-T_{\text{start},i}^{\text{QOD}}\right)}{G}\times 100\% \tag{5.21}$$

式中，$T_{\text{start},i}^{\text{QOD}}$和 $T_{\text{end},i}^{\text{QOD}}$为第 i 次第二种类型 QOD-Ⅱ发生的开始时间和结束时间。

S-OSI 同样也是 0～100 的非负数。0 表示绿灯时间内车辆正常行驶或下游交叉口的过饱和状态还没有造成上游交叉口绿灯时间的浪费；100 表示下游溢流使得上游交叉口在绿灯期间内车辆无法通行，即绿灯时间内没有车辆通过。当 S-OSI>0 时，表明下游交通拥堵已经蔓延到上游交叉口，过饱和状态已经开始在空间范围内向上游扩散，且有愈演愈烈的趋势。

5.4.3 测试与分析

选取明尼苏达州双城第 55 号干线公路[图 5.10(a)]用于测试过饱和状态。

Booned 大道、Winnetka 大道、Rhode 大道和 Glenwood 大道为 4 个拥堵频发交叉口。6 个交叉口全部装有 SMART-SIGNAL 高精度交通数据采集系统，主要进口道装有排队检测器和停车线检测器。停车线检测器用于检测现有车辆，位于停车线上游 400ft 处的排队检测器用于检测协调相位绿灯延迟车辆。为了验证估算的排队长度值，沿着 TH55 的 6 个交叉口安置停车线检测器和上游检测器（辅助检测器），这些附加检测器收集数据主要用于对比估测值（图 5.16）。

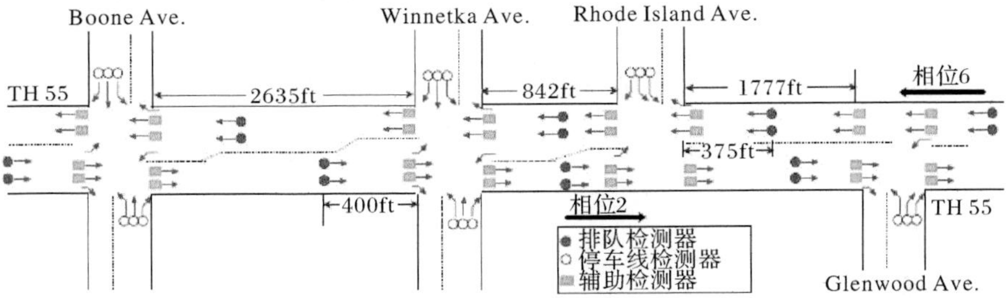

图 5.16　检测器布局

基于 SMART-SIGNAL 系统收集的高精度事件数据，可以利用排队长度估测模型来对滞留车辆长度进行估算。Minneapolis 当地的一家交通咨询公司独立地对排队长度估算方法进行了评估，排队长度估测的平均误差百分比（MAPE）在 15％以内。

图 5.17 为检测器在 Glenwood Ave. 交叉口处收集的过饱和数据。如图 5.17 所示，前两周期结束时出现滞留车辆，表明这两个周期内交通处于过饱和状态。这是因为第二周期的信号周期时长为 132s，比正常值少 48s。不充足的绿灯时间导致车辆在下一周期内才能完全消散，继而对下一周期产生了不利影响。

根据滞留长度估测值，得出这两个周期内的过饱和严重度分别为 7.5％和 7.0％，这意味着该周期内至少 7.5％和 7.0％的绿灯时间用于消散上一周期内的滞留车辆。在计算过程中，假设堵塞状态下车距为 25ft、车头时距为 2s。

需要指出的是，最大排队长度估测值为 500～600ft，小于 Glenwood Ave. 到 Rhode Island Ave. 的干线长度 1777ft。然而，当滞留车辆出现时，尽管最大排队长度相对较短，但在滞留车辆完全消散前加入的车流量比较高。加入消散队列中一部分车辆将不能在绿灯期间内顺利通过交叉口，从而形成滞留队列。

如果绿灯时间全部用来消散滞留队列，将无法辨别转折点 C。这种情况仅能估算一个周期内最大排队长度的下限值。以 Boone Ave. 交叉口排队检测器监测的东行车辆为例，前 5 个周期内无法识别转折点 C，即交通状态（q_m，k_m）和（q_a^n，k_a^n）无法估算，所以交通波速度 v_3 的计算受到限制，仅能估测最大排队长度的下限值。该算例前 5 个周期的排队长度较长，平均在 1500ft 左右。如图 5.18 所示，对滞留

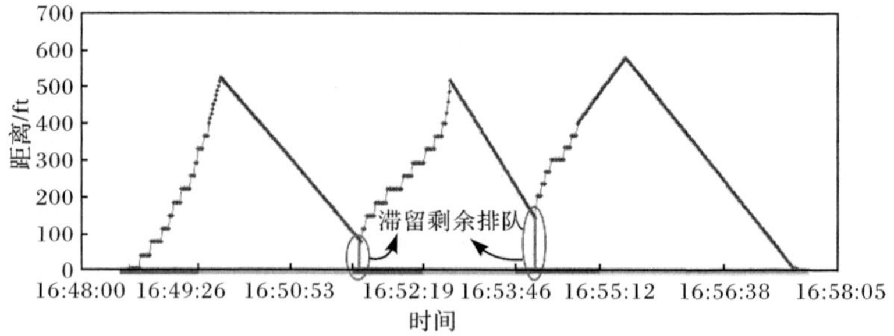

图 5.17 Glenwood Ave. 东行滞留长度估测值

排队长度的下限值也进行了估算。5 个周期的过饱和度指数(T-OSI)下限值分别为 9.8%、19.4%、10.5%、11.3%和 10.3%。

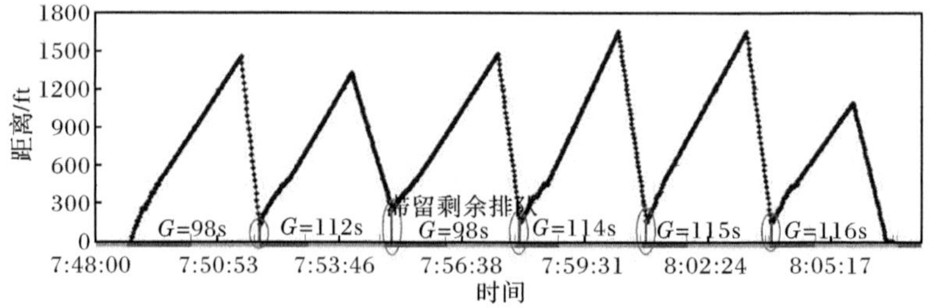

图 5.18 Boone Ave. 东行滞留长度估测值

溢流为主干道或交通网络处于过饱和状态时带来空间的不利影响,可以通过辨别第二种类型 QOD-Ⅱ进行判断。图 5.19 为 Rhode Island Ave. 收集的 2008 年 11 月 17 日晚高峰一小时内检测器占用时间。可以看出,当下游干线发生溢流时,即使交通信号转为绿灯,交叉口处的车辆仍不能正常消散,出现第二种类型 QOD-Ⅱ。因此,可以判断当前周期内该交叉口处于过饱和状态。

为了进一步证实下游干线发生了溢流现象,根据 Rhode Island Ave. 交叉口的排队检测器收集的信息重构了车辆行驶轨迹。这里使用常用的车辆跟驰模型(参考 Newell[138]模型)用于生成车辆行驶轨迹。假设如果道路中车辆的行驶速度低于畅行速度 55mph①,车辆将加速行驶;如果高于畅行速度,车辆将会减速行驶。行驶车辆之间应保持一个与车辆间的相对速度有关的安全距离。同时假设驾驶员反应时间设为 1s,静止队列中车距设为 25ft。黄灯期间车辆是否驶过交叉口取决于车速、与前方车辆距离和剩余黄灯时间。模型中不考虑车辆变道行为。图 5.20为估测车辆行驶轨迹,起于 Rhode Island Ave. 交叉口排队检测器,止于

① 1mph=1.6093km/h。

Winnetka Ave. 下游 500ft。如图 5. 20 所示，队列从 Winnetka Ave. 溢出到 Rhode Island Ave. ，导致绿灯期间内 Rhode Island Ave. 交叉口阻塞，形成第二种类型 QOD-Ⅱ。

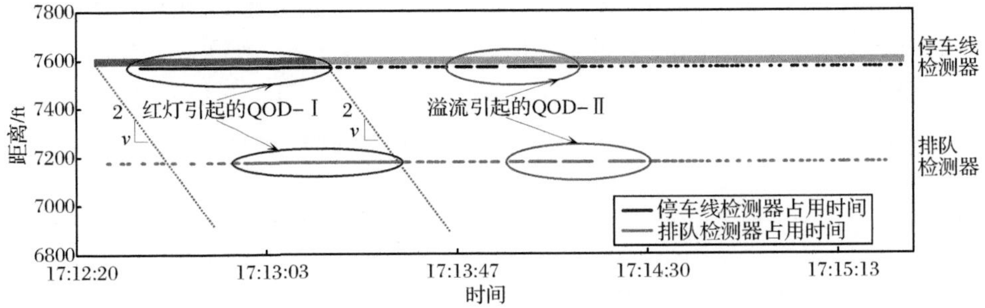

图 5. 19　基于检测器占用时间数据辨别第二种类型 QOD

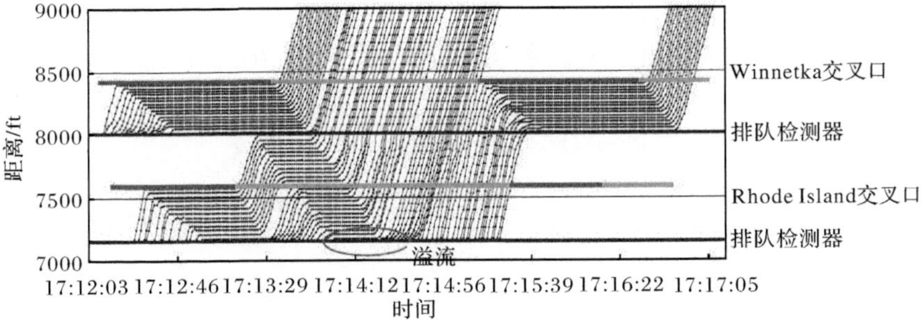

图 5. 20　从 Winnetka Ave. 到 Rhode Island Ave 溢流时车辆行驶轨迹

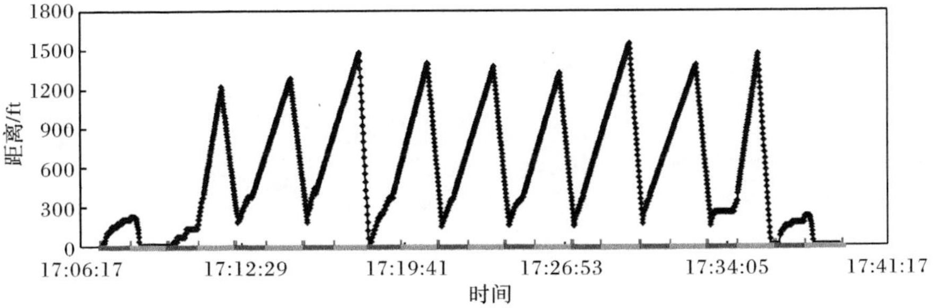

图 5. 21　Rhode Island 交叉口处于过饱和状态时 Winnetka 排队长度概述

进一步对数据分析发现，连续 9 个周期内出现第二种类型 QOD-Ⅱ，溢流现象发生于 17:06:31，持续大约 30min，然后在 17:36:31 消失。溢流现象同时被这 9 个周期内 Winnetka Ave. 下游交叉口计算的排队长度证实。如图 5. 21 所示，9 个周期内最大排队长度为 1200～1500ft。由于干线长度 842ft，这表明在这些周期内，Rhode Island Ave. 交叉口的一部分绿灯时间内处于堵塞状态（S-OSI>0）。同时由于有效绿灯时间减少，Rhode Island Ave. 交叉口在一些周期内产生滞留队列（T-OSI>0）。这表明了 Winnetka Ave. 的过饱和交通状态已经向上游蔓延，导致 Rhode Island Ave. 绿灯时间不能完全消散队列（T-OSI>0、S-OSI>0）。表 5.3 和表 5.4 分别为 Rhode Island Ave. 和 Winnetka Ave. 的T-OSI和 S-OSI指数值。对于 Winnetka，由于下游没有发生堵塞现象，所以整个期间内 S-OSI 值为 0。

表 5.3 Winnetka Ave. 交叉口过饱和严重度指数

开始时间	绿灯时间/s	OSI:滞留状态			OSI:溢流状态	
		滞留排队长度/ft	无效绿灯时间/s	T-OSI/%	无效绿灯时间/s	S-OSI/%
17:06:14	101	0	0	0	0	0
17:09:14	101	180.3	0	0	0	0
17:12:14	101	178.8	14.4	14.28	0	0
17:15:14	101	0	14.3	14.16	0	0
17:18:14	101	149.1	0	00	0	0
17:21:14	101	157.6	11.9	11.81	0	0
17:24:14	102	156.4	12.6	12.36	0	0
17:27:14	106	130.1	12.5	11.81	0	0
17:30:14	101	153.4	10.4	10.31	0	0
17:33:14	105	0	12.3	11.69	0	0
17:36:14	102	0	0	0	0	0

表 5.4 Rhode Island Ave. 交叉口过饱和严重度指数

开始时间	绿灯时间/s	OSI:滞留状态			OSI:溢流状态	
		滞留排队长度/ft	无效绿灯时间/s	T-OSI/%	无效绿灯时间/s	S-OSI/%
17:06:31	136	0	0	0	0	0
17:09:31	136	0	0	0	3.0	2.2
17:12:31	136	89.6	0	0	28.0	20.6
17:15:31	136	164.3	7.2	5.3	28.8	21.2
17:18:31	136	0	13.1	9.7	15.0	11.1
17:21:31	136	180.4	0	0	41.7	30.6
17:24:31	135	165.3	14.4	10.7	34.1	25.2

续表

开始时间	绿灯时间/s	OSI:滞留状态			OSI:溢流状态	
		滞留排队长度/ft	无效绿灯时间/s	T-OSI/%	无效绿灯时间/s	S-OSI/%
17:27:31	139	138.2	13.2	9.5	25.2	18.1
17:30:31	120	125.3	11.1	9.2	16.3	13.6
17:33:31	141	0	10.0	7.1	8.6	6.1
17:36:31	135	0	0	0	0	0

5.5 本章小结

过饱和状态的量化估算是进行过饱和控制的先决条件。但在过饱和状态下，由于检测器经常被长时间占用而无法测量输入交通状态，导致传统基于交通需求-通行能力的过饱和检测方法无法应用。

本章首先介绍了利用高精度的交通数据来识别交通状态改变的方法；然后结合 LWR 波动理论，还原了周期内交叉口的排队、消散过程，从而成功预测过饱和交叉口的排队长度；最后，根据重构的排队信息对交叉口的过饱和状态分别从时间(T-OSI)和空间(S-OSI)维度进行量化，实现过饱和的量化和可视化。从实地测试的结果来看，本章所提出的 T-OSI 和 S-OSI 能够真实地反映交叉口的过饱和状态，与传统的交通流量 v/c 等状态指标相比，能对过饱和状态进行更细致的刻画，为针对性的过饱和交通信号控制方法提供了新的思路。

第 6 章　城市干线过饱和交通状态描述

第 5 章所述的对于交叉口过饱和状态的评估为过饱和状态的量化描述提供了基础。但事实上，更多的情况下城市道路的过饱和交通状态并不会孤立的出现在单个交叉口，而是会在城市干线的多个连续交叉口先后出现。交叉口过饱和状态的识别只能揭示定点的交通状态，对网络交通拥堵的缓解更需要从系统的层面对干线及路网的过饱和交通状态进行识别。本章主要探讨干线过饱和交通状态的识别与描述，重点讨论三种不同的评价指标：车辆行程时间、过饱和严重度指数以及干线基本图。

6.1　干线交通运行状态评价概述

国内外评价干线交通运行状态的方法有很多，这些评价方法主要基于道路服务水平、交通流参数、出行时间、拥挤度等指标。例如，美国芝加哥运输部[22]以占有率为评价指标，若空间占有率超过 30%或时间占有率超过 5min，则判定道路拥堵。美国德克萨斯交通学会将实际行驶时间与自由流行驶时间的比值定义为行驶时间指标（travel time index，TTI），对交通运行状态进行评价[139]。以自由流状态下的行驶时间为基准，当 TTI 超过某一个数值时，则认为交通拥挤。日本则使用拥堵度作为其道路交通顺畅性的评价标准，拥堵度的定义是某路段实际交通量与一天 24h 或白日 12h 的评价基准量的比值[140]。我国《道路交通阻塞度及评价方法》（GA 115－1995）[141]中对城市道路路段阻塞度有如下规定：车辆在其所处的车道上受阻排队长度超过 1000m 则判定道路为阻塞，超过 1500m 时道路处于严重阻塞状态。

综上可以看出，评价干线交通运行状态的指标、方法有很多，但大多数是定性评价，缺乏定量评价。特别是在过饱和状态下，对干线交通的定量评价面临很大挑战。针对这个问题，本章将提出几种对城市主干线的过饱和交通状态的定量评价指标和方法，这些指标和方法将作为过饱和干线交通优化控制的基础前提。

6.2　过饱和干线车辆行程时间估算

本章介绍的第一个评价过饱和干线交通状态的方法是基于干线车辆行程时间。行程时间是评估交通干线性能的重要手段，也是道路使用者最直观理解的指标之一。但是准确地估算信控干线的旅行时间并非一项简单的工作，因为干线上的信号灯会造成交通流的周期性中断。特别是在过饱和状态下，道路拥堵、车辆排队会进一步干扰行程时间预测，从而降低行程时间估算的准确度。到目前为止，估算拥堵状况下的干线行程时间系统的方法还比较缺乏，现有研究中主要以离线的交通流量和信号配时数据为输入来预测行程时间，但是这些方法受限于数据的精度，大部分只能采用比较宏观的方法(如回归分析)来对行程时间进行比较粗略的估计。随着高精度数据的普及，对干线行程时间的估算有了比较显著的提高。本节将介绍一个基于高精度数据的虚拟浮动车的行程时间估算方法。

6.2.1　问题阐述

这里介绍的干线行程时间估算模型主要利用 SMART-SIGNAL 系统提供的高精度车辆检测器事件及交通信号变化事件数据。图 6.1 给出了一个包含 n 个交叉口的城市干线示意图，从起点 O 到目的地 D 依次经过交叉口 1、交叉口 2，直到交叉口 n。各个交叉口每个方向都在离交叉口停车线上游 200～400ft 的位置安装有排队状态检测器(如图 6.1 所示的 $d_1, d_2, \cdots, d_n$)。其他检测器(如停车线检测器)虽有助于旅行时间的估计，但不是必需的。SMART-SIGNAL 系统将安装于每个交叉口来收集车辆激发检测器事件及信号转变事件，基于这些数据推导出任一时刻(τ)的行程时间。

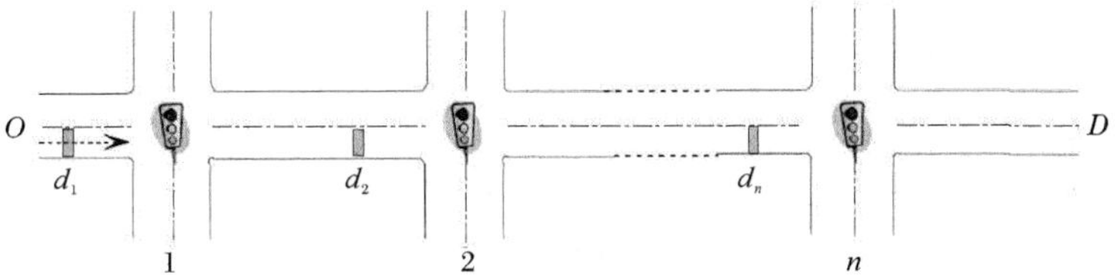

图 6.1　信号控制干线示意图

6.2.2　基于虚拟浮动车行程时间预测的干线饱和交通状态描述

整个行程时间预测过程借鉴了传统的利用浮动车数据来预测行程时间的方法。这里的浮动车不是真实的，而是由高精度车辆检测器激发事件推导的虚拟浮动车，所以这个方法也叫基于虚拟浮动车行程时间预测方法。由于高精度数据记录了每一辆车接触检测器的精确时间，根据这个时间，结合车辆行驶的一些特性，可以推导出每一辆车的虚拟行驶轨迹，然后根据虚拟车辆行驶轨迹，可以推导车辆的干线行程时间。下面将介绍详细的预测过程。

1. 虚拟浮动车的驾驶状态推测

为推导虚拟浮动车的行驶轨迹，首先要预测当前虚拟浮动车的行驶状态，并预测虚拟浮动车在下一个时刻的驾驶行为，即加速、减速或者保持当前速度。

首先假设虚拟浮动车在 τ 时刻(图 6.2)以 $u^{\mathrm{P}}(\tau)$ 速度到达交叉口 i，虚拟浮动车前方的排队长度，即虚拟浮动车前方排队车辆的末端距停车线的长度是 $L_{\mathrm{q}}^{\mathrm{P}}(\tau)$。虚拟浮动车的当前位置是 $x^{\mathrm{P}}(\tau)$，虚拟浮动车前方队列的尾部位置是 $x_{\mathrm{q}}^{\mathrm{P}}(\tau)$，相应地，交叉口 i 的停车线位置是 x_{s}^{i}。

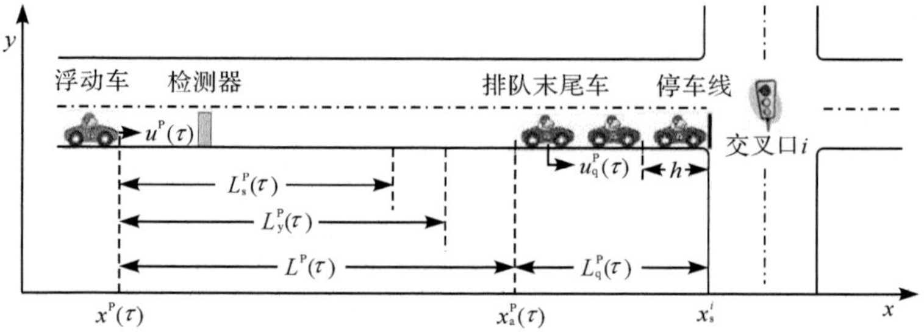

图 6.2　虚拟车的状态变量

用 $L^{\mathrm{P}}(\tau)$表示在 τ 时刻虚拟浮动车与前方“障碍物”之间的距离。“障碍物”是导致虚拟浮动车停止的物体。如果其前方有车辆排队，则“障碍物”是虚拟浮动车前方的最后一辆排队车辆；如果其前方没有车辆排队，那么“障碍物”是交叉口的红灯状态。$L^{\mathrm{P}}(\tau)$可以用式(6.1)计算：

$$L^{\mathrm{P}}(\tau)=x_{\mathrm{s}}^{i}-x^{\mathrm{P}}(\tau)-L_{\mathrm{q}}^{\mathrm{P}}(\tau) \tag{6.1}$$

假设 $L_{\mathrm{s}}^{\mathrm{P}}(\tau)$是 τ 时刻虚拟浮动车所需的安全车头时距，这个时距可以是虚拟浮动车所需的最小安全停止的时间(如前面有静止的排队车辆)，即虚拟车从 $u^{\mathrm{P}}(\tau)$减速到 0 时的行驶距离；或者能够保证虚拟浮动车减速到前方最近一辆车的车速 $u_{\mathrm{q}}^{\mathrm{P}}(\tau)$(如前面有减速的排队车辆)而避免碰撞。假设一个已知的恒定减速度 γ_{d}，则 $L_{\mathrm{s}}^{\mathrm{P}}(\tau)$可以用以下公式计算得到

$$L_{\mathrm{s}}^{\mathrm{P}}(\tau)=\begin{cases} u^{\mathrm{P}}(\tau)t_{\mathrm{d}}-\dfrac{1}{2}\gamma_{\mathrm{d}}t_{\mathrm{d}}{}^{2}, & L_{\mathrm{q}}^{\mathrm{P}}(\tau)=0 \\ u^{\mathrm{P}}(\tau)t_{\mathrm{d}}-\dfrac{1}{2}\gamma_{\mathrm{d}}t_{\mathrm{d}}{}^{2}-u_{\mathrm{q}}^{\mathrm{P}}(\tau), & L_{\mathrm{q}}^{\mathrm{P}}(\tau)>0 \text{ 并且 } u^{\mathrm{P}}(\tau)>u_{\mathrm{q}}^{\mathrm{P}}(\tau) \\ 0, & \text{其他} \end{cases} \tag{6.2}$$

式中，t_{d} 表示虚拟浮动车所需的减速时间。在前方没有静止排队车辆时，$t_{\mathrm{d}}=u^{\mathrm{P}}(\tau)/\gamma_{\mathrm{d}}$；如果有减速的排队车辆时，$t_{\mathrm{d}}=u^{\mathrm{P}}(\tau)u_{\mathrm{q}}^{\mathrm{P}}(\tau)/\gamma_{\mathrm{d}}$。

这样式(6.2)可以进一步推导为

$$L_s^P(\tau)=\begin{cases}\dfrac{[u^P(\tau)]^2}{2\gamma_d}, & L_q^P(\tau)=0\\ \dfrac{[u^P(\tau)-u_q^P(\tau)]^2}{2\gamma_d}, & L_q^P(\tau)>0,u^P(\tau)>u_q^P(\tau)\\ 0, & \text{其他}\end{cases}\tag{6.3}$$

推导 $L_s^P(\tau)$后，根据 $L_s^P(\tau)$和 $L^P(\tau)$的关系，可以判断虚拟浮动车在下一个时刻的驾驶行为。可能的驾驶行为包括加速、减速和不改变速度。根据虚拟浮动车本身的行驶状态及周边的交通状况（包括排队、信号灯及前车行驶状态），可以罗列出 11 个不同的决策方案（C1～C11；图 6.3）。详细的决策程序描述如下：

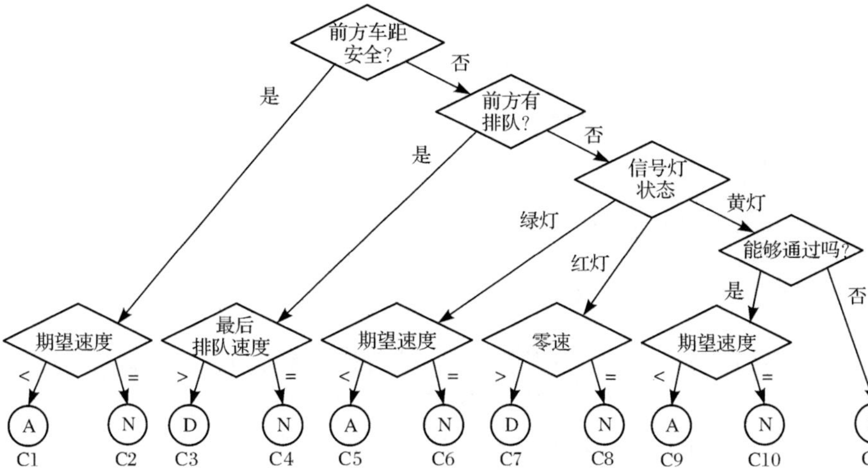

图 6.3　虚拟浮动车决策树

(A). 加速；(D). 减速；(N). 速度不改变

(1) 在每个时刻 τ，首先检测虚拟浮动车的位置。如果当前位置和障碍物之间有足够的减速距离，即 $L^P(\tau)>L_s^P(\tau)$，那么虚拟车无需减速。在这种情况下，无论前方排队和信号状态如何，如果虚拟浮动车当前车速没有达到期望车速 u_f（方案 C1），虚拟浮动车将加速；如果虚拟浮动车当前车速已经为 u_f（方案 C2），虚拟浮动车将保持速度不变。

(2) 当 $L^P(\tau)\leqslant L_s^P(\tau)$时，首先判断在虚拟车和停车线之间是否有排队车辆。在有排队车辆的情况下，如果虚拟浮动车比前方最后一辆排队车辆速度快，即 $u^P(\tau)>u_q^P(\tau)$，虚拟浮动车将选择加速到 $u_q^P(\tau)$（方案 C3）；如果这两辆车都是停止的，即 $L^P(\tau)=L_s^P(\tau)=0$，虚拟浮动车将保持静止状态（方案 C4）。

(3) 当 $L^P(\tau)\leqslant L_s^P(\tau)$并且虚拟浮动车前方没有排队车辆时，根据交通信号状态（绿灯、红灯和黄灯）的不同，虚拟浮动车的驾驶行为也不同。如果信号处绿灯状态，虚拟浮动车要么加速到 u_f（方案 C5），要么保持速度 u_f 不变（方案 C6）；如果信号处在红灯状态，虚拟车要么减速直到停止(方案 C7)，要么保持已有的停止状态(方案 C8)。黄灯的情况比较复杂，其决策过程见下一步。

(4) 如果信号处在黄灯状态，则需要判断虚拟浮动车辆能否在剩余的黄灯时间 $y(\tau)$ 内安全停下或者安全通过交叉口。这首先要计算在余下的黄灯时间 $y(\tau)$ 内虚拟浮动车的可能最大行驶距离 $L_y^{\mathrm{P}}(\tau)$。如果 $L^{\mathrm{P}}(\tau)<L_y^{\mathrm{P}}(\tau)$，即意味着在剩余黄灯时间 $y(\tau)$ 内虚拟车能够驶过停车线，那么虚拟浮动车将会加速(方案 C9)或者以保持速度 u_{f}(方案 C10)进入交叉口；如果剩余黄灯时间 $y(\tau)$ 不够虚拟浮动车驶过停车线，虚拟车将会减速到停止(方案 C11)。在方案 C11 中，不需要再检测速度。$L_y^{\mathrm{P}}(\tau)$ 可以通过式(6.4)计算得到。

$$L_y^{\mathrm{P}}(\tau)=\begin{cases} u^{\mathrm{P}}(\tau)y(\tau)+\dfrac{1}{2}\gamma_{\mathrm{a}}y^2(\tau), & y(\tau)\leqslant y^{\mathrm{P}}(\tau) \\ u^{\mathrm{P}}(\tau)y^{\mathrm{P}}(\tau)+\dfrac{1}{2}\gamma_{\mathrm{a}}(y^{\mathrm{P}}(\tau))^2+u_{\mathrm{f}}(y(\tau)-y^{\mathrm{P}}(\tau)), & \text{其他} \end{cases} \tag{6.4}$$

式中，γ_{a} 表示恒定加速度；$y^{\mathrm{P}}(\tau)$ 表示虚拟车加速到 u_{f} 的时间，$y^{\mathrm{P}}(\tau)=\dfrac{u_{\mathrm{f}}-u^{\mathrm{P}}(\tau)}{\gamma_{\mathrm{a}}}$。

2. 虚拟浮动车位置和速度变化计算

在判断虚拟浮动车下一步驾驶行为后，就可以计算出下一时刻虚拟浮动车的位置和速度。从图 6.3 中可以看到，方案 C1、C5 和 C9 中虚拟浮动车选择了加速；方案 C3、C7 和 C11 中虚拟浮动车选择了减速；剩下的方案中虚拟浮动车的速度没有改变。接下来根据虚拟浮动车的驾驶行为来计算虚拟浮动车下一步的速度和位置。

1) 加速状态

图 6.4 描述了虚拟浮动车选择加速的三个方案。图 6.4(a)对应方案 C1，其中，虚拟浮动车和"障碍物"之间的距离 $L^{\mathrm{P}}(\tau)$ 比安全车头时距 $L_{\mathrm{s}}^{\mathrm{P}}(\tau)$ 长，并且虚拟浮动车的速度没有达到 u_{f}。图中的实线代表方案 C1 中虚拟浮动车可能的运行轨迹，虚线代表从 τ 时刻开始，虚拟浮动车的减速轨迹。通常，方案 C1 要么在虚拟浮动车距离"障碍物"很远时[因为 $L^{\mathrm{P}}(\tau)>L_{\mathrm{s}}^{\mathrm{P}}(\tau)$]发生，要么在绿灯时间内虚拟浮动车在队列中加速时发生。图 6.4(b)对应方案 C5，即 $L^{\mathrm{P}}(\tau)$ 比 $L_{\mathrm{s}}^{\mathrm{P}}(\tau)$ 短或相等，虚拟车前方没有排队，信号处于绿灯状态，并且虚拟车行驶速度低于 u_{f}。图 6.4(c)对应方案 C9，C9 与 C5 相似，但 C9 发生在信号灯是黄灯且剩余黄灯时间足够让虚拟浮动车进入交叉口的情况下。C5 和 C9 都在虚拟浮动车接近停车线并且前方没有排队的情况下发生。

在以上三种方案中，虚拟浮动车将以加速度 γ_{a} 在下一个时间间隔内加速。在 $\tau+t$ 时刻，虚拟浮动车的位置和速度可以用式(6.5)计算得到。

$$
\begin{cases}
x^{P}(\tau+\Delta t)=x^{P}(\tau)+u^{P}(\tau)\Delta t+\dfrac{1}{2}\gamma_{a}\Delta t^{2} \\
u^{P}(\tau+\Delta t)=u^{P}(\tau)+\gamma_{a}\Delta t
\end{cases}
\tag{6.5}
$$

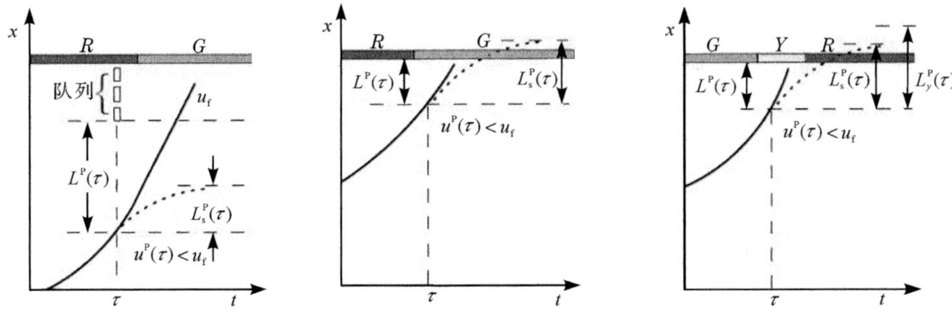

(a) C1：$L^P(\tau)>L_s^P(\tau)$，$u^P(\tau)<u_f$

(b) C5：$L^P(\tau)\leqslant L_s^P(\tau)$，无排队，绿灯，$u^P(\tau)<u_f$

(c) C9：$L^P(\tau)\leqslant L_s^P(\tau)$，无排队，黄灯，$L^P(\tau)<L_s^P(\tau)$，$u^P(\tau)<u_f$

图 6.4　加速行为选择

2）减速状态

图 6.5 描述了虚拟浮动车选择减速的三个方案。图 6.5(a)对应方案 C3，即 $L^P(\tau)$比 $L_s^P(\tau)$短或相等，在虚拟车和停车线之间有车辆排队，并且虚拟车比前方最后一辆排队车辆行驶得快。通常 C3 发生在虚拟车以更高的速度$[u^P(\tau)>u_q^P(\tau)]$接近队列时。图 6.5(b)对应方案 C7，也就是 $L^P(\tau)$比 $L_s^P(\tau)$短或相等，没有排队，但信号处于红灯状态，并且虚拟浮动车车速不为零。方案 C11 与方案 C7 相似，但是信号灯处于黄灯状态并且剩余的黄灯时间不够虚拟车进入交叉口。方案 C7 和方案 C11 都在虚拟车接近停车线并且前方没有排队时发生。

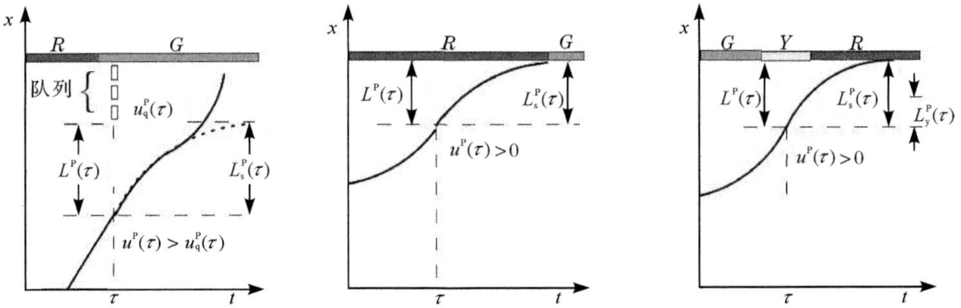

(a) C3：$L^P(\tau)\leqslant L_s^P(\tau)$，排队，$u^P(\tau)<u_q^P(\tau)$

(b) C7：$L^P(\tau)\leqslant L_s^P(\tau)$，无排队，红灯，$u^P(\tau)>0$

(c) C11：$L^P(\tau)\leqslant L_s^P(\tau)$，无排队，黄灯，$L^P(\tau)\geqslant L_y^P(\tau)$，$u^P(\tau)>0$

图 6.5　减速行为选择

在以上这三个方案中，虚拟浮动车将以减速度 $\gamma_d^P(t)$在下一个时间间隔内减速。在 $\tau+\Delta t$ 时刻，虚拟车的位置和速度可以用式(6.6)计算得到。

$$\begin{cases} x^{\mathrm{P}}(\tau+\Delta t)=x^{\mathrm{P}}(\tau)+u^{\mathrm{P}}(\tau)\Delta t-\dfrac{1}{2}\gamma_{\mathrm{d}}^{\mathrm{P}}(\tau)\Delta t^2 \\ u^{\mathrm{P}}(\tau+\Delta t)=u^{\mathrm{P}}(\tau)-\gamma_{\mathrm{d}}^{\mathrm{P}}(\tau)\Delta t \end{cases} \tag{6.6}$$

其中，

$$\gamma_{\mathrm{d}}^{\mathrm{P}}(\tau)=\begin{cases} \dfrac{[u^{\mathrm{P}}(\tau)]^2}{2L^{\mathrm{P}}(\tau)}, & \mathrm{L}_{\mathrm{q}}^{\mathrm{P}}(\tau)=0 \\ \dfrac{[u^{\mathrm{P}}(\tau)-u_{\mathrm{q}}^{\mathrm{P}}(\tau)]^2}{2L^{\mathrm{P}}(\tau)}, & \text{其他} \end{cases}$$

3）匀速状态

图 6.6 描述了剩余五种虚拟浮动车不改变速度的情况。在这些情况下，虚拟车要么继续以速度 u_{f} 行驶，要么保持停止状态。方案 C2、C6 和 C10[图 6.6 的(a)～(c)]与方案 C1、C5 和 C9 相似，虚拟浮动车已经达到期望速度 u_{f}，不需要加速；方案 C4、C8[图 6.6 中(d)、(e)]与方案 C4、C7 相似，虚拟浮动车已经是静止的，不需要减速。

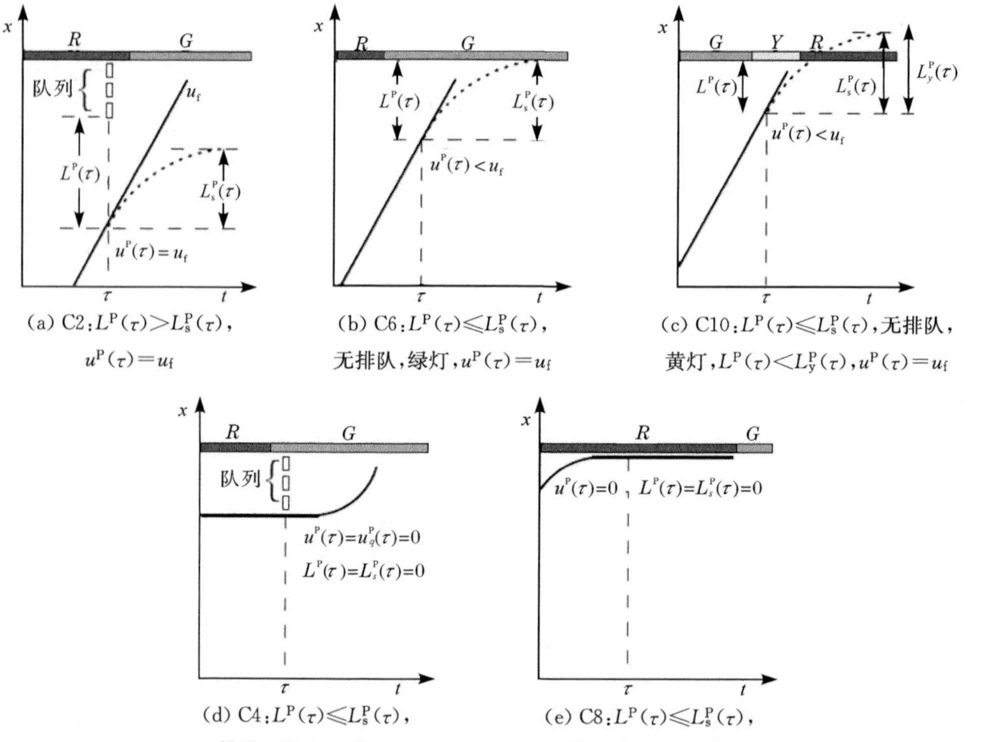

(a) C2：$L^{\mathrm{P}}(\tau)>L_{\mathrm{s}}^{\mathrm{P}}(\tau)$，$u^{\mathrm{P}}(\tau)=u_{\mathrm{f}}$

(b) C6：$L^{\mathrm{P}}(\tau)\leqslant L_{\mathrm{s}}^{\mathrm{P}}(\tau)$，无排队，绿灯，$u^{\mathrm{P}}(\tau)=u_{\mathrm{f}}$

(c) C10：$L^{\mathrm{P}}(\tau)\leqslant L_{\mathrm{s}}^{\mathrm{P}}(\tau)$，无排队，黄灯，$L^{\mathrm{P}}(\tau)<L_{\mathrm{y}}^{\mathrm{P}}(\tau)$，$u^{\mathrm{P}}(\tau)=u_{\mathrm{f}}$

(d) C4：$L^{\mathrm{P}}(\tau)\leqslant L_{\mathrm{s}}^{\mathrm{P}}(\tau)$，排队，$u^{\mathrm{P}}(\tau)=u_{\mathrm{s}}^{\mathrm{P}}(\tau)$

(e) C8：$L^{\mathrm{P}}(\tau)\leqslant L_{\mathrm{s}}^{\mathrm{P}}(\tau)$，无排队，红灯，$u^{\mathrm{P}}(\tau)=0$

图 6.6　速度不改变行为选择

在 $\tau+\Delta t$ 时刻，虚拟车的位置和速度可以通过式(6.7)计算得到。

$$\begin{cases} x^{\mathrm{P}}(\tau+\Delta t)=x^{\mathrm{P}}(\tau)+u^{\mathrm{P}}(\tau)\Delta t \\ u^{\mathrm{P}}(\tau+\Delta t)=u^{\mathrm{P}}(\tau) \end{cases} \tag{6.7}$$

6.2.3　模型验证

1. 场景

这里选择在 1.83mi 长的美国明尼苏达州的 France 主干线上应用此模型。如图 6.7 所示，从第 69 大街到第 84 大街共有 11 个交叉口，道路长度为 510～1470ft。第 69 大街到 1-494S 为双向三车道，其余为双向二车道。道路的限定车速为 40mph。干线信号控制方式为感应协调控制。感应线圈检测器安装在距离交叉口停车线 250～300ft 的位置，同时大部分交叉口还安置了停车线检测器。试验期间，SMART-SIGNAL 系统安装于主干线上的 11 个交叉口，用来收集高精度事件数据，这些数据是预测行程时间的基础。

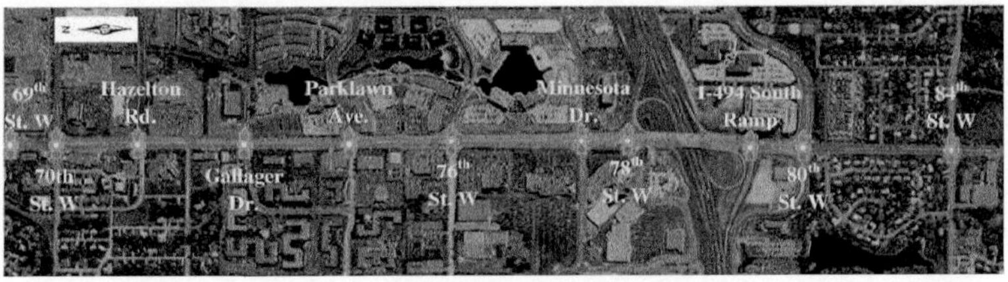

图 6.7　研究实地图

为和预测的行程时间作比较，需要通过实地调研获得实际的行程时间。选取三个不同工作日的晚高峰时段，通过 23 辆浮动车以 40mph 的期望速度在主干线上行驶，记录浮动车通过交叉口停车线的时间。

2. 结果与分析

设置如下参数值并应用于行程时间的预测：期望速度 u_{f} 为 40mph，加速度 γ_{a} 为3.6t/s^2，减速度 γ_{d} 为 10t/s^2，阻塞的车头间距 h 为 24ft，反应时间 t_τ 为 1s，两辆相邻的排队车辆启动时间之差 t_{s} 为 0.5s，车辆跟踪的时间间隔 Δt 为 1s。误差的均方根[RMSP；式(6.8)]用来验证模型的结果：

$$\mathrm{RMSP}=\sqrt{\frac{1}{n}\sum_{i=1}^{n}\left(\frac{\hat{x}_i-x_i}{\hat{x}_i}\right)^2} \tag{6.8}$$

式中，x_i 表示第 i 个估计的行程时间；$\hat{x}_i$ 表示第 i 个观察的行程时间。

图 6.8 描述了 2007 年 5 月 14 日，虚拟车从第 84 大街到第 64 大街的运行轨

迹。图中的实线是虚拟浮动车的运行轨迹,星状标是真实浮动车的位置和时间,用短横线来表示 11 个交叉口的红灯时间。可以看出用虚拟浮动车推算的运行轨迹非常接近真实浮动车的运行轨迹。由于比例问题,从图中很难看出加速度和减速度曲线,但是可以从运行轨迹中获取一些其他信息,如车辆前方的排队长度。需要指出,在测试当天(2007 年 5 月 14 日),这 11 个交叉口没有采用协调信号控制,因此,出现了比较大的拥堵和延误。但在拥堵条件下,虚拟浮动车模型仍运行的很好。

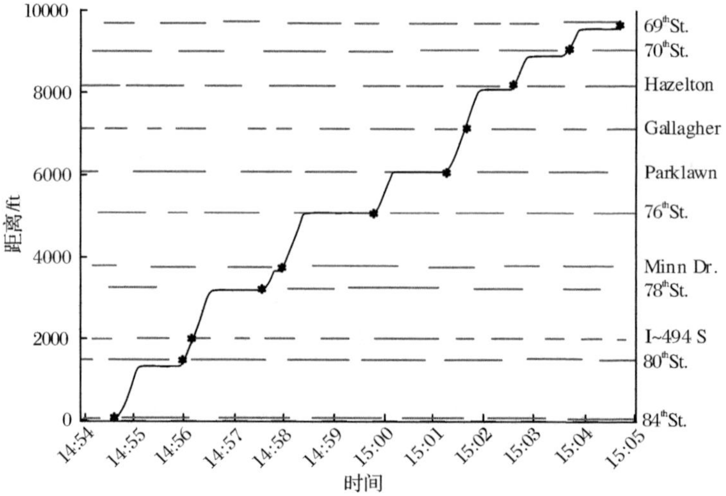

图 6.8　2007 年 5 月 14 日虚拟车轨迹实例

图 6.9 比较了主干线北侧道路模型估计的行程时间和浮动车观测的旅行时间。图中圆形数据点是真实浮动车从第 84 大街到第 69 大街的行程时间,矩形数据点代表了同方向虚拟浮动车模型估计的旅行时间。模型把第 84 大街的停车线作为起始点,第 69 大街的停车线作为结束点。相应地,车辆通过两个停车线的时间分别是起始时间和结束时间。图 6.9 表明,基于虚拟浮动车模型估计的旅行时间效果很好,在绝大多数浮动车行驶过程中误差都很小。大部分行驶过程中误差都小于 3.5%,计算数据的 RMSP 是 0.0325,在可接受的范围之内。

图 6.9 同时显示了根据虚拟浮动车方法生成的路段行程时间的上限及下限。上限和下限值是根据驾驶员期望速度的变化,采用蒙特卡罗模拟器生成 1000 个虚拟浮动车的行程时间,其 95%车辆的行程时间的上界和下界分别为上限值和下限值(在图中用虚线-点和虚线来表示)。从图中可以看出,估计的和观测的旅行时间都在此界限内。

表 6.1 通过不同的模型参数对行程时间估计结果进行了灵敏度分析。这些

参数包括期望速度、加速度和减速度。参数从默认值变高、变低。每次选定一个变化的参数来计算旅行时间。从表 6.1 中可以看出,虽然默认参数值的估计效果最好,但是不同参数值下虚拟车模型仍可以估计出合理准确的旅行时间。

进一步使用无穷大的加速度、减速度以及黄灯时间为 0(只有有效的绿灯时间和红灯时间)来检测模型,平均估计值从 1.8%升到 18.1%。这表明旅行时间估计需要考虑加速和减速过程,尤其对于信号控制干线,因为和高速公路相比,信号控制干线有较高频次的车辆停止和启动。

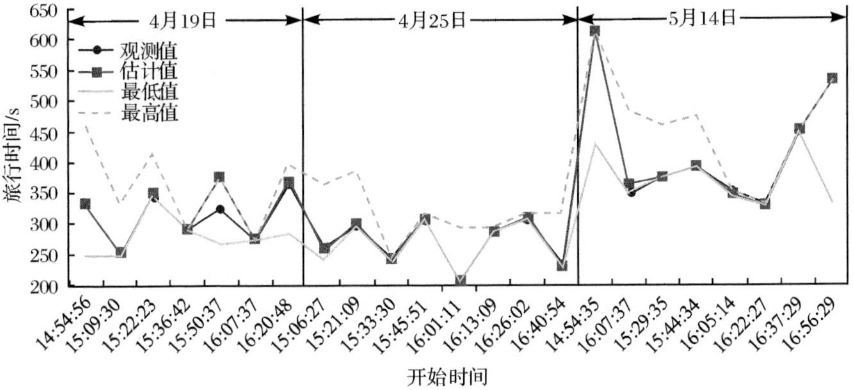

图 6.9　估计的和观测的旅行时间

表 6.1　灵敏度分析结果

参数	值 1	值 2	默认值	值 3	值 4
速度/mph	30	35	40	45	50
误差/%	13.4	8.1	1.8	6.2	6.7
加速度/ (ft/s²)	2	3	3.6	4	5
误差/%	12.7	3.8	1.8	2.9	4.0
减速度/(ft/s²)	6	8	10	12	14
误差/%	3.8	4.5	1.8	2.8	3.7

3. 自纠正特性分析

虚拟浮动车行程时间预测的高准确率来自其本身的自纠正特性。这种自纠正特性来源于当两辆车因为红灯或者排队停止时,先前所累积的误差就会进行一定程度的自我修正。如图 6.10 所示,图中 A、C 点所在轨迹线和 B、D 点所在轨迹线分别代表真实浮动车和虚拟浮动车的运行轨迹。如果用 x_f、x_s 表示它们的位置,T_A、T_B 表示它们加入队列的时间,则 T_A 和 T_B 之间的差异(T_B-T_A)就是行程时间估计误差。如果红灯时间内没有排队，x_f 和 x_s 将会在停车线重叠，因此，估计误差会变成0。如果有排队，当信号灯变为绿灯时，两辆车从队列中释放，他们的旅行时间差异为T_D-T_C。由于排队形成速度（线 AB 的斜率）通常比队列消散速度（线 CD 的斜率）小，与 T_B-T_A 相比，T_D-T_C 将变小，这就减小了前面累积的行程时间的预测误差，达到了自我修正的目的。需要指出，自我修正只有在真实车辆和虚拟车辆在同一周期内通过交叉口时才能够进行。如果它们在不同的周期内到达交叉口或不能在同一周期内从交叉口消散，则误差无法进行自我修正。

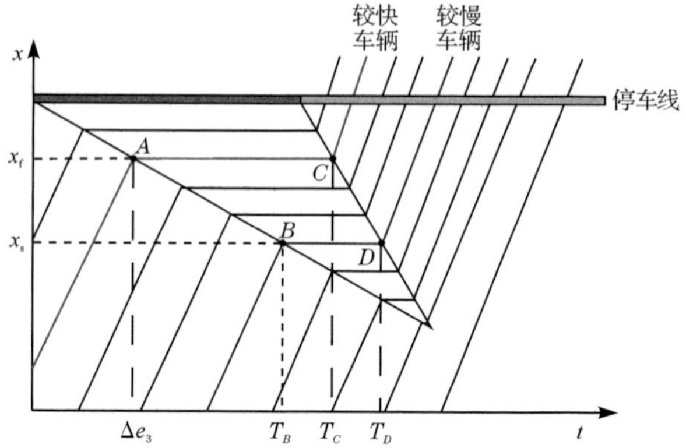

图 6.10　自我修正机制验证

为进一步说明虚拟浮动车行程预测方法的自我纠正特性，图 6.11 比较了真实车辆和虚拟车辆的运行轨迹。如图 6.11 所示，真实车辆在 T_0 时刻开始旅程，虚拟车辆也在此刻开始($T_0=T'_0$)。真实车辆在时刻 T_1 到达停车线 1，虚拟车辆在时刻 T'_1 到达停车线 1，那么就会存在一个时间误差 $\Delta e_1=T_1-T'_1$。假设 $\Delta e_1<0$，即由于一些估计误差导致虚拟车辆比真实车辆行驶得快，如果真实车辆不停止，那么误差会传播到下一个交叉口，误差的绝对值 Δe_2 在第二个交叉口会增大。但是如果车辆在一个交叉口排队，那么较快的车辆会"等待"较慢的车辆，并且在绿灯时同时开始行驶。因此，在前面累积的行程时间误差会减少以达到自我修正。例如，虽然虚拟车辆到达交叉口 3 比真实车辆要早，但由于红灯期间它无法通过交叉口，所以误差的绝对值 Δe_3 得到了修正。而最终的估计误差 Δe 将不会是整个干线累积得到的。

正是由于虚拟浮动车行程预测方法具有自我修正的特性，模型性能变得很稳定，而且对参数不敏感，即使采用未标定的参数，依然可以确保预测结果具有较高的准确率。测试结果也说明模型在饱和与非饱和状态下都运行得很好。交通顺畅时，排队的影响不明显，误差很小；交通拥堵时，车辆频繁停止，则产生更多自我修正的机会。有了准确预测的干线行程时间，干线的饱和程度便可以识别。同时，由于该模型的稳健性，使得该模型被广泛地用来评价干线的饱和度。

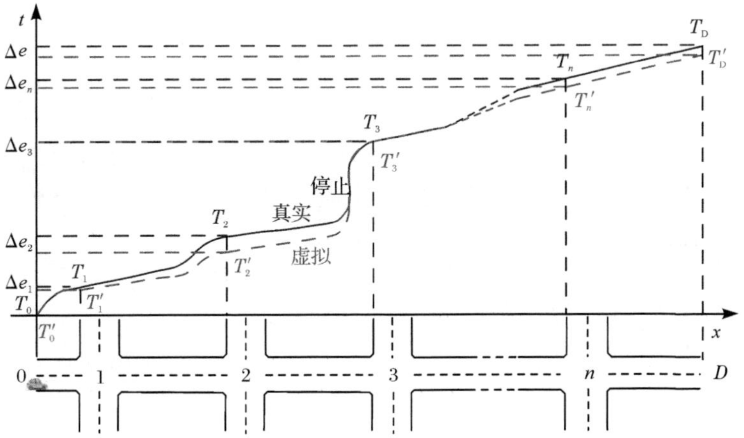

图 6.11　自我修正机制举例说明

6.3　基于交通拥堵图谱的干线过饱和交通状态描述

行程时间只能从单一时间维度上来描述干线饱和交通状态，并不能从深层次揭示过饱和的原因。为进一步描述过饱和状态下的干线交通，本书提出干线层面的交通拥堵时空图谱的概念，并基于时空图谱来分析和寻找干线时空通行的瓶颈点。

6.3.1　图谱定义

本节提出的城市交通拥堵时空图谱是基于第 5 章提出的交叉口过饱和度量化指标 OSI。OSI 能够在时间维度和空间维度上评价单个交叉口的饱和程度：在时间上，针对排队滞留车辆造成的对下一周期绿灯时间占用，定义了 T-OSI 饱和交通状态量化指标；在空间上，针对交通排队超过路段容纳能力导致上游交叉口的溢流过饱和状态，定义了 S-OSI 饱和交通状态量化指标(图 6.12)。新定义的饱和度(T-OSI 和 S-OSI)可用来建立城市干线交通拥堵时空图谱，并揭示交通拥堵的可能来源。

6.3.2　图谱表达

从本质上讲，本节提出的交通拥堵时空图谱是将 T-OSI、S-OSI 和交通波动理论及其时空变化相结合。首先应用交通波动理论来分析信号控制交叉口处的交通波积聚与消散过程，用于计算单个交叉口的 T-OSI 和 S-OSI 值；然后以 T-OSI 和 S-OSI 值为基础，结合交通波特性图来建立整个干线的 T-OSI 和 S-OSI 时空变

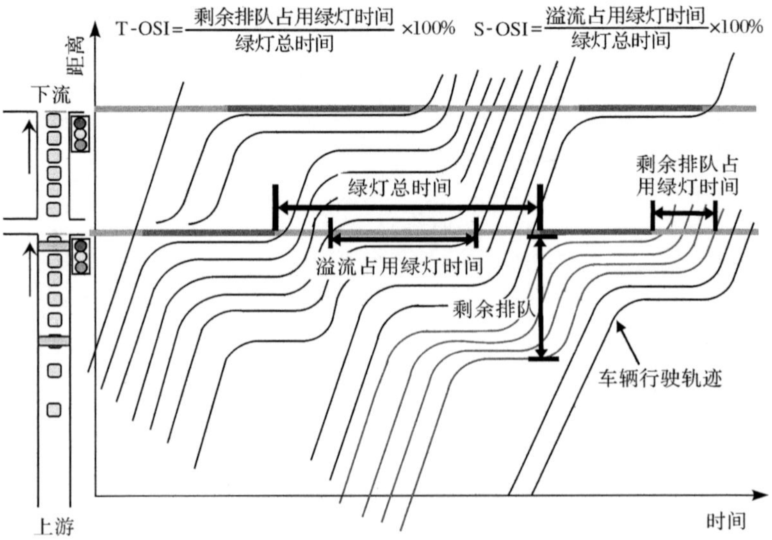

图 6.12　过饱和度指标 T-OSI 和 S-OSI 示意图

化图；最后利用 T-OSI 和 S-OSI 时空变化图揭示每个周期内过饱和交通流对每个交叉口及整个干线的堵塞影响。在时间和空间维度上，图谱将规范过饱和度成0～1的一个比例，该值能够直观地反映由于过饱和交通造成部分“浪费”的绿灯时间，其时空关联可以用来推导车辆排队在交通干线上的传播，并揭示溢流的产生。

具体说来，城市干线的拥堵时空图谱将由互补的两项图谱组成：一是干线过饱和度时空图谱，二是干线剩余通行能力时空图谱。前者直观地揭示拥堵的原因，后者直观地评价干线的剩余通行能力并建议可能的提升方法。图 6.13是过饱和度时空图谱的一个示意图，可以看出，下游路口的过度拥挤（T-OSI 在一段时间内超过了临界值）导致排队溢流到上游路口，致使上游路口绿灯时间的浪费和通行能力的受损（导致 S-OSI 产生和 T-OSI 增加）。同时还可以看出，交通拥堵时空图谱直观地描述了 T-OSI 和 S-SOI 内在的时空关联性。更为重要的是，这个图谱能直观揭示瓶颈路口及拥堵源头。图 6.13 中，下游路口是瓶颈路口，而上游路口的拥堵是由下游造成的。

对干线交通的改入则引进了剩余通行能力时空图谱。首先，交叉口每个相位的剩余通行能力可以在 T-OSI 和 S-OSI 的基础上定义为

$$RC_i = 1 - \frac{d_i c}{(1 - \text{T-OSI}_i - \text{S-OSI}_i) g_i s_i} \tag{6.9}$$

式中，d_i 表示相位 i 的到达流量；s_i 表示相位 i 的饱和通行流量；g_i 表示相位 i 对应的绿灯时间；c 表示周期时长。

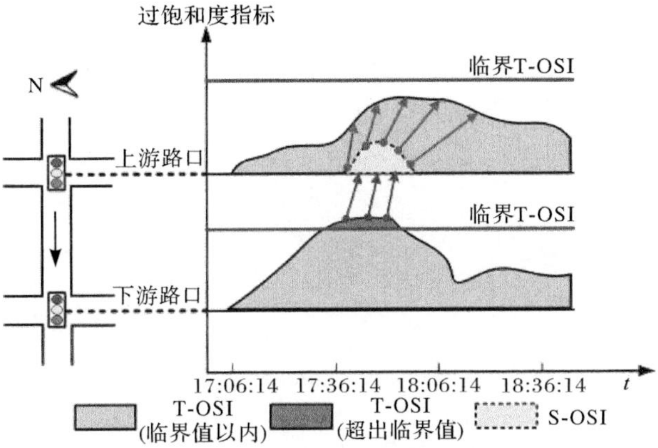

图 6.13　过饱和度时空图谱

式(6.9)说明剩余通行能力不仅和交通到达流量有关，还会受到车辆排队、绿灯时间浪费等参数的影响。根据剩余通行能力的定义，图 6.14 提出了剩余通行能力时空图谱的示意图(三维图和二维图)。这个示意图把一条干线上连续几个交叉口在高峰期间每个周期的剩余通行能力绘制到一起，从而直观地显示了整个干线剩余通行能力的时空分布，同时也间接地显示了可能的解决办法。从图 6.14 可以看出，剩余通行能力最小的交叉口(瓶颈交叉口)，会随时间的不同而改变位置，这说明交通拥堵具有较强的时间性，即所谓的交叉口"错峰"拥堵。可通过信号的前馈及反馈优化来消除这些瓶颈，提高通行能力。

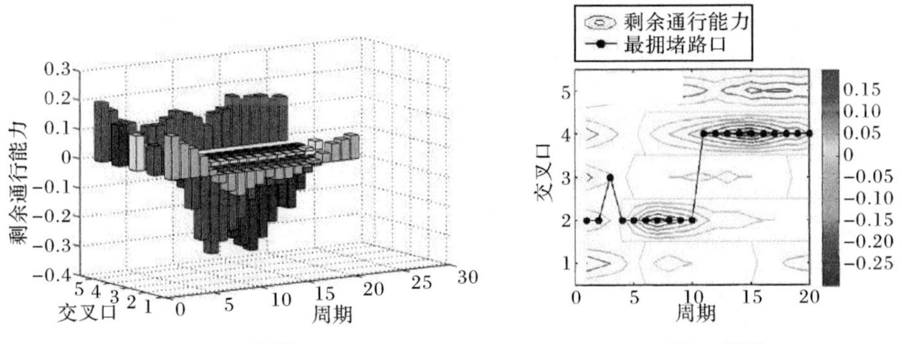

(a) 三维图　　(b) 二维图

图 6.14　剩余通行能力时空图谱

6.3.3　图谱案例

为进一步解释拥堵时空图谱及其应用，这里以 TH55 号公路(图 6.15)的 5 个连续交叉口作为研究对象，应用提出的图谱分析方法对干线的运行能力进行分析。选取 2008 年 11 月 18 日晚高峰时段(17:00～17:35)内 10 个周期的数据用于计算交叉口主干线西行方向的到达流率、饱和通行流率、T-OSI 和 S-OSI，根据式(6.9)计算交叉口西行方向的剩余通行能力，并绘制相应的过饱和度时空图谱和剩余通行能力时空图谱(图 6.16 和图 6.17)。

图 6.15　TH55 号公路

从图 6.16 可以看出，晚高峰期间，TH55 号公路西行方向交通拥堵状况频繁出现，主要发生在 Glenwood Ave.、Rhode Island Ave.、Winnetka Ave. 这三个交叉口。在研究的 10 个周期内，拥堵最先发生在 Winnetka Ave. 交叉口，可能是该交叉口的绿灯时间相对较少，使得滞留队列长时间存在并且不断增加，严重阻碍上游交通的正常运行。同时，观察发现 Rhode Island Ave. 的交通需求较高，交通供给不能及时满足，因此对该交叉口交通产生进一步严重影响，最终导致交叉口溢流发生。

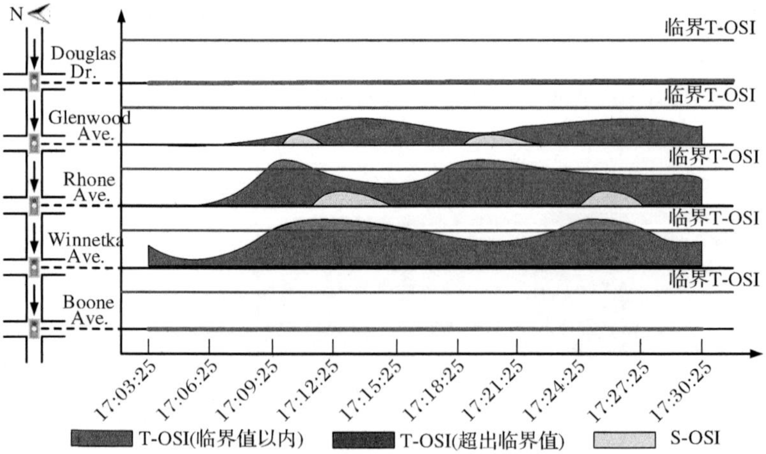

图 6.16　西行方向过饱和度时空图谱

图 6.17 的剩余通行能力时空图谱是对交叉口整体运行能力的评价。图 6.17(a)中 Winnetka Ave. 的剩余通行能力值在整个时段几乎全部位于负半轴，表明该交叉口一直处于拥堵状态；Rhode Island Ave. 大部分周期内的剩余通行能力值也处于负半轴，暗示交通不是十分畅通。根据剩余通行能力二维图[图 6.17(b)]可直观地看出最拥堵交叉口的变化情况，最拥堵交叉口一直围绕在 Winnetka Ave. 和

Rhode Island Ave. 之间，并最终停留在 Winnetka Ave. 交叉口。由此可以看出，Rhode Island Ave. 是致使 TH55 号干线西行方向出现拥堵的源头，需要采取相关措施保证交通正常运行。

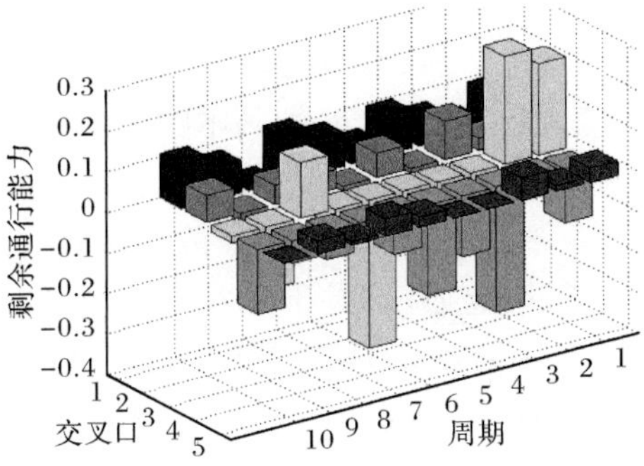

(a) 三维图

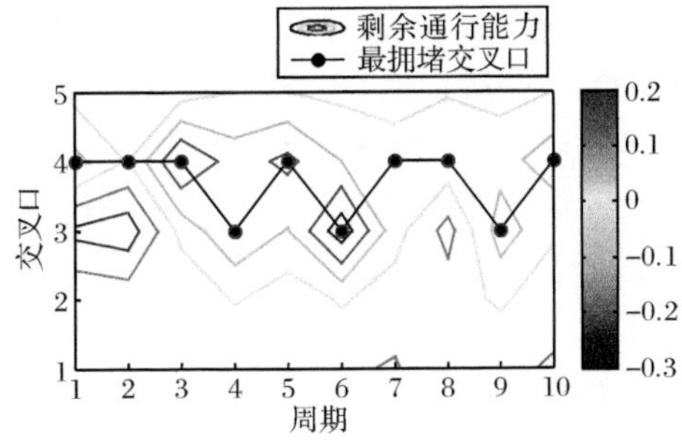

(b) 二维图

图 6.17　西行方向剩余通行能力时空图谱

6.4　干线基本图

流量密度、流量速度等基本图，对分析交通行为有着重要的作用。过去学者做了很多相关研究，但大部分关注高速公路连续流，对有信号交叉口的城市交通流的干线基本图没有过多讨论。特别是城市干线交通受信号控制的影响，其基本图必然受信号控制的影响，但目前相关的研究比较缺乏，一个重要原因是缺乏高精度数据。随着高精度数据的获取，这方面的研究也取得了一定进展。

本节研究的主要目的是通过分析交叉口的高精度数据来揭示信号控制对干线基本图的影响。高精度数据可以用来还原车辆经过检测器后的轨迹。通过研究每辆车的轨迹，结合信号控制信息，可以用来描述绿信比、信号协同等信号控制参数对干线交通基本图的影响。同时，利用检测器获取的流量-占有率数据绘制出的干线基本图来判定干线交通状态。但是，直接用检测器获取的流量-占有率数据绘制出的干线基本图不能够直接用来分析交通流特性，所以本节研究的重点之一是如何应用高精度数据来修正现有干线基本图，推导出稳定的干线基本图，使其能够用来有效地判断欠饱和、饱和、过饱和三种不同的交通状态。修正后的干线基本图对交通控制起着非常重要的作用。

6.4.1　绘制干线基本图

图 6.18 为交叉口停车线检测器和排队检测器的布局图。图 6.19(a)和

图 6.19(b)是用一天数据绘制的流量-占有率图。其中,每个数据点是一个周期内的流量和占有率的平均值,粉色和黄色分别代表早高峰(7:00～9:00)和晚高峰(15:30～18:30)的数据。图 6.19(a)为基于停车线检测器的流量-占有率数据绘制的干线基本图,图 6.19(b)为基于排队检测器的流量-占有率数据绘制的干线基本图。通过对比图 6.19(a)和图 6.19(b)可以发现,由于车辆在停车线检测器上频发的“走-停”行为,导致图 6.19(a)的点更为分散,而图 6.19(b)的基本图显示了较强的规律,左半部分(占有率≤0.12)对应非拥堵区域,右半部分对应拥堵区域。这与一般基本图区分拥堵与非拥堵区域的认识是一致的。但进一步分析图 6.19(b)可以看出,早高峰和晚高峰数据显示了不同的通行能力,这是干线基本图区别于一般基本图的地方。为说明早、晚高峰通行能力不一致不是偶然事件,进一步采用两周的排队检测器数据,绘制出流量-占有率基本图(图 6.20),可以看出,早、晚高峰数据仍然显示了两个不同通行能力。

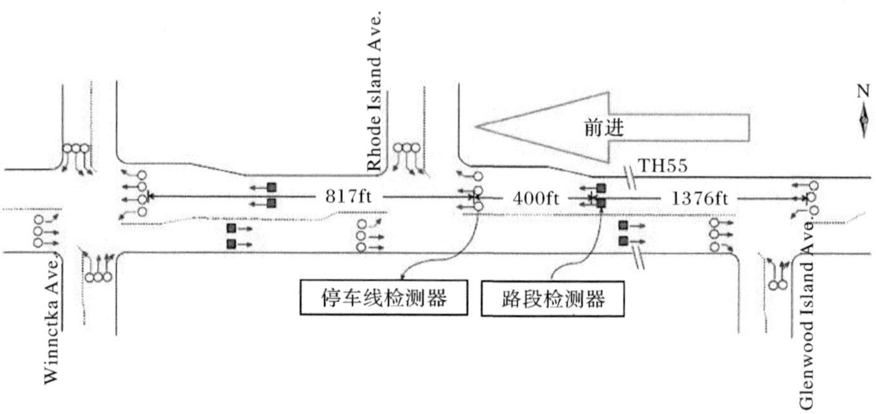

图 6.18　数据收集器布局图

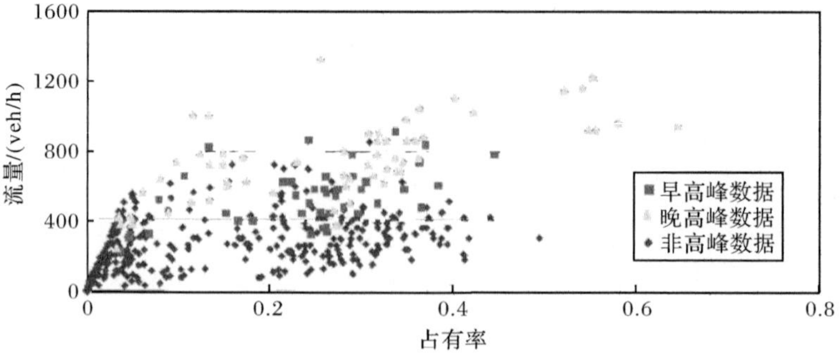

(a) AFD-原始数据:停车线检测器

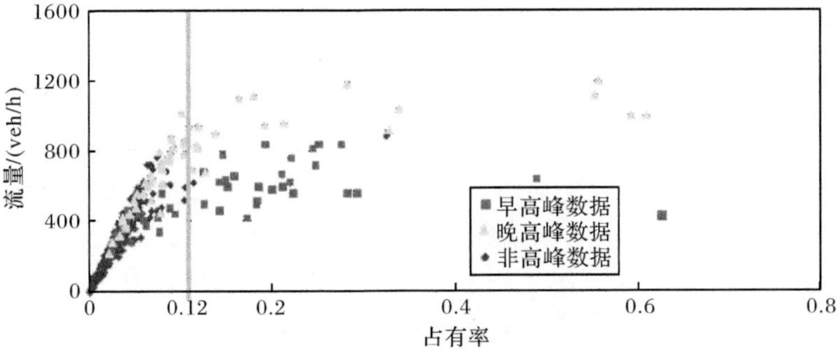

(b) AFD-原始数据:路段检测器

图 6.19　干线基本图

干线基本图呈现“两个不同通行能力”,这是一个重要的发现。这种现象可能与信号灯运行、绿信比、信号协调、转弯比等因素有关。为了解释这种现象,需要对以下两个问题进行分析:

(1) 为什么在流量-占有率基本图中,早高峰和晚高峰有不同的通行能力值?相关研究表明不同的绿信比会影响路段的通行能力值,但这是不是主要或者是唯一原因?

(2)高占有率数据点是否表明交通拥堵?对于传统流量-占有率基本图,高占有率通常表明交通拥堵。对于信号控制的干线基本图,是否遵循同样的规律?

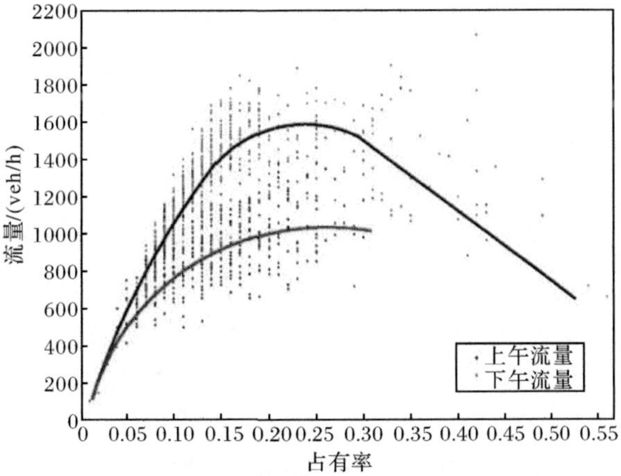

图 6.20　早高峰晚高峰干线基本图(两周数据)

6.4.2　信号控制对干线基本图的影响

对早高峰和晚高峰拥有不同通行能力值的最直观解释是每个周期的绿信比不同。由于采集数据的交叉口为感应信号控制，每个周期的绿信比会随交通到达量不同而发生变化。数据分析显示，早高峰的平均绿信比为 0.65，而晚高峰的平均绿信比为 0.7。为分析不同绿信比是否是产生“两个通行能力值”的直接原因，这里对原始流量-占有率基本图中饱和区域每一个数据点(代表了一个周期)的交通流量除以对应的绿信比来消除不同绿信比的影响。修正后的基本图如图 6.21 所示。对比图 6.19(b)可以看出，修正后的早晚高峰的通行能力有了微小的调整，但仍然显示不同的通行能力值。这个试验表明，绿信比不是导致早晚高峰不同道路通行能力的主要因素。

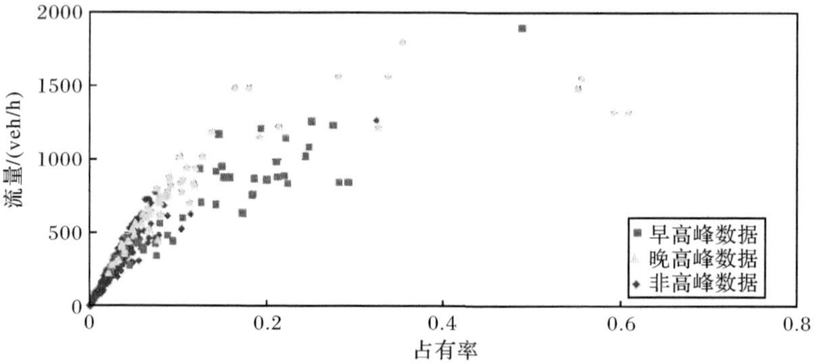

图 6.21　干线基本图与流量比绿信比

对于主干线，通行能力可能会受到信号联控的影响。较差的信号联控，会产生较高比例的无效绿灯时间。由于前面的试验表明，绿信比不是主要影响因素，因此，有必要研究交叉口信号相互协调控制以及转弯比等其他因素的影响。图 6.22展示了三个交叉口自东向西的协调控制(起于 Douglas Dr.，途经 Glenwood Ave.，止于 Rhode Island Ave.)，选取早高峰和晚高峰两个连续的周期进行比较。需要注意的是，早高峰的信号联控方向为东行方向(去往 Minneapolis)，晚高峰为西行方向(离开 Minneapolis)。图中的每一个点代表排队检测器记录的车辆事件，绿色和红色线条代表信号相位，由此可以看出：

(1) 早高峰期间的带宽(约 70s)小于晚高峰(约 90s)。早高峰时，大部分车辆由于红灯被迫等待，而晚高峰时，大部分车辆可以连续不停地通过三个交叉口。

(2) 早高峰期间从支路转弯进入交叉口的流量小于下午。晚高峰时期，交叉口 Rhode Island Ave. 中很大比例的绿灯时间用来放行来自 Glenwood Ave. 的转弯流量。

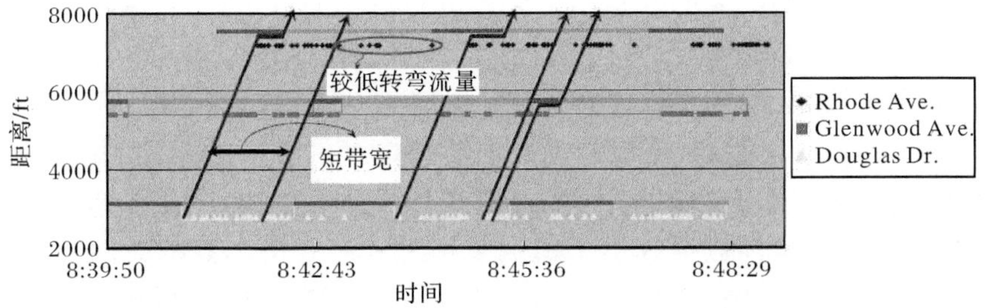

(a) 早高峰

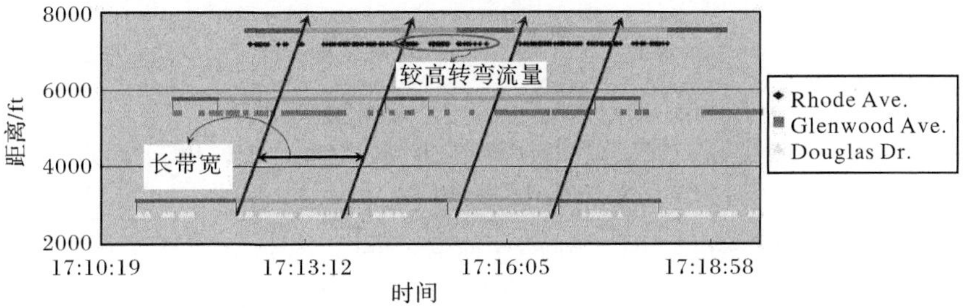

(b) 晚高峰

图 6.22　信号协调和转弯

从早晚高峰的信号联动控制比较可以看出：

(1) 由于信号配时带宽限制了上游交叉口进入下游道路的流量，对于一个协调控制的交叉口，道路的通行能力不仅被绿信比限制，还被带宽限制。过小的带宽会产生无用的绿灯时间，进而导致实际绿信比降低。

(2) 除了信号配时带宽以外，干线通行能力的使用率也受转弯流量的影响。由于绿灯时间同时可以用来消散由支路转弯而来的车辆，当支路转弯车辆比较少时，会进一步降低绿灯利用率，从而降低实际绿信比。

综合起来，信号联控和支路转弯而来的流量是进一步影响干线通行能力的两大因素。如图 6.22 所示，在早高峰时期，由于较差的信号协调加上较少的转弯流量，导致绿灯的实际应用率比较低。这相比于晚高峰，通行能力没有被充分利用。

根据上述分析，虽然早高峰期间道路的通行能力没有被充分利用(有剩余通行能力)，但仍然出现很多周期拥有较高的占有率。高占有率往往代表饱和或者过饱和状态，这与仍有剩余通行能力相矛盾，还需要进一步解释。

6.4.3　QOD 现象

为了解释上一节检测器占有率与通行能力相矛盾的现象，首先需要对 QOD 现象进行分析。5.3 节已经对 QOD 现象进行了解释。具体说来，QOD 可以分成两种不同类型,第一种 QOD 由红灯时间车辆排队引起(QOD-I),第二种是由于下游交叉口车辆排队延伸至上游交叉口产生溢流(QOD-II)。显然,第二种类型的 QOD 代表主干线处于拥堵状态,而第一种类型的 QOD 仅仅反映了瞬态队列。由于 QOD-I 是由红灯引起的,所以这里着重研究 QOD-I 对干线基本图的影响。

为了验证 QOD-I 的影响,仅仅从宏观上分析是不够的,还需要结合微观的车辆轨迹信息。由于事件数据提供了每辆车踏上和离开检测器的时间及信号变化时刻,利用这些数据并结合简单的跟车模型可以估算车辆的运行轨迹。在简化的跟车模型中,仅对排队检测器到停车线之间较短的距离(约 400ft)进行估计,所以忽略车辆换道行为。同时假设,当车辆速度小于自由流速度时,车辆加速行驶,车辆速度大于自由流速度时则减速行驶,并且相邻车辆之间应满足安全距离,该值可根据当前速度、驾驶员反应时间(约 1.0s)和安全停车距离(约 25ft)来确定。另外,每辆车还要根据当前的状态(如车辆本身车速、剩余黄灯时间与前车的距离等)来确定车辆能否在黄灯期间通过交叉口。

推断的车辆轨迹图可以用来解释为何有相同交通流量的两个周期占有率却不同。图 6.23 比较了流量-占有率基本图中两个有相同流量(600veh/h),但占有率(0.213 vs 0.064)不同的数据点。每个数据点代表一个周期内平均交通流量和占有率,其中,数据点(600,0.213)来自早高峰的一个信号周期,此周期内的所有到达车辆的运行轨迹如图 6.23(a)所示;数据点(600,0.064)来自晚高峰的一个信号控制周期,该周期内的所有到达车辆的运行轨迹如图 6.23(b)所示。从轨迹图可以看出,第一个周期内[图 6.23(a)]的大部分车辆在红灯期间到达,导致较长的排队,并延伸至排队检测器位置,致使第一类 QOD 发生。与之相反,第二个周期期间[图 6.23(b)]仅仅有很小一部分车辆在红灯期间到达,较短的车辆排队没能产生 QOD-I。从这两幅图可以清楚地看出,QOD-I 是一些较低流量的周期产生较高占有率的直接原因。这些较高占有率并不是因为干线过度拥挤造成的,所以并不代表干线交通已经达到饱和或者过饱和。

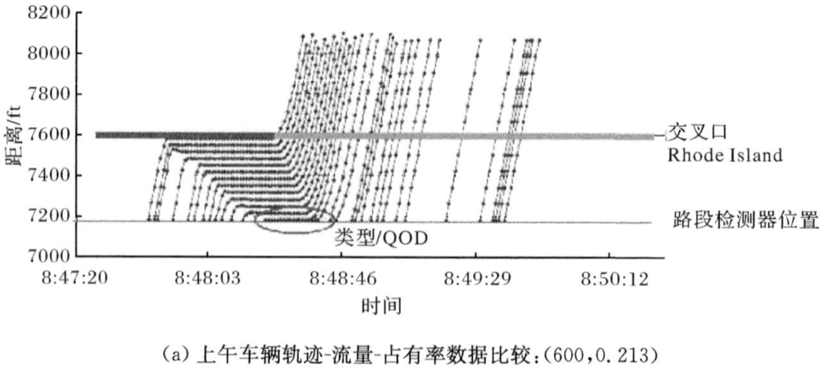

(a) 上午车辆轨迹-流量-占有率数据比较:(600,0.213)

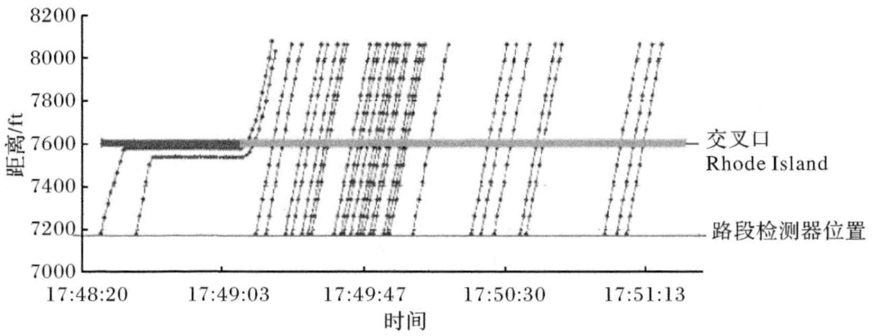

(b) 下午车辆轨迹-流量-占有率数据比较：(600,0.064)

图 6.23　车辆轨迹图

为进一步验证 QOD-I 是干线基本图中导致某些流量小的周期产生高占有率的主要原因，这里进行一个小试验。在这个试验中，将停在检测器上的车辆往前或往后稍稍移动，这样整个周期内的流量和排队长度并未改变，但是通过移动停在检测器上的车辆，检测器不再被车辆所占据，所以这段时间的占有率会从原先的 100%下降至近于 0，这等同于消除了 QOD-I 的影响。需要注意的是，这个试验的目的是消除第一种类型的 QOD(QOD-I)带来的影响。如果 QOD 是由于溢流引起的(QOD-II)，这种影响是不能也不应该被消除的。

具体试验中，将因红灯导致的长排队引起的长占有时间用普通占有时间(车辆以自由流速通过检测器所需的时间)来代替。这个被代替的长占用时间是从车辆踏上检测器开始，到消散波传播到检测器位置结束(图 6.24 中点 B 和点 C 之间的时间间隔)。最大的可被替代的时间间隔是排队波和消散波之间的长度(图 6.24 中点 A 和点 C 之间的时间间隔，等同于红灯时长)。如果车辆在时间 A 之前到达或者在时间 C 之后停在检测器上，则表明溢流发生。这种情况下，只有 A 和 C 之间的部分可以被普通占有时间替代。

基于高精度数据，利用式(6.10)可以确定每个周期扩展的占有时间。另外，扩展的占有时间(图 6.21 中点 B 和点 C 之间)为

$$\mathrm{Occ}_{i,n}^{\exp}=\frac{T_C-\max(T_A,T_B)}{C_{i,n}} \tag{6.10}$$

式中，$\mathrm{Occ}_{i,n}^{\exp}$ 表示第 n 个交叉口第 i 个周期内占有时间的扩展，为第 n 个交叉口第 i 个周期的周期长度。

假设消散波的速度已知，有

$$\mathrm{Occ}_{i,n}^{\exp}=\frac{G_{i,n}+\dfrac{l_n}{w}-\max\left(R_{i,n}+\dfrac{l_n}{w},T_B\right)}{C_{i,n}} \tag{6.11}$$

式中，$G_{i,n}$和$R_{i,n}$分别表示第n个交叉口第i个周期时的绿灯和红灯相位时间；l_n表示停车线检测器与排队检测器之间的距离；w表示消散波的速度。

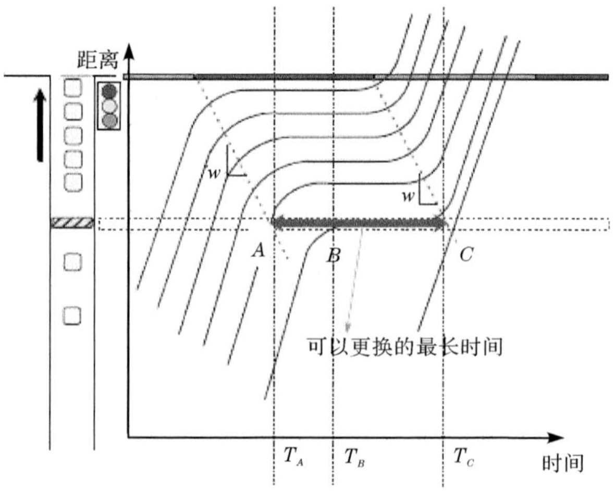

图 6.24　最大可被替代的 QOD 时间

现在分别对排队检测器和停车线检测器数据绘制的原始的流量-占有率干线基本图实施 QOD-I 移除，实施移除后的干线基本图如图 6.25 所示。

从图 6.25 中可以看出，实施 QOD-I 移除后的干线基本图产生了显著变化。特别是原来基本图右半区域的散点已经大部分移到了左半部分的非拥堵区域，而且，由排队检测器和停车线检测器数据绘制的干线基本图显示了非常相似的形状。

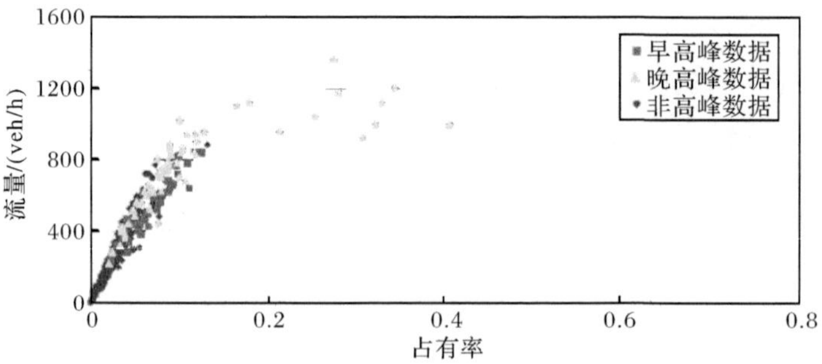

(a) 停车线检测器

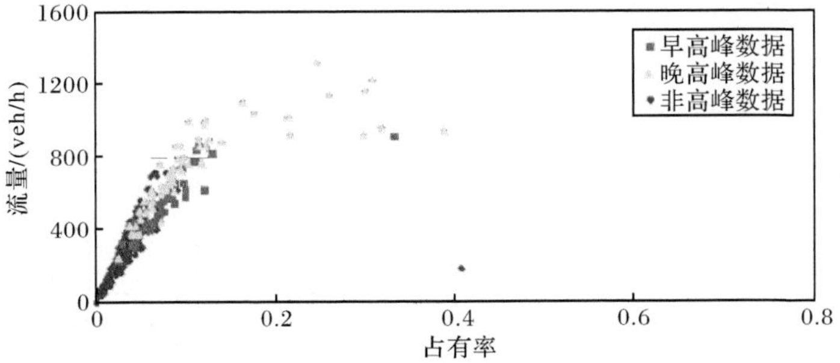

(b) 排队检测器

图 6.25　新的 AFD(移除 QOD)

为仔细分析移除 QOD-I 前后的干线基本图的变化，将图 6.25 所示的两个周期内的每一个数据点在移动前和移动后的位置变化进行了比较(图 6.26)。可以看出，对于早高峰，几乎所有原来在右半边的数据点移动到了左半边。说明早高峰时期到达“能力”(高占有时间)的数据点是由于 QOD-I 造成的。事实上，很多周期并未达到真实的通行能力。此现象还表明，在高峰时期，QOD-I 现象非常频繁。在晚高峰时期，在实施 QOD-I 移除后，尽管占有时间也在一定的范围内有变化(从 0～0.8 变成 0～0.4)，但不是所有的数据点移动到左半边，仍有一部分数据点停留在拥堵区域。图 6.26(b)中的数据 A～I 代表了 QOD-I 移除后的数据点。

进一步研究发现，数据点 A～I 代表溢流 QOD(QOD-II)发生的周期。为了证实溢流的确发生，绘制了其中一个周期内的所有车辆轨迹(图 6.27)。从图 6.27 可以看出，下游路段的排队的确蔓延到了上游交叉口，导致上游交叉口的堵塞，即发生所谓的溢流现象。同时，在上游交叉口的排队检测器处，检测到了绿灯期间较长时间被占用，这也表明了第二种类型 QOD-II 的发生。注意，前面的 QOD-I 移除试验仅仅移除因红灯引起的 QOD-I 造成的占有时间的扩展，而不会移除因为溢流引起较长的占有时间，所以这些溢流数据点仍然留在高占有率区域。此研究也进一步验证了所提的方法只能移除 QOD-I 的影响，而保留 QOD-II 的影响。

通过以上讨论可知，移除 QOD-I 的影响后，干线基本图可以用来揭示主干线真实的交通状态。在最初的干线基本图中，存在有较高占有时间的情况，在拥堵区域的数据点，但并不表明这条主干线一定处于饱和或者过饱和状态，它很有可能只代表在检测器附近的局部拥堵，而不能表明交通溢流的发生。只有移除 QOD-I 的影响后，基本图的右半部分才能代表因为下游溢流导致的交通拥堵的发生。

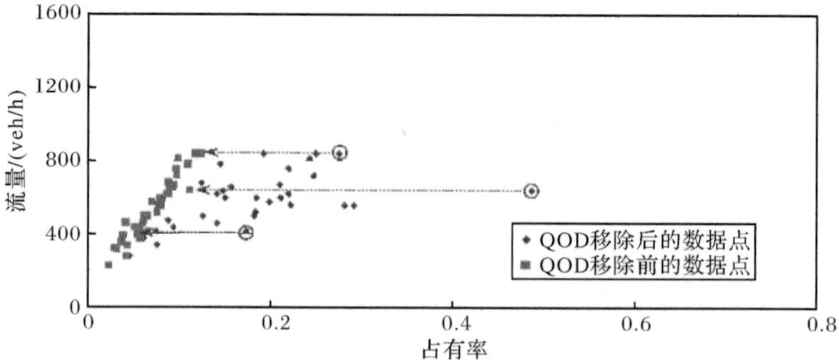

(a) 早高峰

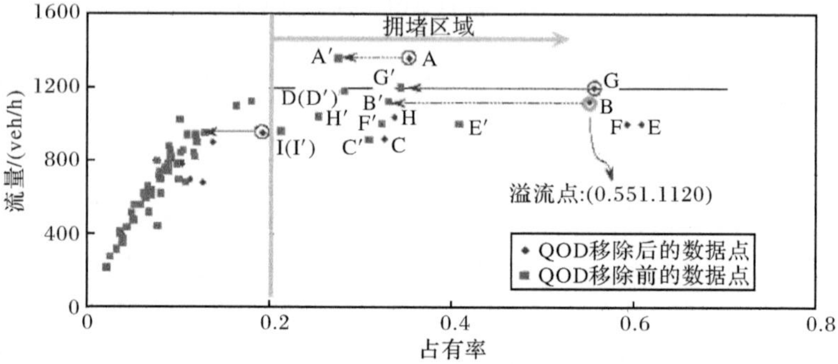

(b) 晚高峰

图 6.26　移除前和移除后 AFD

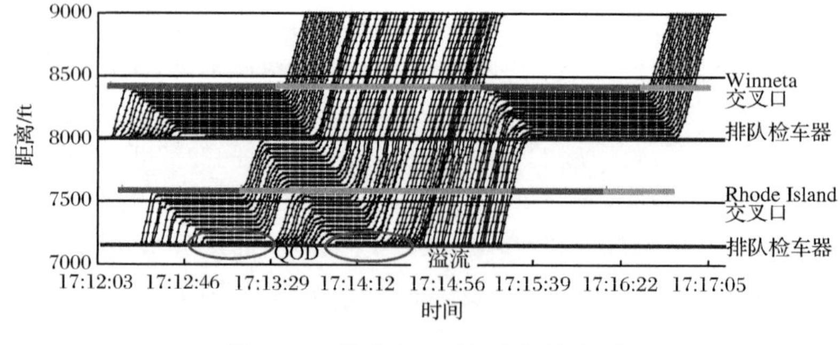

图 6.27　溢流发生时的车辆轨迹图

6.4.4　稳定形式的干线基本图

由前述分析可知，移除 QOD-I 后会形成一个有序稳定的干线基本图(arterial fundamental diagram，AFD)。AFD 的左半部分表示交通处于非饱和状态，右半部分表示由于下游溢流而引发的过饱和交通状态。为进一步说明这个基本图，本节用交叉口 Rhode Island Ave. 两周的历史数据来绘制 AFD(图 6.28)。另外,从图 6.28 可以看出,在移除 QOD-I 后,用排队检测器和停车线检测器提取的数据绘制出的 AFD 相对一致。这个发现非常重要,因为信号控制主干线上的交通一般是非均匀分布的,干线基本图的形式往往依赖于数据收集及汇总的位置,这也是导致原先用排队检测器和停车线检测器采集数据绘制的基本图不一致的原因,但当移除 QOD-I 影响之后,AFD 展现了一个稳定有序的形式,所以它代表了信号控制主干线的交通特性,是体现干线交通基本特性的重要关系图。

为了量化信号控制对 AFD 的影响,可将 AFD 假设成梯形(图 6.28 和图 6.29)。图 6.29 包括左边没有溢流发生的非饱和区域,中间的饱和区域,以及右边溢流发生的过饱和区域。由于信号控制干线的通行能力不仅受到绿信比的限制,而且也受到带宽以及支路转弯而来的交通流量的影响(图 6.29),其模型可以式(6.12)简单描述:

$$q_{i,n}^{\max}=\min\left\{\frac{g_{i,n}}{C_{i,n}}S_{i,n},q_{i,n-1}^{A}+\frac{B_{i,n-1}}{C_{i,n-1}}S_{i,n-1}\right\} \tag{6.12}$$

式中,$q_{i,n}^{\max}$ 表示第 n 个交叉口第 i 个周期的通行能力;q_{n-1}^{A} 表示从第 $n-1$ 个交叉口支路左转或者右转的流量。

其中,

$$S_{i,n}=\min\{S_n^T,q_{i,n+1}^{\max}\} \tag{6.13}$$

式中,S_n^T 表示交叉口 n 理论上的饱和流率。

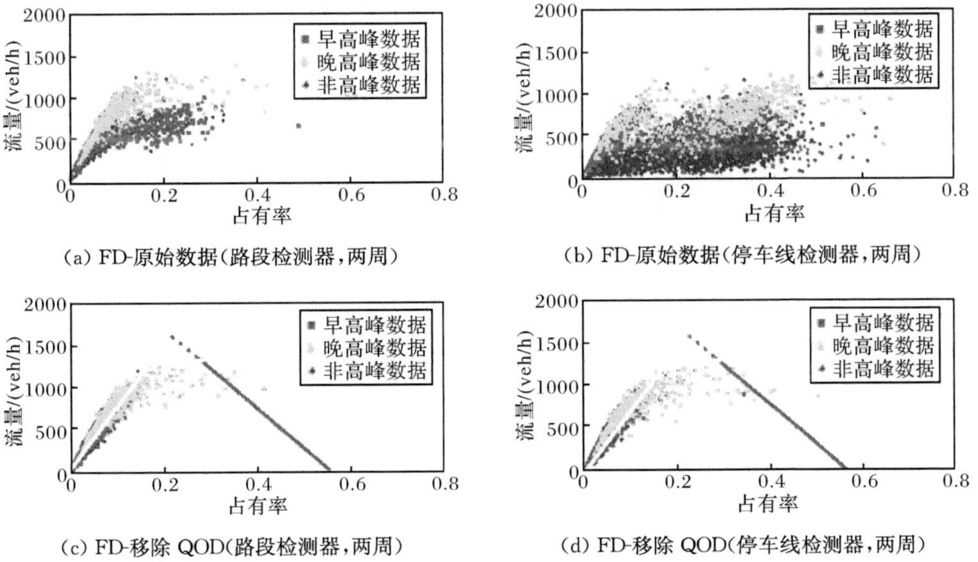

(a) FD-原始数据(路段检测器,两周)

(b) FD-原始数据(停车线检测器,两周)

(c) FD-移除 QOD(路段检测器,两周)

(d) FD-移除 QOD(停车线检测器,两周)

图 6.28　稳定的 AFD(两周数据)

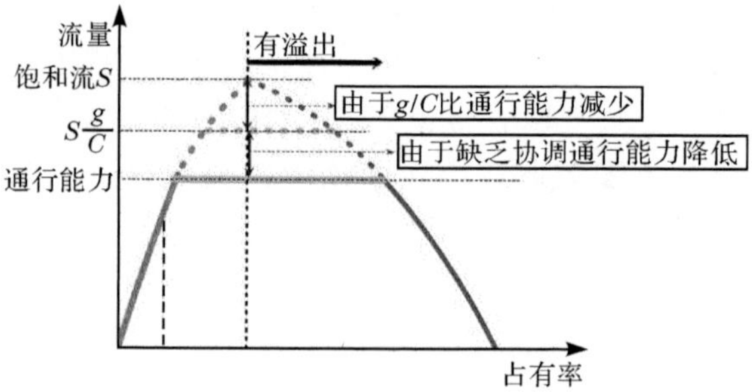

图 6.29　交叉口通行能力

6.5　本章小结

本章主要介绍了三种干线交通状态识别与评价方法。首先从时间的维度提出了基于虚拟浮动车干线行程时间估算方法;然后引入空间维度,提出了交通拥堵时空图谱,并基于该图谱来分析干线交通拥堵状态和寻找干线在时间和空间上的通行能力瓶颈点和拥堵原因;最后绘制信号控制干线的基本图来揭示由溢流引发的干线过饱和交通状态,并分析了绿信比、带宽、支路交通流量及 QOD 对干线基本图的影响。

第 7 章　城市路网过饱和交通状态评估

城市区域路网过饱和交通状态的产生有两个可能的原因：一是由于区域内段时间交通需求过大而几乎同时产生拥堵，如早晚高峰时段的城市 CBD 区域；二是过饱和交通状态从单个路口产生，随后逐渐向各个方向的临近交叉口传播。因此，对区域路网过饱和交通状态的评估不仅需要准确描述区域交通状态的现状，还需要依据适当的参数来剖析过饱和状态的演化过程。

7.1　概　　述

路网的过饱和问题一直是交通领域中的热点问题，其研究的难点在于对路网交通状态的识别。从 20 世纪 80 年代到现在，路网交通状态识别方法虽然已经取得了很大的进步，但是至今关于路网交通状态的划分还无统一的定论。

国外的研究中，评价路网状态常用的标准是美国 HCM(Highway Capacity Manual)中使用的道路交通服务水平(level of service，LOS)。LOS 描述的是车辆之间的运行条件及驾驶员和乘客主观感觉的一种测定标准。LOS 的量化标准与交通设施类型密切相关。2010 版 HCM 中以交通密度为划分标准，对道路交通的服务水平分为 A～F 六级。其中，A～D 级交通流处于稳定流范围，E、F 两级交通流处于不稳定流范围，如表 7.1 所示。

表 7.1　HCM 服务水平划分[142]

服务水平	交通密度/[pc/(mi/In)]
A	≤11
B	>11～18
C	>18～26
D	>26～35
E	>35～45
F	>45

与此同时，许多研究机构根据不同的交通参数也纷纷制定了路网交通状态划分标准。例如，美国德克萨斯州交通研究所在城市交通研究报告中将路网状态分为畅通、轻微拥堵、中度拥堵、严重拥堵和极度拥堵五个等级，并提出交通拥挤度指数的概念[143]；芝加哥高速公路管理部门采用车道占有率界定道路拥挤[144]，这

种方法现已被广泛应用;华盛顿运输部定义当高速公路平均行程速度低于 64km/h 时为交通拥堵[145]。除了美国,日本道路公团也将行驶速度作为划分依据,认为速度低于 40km/h 或反复启停连续 1km 以上并持续 15min 以上的车辆处于拥挤状态,此时路网处于交通拥挤的状态[140];澳大利亚采用拥堵指数对不同等级的区域的交通拥堵状况进行了对比[146]。

我国针对交通状态量化方面也进行了一定的研究。例如,参考 HCM 和日本制定的相关标准,我国《城市道路设计规范》(CJJ 37—90)对 LOS 也给出了相应的定义;而公安部发布的《城市交通管理评价指标体系》中采用城市主干道上机动车的平均行程速度来描述交通拥挤程度,见表 7.2。

表 7.2 《城市交通管理评价指标体系》交通拥挤程度划分[147]

拥挤程度	平均车速/(km/h)
畅通	>30
轻度拥挤	20～30
拥挤	10～20
严重拥挤	<10

除了国家制定的标准外,学者们对路网状态的划分也进行了大量的研究。2006 年,喻泉等[148]在车载 GPS 数据的基础上,运用最小二乘法对城市路网的交通状态进行评价。2007 年,张和生等[149]基于 OD 矩阵、路段连通性建立了区域路网的时空分层模型,用来快速建立路网的时空关系图,对路网的交通状态进行直观地评价。同年,王伟等[150]基于行程时间和路段长度确立了拥挤系数的计算方法,通过路段加权的方法计算局部路网的拥挤系数,以此为参考对路网的交通状态进行评价。2009 年,钟石泉[151]等构建了以路段综合饱和度、目标区域综合饱和度等分量组成的路网交通状态向量,采用动态权重分配方法计算路网的综合饱和度。2010 年,张菁等[152]以交叉口进口的饱和度和路段平均行程速度为路网状态监测参数,采用小波分析方法监测路段异常状态,为路网过饱和状态识别提供了新的方向。2013 年,曲昭伟等[153]分析了路段和交叉口对路网交通状态的影响程度,建立了基于路段和交叉口融合的交通状态评价模型,并给出了路网交通状态不同级别的划分标准。

现有的大部分研究都是以道路某点或某段的运行状况为出发点,然后根据道路等级判断交叉口或主干道是否处于过饱和状态,通过简单的加权求和最终得到路网交通状态的整体评价。然而这种方法难以全面地反映交叉口和主干道之间的关联性及整体性,不足以反映整个路网的交通状况。因此,着眼于路网整体运行状况的识别方法将是研究的重点,需要综合地考虑多项指标用来反映路网整体的运行状况。

基于以上分析,路网整体状况的识别应该以路网交通的基本特性为出发点,通过挖掘路网的交通流量、密度、速度之间的关系,总结参数变化的规律,进而建立直观反映路网交通运行状态的体系。交通需求稳定时,均匀路段上平均流量和密度之间保持着相对稳定的关系,这种对应关系被称为基本图(fundamental diagrams, FD)。近来的研究表明,城市区域范围的路网交通流规律与传统基本图相似,通常被称为宏观基本图(macroscopic fundamental diagram, MFD)。相关研究发现,MFD 是路网的基本属性,不同运行状态的路网有与之对应的 MFD,所以利用路网的宏观基本图能够明确地掌握路网的变化规律,从而清晰地判断路网的运行状态。本章将先介绍基于 MFD 的过饱和路网状态评估方法。

7.2　基于 MFD 的过饱和路网状态评估

断面或基本路段中交通流参数之间的关系在交通路网的应用中存在一定的局限,所以学者们对路网运行状态的研究逐渐转向宏观层面。1966 年,Smeed[154]最早对路网进行研究,利用量纲分析推导出进入城市中心区域的最大流量为城市面积的函数,表示为单位道路宽度和单位时间内的车辆数,认为流量与路网结构、信号控制形式、路网中的密度分布及车辆组成相关。1967 年,Thomson[155]从收集的伦敦市中心街道数据中发现,平均流量和速度在低密度情况下存在线性递减的关系。随后,Wardrop[156]在 1968 年根据平均道宽和交叉口平均间隔提出了平均速度和流量的一般关系式。为了研究路网平均速度和路网密度的关系,Godfrey[157]分别通过浮动车辆和航拍照片获得了相应的数据,利用路网拥堵的实测数据证明路网的宏观基本参数之间存在着一定的关系。1972 年,Zahavi[158]分析美国和英国同一时段不同区域的交通数据,提出速度和流量呈反比关系。但是这些研究未能监测拥堵状态下的速度和流量,所以无法准确描述高峰期拥堵的城市。1979 年,Herman 和 Prigogine[159]提出了“二流模型”,表明平均速度为任意时间段内停止车辆的函数。1984 年,Herman 和 Ardekani 验证了这一理论,并指出停止车辆数为密度的幂函数。二流理论虽然从理论上得到了宏观状态判断的模型,但是模型的相关参数难以通过调查获得,因此模型的应用具有一定的局限性。

7.2.1　MFD 存在性

随着科技的不断进步,高级检测技术被广泛应用,这为路网宏观交通流研究提供了有利条件。1996 年,Daganzo[160]指出路网在接近饱和或过饱和情况下,交通流对路网中的随机扰动极为敏感,交通状态往往处于较为混乱的状态,并把这种状态称作 Gridlock。随后,Daganzo[161]在进一步研究指出,路网中累积的车辆数与路网的车辆离开率之间存在着一定的关系,如图 7.1 所示。

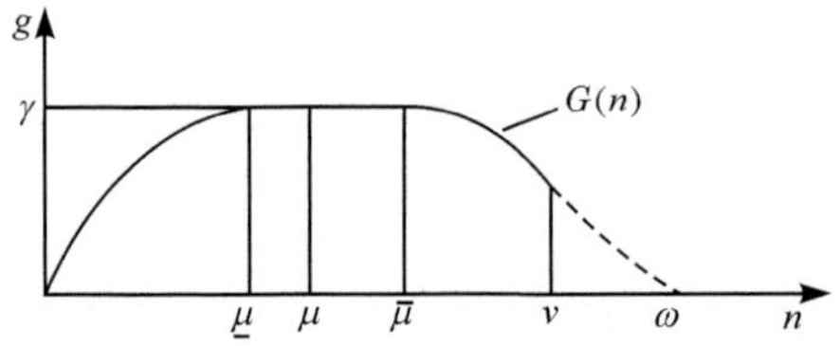

图 7.1　路网累积车辆与离开率关系图[161]

图 7.1 中，n 为车辆数；g 为车辆离开率；γ 是车辆离开率的上限值；路网处于最大通行能力时对应的车辆累积数上下限分别为$\bar{\mu}$和$\underline{\mu}$。

路网处于拥挤状态时，累积的车辆将会不断增加，如果能适当地控制路网的车辆进入量，使车辆数维持在 $A\in[\bar{\mu},\underline{\mu}]$，就可以使路网运行在近似饱和的状态，使路网通行能力维持在最大值处，有效地避免排队溢出及路网锁死等严重拥堵的交通现象发生。假设路网输出量为 L，这种状况下路网输出函数可简单地表达为

$$\frac{\mathrm{d}L(t)}{\mathrm{d}t}\equiv g(t)\approx G(n(t)) \tag{7.1}$$

进一步定义路网初始状态为 $n(0)$，输入量为 $f(t)=\mathrm{d}A/\mathrm{d}t$，并且 $f(t)\approx G(n(0))$，则由 $\mathrm{d}L/\mathrm{d}t=G(n)$ 和 $n=A-L$ 可推出系统对应的偏微分方程：

$$\frac{\mathrm{d}n}{\mathrm{d}t}=f(t)-G(n) \tag{7.2}$$

如果 $n(0)$ 处在图 7.1 的右半侧且 $n(t)>n(0)$，那么 $\mathrm{d}n(t)/\mathrm{d}t=f(t)-\mathrm{G}(n)\approx \mathrm{G}(n(0))-\mathrm{G}(n)>0$，即路网累积量大于 $n(0)$。可以看出这是一个正向反馈的过程，所以只要满足 $f(t)-\mathrm{G}(n)>0$，这个过程将持续进行。

根据以上分析可以看出，如果系统是处在 G 的右半部分，输入带来的小扰动也会产生非常大的影响，表明系统易受 Gridlock 的影响。所以控制路网的输入可以间接地保证路网的稳定性。Daganzo 以排队过程中交通需求突变为例，证明了控制方法的有效性，如图 7.2(a)所示。

假设 $A(t)$ 和 $n(0)$ 已知，L 满足式(7.1)，路网输出流量函数见图 7.2(b)，当 $n\geqslant w\equiv v$ 时，$\mathrm{G}(n)=0$。如果 L 的变化率随着 n 的增加变得缓慢，并且在累积量达到拥堵值时趋向 0，那么路网内累积的车辆将一直存在。图 7.2(a)中的控制曲线假定输入流量完全可控，所以 $\mathrm{d}A^*(t)/\mathrm{d}t=0$。如果路网内部存在不可控的输入流量 $O(t)$，那么这期间至少以 $\mathrm{d}O(t)/\mathrm{d}t$ 为输入流量。这种情况下的满意解需要满足 $\mathrm{O}(t)\leqslant A^*(t)\leqslant A(t)$。除了控制入口大小或整体拥挤度外，还需要考虑对外部输入量的限制，如 F 和 n 之间建立一个非负的递减函数。所以，整体的输入流率需要满足：$\mathrm{d}O/\mathrm{d}t\leqslant \mathrm{d}A/\mathrm{d}t\leqslant F(n)+\mathrm{d}O/\mathrm{d}t$。基于此可推出最优解的上界为 $\mathrm{d}A^*\leqslant F(n^*)\mathrm{d}t+\mathrm{d}O$。

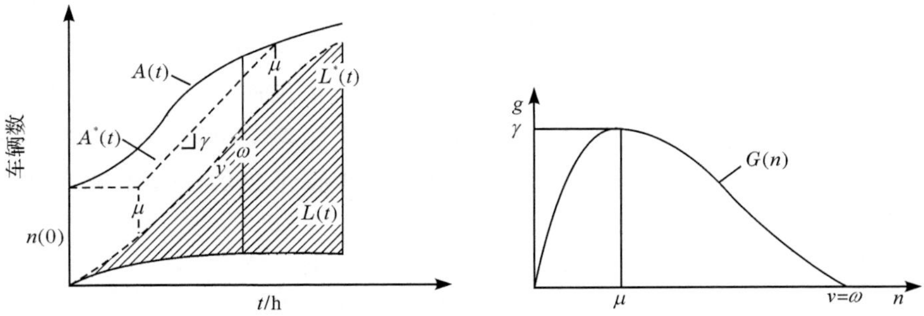

(a) 排队过程[161]　　(b) 输出函数[161]

图 7.2　路网流量变化图

对于路网的研究，Daganzo 仅仅是从理论上证明了网络宏观基本图的轮廓，提出并论证了控制思想的可行性，并没有证明宏观基本图是否真实存在，也没有给出如何对车辆的数量进行最优控制。2008 年，Geroliminis[162] 以旧金山市中心 2.5km^{2}范围内的交通路网为研究对象，通过仿真软件设置交通路网中不同的交通需求，绘制出车辆运行里程与累积车辆数间的散点图，研究发现二者表征的路网交通流特征是可以进行预测的，并且二者之间的关系与交通需求无关。同年，Geroliminis 和 Daganzo[163]对日本横滨市中浮动检测器和线圈检测器采集到交通数据进行分析，证明了流量、密度和速度三者之间存在一定的关系，并绘制了相应的关系图即 MFD。

Gerolinimis 和 Daganzo 以横滨市中心内约 10km^2 的三角形区域(图 7.3)为研究对象，这一区域在工作日内的高峰期间经常发生交通拥堵，此时车辆的平均

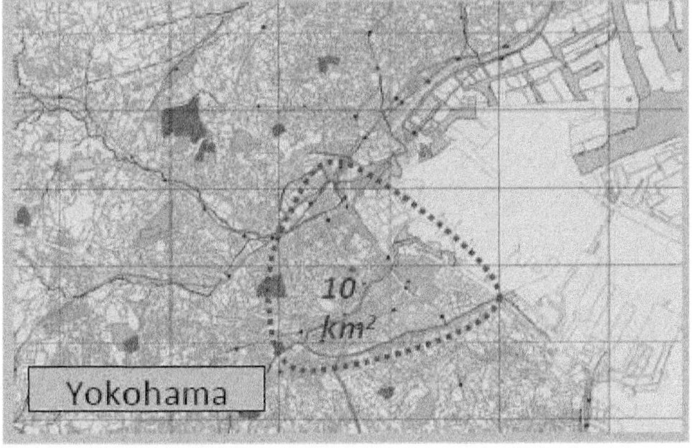

图 7.3　横滨市中心[164]

速度处于 10km/h 以下。研究所用数据收集于 2001 年 11 月，包括 500 个固定传感器每隔 5min 收集一次的数据、140 辆装有 GPS 的出租车记录动态位置信息以及其他相关数据。由于出租车数据没有匹配到横滨市地图上，数据的分析受到一定的限制。并且因为线圈检测器没有全部覆盖研究区域，所以需要对数据进行先处理来计算流量、占有率和密度的算术平均值及加权平均值。具体见式(7.3)～式(7.6)。

加权平均值的计算公式为

$$q^{\mathrm{w}} = \frac{\sum_i q_i l_i}{\sum_i l_i} \tag{7.3}$$

$$o^{\mathrm{w}} = \frac{\sum_i o_i l_i}{\sum_i l_i} \tag{7.4}$$

式中，q^{w} 和 o^{w} 分别表示路网的加权平均流量和加权平均占有率；i 和 l_i 分别表示路段 i 和该路段的长度，$i=1,2,\cdots,N$；q_i 和 o_i 分别表示路段 i 的流量和占有率。

非加权平均值的计算公式为

$$q^{\mathrm{u}} = \sum_i \frac{q_i}{N} \tag{7.5}$$

$$o^{\mathrm{u}} = \sum_i \frac{o_i}{N} \tag{7.6}$$

式中，q^{u} 和 o^{u} 分别表示路网的非加权平均流量和非加权平均占有率；i 和 N 分别表示路段 i 和路网中路段的数量，$i=1,2,\cdots,N$；q_i 和 o_i 分别表示路段 i 的流量和占有率。

绘制两个检测器一天内收集的流量与占有率之间的散点图，发现检测器占有率在 0.3 附近时流量达到最大。这种无序的状态与单一道路所表现出来的状态是一致的。为了探讨无序状态是否会持续发生，对两天不同的数据进行对比分析，即工作日与周末。结果发现，检测器占有量达到最大时所对应的时间大致相同，而周末流量最大时工作日的流量并没有达到最大。这些变化表明了工作日与周末出行的 OD 矩阵和需求差别非常大。再以 8 个时段为研究对象，绘制密度与流量间的散点图(图 7.4)，从高度集中的分布图可推出在横滨市中心 $10\mathrm{km}^2$ 的研究区域内确实存在 MFD。

由于最大流量和平均速度几乎不随时间而变化，可证明车辆行驶里程与加权平均流量之间是近似线性相关的，所以 Daganzo 提出的边界控制理论可用于提高路网通行量。通过分析横滨的数据，不仅证明了 MFD 的存在，而且以实例验证了 Daganzo 提出的理论具有可行性。同时表明，MFD 代表了路网而非检测器的固有属性，并且不受交通需求的影响。

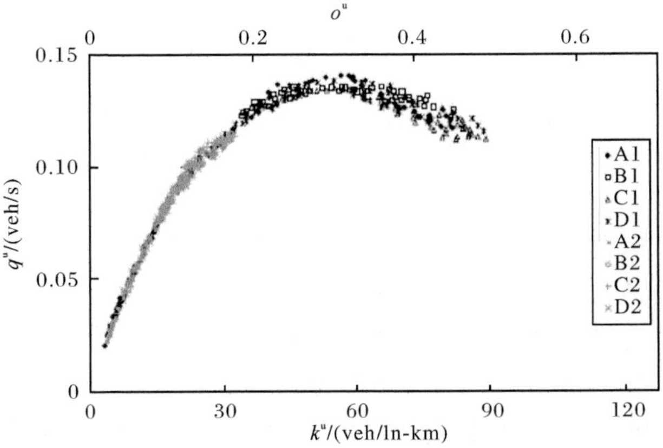

图 7.4　横滨市 MFD[162]

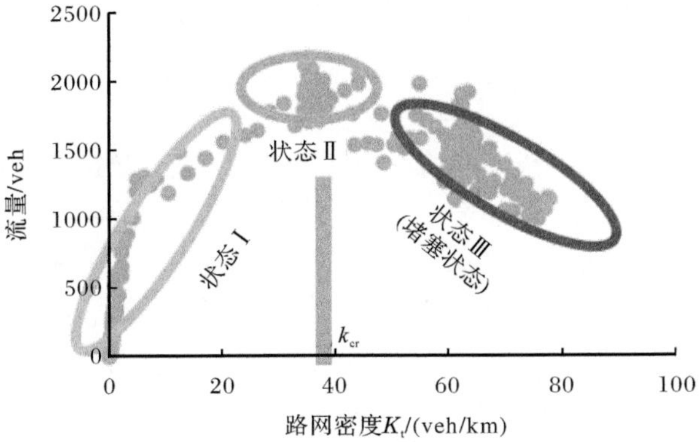

图 7.5　三种区域下的流量-密度关系[165]

MFD 为路网状态提供了直观的评价方式，图 7.5 中的状态 I、状态 II 和状态 III。状态 I 代表网络处于欠饱和状态，路网密度与交通流量之间呈正相关，如果出现排队等候车辆也只是暂时存在的，交通需求小于道路通行能力；状态 II 代表饱和状态，道路中排队车辆长时期存在且交通需求等于道路通行能力，此时路网交通流量达到最大值，对应的路网密度为 k_{cr}；状态 III 代表过饱和状态，即路网内车辆的密度大于 k_{cr}，路网密度的增加将会影响车辆的运行速度，所以整个路网的流量呈下降趋势，并且排队长度会逐渐累积使得交通状态恶化，此时下游形成限制，车辆被迫停止或以饱和流率行驶。路网运行过程中，理想的状态为状态 I 和状态 II，即限制路网密度小于 k_{cr}，使密度-流量的散点图维持在 MFD 图中左半部分。当网络交通密度超过关键密度 k_{cr}时，密度-流量的散点图分布在 MFD 右侧下降区域，这说明路网已进入过饱和状态，需要采取措施限制车流量，如边界流控制，使交通状态重新返回状态 I 和状态 II。

在 MFD 被提出之后，Buission 和 Ladier[166] 根据法国西南部中等城市 Toulouse 的真实交通数据建立了相关的 MFD。朱琳等[167] 采集北京西三环路网数据，采用矢量算法绘制出了 MFD，并利用实际采集的数据进行研究虽然能够真实地反映城市的宏观基本图，但由于实际路网中并不能获取所有路段的交通流信息，所以会使 MFD 的应用受到限制。

实际路网结构也因为过于复杂，难以深入研究 MFD，所以学者们更倾向采用仿真分析的方法，通过模拟得到的数据对 MFD 进行研究。例如，Ji 等[168] 以阿姆斯特丹中心城区为研究对象，通过 VISSIM 仿真路网获得的数据证实了 MFD 的存在。Tsubota 等[169] 研究了驾驶员的路径选择对 MFD 的影响，通过研究表明驾驶员对路网拥堵情况的反应能力会直接影响 MFD 的形状；许菲菲等[170] 通过仿真广州市珠海区的交通路网，分析了影响 MFD 形状的因素，并建立了稳定准确的 MFD；韦薇[171] 通过路网仿真模型探索了路网的 MFD 与基本路段基本图的关系，同时探索了路径选择行为和路网不均匀对 MFD 的影响。

7.2.2 MFD 仿真验证

本章利用 Q-Paramics 软件中的 Modeller 模块搭建安徽省高速公路的路网模型，仿真模型对应的实际路网如图 7.6(a)所示。该模型涵盖了合肥绕城高速、合徐高速、合六叶高速、合淮阜高速、阜周高速、周六高速、界阜蚌高速和蚌淮高速，总里程约 1000km，根据收费站位置建立了 48 个出行小区，如图 7.6(b)所示。

在分析路网中流量、密度之间的关系时，对采集到的数据通常采用加权平均和非加权平均两种处理方式。为了简化数据的处理过程，这里将采用非加权的计算方法来处理路网的交通流数据，详见式(7.5)和式(7.6)。

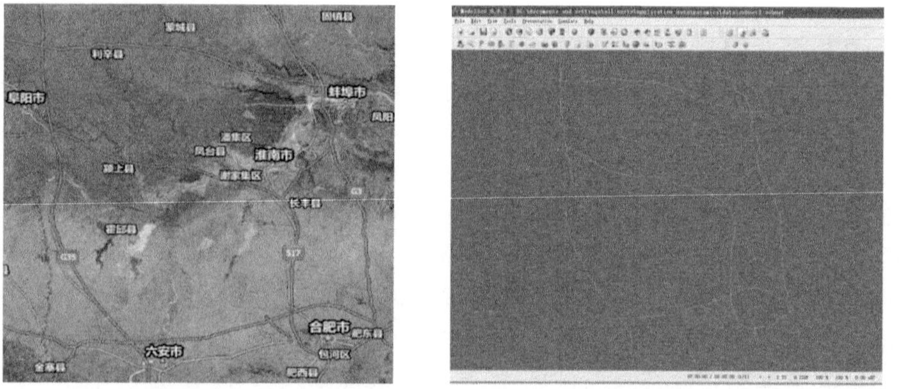

(a) 安徽省高速公路仿真区域图　　(b) 安徽省高速公路路网模型

图 7.6

Q-Paramics 属于随机仿真程序，如果在重复多次仿真时输入相同的随机数种子，得到的仿真结果也是相同的。为了降低仿真模型运行过程中随机性对仿真结果的影响，仿真过程中针对不同的仿真种子进行多次仿真。同时在进行正式的仿真验证之前，对仿真模型的 OD 输入进行了标定。根据安徽省高速公路的收费数据统计早高峰时期(8:00～10:00)的交通量，为路网仿真模型分配初始 OD。利用初始 OD 进行仿真时，路网中没有出现明显的交通拥堵情况。为了分析高速公路的拥堵形成与消散过程，以一定的比例增大 OD，进行多次试验(此过程中随机数种子保持不变)。当路网中出现明显的拥堵时，保存此时的 OD，作为标准 OD。

使用标准 OD 输入仿真模型，改变随机数种子，重复进行 5 次仿真试验。设置仿真种子数为 1000～5000，仿真时间设为 2h，前 30min 为初始化时间，数据采集间隔设为 5min，道路限速为 110km/h。Q-Paramics 仿真模型输出的交通流数据包括车流量、时间占有率和车速。运行仿真软件采集数据之后，利用分析器 Analyser 提取并分析上述交通流数据以及不同时间段内路段的状态信息(路段是否处于拥堵状态)。根据非加权计算公式处理交通流数据，得到路网平均流量 q^u 和平均密度 k^u，绘制路网平均流量-平均密度的散点关系图(图 7.7)。图 7.7 中，run1～run5 代表 5 次仿真试验。

宏观基本图是路网的固有属性，其形状与路网本身的拓扑结构密切相关。所以对于不同的路网，其宏观基本图的形状也会不同。目前对于宏观基本图的研究还没有得到统一的模型。从图 7.7 的仿真数据得到的宏观基本图可以看出，其形状均类似于抛物线，因此这里采用二次函数对如图 7.7 所示的散点图进行曲线拟合，最终的拟合结果如图 7.8 所示。

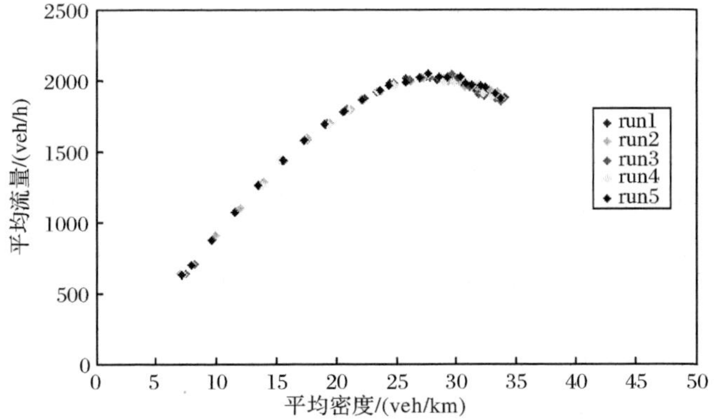

图 7.7　路网平均流量-平均密度散点图

由收集的数据分析可知：在拟合曲线的上升阶段，路网中存在拥堵的路段较少，整个路网的运行状态是畅通的；在拟合曲线的峰值附近，路网中的拥堵路段比例有所增加，整个路网的交通状态相比于前一阶段略差，但还是比较畅通的；在拟合曲线的下降阶段,路网中的拥堵路段比例明显增多,整个路网进入到了拥堵的状态。拟合曲线的峰值对应的路网平均流量是路网能够承受的最大平均流量,由此可以计算出路网能够承受的总交通量,相应的路网平均密度作为划分路网状态的临界密度。当路网平均密度小于临界密度时,路网处于畅通状态;反之,则处于拥堵状态。从这个例子可以清晰地看出,MFD 可以用来辨识路网的不同交通状态,这为以后路网的过饱和控制提供了基础。

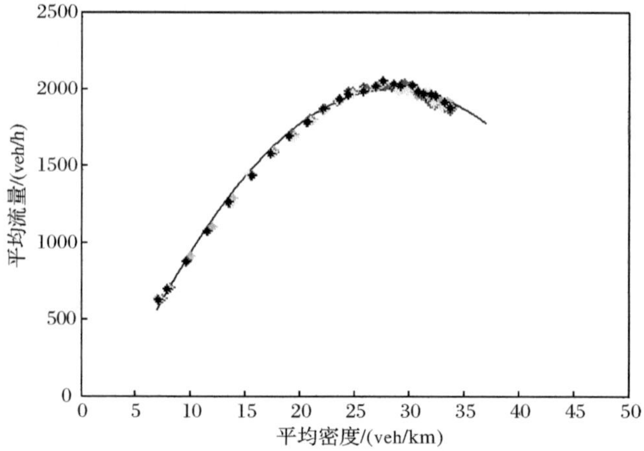

图 7.8　根据散点图拟合曲线

7.3　基于 T-OSI/S-OSI 的路网评估

在过饱和交通时期,城市交通路网的评估不仅需要判断路网当前的状态,更重要的是能够回溯过饱和产生的原因和发展路径,并推测未来的发展态势。这对后续的交通控制与管理工作来讲至关重要。然而,传统的评估方法大多采用单一的、静态的指标来评价路网,包含的信息量较少,无法为交通控制与管理提供更多的支持。鉴于此,本节提出了基于 T-OSI/S-OSI 的另外一种路网评估方法,将前面章节介绍过的 T-OSI/S-OSI 指标扩展到网络结构中,用于更好地描述、识别和预测整个城市交通路网的过饱和状态。

7.3.1　基于 T-OSI/S-OSI 的路网评估

T-OSI/S-OSI 的提出最早是针对单个过饱和交叉口,采用绿灯损失的比例来描述过饱和状态在时间和空间上的影响(5.4 节)。但事实上,高峰期路网中相邻交叉口的过饱和状态往往是关联的,即一个交叉口的过饱和状态可能会导致上游交叉口的过饱和状态,且这种过饱和状态的蔓延不仅仅是直线形式,例如,当上游交叉口转弯流量较大时，过饱和将可能向垂直方向的道路蔓延。

严格来讲，每个交叉口的每个保护相位(包括左转和直行)都有各自独立的 T-OSI 和 S-OSI 值。但道路上的左转和直行的排队仅在道路的出口端即下游交叉口的进口端渠化段实现物理分离，而在道路上游的其他部分二者是混合在一起的。尤其是在过饱和的状态下，车辆排队通常会超出交叉口渠化段的长度，且必然会在排队开始向上游蔓延之前超出这个长度，因此，这里对每个道路采用一个综合的排队指标来表示。这样每个单向行驶的路段只有一组 T-OSI 和 S-OSI 值，而每个双向行驶的路段有两组方向相反的 T-OSI 和 S-OSI 值。

以交通路网的平面图为基础，首先针对每个交叉口进行分析，在驶向该交叉口的每条道路方向上标注 T-OSI/S-OSI 的值。T-OSI 和 S-OSI 的大小用沿道路向上游方向延伸的线段的长短来表示，值越大则越接近上游交叉口。然后，在垂直方向增加时间轴，与二维的路网平面图一起构成了三维空间(图 7.9)。对于时间轴上每一点，其切面表示当前时刻的路网中各个交叉口的 T-OSI 和 S-OSI 状态；而路网平面图中的每一个交叉口所在位置，其垂直的时间轴包括了该交叉口各个道路方向 T-OSI 和 S-OSI 的动态演化过程。

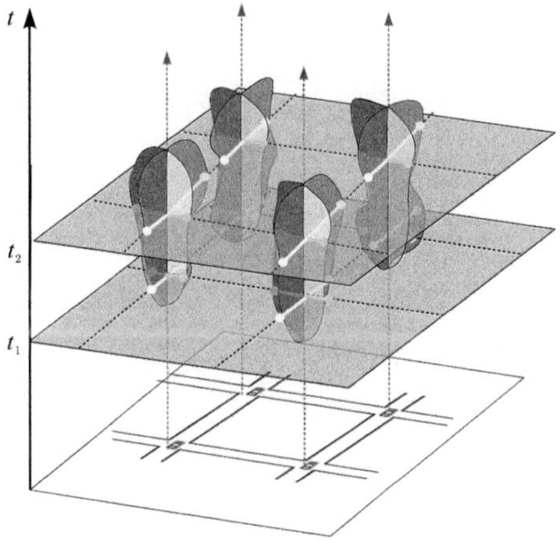

图 7.9　路网动态 T-OSI/S-OSI 时空演化示意图

基于 T-OSI/S-OSI 时空演化图，可以从如下几个方面对路网过饱和状态进行评估。

1) 过饱和交叉口数量

如果一个交叉口所有方向中的最大 T-OSI/S-OSI 值超过了一定的阈值，则被认定为过饱和交叉口。过饱和交叉口数量最直接地反映了当前交通路网的过饱和程度，尤其是过饱和的空间扩散范围。

T-OSI 的阈值与道路长度、信号配时、到达流量等参数有关，包括如下两种可能：

$$\text{T-OSI} \geqslant 0.9 \tag{7.7}$$

或者

$$L_{\text{jam}} \frac{\text{T-OSI}g}{h} + L_{\text{q}} \geqslant 0.9 L_{\max} \tag{7.8}$$

其中，

$$L_{\text{q}} = r \frac{w_1 w_2}{w_2 - w_1} \tag{7.9}$$

式中，g 为该相位绿灯时长；r 为红灯时长；h 为绿灯期间饱和消散车流的平均车头时距；L_{jam}是车辆排队的时候的平均车头距离；w_1 和 w_2 分别为排队波和消散波的波速；$L_{\max}$为道路长度。

式(7.7)给出的第一种 T-OSI 阈值的物理含义为，该相位的绿灯时间有超过90%被剩余排队车辆占据，式(7.8)所给出的第二种 T-OSI 阈值的物理含义为，剩余排队车辆长度与平均到达流量在红灯期间的排队长度之和超过了道路总长度的 90%。在实际应用中，可以取两种阈值的较小值，即

$$\text{T-OSI} \geqslant \min\left(0.9, \frac{0.9 L_{\max} - L_{\text{q}}}{L_{\text{jam}} g} h\right) \tag{7.10}$$

2) 区域平均过饱和度

一个区域内所有交叉口的平均过饱和度反映了该区域的整体过饱和程度。

$$\text{T-OSI}_{\text{mean}} = \frac{1}{N} \sum_{i=1}^{N} \sum_{j=1}^{4} \text{T-OSI}_{i,j} \tag{7.11}$$

$$\text{S-OSI}_{\text{mean}} = \frac{1}{N} \sum_{i=1}^{N} \sum_{j=1}^{4} \text{S-OSI}_{i,j} \tag{7.12}$$

式中，N 为路网中交叉口的数量；$\text{T-OSI}_{i,j}$ 和 $\text{S-OSI}_{i,j}$ 分别为第 i 个交叉口、第 j 个方向的 T-OSI 和 S-OSI 值。

3) 过饱和路段总长度

一条道路上被车辆排队持续占用的部分被称为该道路的过饱和路段长度，可以通过该道路两个方向的 T-OSI 值来计算。区域内所有道路的过饱和路段长度之和为过饱和路段总长度。

$$L_{\text{jam}} = \sum_{i=1}^{N} \sum_{j=1}^{4} \left(\rho_{\text{jam}} \frac{\text{T-OSI}_{i,j} g}{h} + L_{\text{q}}\right) \tag{7.13}$$

4) 过饱和源交叉口

过饱和源交叉口是过饱和状态最早出现的交叉口。由于过饱和状态的空间传播特性，过饱和源交叉口往往是后续过饱和交叉口出现的重要原因。识别过饱和源交叉口有助于更好地理解和分析过饱和状态的发展历程，发现路网的瓶颈所在，从而为缓解过饱和状态提供更好的支持。

5) 过饱和状态开始/持续时间

过饱和状态的开始时间是过饱和状态首次出现的时间，该时间与当前过饱和状态的时间的差值即为过饱和状态的持续时间。

$$T=t-t_0 \tag{7.14}$$

6) 过饱和状态传播速度

过饱和状态的传播速度用过饱和路段总长度与过饱和持续时间的比值来表示，即

$$v_{\text{jam}}=\frac{L_{\text{jam}}}{T} \tag{7.15}$$

7.3.2　仿真示例

仿真路网（图 7.10）包括重庆市东西向道路洪湖西路、锦橙路与南北向道路青枫南路、西湖路以及星光大道的 5 个交汇交叉口。其中，洪湖东路与星光大道交叉口南向入口为 5 车道，东西向均为入口 4 车道，其余为 4 车道的路段还包括洪湖东路与星光大道交叉口北向入口，以及洪湖西路与西湖路东向入口。洪湖西路与青枫南路交叉口东西向，以及洪湖西路与西湖路交叉口南北向及西向都属于入口 3 车道。路网其他道路均为入口 2 车道。

图 7.10　仿真区域图

该路网范围内包括欧瑞商务大厦、盛德豪华汽车城市展厅、迈凯伦重庆展厅、星光学校、创业公寓等交通流量汇集的重要节点，属于流量较大的一片区域。仿真中各个交叉口的车道设置和路段长度设置都基于真实底图和比例尺。各个交叉口的信号周期都为 100s，包括四个相位，如图 7.11 所示。

（1）第一相位。东西向左转，绿灯时间 20s，黄灯 3s，全红时间 2s。

（2）第二相位。东西向直行，绿灯时间 20s，黄灯 3s，全红时间 2s。

（3）第三相位。南北向左转，绿灯时间 20s，黄灯 3s，全红时间 2s。

（4）第四相位。南北向直行，绿灯时间 20s，黄灯 3s，全红时间 2s。

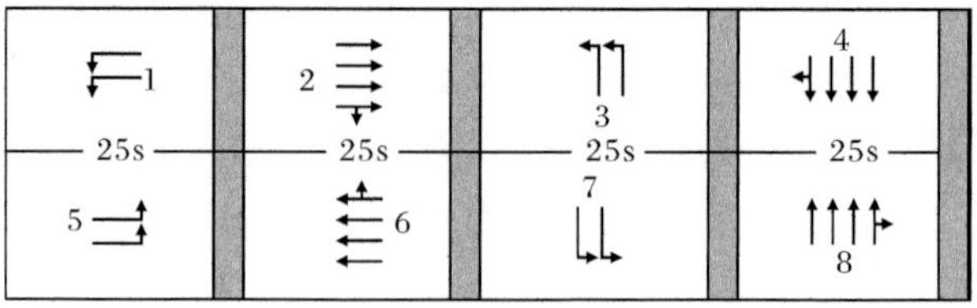

图 7.11　相位设置与信号配时情况

仿真时间总共 1h，路网的总车流量为 5670pcu，图 7.12 和图 7.13 显示了路网小区间的 OD 流量情况。

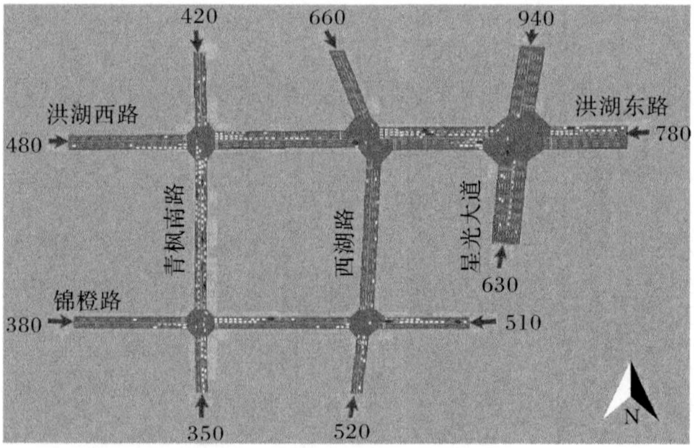

图 7.12　各入口总流量

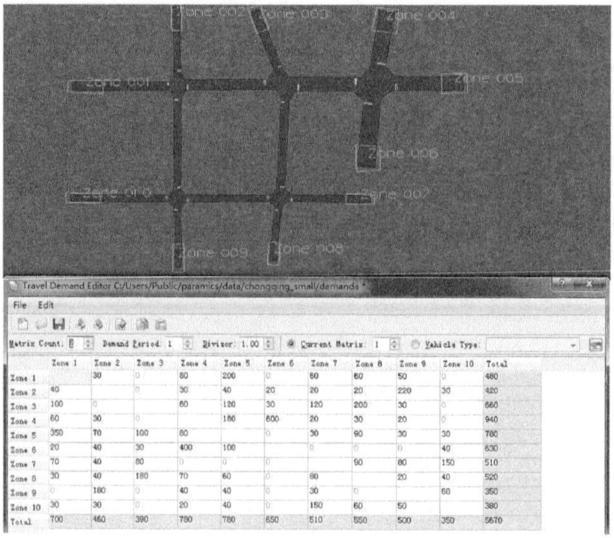

	Zone 1	Zone 2	Zone 3	Zone 4	Zone 5	Zone 6	Zone 7	Zone 8	Zone 9	Zone 10	Total
Zone 1		30	0	80	200	0	60	60	50	0	480
Zone 2	40		0	30	40	20	20	20	220	30	420
Zone 3	100	0		60	120	30	120	200	30	0	660
Zone 4	60	30	0		180	600	20	30	20	0	940
Zone 5	350	70	100	80		0	30	90	30	30	780
Zone 6	20	40	30	400	100		0	0	0	40	630
Zone 7	70	40	80	0	0	0		90	80	150	510
Zone 8	30	40	180	70	60	0	80		20	40	520
Zone 9	0	180	0	40	40	0	30	0		60	350
Zone 10	30	30	0	20	40	0	150	60	50		380
Total	700	460	390	780	780	650	510	550	500	350	5670

图 7.13　路网总体 OD 流量

在仿真的过程中，依据 Q-Paramics 中虚拟线圈检测器得到的数据，对每个交叉口所连接的各条道路分别计算 T-OSI 值和 S-OSI 的值。表 7.3 列举了交叉口 1 处的 T-OSI/S-OSI 值。

表 7.3　交叉口 1 处的 T-OSI 和 S-OSI 值

编号	T-OSI				S-OSI			
	E	W	N	S	E	W	N	S
1	0	0	0	0	0	0	0	0
2	0	0	0	0	0	0	0	0
3	0	0	0	0	0	0	0	0
4	0	0	0	0	0	0	0	0
5	0	0	0	0	0	0	0	0
6	0.18	0	0	0	0	0	0	0
7	0	0	0	0	0	0	0	0
8	0	0	0	0	0	0	0	0
9	0	0	0	0	0	0	0	0
10	0	0	0	0	0	0	0	0
11	0	0	0	0	0	0	0	0
12	0	0	0	0	0	0	0	0
13	0.16	0	0	0	0	0	0	0
14	0.17	0	0	0	0	0	0	0
15	0	0	0	0	0	0	0	0
16	0	0	0	0	0	0	0	0
17	0.76	0	0	0	0	0	0	0
18	0	0	0	0.19	0	0	0	0
19	0	0	0	0	0	0	0	0
20	0	0	0	0	0	0	0	0
21	0.33	0	0.16	0.41	0	0	0	0
22	0	0	0.43	0.54	0	0	0	0
23	0	0	0.48	1.08	0	0	0.25	0
24	0	0	0.24	0.84	0	0	0.46	0
25	0	0	0.26	1	0	0	0.82	0
26	0	0	0.41	1	0	0	0.68	0
27	0	0	0.95	1	0	0	0.07	0
28	0	0	1	1	0	0	0.46	0
29	0	0	1	1	0	0	0.72	0
30	0	0	1	1	0	0	0.78	0.12
31	0	0	1	1	0	0	1	0
32	0	0	1	1	0	0	1	0
33	0	0	1	1	0	0	0.42	0
34	0	0	0.79	1	0	0	0.37	0
35	0	0	1	1	0	0	0.93	0.12
36	0	0	1	1	0	0	1	0

为了说明 T-OSI/S-OSI 用于路网评价的效果，选取其中比较拥堵的 10 个周期(第 18 个周期至第 27 个周期)作为展示。根据所选周期的 T-OSI/S-OSI 的数据，经 Excel 生成了一系列二维图形。图 7.14(a)和图 7.14(b)分别表示交叉口 1 和交叉口 4 处的 T-OSI 图，其中，E 表示处于平面交叉口的右侧的交通量(自东向西行驶的车流)，W 表示处于平面交叉口的左侧的交通量(自西向东行驶的车流)，N 表示处于平面交叉口的上方的交通量(自北向南行驶的车流)，S 表示处于平面交叉口的下方的交通量(自南向北行驶的车流)。图 7.15(a)和图 7.15(b)分别表示交叉口 2 和交叉口 4 处的 S-OSI 二维图形。

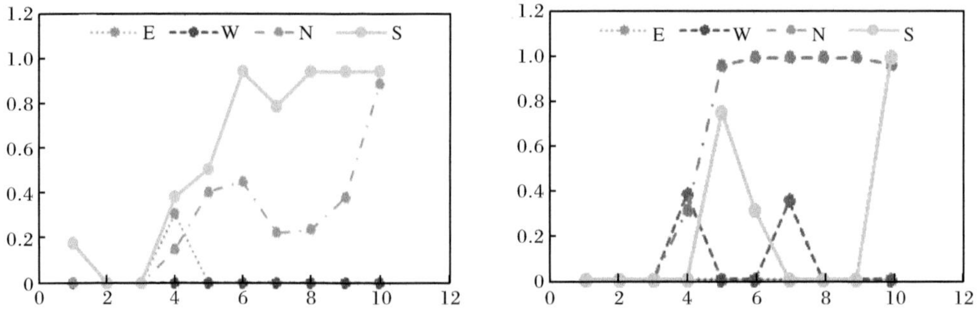

(a) 交叉口 1 处的二维 T-OSI 图　　(b) 交叉口 4 处的二维 T-OSI 图

图 7.14　交叉口 1、4 处的二维 T-OSI 图

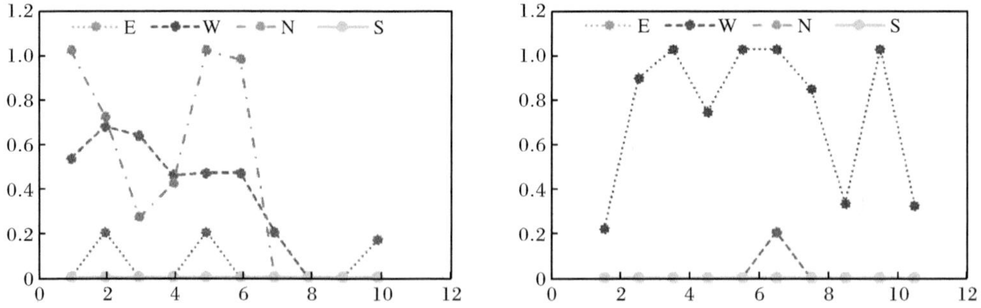

(a) 交叉口 2 处的二维 S-OSI　　(b) 交叉口 4 处的二维 S-OSI 图

图 7.15　交叉口 2、4 处的二维 T-OSI 图

为了观察各个交叉口之间的关联性，以及整个路网的 T-OSI/S-OSI 变化情况，我们分别绘制了 T-OSI 和 S-OSI 的三维图形，如图 7.16(a)和图 7.16(b)所示。在 t_0 和 t_1 时刻，两个平面分别截取各个交叉口的 T-OSI/S-OSI 立体图，在与交叉口相交的地方，分别用短线来指示相交于两个平面的各交叉口不同方向的 T-OSI/S-OSI 图，为避免过多颜色产生的视觉问题，使用浅色表示东西方向(E 和 W)

的 T-OSI/S-OSI 变化，用深色表示南北方向(N 和 S)的 T-OSI/S-OSI 变化。

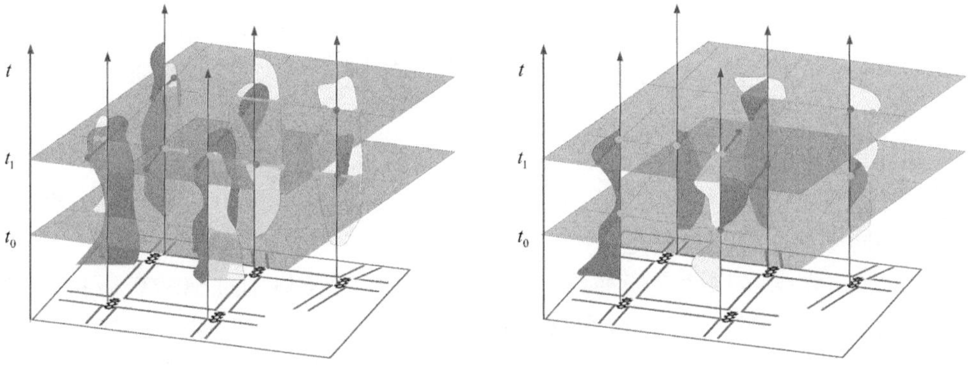

(a) 路网的三维 T-OSI　　(b) 路网的三维 S-OSI 图

图 7.16　路网的三维 T-OSI/S-OSI 图

同时根据仿真案例的 T-OSI 值和 S-OSI 值来计算 10 个周期内过饱和交叉口数量以及过饱和路段总长度。将相关仿真数据代入式(7.10)可以获取过饱和交叉口数量，同时，根据式(7.13)可以获取区域内所有道路的过饱和路段长度之和，所得数据如表 7.4 所示。从表中可以看出，在选定的 5 个交叉口区域内，过饱和交叉口数量和路段总长度是不断变化的。

表 7.4　路网过饱和状态参数

周期	1	2	3	4	5	6	7	8	9	10
过饱和交叉口数量	3	3	3	3	4	5	4	5	5	5
过饱和路段总长度/m	1426	1427	1433	1437	1440	1440	1440	1438	1440	1444

7.4　本章小结

本章主要介绍了路网过饱和状态评估的方法，即基于 MFD 和基于 T-OSI/S-OSI 的路网评估方法。对于前者，探讨了 MFD 的存在性和相关城市的路网饱和交通状态评估方法；对于后者，阐释了利用 T-OSI/S-OSI 方法描述区域过饱和交叉口的参数特征。基于 MFD 的方法更侧重于宏观层面的描述，可以用少量的参数对区域路网的过饱和状态做出合理的评估；而基于 T-OSI/S-OSI 的方法侧重于微观层面各个交叉口过饱和状态的关联和演化，有助于更好地理解过饱和状态的特点。在实际应用中应根据需求来选择相应的评估方法。

第8章　过饱和交叉口信号优化与控制

城市路网过饱和交通状态评价是了解和分析过饱和问题的基础，但针对过饱和状态的信号优化与控制方法才是最终的落脚点。从本章开始，将逐一从“点-线-面”的不同层次介绍信号优化与控制方法。

如前所述，大范围的交通拥堵常源自一个瓶颈交叉口的过饱和交通状态，交通拥堵会从一个路口扩散到周围多个路口，严重时可能会造成区域性的交通锁死[161]。本章首先介绍单个过饱和交叉口的信号控制策略，具体包括两个方面：其一，防止过饱和状态下的交通溢流进一步降低交叉口通行能力而形成恶性循环；其二，针对通行能力不足的瓶颈交叉口，采用车道渠化与信号控制协同优化的方法来增加瓶颈交叉口通行能力。

8.1　概　　述

对于欠饱和交叉口的信号控制问题，已经有大量公认的理论和实践研究成果；然而对于过饱和交通的信号控制问题，在理论和实践应用上仍然没有达成共识，甚至对于单个孤立的过饱和交叉口也是如此。对于单个孤立的过饱和交叉口，信号控制的主要任务是合理分配各个冲突相位的绿灯时间，使得该交叉口每个方向的排队长度不要溢出而影响到邻近上游交叉口，同时要缩短过饱和状态的持续时间，并使车辆的停车延误最小化。虽然这方面的研究自20世纪60年代就已经开始，但现有研究成果大部分属于离线优化的范畴。最早的先驱是Gazis[15]，他给出了过饱和状态的定义，并在OD流量已知的前提下采用半图形法给出了最优解。随后，Gazis应用最优控制理论中庞特里亚金最大值原理证明了该方法的最优性。对于包含两条冲突道路的交叉口，Gazis指出最优解为两阶段的形式，类似于bang-bang控制：先给饱和通行能力较大的主要道路最大绿灯时间，给饱和通行能力较小的次要道路最小绿灯时间；然后在某一个特定的时刻进行切换，给主路最小绿灯时间，给次路最大绿灯时间。基于Gazis的研究成果，Guardabassi等[172]指出了该两阶段最优解存在的必要条件；Michalopoulos和Stephanopoulos[173]将最大排队长度限制纳入考虑，并给出了该最优控制问题的数值解法；Chang和Lin[174]、Zou等[175]提出除了离散时间的最优控制模型，以更好地匹配现实中交通信号随周期的变化。这些工作在给定OD流量的前提下给出了理论最优解，也为后续单个过饱和交叉口信号控制的研究工作提供了宝贵的参考基准。在实际应用中，预先知道全部控制时段的 OD 流量信息无法实现，而精确的 OD 流量预测也一直是个难解的问题。对于多个过饱和路口的离线信号控制研究成果[176～180]，该问题仍然存在，这个缺点阻碍了上述方法的实际应用。

为了将离线最优控制的成果进行实际应用，一个常用的改进方法是采用模型预测控制的滚动优化结构[181]。在模型预测控制中的每个时刻，首先根据当前检测的系统状态对未来一段时间（预测时域）的系统输入进行预测；然后求解定义在该预测时域的离线最优控制问题，将所求得最优解的第一步应用于系统；然后在下一个时刻重复这个过程，实现不断更新的滚动优化。这样的优化求解结构可以依据系统状态的检测结果进行不断调整，能够在一定程度上解决系统输入的扰动问题。但是该方法依然需要对未来系统输入进行预测，且在求解每一步的离线问题时，求解的实时性是一个较大的挑战。另一种常用的过饱和交叉口在线控制方法是状态反馈控制。这类控制方法直接依据当前时刻的系统状态来计算控制策略，并不需要对未来进行预测。对这类方法，理想的情况为交叉口各个方向的排队长度都可以被实时检测。但是在过饱和状态下，排队长度的检测并不容易，因为排队长度经常会超过排队检测器的范围[86]。为解决这个关键问题，Liu 等[83]开发了基于高精度检测器数据的排队长度估算方法（详见本书第 5 章）。

关于过饱和交叉口在线状态反馈控制的研究工作相对较少。Gordon[182]提出了一种排队均衡算法，通过状态反馈比例控制器使得两条冲突道路的排队长度与道路总长度的比值相等，从而最大限度地利用两条道路的排队空间，防止排队溢流的发生。城市交通响应式信号控制（traffic-responsive urban control，TUC）策略[183]和最大压力（maximum pressure，MP）控制策略[184]也是很好的状态反馈控制方法。虽然 TUC 和 MP 没有专门针对过饱和问题，但它们仍然可以帮助缓解过饱和状态带来的负面影响，尤其是通过最小化排队长度来防止排队溢流的发生。但是，车辆延误时间并没有被上述策略最小化。

从上面的论述可以看出，城市交通路网的过饱和问题通常始于某一个交叉口，随后因为排队的蔓延导致过饱和状态逐步扩散到更大的路网范围。而且过饱和状态的起始交叉口位置通常比较固定，称之为路网中的瓶颈交叉口。因此，过饱和交叉口的信号优化与控制所要解决的首要问题是如何对易堵的瓶颈交叉口进行优化。

针对高峰时期交通需求过大的情况，下面给出两个方面的解决策略：一是通过信号优化与控制来防止瓶颈交叉口的排队蔓延导致上游交叉口锁死，进而预防整个路网瘫痪；二是结合交叉口设计优化、交通组织优化和信号配时优化来综合提高瓶颈交叉口的通行能力和缓解拥堵。

8.2 自适应交叉口交通防锁死控制策略

8.2.1 溢流交通流特性

城市交叉口由于受到过饱和流量的影响,某一方向的车辆排队长度会超过路段长度,导致上游交叉口处于溢流状态。在这种情况下,依据交通法规,溢流方向上的车辆需要停止在停车线附近,不允许进入交叉口,直到下游道路有足够的空间可以容纳这些车辆。但是,在很多拥挤的城市,由于驾驶员对法规的不熟悉,只要信号灯为绿灯,即使交叉口处于溢流状态,车辆仍继续进入交叉口。这种“闯绿灯”现象的频繁发生,可能会影响其他方向车辆的通行,导致交叉口“锁死”,严重降低了交叉口的通行效率。当交叉口发生锁死后,如果不采取有效的措施,这种拥堵状态会迅速蔓延,影响到交叉口周围的众多主、次干道,甚至导致整个区域路网的锁死。

为了有效避免交叉口锁死现象的发生,首先需要对交叉口交通溢流进行识别,然后需要在溢流识别的基础上对交叉口的信号灯配时进行优化。现有的检测器大多布设于道路的出口端附近(如停车线检测器和排队检测器),所以在车辆排队接近道路进口端时,无法对排队的溢流进行有效的识别,也无法将检测器数据用于对溢流状态下的交叉口进行优化。如果能够在溢流发生时,准确及时地检测到交通溢流的状态,并且对当前交叉口的信号配时进行优化,就可以阻止溢流方向的车辆继续进入交叉口,避免交叉口锁死的发生。

为解决上述问题,本节对交叉口防锁死的信号控制方法进行研究。首先通过理论分析推算最佳检测位置,然后在这些关键位置布设溢流检测器用来有效地辨识交叉口的溢流状态,最后对交叉口当前的信号配时进行优化以缓解交叉口的交通溢流,防止交叉口的锁死,提高交叉口的通行效率。

溢流产生的本质原因是交通需求的增加超过了当前道路或道路交叉口的通行能力,表现为到达车辆在单周期内无法完全消散,从而导致排队不断蔓延至上游交叉口。溢流的交通流特性主要表现在以下几个方面:

(1) 交通状况不稳定,呈现动态变化性。当交通需求远远大于路网的通行能力时,路网当前周期的交通情况不仅取决于该周期的驶入与驶出交通量,同时也取决于前几个周期的交通状况。由于每个周期路网的情况都在发生着变化,当前周期的交通情况需要由前几个周期与当前周期的控制策略来一起解释说明。因此,信号控制必须根据实时交通状况进行动态的优化和改进,这将大大增加控制的复杂性。

(2) 时空扩散性。城市道路交通阻塞往往起源于某个地点的交通需求暂时超出了通行能力，随后阻塞在时间上与空间上进一步扩展。严重的交通阻塞现象都是先从某单个路段的排队开始，经过一段时间的累积，逐步蔓延至上游交叉口，从而产生路网的排队溢出现象。当进口的绿灯时间不满足该方向的车流需求时，将形成排队，当这种不满足需求的状况持续一段时间而得不到改善后，排队将会不断累积，进而影响到上游交叉口，造成交叉口锁死。

(3)易形成“等效红灯”现象。如果交叉口的车辆排队蔓延到上游交叉口，致使路口部分或是全部锁死，则上游交叉口其他方向的车辆即使在绿灯时间内仍无法通行，从而造成这段绿灯时间损失，等效于红灯时间。这种“等效红灯”现象在影响干线方向交通通行的同时，也影响相交道路的通行，进一步加深了交叉口锁死现象。

总的说来，交叉口锁死现象是一个渐进的过程。由于交通高峰期流量的激增，如果局部交通堵塞未得到及时疏散，堵塞的负面效应将在时间上不断累积，最终导致交叉口的通行效率恶化甚至锁死。交叉口锁死发生后，如果不采取有效的措施，这种拥堵状态将会在空间上蔓延，影响到交叉口周围的众多主、次干道，甚至导致整个区域路网的锁死。

8.2.2　基于溢流检测器的过饱和交叉口信号控制

如上节所述，过饱和状态下的信号控制需要根据实时交通状况进行动态的优化和改进。所以一个关键问题是如何对实时交通状况，特别是溢流状态进行监测。这里需要在交叉口布设溢流检测器，当交叉口发生溢流时可以有效地对交叉口的溢流状态进行识别，然后根据检测的溢流状态来改进交叉口的信号控制，防止交叉口的锁死，最终维护交叉口的通行秩序。

1. 溢流检测器布设及溢流识别

1) 确定溢流检测器的安装位置

溢流检测器的布设与常规检测器不同。常规检测器的位置一般设置在交叉口停车线附近和路段中央，这些检测器可以实时监测交叉口各个进口道的交通流信息，是交叉口信号控制的基础，但无法对交通溢流进行辨识。为解决这个问题，溢流检测器将布置在路段上游来实现对交通溢流的辨识(图 8.1)。同时，溢流检测器的位置应与下游交叉口停车线保持合理的距离。

如图 8.1 所示，l_d 为溢流检测器与下游交叉口停车线的距离。如果 l_d 的值太小，则检测器会经常被车辆占据，无法正确识别溢流状态；如果 l_d 的值太大，则检测器被车辆占据时排队已经接近路口，无法及时识别交通溢流状态。假设交叉口 n 处垂直于主干道的路段宽度为 L_W^n，交叉口 n 与相邻下游交叉口 $n+1$ 间路段 $R^{n,n+1}$ 的长度为 $L^{n,n+1}$，交叉口 n 与 $n+1$ 间路段的阻塞密度为 k_j，交叉口 n 上游停车线与路段$R^{n,n+1}$上的车辆排队队尾间车辆密度均值为$\bar{k}_s$，$\bar{k}_s$对决定溢流检测器的安置位置极其重要。但是，由于实际中车辆在$R^{n,n+1}$上的排队队尾位置是不断变化的，因此需要结合实际数据来推导$\bar{k}_s$。

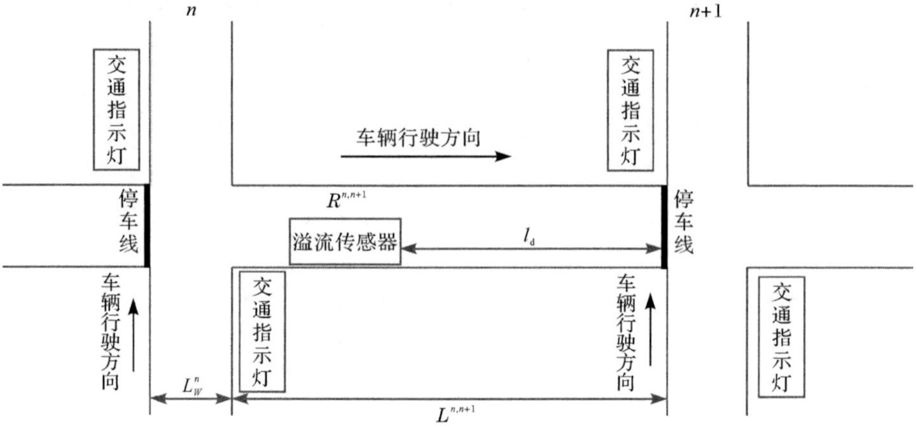

图 8.1　检测器布设示意图

如图 8.2 所示，在交通高峰期，当主干道上交叉口 n 处的交通指示灯直行方向为绿灯时，开始统计经过交叉口 n 处停车线的车辆数目，直至经过停车线的第一辆车"car 1"到达路段$R^{n,n+1}$上的排队队尾时停止计数，记此时交叉口 n 上游停车线与路段$R^{n,n+1}$上的车辆排队队尾间车辆数目为 m。同时，测量交叉口 n 处停车线到路段$R^{n,n+1}$上车辆排队队尾之间的距离 d，由此，得到交叉口 n 上游停车线与路段$R^{n,n+1}$上的排队队尾间的车辆密度：

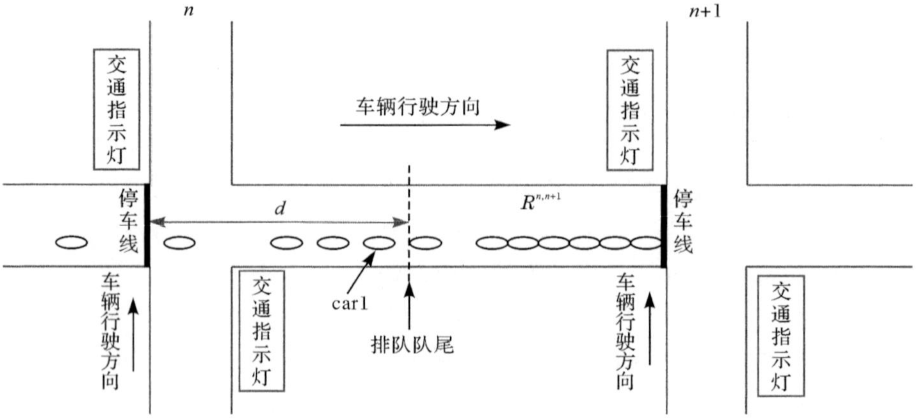

图 8.2　路段上车辆排队位置示意图

$$\bar{k}_s = \frac{m}{d} \tag{8.1}$$

重复上述过程 i 次(每次交叉口 n 处的交通主干道指示灯直行方向为绿灯时执行一次上述过程),对得到的 i 个交叉口 n 上游停车线与路段 $R^{n,n+1}$ 上的车辆排队队尾间的车辆密度,取均值后作为交叉口 n 上游停车线与路段 $R^{n,n+1}$ 上的车辆排队队尾间车辆密度均值 $\bar{k}_s$。

为了防止溢流的发生,溢流检测器检测到车辆排队的时刻,要保证交叉口 n 上游停车线与路段 $R^{n,n+1}$ 的车辆排队队尾间之间的车辆数目小于路段 $R^{n,n+1}$ 上剩余空间所能容纳的车辆数目。基于交通流理论,可以得到如下不等式

$$\bar{k}_s(L_W^n + L^{n,n+1} - l_d) \leqslant k_j(L^{n,n+1} - l_d) \tag{8.2}$$

则检测器的位置需要满足

$$l_d \leqslant L^{n,n+1} - \frac{L_W^n}{\frac{k_j}{\bar{k}_s} - 1} \tag{8.3}$$

取临界值,得

$$l_d = L^{n,n+1} - \frac{L_W^n}{\frac{k_j}{\bar{k}_s} - 1} \tag{8.4}$$

2) 实时判断交叉口 n 潜在溢流状态

通过溢流检测器,实时获取在[$t-\Delta t, t$]时间内经过溢流检测器的车辆行驶速度,并计算平均速度值 $\bar{v}$;然后结合预设的速度阈值 v_s,来判断交叉口 n 是否会处于溢流的状态。其中 v_s 接近于行人的速度,为 1～2m/s。具体为:如果车辆的速度大于速度阈值 v_s,则车辆排队未到达溢流检测器处,交叉口 n 暂时不会发生交通溢流,所以交叉口 n 可按照原先的交通信号配时运行;但如果车辆的平均速度小于速度阈值 v_s,则路段上车辆排队队尾到达溢流检测器处,这表明交叉口 n 将很快发生交通溢流,交叉口 n 处的交通信号配时需进行优化 v_s(图 8.3)。

2. 控制策略

识别交叉口的溢流状态后,为有效防止(或延缓)即将发生的溢流,在原有的信号配时的基础上,我们根据下游路段可能出现的场景提出两种不同的交叉口防锁死的信号控制策略:

(1) 溢流场景。该场景为溢流检测器检测到下游路段排队车辆上溯,将要发生溢流。对于该场景,新的控制策略通过采用 ECG(early cut green)提前结束溢流方向的绿灯相位,来避免更多的车辆进入下游路段,从而防止溢流的发生。另外,为了避免绿灯时间浪费,需要判断剩余的绿灯时间是否可以重新分配给其他方向的相位,从而提高通过交叉口整体的交通通行流量。

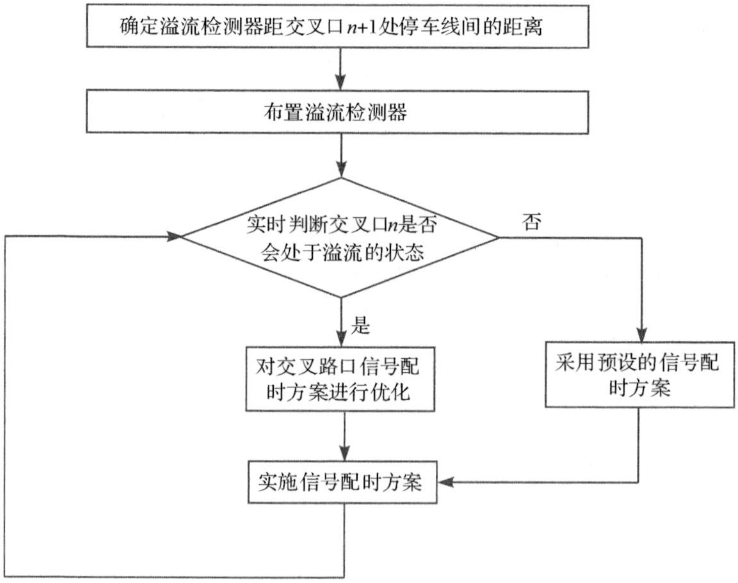

图 8.3　交叉口防锁死的信号控制方法整体流程图

(2) 溢流消散场景。该场景为溢流检测器检测到下游路段的排队车辆将要消散。假设为了避免交叉口溢流，已经实施了 ECG，提前结束了主干道方向的绿灯相位。如果在这种情况下检测到车辆将要消散，为了让主干道方向的车辆输出没有明显地减少，需要实施 RUG(return unused green)策略，即将绿灯时间“返还”给溢流方向的相位。

另外，如果溢流检测器没有检测到下游路段会发生交通溢流，则保持当前的信号配时方案。

为了详细说明我们的交叉口放锁死信号配时优化策略，这里以单个信号控制交叉口为例进行说明(图 8.4)。交叉口原有的固定信号配时方案如表 8.1 所示，为双环控制，总共拥有 8 个信号灯相位。假设该信号配时方案的周期长度为 C，相位 i 的绿灯时长为 g^i，最小绿灯时长和最大绿灯时长分别为 $g^i_{\min}$ 和 $g^i_{\max}$。

1) 实施 ECG 策略

以主干道方向的相位 2 为例展示 ECG 策略的实施，如图 8.5 所示。假设相位 2 在时刻 t，溢流检测器检测到下游路段 2 将要发生交通溢流。此时，为防止溢流的发生，需要提前结束相位 2 的绿灯时间。对于相位 2 没有使用的绿灯时间则重新分配给其他相位(本例中为相位 1)。

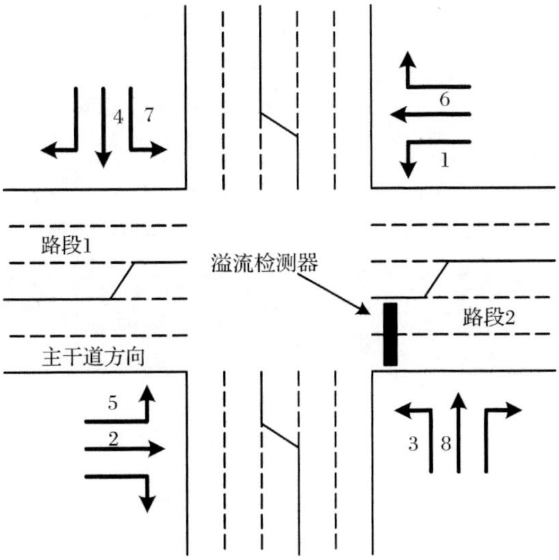

图 8.4　交叉口示意图

表 8.1　固定信号配时

P1		P2		P3		P4	
P5		P6		P7		P8	

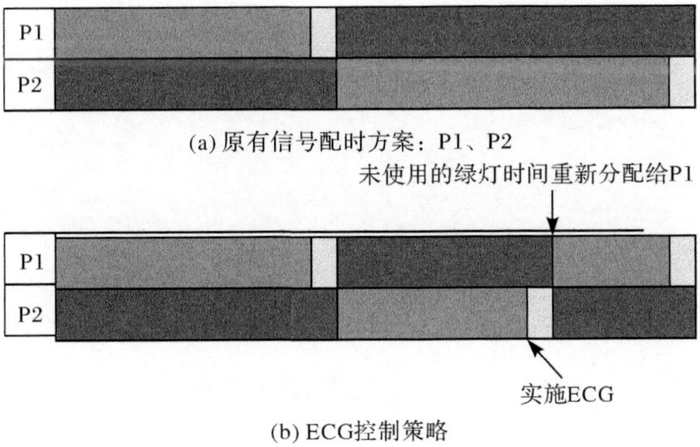

图 8.5　相位 2 实施 ECG 策略

2）实施 RUG 策略

实施了 ECG 策略后，相位 1 增加了绿灯时间；但由于相位 2 为主干道方向，往往需要承受更高的交通流量，因此，当相位 2 的车辆排队开始消散时，需要及时实施 RUG 策略来将剩余绿灯时间返还给相位 2。图 8.6 展示了 RUG 的实施情景。

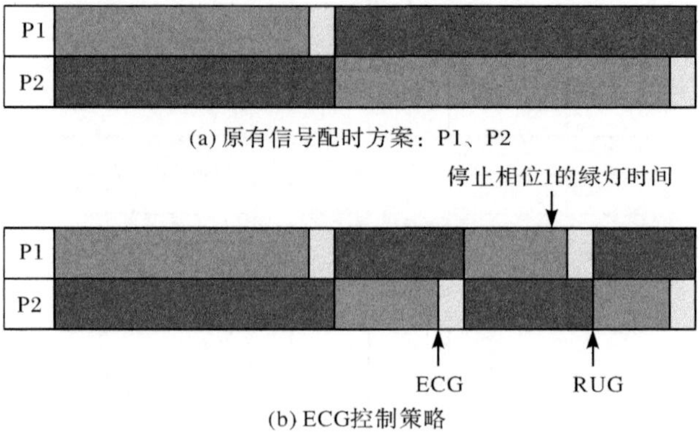

图 8.6　实施 RUG 策略

8.2.3　单个交叉口防锁死控制策略仿真分析

1. 仿真场景分析

为了验证自适应交叉口防锁死信号控制策略的有效性，我们选取安徽省合肥市高新区黄山路与岳西路交叉口作为试验交叉口(图 8.7)。该交叉口早晚高峰期的车流量较多，经常发生溢流现象，导致交叉口锁死。本节将利用微观交通仿真软件，结合实际调查的数据，对溢流路况进行建模仿真和评估，以验证防锁死算法的有效性。

图 8.7　黄山路与岳西路家

2. 溢流检测器安置位置估算

为估算检测器安置位置，需要先测量拥堵密度及车辆到达排队队尾的平均密度(图 8.8)。交叉口 $n-1$ 与交叉口 n 之间的距离 $L^{n,n+1}$(图 8.9)为 660m，有 4 个车道。在路段高峰期，测量排队长度为 630m，排队车辆数为 457pcu。因此，得出拥堵密

度为

$$k_j^{n,n+1} = 457 \times 1000 \div 630 \div 4 = 181 \text{ pcu/km/lane} \tag{8.5}$$

1) 车辆到达排队队尾的平均密度估算

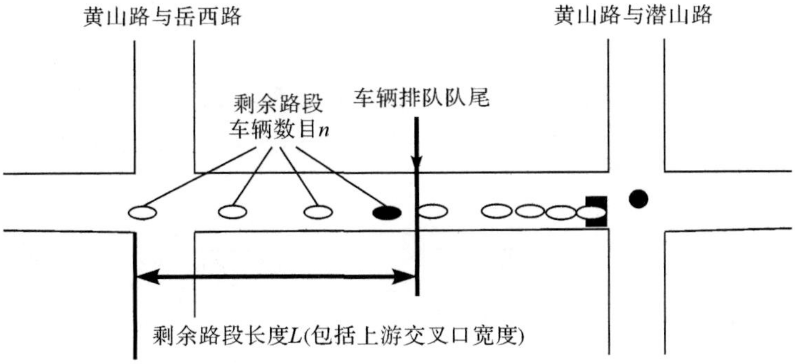

图 8.8　车辆到达排队队尾密度调查示意图

为得到车辆到达排队队尾的平均密度，需要两名调查员。调查员需要在交通量较大的时间段(晚高峰)收集计算平均密度所需要的数据。具体调查方法如下：当上游黄山路与岳西路交叉口西向东方向从红灯切换为绿灯时，调查员 A 站在交叉口出口处开始计数，统计西向东驶入下游路段的车辆数。收集的实际机动车交通量需要按一定的折算系数换算成标准车当量(pcu)。相关标准包括：小客车按照 1.0 的折算系数，公交车或大型班车按照 2.0 的折算系数。同时调查员 B 站在排队车辆队尾处，当第一辆车辆到达排队队尾时(图 8.8)通知调查员 A 停止计数，得到剩余路段车辆数目 n。调查员 B 记录当前车辆排队队尾的位置，计算剩余路段长度 L。工作日高峰期调查的数据如表 8.2。

表 8.2　调查数据统计

编号	1	2	3	4	5
n/pcu	31	30	32	26	42
L/m	150	180	200	200	220
k_s/(pcu/m)	0.207	0.167	0.160	0.130	0.191
编号	6	7	8	9	10
n/pcu	30	36	42	46	26
L/m	200	220	180	180	180
k_s/(pcu/m)	0.150	0.164	0.233	0.256	0.144

两个交叉口间的距离为 660m，为了防止交叉口锁死，需要车辆到达排队队尾的密度，L 的距离选取较小的 180m，由于第二组数据的车辆排队队尾密度大于拥堵密度，因此，删除该组数据，将其他的数据进行平均

$$k_s^{n,n+1}=(256+233)\div 2\div 4=61.125\ \text{pcu/km/lane} \tag{8.6}$$

2) 溢流检测器安置位置估算

估算拥堵密度和车辆到达排队队尾的平均密度后，结合已知的交叉口间距 $L^{n,n+1}=660\text{m}$ 及上游交叉口宽度 $L_W^n=50\text{m}$，由式(8.4)可得，溢流检测器安置位置(图 8.9)为

$$l_d^{n,n+1}=L^{n,n+1}-\frac{L_W^n}{k_j^{n,n+1}/k_s^{n,n+1}-1}=660-\frac{50}{181/61.125-1}=635\text{m} \tag{8.7}$$

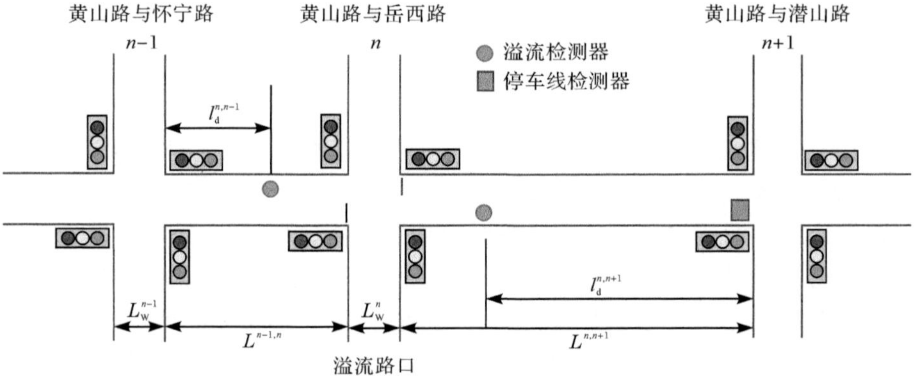

图 8.9　溢流检测器位置

考虑到溢流也有可能由支路左转车辆导致，因此溢流检测器的安置位置需要向前移动使得溢流检测器和交叉口之间的距离足够容纳上游主路直行和支路左转的车辆。在这个例子中，需要考虑的是从岳西路左转车流。根据调查，岳西路的左转流量如表 8.3 所示。

表 8.3　岳西路左转流量　　(单位:辆)

序号	时间段	黄山路—岳西路 东进口					
		直行		左转		右转	
		大车	小车	大车	小车	大车	小车
1	18:00～18:02	1	56	1	7	0	10
2	18:02～18:04	1	55	0	8	0	8
3	18:04～18:06	4	44	0	16	1	7
4	18:06～18:08	5	50	0	10	0	5
5	18:08～18:10	1	33	0	13	0	8

从表 8.3 可以看出，岳西路最大左转流量为 16。由于进口主路有 4 个车道，则平均每个车道最多为 4 辆车。按照一辆车平均占据 5m 计算，四辆车将总共占据 20m 的路段。因此，检测器距离上游交叉口的距离需要延长 20m，从而保证在流量较大的情况下，从岳西路左转而来的车流不会导致交叉口溢流。所以溢流检测器最后的安置位置为

$$l_{\mathrm{d}}^{n,n+1}=635-20=615\mathrm{m}$$

同样的步骤用来计算另外一个方向的溢流检测器的安置位置，具体计算如下所示：

$$l_{\mathrm{d}}^{n,n-1}=L^{n-1,n}-\frac{L_{\mathrm{W}}^{n-1}}{k_{\mathrm{j}}^{n,n-1}/k_{\mathrm{s}}^{n,n-1}-1}$$

$$k_{\mathrm{j}}^{n,n-1}=181\mathrm{pcu/km/lane}$$

$$k_{\mathrm{s}}^{n,n-1}=61.125\mathrm{pcu/km/lane}$$

交叉口 $n-1$ 的宽度为 50m，交叉口 $n-1$ 与交叉口 n 之间的距离 $L^{n-1,n}$ 为 275m。

$$l_{\mathrm{d}}^{n,n-1}=L^{n-1,n}-\frac{L_{\mathrm{W}}^{n-1}}{k_{\mathrm{j}}^{n,n-1}/k_{\mathrm{s}}^{n,n-1}-1}=275-\frac{50}{181/61.125-1}=250\mathrm{m}$$

3. 仿真验证

确定溢流检测器安置位置后，可用仿真分析来评价前面介绍的单个交叉口防锁死控制策略的有效性。仿真采用 Q-Paramics，仿真时间为 1h。整个仿真路网依据实际的道路场景而建，路网包括黄山路与怀宁路、岳西路、潜山路的三个交叉口，路段长度和车道数量根据实际情况而设。仿真中的车流量是根据调查反馈的晚高峰时段的交叉口流量数据进行设置的。仿真路网如图 8.10 所示，其中，路段 1 为怀宁路与岳西路之间的黄山路西向东的单向路段；路段 2 为岳西路与潜山路之间的黄山路西向东的单向路段；路段 3 为岳西路汇入黄山路的北向南的单向路段；路段 4 为岳西路汇入黄山路的南向北的单向路段。

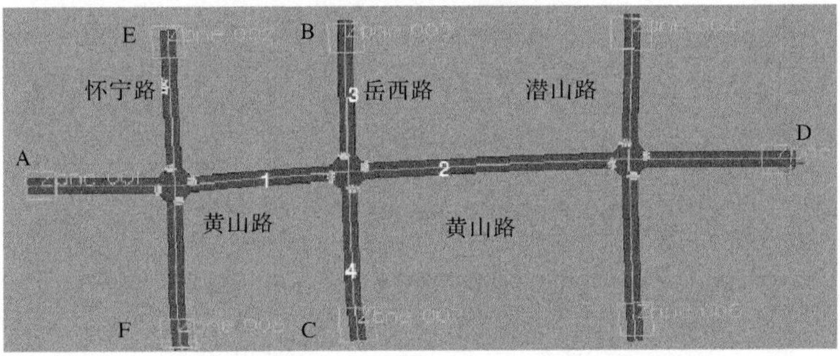

图 8.10　相关路段名称、编号和起讫点位置的示意图

检测器 2 为前面部分介绍的溢流检测器，该检测器的位置根据如前所述的计算方法进行计算，检测器 1 设置在路段的进口处，用来判断车辆排队是否超过路段长度(图 8.11)。

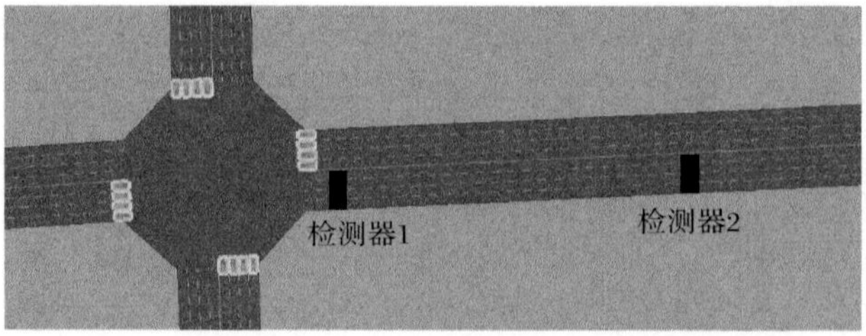

图 8.11 黄山路—岳西路路口检测器布置位置

然后进行对比仿真，对比有、无溢流控制算法时的路网交通状态。不进行溢流控制时，各交叉口的信号配时采用现有的信号配时，仿真运行结果为：东西向直行为红灯，而检测器 1 检测到发生溢流的时间为 1403s，实际观测仿真发现溢流现象多发，仿真时间的 31 个信号周期里面有 11 个周期出现了溢流。进行溢流控制时，将岳西路与黄山路交叉口的信号配时设置为感应信号配时，其他两个交叉口的信号配时不变，当检测到路段 2 的车辆排队超过检测器 2 时，该信号交叉口执行溢流时段的信号配时，减少该交叉口西向东方向放行的绿灯时间；而当路段 2 的车辆排队没有超过检测器 2 时，该信号交叉口执行原有的信号配时(不进行溢流控制)。

仿真运行结果为：检测到东西向直行为红灯，而检测器 1 检测到发生溢流的总时间为 92s，实际观测仿真中并没有发现溢流现象。注意，这里“检测到发生的溢流”是指车辆在检测器上的速度小于 2m/s。这只表明车辆排队已经到达检测器 1 处，也就是道路 2 的末端，但是车辆不一定溢出道路 2 将交叉口堵死，因此检测器 1 检测到溢流时，实际观察中并未发现溢流现象。得到两次仿真的路段平均延误数据如表 8.4 所示。

表 8.4 仿真结果

路段	不进行溢流控制平均延误/(s/车)	进行溢流控制平均延误/(s/车)	延误降低比例/%
1	153.0716	120.5532	21.24
2	451.8639	378.9745	16.13
3	106.334	118.055	−11.02
4	102.265	77.0677	24.63
总计	813.5345	694.6504	14.61

8.3　城市过饱和瓶颈交叉口新型扩容渠化设计

通过交通信号控制优化来提高交叉口的通行效率是缓解城市交通拥堵的重要手段。如 8.2 节所述,过饱和状态通常是由瓶颈交叉口车辆排队引起的,然后逐渐向上游传播至整个交通干线网络,造成路网锁死[161]。所以,阻止排队蔓延,加速交通状态恢复,使瓶颈交叉口处的通行能力达到最大化是消除过饱和状态的有效途径之一。基于这种理念,最大化通行率、排队平衡、相位差优化等传统的消散策略能够在一定程度上缓解干线的交通拥堵[88, 161, 173, 174, 176~178, 185, 186]。

然而,随着车辆的持续增长,仅仅用传统的信号控制方法来缓解交通拥堵问题将面临巨大的挑战。事实上,现有的信号控制参数优化方法很可能已经达到了交叉口通行能力的理论极限。信号控制本质上是一个优化问题,存在理论最优解。一旦达到这个理论极限,将无法进一步提高交叉口的通行能力。为了解决这个问题,更多的协同优化机制需要被加入原本的信号控制中,其中之一是将交叉口渠化设计和交叉口信号控制相结合。

近年来,一些能改善交叉口通行能力的新型交叉口设计逐渐引起了研究人员的注意。由于平面交叉口中的左转车流是造成通行能力瓶颈的主要原因之一,这些设计大部分都是以移除左转和对向直行车流的冲突为出发点。例如,在 Median U-Turn 新型交叉口设计中,左转车辆需要先直行通过交叉口,然后在下游掉头(U-Turn),最后回到原交叉口以右转的方式通过,避免了和对向直行车流的冲突[187]。这种设计减少了原交叉口的相位数目,从而提升了交叉口的通行能力;不足之处是延长了左转车辆的行驶里程,增加了行程时间和燃油消耗。更重要的是,在这种设计中,左转车流会通过交叉口两次,实际上增大了交叉口的服务压力[188]。

连续流交叉口(continuous flow intersection,CFI)是另外一种被广泛认可的新型交叉口设计。CFI 通过调整左转车道的位置从而实现在瓶颈交叉口同时放行左转和直行车流[189],从而大大提高了可分配给左转和直行的绿灯时间,显著地提升了交叉口的通行能力。但是,CFI 设计中需要增加子交叉口,这可能引起车辆停车次数的增加[190],在一定程度上原交叉口的瓶颈现象会转移到子交叉口处[191]。更为重要的是,CFI 中新建子交叉口需要比较大的建造空间[192]。子交叉口通常位于交叉口上游 90～120m 处[193],而城市中相邻交叉口的干线长度一般只有 400m 左右。因此在面积较小的城市重要商业区域内,CFI 将无法实现。

为解决这问题,我们提出了一种改进的 CFI(又称 CFI-Lite)设计方法。CFI-Lite 继承了 CFI 分离式左转的想法,将左转车流分配到分离式左转车道(displaced left-turn,DLT)上。这样左转车流可以在上游交叉口处提前进入 DLT 车道，然后在瓶颈交叉口处与反方向直行车流无冲突的同时通过交叉口，从而增加瓶颈交叉口的容量，缓解交通拥堵。同时，CFI-Lite 设计将现有的瓶颈交叉口上游交叉口代替 CFI 中的子交叉口，省去了子交叉口的建设花费和额外的信号灯维护。因此，CFI-Lite 特别适用于拥挤的主城市区域。

8.3.1 CFI-Lite 设计

图 8.12 为 CFI-Lite 交叉口设计原理图。CFI-Lite 的设计目的是为了避免主干道上瓶颈交叉口处左转车辆与对向直行车辆之间的冲突。该设计通过调整瓶颈交叉口主干道的左转进口车道位置来实现。将原有的左转车道与同方向直行和右转车道分开，采用设置于对向行驶车道左侧的 DLT 来服务左转车流，同时在该方向的直行和右转车道处设置禁止左转标志。在 CFI-Lite 交叉口中，主干道上的车辆在瓶颈交叉口处左转分为两步：第一，在上游交叉口处转向 DLT 车道；第二，在瓶颈交叉口处左转驶向支路。

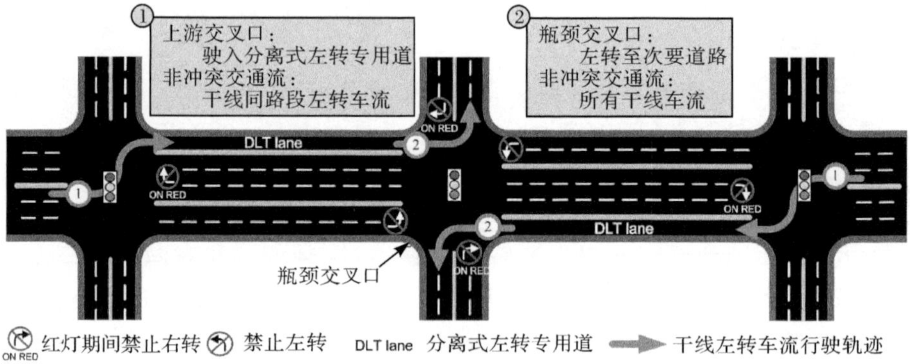

图 8.12 CFI-Lite 交叉口

CFI-Lite 中的瓶颈交叉口与双路 CFI(two-legged CFI)中的主要交叉口设置完全一致。主干道的直行和左转车流可以无冲突地同时通过交叉口，因此不再需要设置单独的左转相位，这可以显著提高信号控制的效率。对该交叉口的唯一影响是支路的右转车流在主路车流放行期间禁行。因此，需要在支路增设“禁止红灯期间右转”的指示牌，或增加针对右转的箭头式信号灯控制其通行。

CFI-Lite 与普通 CFI 的设计不同之处在于左转车辆跨越主干道驶入 DLT 车道的方式。在普通 CFI 设计中，在主要交叉口两侧 100m 左右位置需要增设子交叉口，并通过增置两相位的信号灯来控制驶入 DLT 车道的左转车流和对向直行车流的通行。在 CFI-Lite 中不再需要增设次要交叉口，而是左转车辆在瓶颈交叉口的上游交叉口处就跨过主干道并驶入 DLT 车道。但是，由于驶入 DLT 车道的左转车流与该交叉口对向直行及右转车流相冲突，因此，驶入 DLT 车道的左转车流只能在同方向的左转信号灯为绿灯期间通行。与此同时,向右转车流将被禁行,即设立"禁止红灯期间右转"的指示牌或增加针对右转的箭头式信号灯控制其通行。

需要指出的是,与普通 CFI 一样,CFI-Lite 设计带来的非常规操作可能会使驾驶员感到困惑。想要在瓶颈交叉口处左转的驾驶员,必须要在上游交叉口提前左转驶入 DLT 车道,这需要驾驶员对 CFI-Lite 的设计有充足的认知并能做提前判断。否则,将会导致操作不当驶入错误车道,继而发生不必要的绕路甚至带来安全隐患。在 CFI-Lite 设计被实际应用时,应提供充分的引导标志、交通标志和警告信息,提前充分宣传 CFI-Lite 的通行方法,以最大程度避免驾驶失误的发生。此外,CFI-Lite 的设计会对位于 DLT 车道旁边的公交车站造成影响,可能会给乘客带来不便。上下车的乘客将不得不横穿额外的 DLT 车道才能到达安全的路边,所以需要建立相应的行人过街安全设施。

8.3.2　通行能力分析

在通行能力方面,CFI-Lite 明显优于传统交叉口和普通 CFI,本节将对比这三种设计来说明 CFI-Lite 设计的优越性。因为 CFI 和 CFI-Lite 设计都是为了消除瓶颈交叉口处左转车辆与对向直行车辆之间的冲突,所以重点分析这两类关键车流的通行能力。这里以一个包含三个交叉口的城市主干道系统为例进行讨论(图 8.13),三个交叉口分别为 $i-1$、i 和 $i+1$,其中,交叉口 i 为瓶颈交叉口。

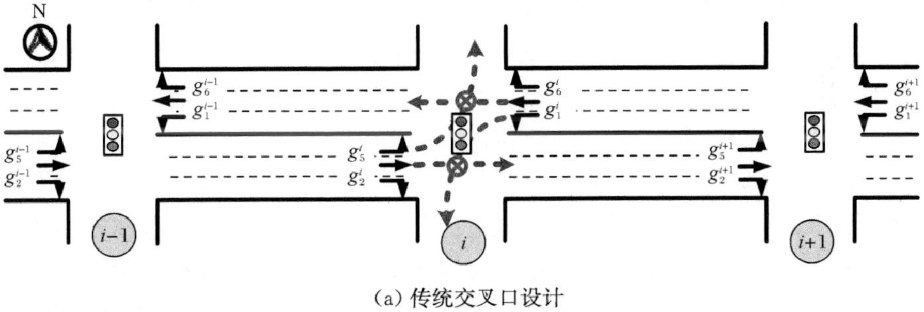

(a) 传统交叉口设计

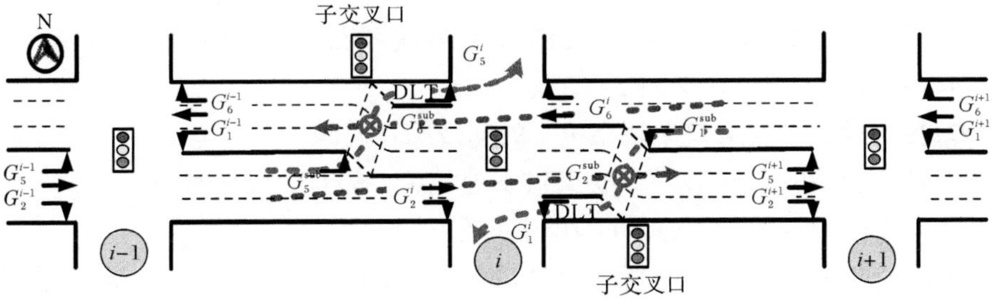

(b) CFI 交叉口设计

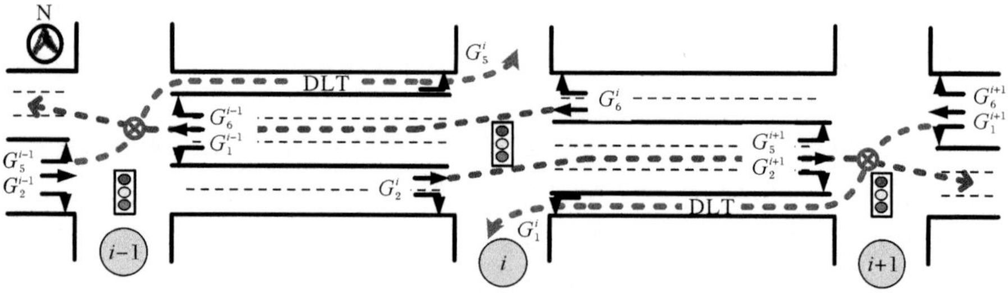

(c) CFI-Lite 交叉口设计

图 8.13　三种交叉口设计的冲突点

图 8.13 分别描述了三种设计中关键车流(左转车流和对向直行车流)冲突点的位置。如图所示,在传统设计中,两类关键车流(虚线箭头)在瓶颈交叉口 i 处产生两个冲突点,需要靠给予不同的信号相位来解决。在 CFI 设计中,由于对左转车流采用了 DLT 车道,交叉口 i 处的冲突点不复存在,而是转移到新增的子交叉口,发生在左转车辆穿越对向直行车道驶往 DLT 车道的时候。这种冲突点的转移是有益的,因为相对于拥堵的主要交叉口,主干道上的子交叉口拥有较多的空余绿灯时间来处理冲突。在 CFI-Lite 设计中,交叉口 i 处的冲突点同样被移除,两类关键车流的冲突发生在相邻的上游交叉口($i-1$ 和 $i+1$)左转车流和对向直行车流之间。因为交叉口 $i-1$ 和 $i+1$ 处左转车流和对向直行车流的冲突点原本就存在,所以 CFI-Lite 设计在移除交叉口 i 的冲突点的同时,并没有带来新的冲突点。此外,由于上游交叉口 $i-1$ 和 $i+1$ 比瓶颈交叉口 i 车流量少,因而有更多的绿灯时间可以用来解决这种冲突。

随着冲突点由瓶颈交叉口向非瓶颈交叉口转移,CFI-Lite 大大提升了瓶颈交叉口的通行能力,因此优于传统设计和普通 CFI 设计。下面通过一个简单例子来直观地对比三种设计的通行能力。假设三个交叉路口的单车道饱和通行能力和车道数量相同,则每股车流的通行能力可以用其经过交叉口所对应的相位有效绿灯时间的最小值来表示。定义相位 2 为东向直行车流,其他相位遵循 NEMA 原则。为了便于叙述,比较过程中采用常见的四相位单环信号配时方案:2&6、1&5、4&8、3&7。符号含义如下(图 8.13)。

g_j^k:传统设计中交叉口 k 处相位 j 的有效绿灯时间;

G_j^k:CFI 或 CFI-Lite 设计中交叉口 k 处相位 j 的有效绿灯时间;

G_j^{sub}:CFI 设计中子交叉口处相位 j 的有效绿灯时间。

为了便于展示,这里仅分析从交叉口 $i-1$ 到交叉口 i 的东向交通流,其结果同样适用于西向交通流。三种设计的能力分析如下(图 8.14):

(1) 传统交叉口设计通行能力。在传统设计中,干线直行和左转车流的通行能力受到瓶颈交叉口 i 的限制，可以用瓶颈交叉口对应相位的有效绿灯时间 $g_{2,6}^{i}$、$g_{1,5}^{i}$ 来表示[图 8.14(a)]。在传统设计中，$g_{2,6}^{i}$ 和 $g_{1,5}^{i}$ 是相互冲突的，必须分别由两个信号相位放行。与此同时，两类关键车流在上游交叉口 $i-1$ 按照直行信号相位通行。而由于该交叉口车流量小于瓶颈交叉口 i，$g_{2,6}^{i} \geqslant g_{1,5}^{i}$ 成立，并且 $g_{2,6}^{i-1} \geqslant g_{2,6}^{i}+g_{1,5}^{i}$ 有很大可能成立。

(2) 普通 CFI 设计通行能力。在普通 CFI 设计中，瓶颈交叉口处的主干道直行和左转车流可以同时放行，因而原本的绿灯时间 $g_{2,6}^{i}$ 和 $g_{1,5}^{i}$ 可以累加到一起用于服务主干道车流，所以在该交叉口直行和左转通行能力可提高到 $G_{2,6}^{i}=G_{1,5}^{i}=g_{2,6}^{i}+g_{1,5}^{i}$[图 8.14(b)]。然而，CFI 设计中左转车流在原交叉口的瓶颈在一定程度上转移到子交叉口处。这是因为左转车流需要在子交叉口的支路直行相位为绿灯时穿过主干道驶入 DLT 车道，然后在瓶颈交叉口的主干道绿灯时通过瓶颈交叉口驶入支路。因此，左转车流的有效绿灯时间不超过两者的较小值。瓶颈交叉口的左转通行能力受 G_{i}^{sub} 约束，它等于或小于交叉口处直行的绿灯时间，即 $G_{i}^{\text{sub}} \leqslant g_{4,8}^{i}$。在不减少支路交通绿灯时间的前提下，增加瓶颈交叉口处左转通行能力的唯一方法就是将主干道的一部分绿灯时间分配到支路。也就是说，左转通行能力的增加只能以减少同样时间的直行通行能力为前提[图 8.14(c)]。然而，这种调整通常不会被采纳，因为主干道直行交通更为重要。

(3) CFI-Lite 设计通行能力。CFI-Lite 设计中，瓶颈交叉口 i 与普通 CFI 设计一样，左转和直行冲突被移除，使得通行能力提升到 $G_{2,6}^{i}=G_{1,5}^{i}=g_{2,6}^{i}+g_{1,5}^{i}$[图 8.14(d)]。与普通 CFI 设计不同的是，CFI-Lite 将冲突点转移到上游交叉口 $i-1$，受 $G_{1,5}^{i-1}=g_{1,5}^{i-1}$ 限制。相似地，左转绿灯时间的提高可以通过牺牲部分直行相位绿灯时间来实现。但 CFI-Lite 设计的优点在于，这种交换发生在具有更多剩余通行能力的欠饱和交叉口 $i-1$，因而有可能在不减少直行通行能力的同时增加左转通行能力，可增加的绿灯时长最多达 $\delta_2=g_{2,6}^{i-1}-g_{2,6}^{i}-g_{1,5}^{i}$[图 8.14(e)]。

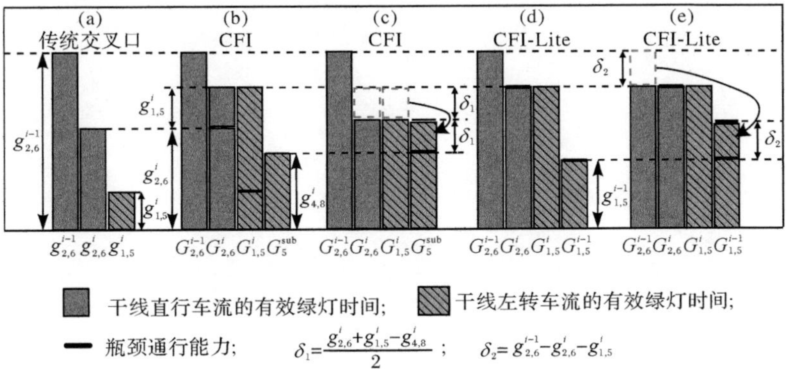

图 8.14　不同设计通行能力对比图

从以上分析可以看出，CFI-Lite 设计明显优于传统设计和普通 CFI 设计。但需要指出的是，图 8.14 隐含 $g_{2,6}^{i-1} \geq g_{2,6}^{i} + g_{1,5}^{i}$ 的前提。若非如此，CFI 或 CFI-Lite 设计中通行能力的增加量将会减小，并且 CFI-Lite 设计无法在不减少直行通行能力的同时增加左转通行能力。不过，CFI-Lite 设计中左转通行能力可以通过交叉口$i-1$的相位优化来增加 $g_{1,5}^{i-1}$ 的值而得到进一步提升。例如，在主干道交通方向性比较明显的早、晚高峰期间，为了优先增加某一方向的通行能力，可以将相位组合调整为 2&5 和 1&6，从而可以令同一方向的左转和直行绿灯时间同时增加。这种改进对于潮汐现象明显的主干道而言十分有用。最后，在 CFI-Lite 设计中，如果左转车流的通行能力受到上游交叉 $i-1$ 处左转绿灯时间的限制，还可以将一条直行车道改为左转车道，从而提高左转通行能力。

8.4 本章小结

本章针对单个交叉口的过饱和问题着重介绍了两种有效控制方法：一种是“节流”，通过研究溢流发生的特性，在路段中布设溢流检测器，实施交叉口防锁死的控制策略；另一种是“开源”，通过改变交叉口的渠化设计，建立新的交叉口运作模式(CFI-Lite)来提高交叉口通行能力。需要强调的是，单个过饱和交叉口的信号控制优化具有很强的实用价值，因为最早出现过饱和状态的瓶颈交叉口的改善可能会给整个路网带来收益。

第 9 章　干线过饱和交通信号优化与控制

在城市交通中，交通量的分布具有一定的时间规律和空间规律，早晚高峰期的交通更容易呈现过饱和状态，在空间分布上会更多地发生在城市主干道上。本章主要阐述如何在干线层面对过饱和交通状态下的交叉口进行优化和控制。

9.1　干线信号优化与控制概述

干线信号控制的相关控制策略可分为三类：定时信号控制策略、定周期变绿信比控制策略和变周期绿信比控制策略[194]。但 Koonce 等[195]通过研究发现畅行交通中的信号配时方案不能适用于过饱和状态。如绿波协调控制是干线交叉口定时信号控制的代表，但主要应用于欠饱和交通状态，并不适用于过饱和状态下的干线信号控制[196]。对于过饱和干线的信号控制问题，主要的任务是平衡各个道路的排队长度，提高车辆在多个交叉口的连续通行效率，避免排队蔓延到上游交叉口而引起排队溢出等影响交通运行的现象发生。因此，在过饱和干线控制中，基于动态交通变化状况的实时控制更受欢迎。通过这种实时控制的方法，期望能够充分利用道路交通的时间和空间资源。从时间角度上将拥堵的交通量分散到各个周期内，从空间角度上将拥堵的交通量分散到各个节点中。

随着研究路网中交叉口数量的增多，其对应的离线最优控制问题中的决策变量和约束条件的数量也显著增多，难以像处理一两个交叉口那样得到理论分析结论和解析最优解[176, 197]。在已有的国内外研究成果中，有些分析了两个过饱和路口的车辆连续通行效率和信号控制的关联[198～200]，有些采用混合整数规划或二次规划的方法求解最优信号控制策略[177, 181]，更多的学者则引入复杂的交通流模型并借助启发式求解方法(如遗传算法)来求解最优化问题。

然而，上述研究结果需要预先知道整个控制时域的全部参数信息，复杂模型导致求解方法的计算实时性难以保证。为了克服这些问题，基于实时检测信息的在线反馈控制方法是很好的选择，它们简单有效、且具有应对流量波动的鲁棒性。特别是针对交叉口过饱和度的实时反馈控制策略，将会是直接解决干线过饱和拥堵问题的极佳选择。同时，基于历史数据的分析总结交通流量、绿灯开始时间等信息，避免交通波动对感应信号控制造成的影响，也是一种值得倡导的控制方式。

除了分析检测数据、优化信号配时、提升主干道通行能力外，改变交叉口的渠化设计也是一种有效治理过饱和交通的方法，如第 8 章提到的 CFI-Lite 设计，已被证明能够有效提升瓶颈交叉口的通行能力。基于新型的交叉口设计对过饱和干线进行信号配时优化具有较大的提升通行能力的潜力。

因此,本章以检测数据和交叉口渠化设计为出发点,着重介绍三类主干道信号优化方法。

9.2 基于排队数据的干线联控

相位差在干线协调模式的信号系统中占有重要地位。相位差优化方法的相关程序大多是依赖交叉口的平均流量和交叉口间的平均旅行时间。基于不同的优化目标可将优化方法分为两类:①最大化绿波带,如 MAXBAND[201]、PASSER[202];②最小化延误时间和停车次数,如 TRANSYT[135]。但这些模型是确定型优化模型,它们仅以平均的交通流量作为模型的输入参数,因而不足以应对异常的交通状态,如交通流突增。由于交通流量的变化对信号控制有至关重要的影响,不考虑交通流量异常的优化模型会严重增加旅行的延误时间[203]。

Abbas 等[204]指出,现有基于协调感应的干线相位差优化模型存在两方面的不足:①协调相位信号灯过早变绿(early-return-to-green);②协调方向排队长度的变化幅度较大。近年来,学者们从不同的方面对这两个问题进行了大量的研究。Skabardonis[205]提出了基于感应相位的平均绿灯剩余时间或平均绿灯持续时间的若干修正方法。Shoup 和 Bullock[206]基于车辆定位技术,建立了离线的相位差优化模型。随后,Abbas 等[204]提出了实时相位差控制方法,这种方法采用了贪婪搜索的思想,通过移动的绿灯时间窗寻找能够消散最多车辆的最优相位差。Gettman 等[207]根据上一周期的检测器数据和信号配时方案,制定了实时的相位差调整方案。Yin 等[208]以离线的信号数据有效地解决了绿灯开始和结束时间不确定问题,并在之后的研究中对模型和求解方法进行了完善[209]。Day 等[210, 211]引入 PCD(purdue coordination diagram)评估干线协调能力,针对不同相位差的优化方法进行了评价。

然而,这些研究都仅从一个方面入手,不能同时解决以上提出的两个不足,对于解的优劣程度还无法精确判断。信号灯过早变绿和排队长度之间存在着一定的联系,因此在优化模型中需要同时考虑。为了弥补现有不足,方法之一是引入数据驱动来对感应协调信号控制系统的相位差进行优化,该方法采用基于观测数据的离线调控方式,可以同时考虑协调相位信号灯过早变绿和协调方向排队长度这两个方面。具体做法如下:首先从高精度数据中提取绿灯开始时间的分布概率,用于避免绿灯开始时间过早;然后从存储的数据中提炼出不同的交通需求作为模型输入参数,降低交叉口排队长度的不确定性;最后提出优化模型,不仅考虑了主要协调方向的车辆延误,而且也优化了干线相反方向的车辆延误。

9.2.1　高精度交通信号数据

这节提出的相位差优化模型主要依靠第 3 章 3.1 节介绍的 SMART-SIGNAL 系统收集的交通信号数据。SMART-SIGNAL 是集数据收集、存储和分析于一体的高精度信号收集系统，能够持续收集车辆与线圈触发事件、信号相位改变等交通信号数据。以 TH55 号公路的 6 个连续交叉口为研究对象(图 9.1)，这段公路长约 2.9km，最高时速为 88km/h。工作日的早晚高峰时段内，6 个交叉口全部以周期为 180s 的感应协调控制方式运作，并采用 NEMA(National Electrical Manufactures Association)标准的相位设计方法。为捕捉绿灯开始时间的分布及交通需求，总共收集了 7 个工作日(2009 年 6 月 15 日～2009 年 6 月 26 日)的早高峰数据用于研究。

图 9.1　TH55 号公路 6 个连续交叉口

1. 条件分布下的绿灯开始时间

如前所述，SMART-SIGNAL 系统存储了信号交叉口处每个信号相位的改变时间和车辆与线圈触发事件。图 9.2 为交叉口 Boone Ave. 的双环控制图，相位 2 和相位 6 被设定为协调相位，相位 3 和相位 8 的开始时间为周期开始时间。在不同的交通状态下，非协调相位可能由于 Gap out 或 Max out 而终止。如果某一相位没有收集到车辆的感应信息，那么这一相位可能被跳过。任何非协调相位中没有利用的绿灯时间都将被分配到协调相位 2 和协调相位 6 中，使得协调相位的绿灯开始时间比预期的要早，这就是所谓的信号灯过早变绿(early-return-to-green)问题。相位 3、相位 4 和相位 7、相位 8 的持续时间决定了相位 2 的绿灯开始时间。相位 3 和相位 4 的绿灯最短持续时间分别为 12s 和 16s，最长持续时间分别为 15s 和 26s。相位 4 关联着行人相位，包含 7s 绿灯时间和 30s 绿闪(flashing “Don’t Walk”)时间。由于设置的行人相位时间比相位 4 的绿灯持续时间长，如果有行人通行需求，将会延长相位 4 的持续时间(超出设定的最长绿灯时间)。图 9.3 为统计协调相位 2 的绿灯开始时间的分布，根据以上分析可以将绿灯开始时间分为 3 部分：第 1 部分代表相位 3 或相位 4 被跳过，因为相位 2 的绿灯开始时间早于相位 3 和相位 4 的最短持续时间之和(12＋16＝28s)；第 2 部分代表相位 3 和相位 4 的最长持续时间之和(15+26=41s);第 3 部分代表行人相位出现使得相位 2 的绿灯开始时间较晚。

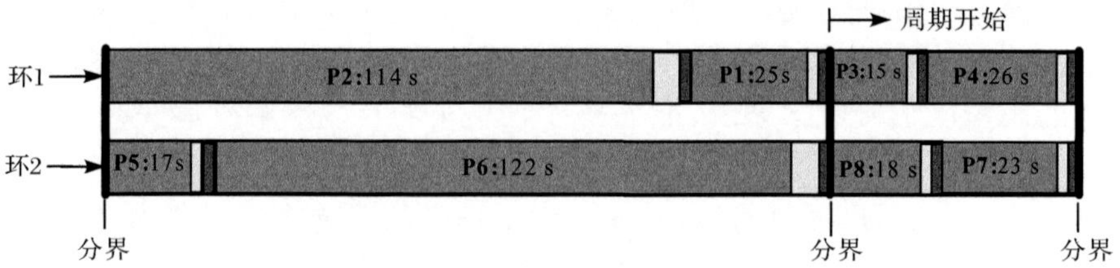

图 9.2　工作日早高峰期间交叉口 Boone Ave. 的信号控制图

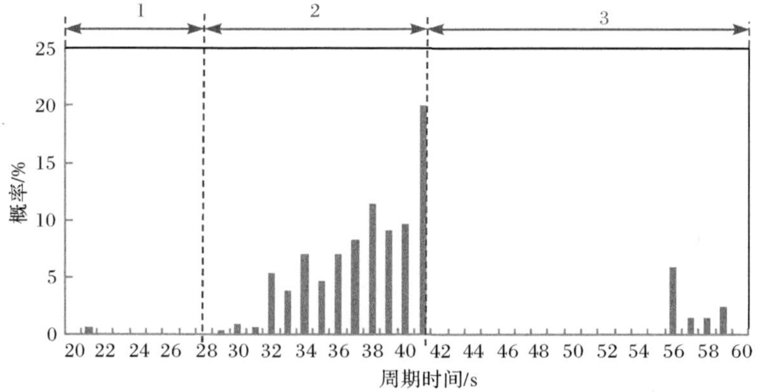

图 9.3　交叉口 Boone Ave. 相位 2 的绿灯开始时间分布

通过以上分析可以看出,协调相位的绿灯开始时间主要由非协调相位的感应车辆数决定。为了清晰地表述这个关系,用 $n_{i,p}$ 代表交叉口 i 相位 p 的关联感应车辆数。图 9.4 为一个交叉口的布局和对应的双环控制图,图中数字代表相位(相位 2 和相位 6 为协调相位),箭头代表移动方向。根据双环控制原则,不同环需要同时穿越屏障,如相位 3 和相位 8 应该同时开始,相位 4 和相位 7 需要同时结束。在一个周期内,$n_{i,p}$ 主要由前面相位的流量决定,计算方法见式(9.1),$V_{i,k}$ 表示交叉口 i 相位 k 的输入流量。相位 2 的关联感应车辆数等于 $V_{i,3}+V_{i,4}$ 和 $V_{i,7}+V_{i,8}$ 二者之间最大值。相位 6 的关联感应车辆数等于 $V_{i,3}+V_{i,4}$ 和 $V_{i,7}+V_{i,8}$ 二者之间最大值再加上 $V_{i,5}$。

$$\begin{aligned} n_{i,2} &= \max(V_{i,3}+V_{i,4}, V_{i,7}+V_{i,8}) \\ n_{i,6} &= \max(V_{i,3}+V_{i,4}, V_{i,7}+V_{i,8})+V_{i,5} \end{aligned} \tag{9.1}$$

从式(9.1)可以看出,$n_{i,p}$ 值越大,协调相位的绿灯开始时间越晚。考虑不同的到达率和非协调相位感应信息时,即使 $n_{i,p}$ 值相同,协调相位的绿灯开始时间也可能不同。所以,对于协调相位 p,给定关联感应车辆数 $n_{i,p}$,可以得到绿灯开始

时间的分布 $G_{i,p}$。为了适应协调相位信号灯过早变绿，引入条件分布 $P(G_{i,p} \mid n_{i,p})$。即使输入流量相同，实际的信号配时仍会有所不同，变化的方差与实际结果一致。

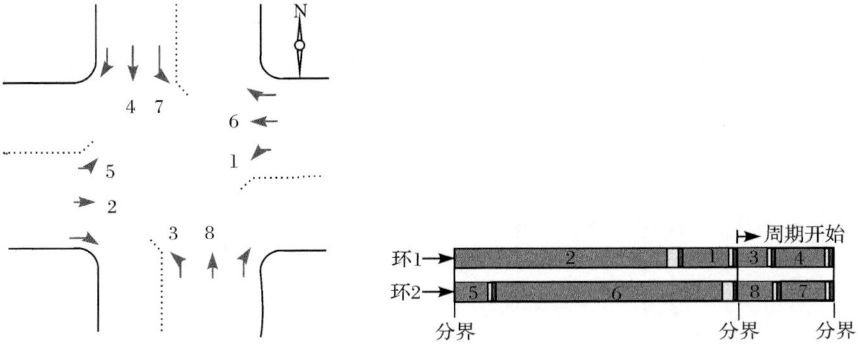

图 9.4　交叉口的双环控制图

根据关联感应车辆数 $n_{i,p}$ 的定义，得到交叉口 Boone Ave 协调相位 2 的绿灯开始时间，如图 9.5 所示。数据同样能够被分成如前所述的 3 部分。每一个部分内，随着关联感应车辆数 $n_{i,2}$ 的增加，相位 2 的绿灯开始时间变得越晚。所以，不同的关联感应车辆数会产生不同的绿灯开始时间分布。

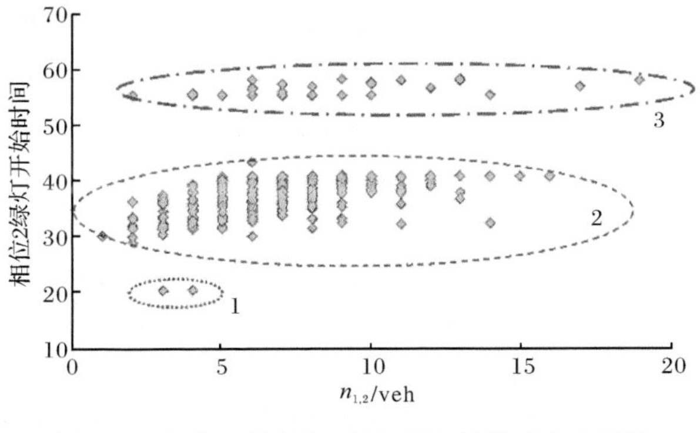

图 9.5　相位 2 的绿灯开始时间-关联感应车辆数

2. 交通场景

基于高精度交通信号数据，可以获得干线入口的交通流量和每个交叉口的转弯比。如图 9.6 所示，每个交叉口 i ($i=1,2,\cdots,I$)在方向 d 的输入流量为 $N_{i,d}$($d=$EB,WB,NB,SB，分别代表东行、西行、北行和南行)，$\varphi_{i,d}^{x}$ 代表转弯比($x=$Left,Right,Through，分别代表左转，右转和直行)，假设自西向东的行驶方向为协调方向。为了解决交通需求的不确定性，这里将对一系列交通场景 $S=\{1,2,\cdots,J\}$ 进行分析。每个场景 $j\in S$ 由不同的输入流量和转弯比组成 $\{N_{1,\mathrm{EB}}^{(j)},N_{1,\mathrm{SB}}^{(j)},\cdots,\varphi_{1,\mathrm{EB}}^{L(j)},\varphi_{1,\mathrm{SB}}^{R(j)},\cdots\}^{\mathrm{T}}$。

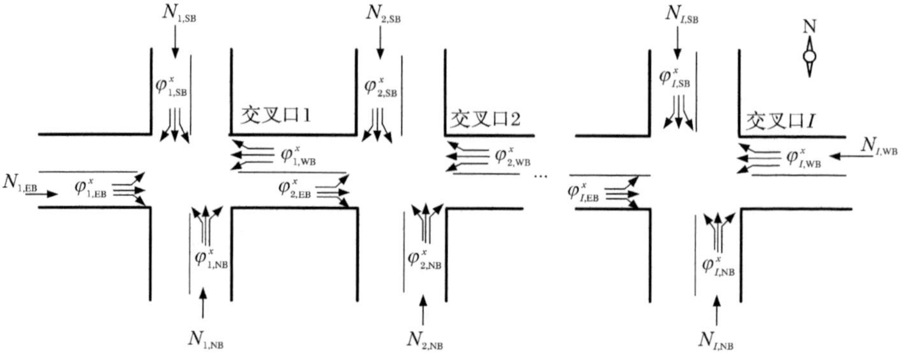

图 9.6 入口输入流量和转弯比

通常情况下，考虑的场景越多，优化的结果将会越好；但同时也将不可避免地增加计算复杂度。Mulvey 等[212]指出，相对较少数量的交通场景仍然可以得到近似最优的结果。实际中，交通场景的数量主要是受到数据或计算能力等限制，所以用户一般选择最合适的数量进行研究。

这里收集了 10 个工作日早高峰的数据，选取每 15min 的数据为一个交通场景。为了检验数据集的有效性，绘制了 TH55 公路东行和西行方向每隔 15min 的累积输入流量。图 9.7 中的累计分布函数曲线分别使用了 5 天、10 天、20 天的早高峰数据，可以看出，3 条曲线非常接近。采用 Kolmogorov-Smirnov 检验法发现，10 天和 20 天数据具有相同的分布。其中，东行输入流量 p 值为 0.9147，西行输入流量 p 值为 0.9821，表明两个样本间具有较强的相似性。所以，使用 10 天的早高峰数据可以充分估计实际的分布。这种检验法也用在了其他交叉口和入口，得到的结果与之前的结论一致。

根据以上规则，总共提取了 80 个交通场景。每个交通场景中入口的输入流量和交叉口转弯比固定不变，数值为 15min 内的均值。给定任意场景 $j\in S$，通过式(9.2)和式(9.3)可计算出中间路段的流量。

$$N_{i+1}^{\mathrm{EB}}=N_i^{\mathrm{EB}}\varphi_i^{\mathrm{EB-Thr}}+N_i^{\mathrm{SB}}\varphi_i^{\mathrm{SB-L}}+N_i^{\mathrm{NB}}\varphi_i^{\mathrm{NB-R}} \tag{9.2}$$

$$N_{i-1}^{\mathrm{WB}}=N_i^{\mathrm{WB}}\varphi_i^{\mathrm{WB-Thr}}+N_i^{\mathrm{SB}}\varphi_i^{\mathrm{SB-R}}+N_i^{\mathrm{NB}}\varphi_i^{\mathrm{NB-L}} \tag{9.3}$$

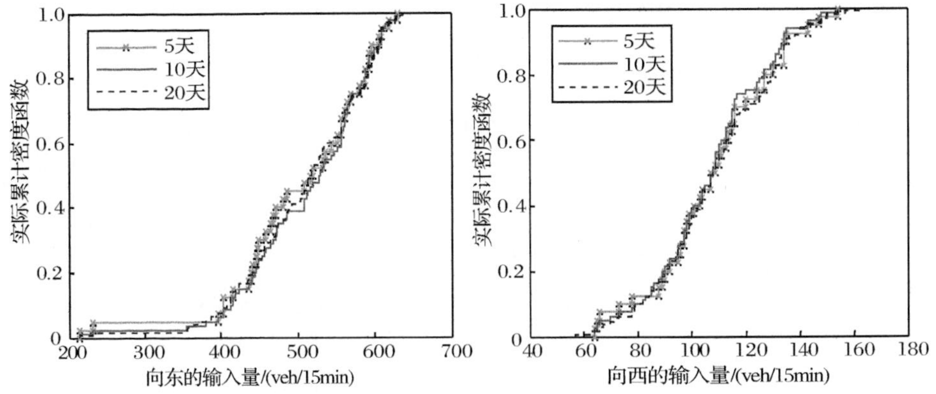

图 9.7　输入流量的累积分布函数

9.2.2　相位差优化数学模型

1. 基于场景的相位差优化模型

为了考虑随机的交通状态，采用数据驱动的优化方法寻找最优相位差。在建立的优化模型中，模型输入为高精度交通信号数据得到的绿灯开始时间的条件分布 P 和交通场景 S，目标为最小化协调相位的旅行延误时间 D。O 表示交叉口相位差集合，Ω 表示可行解集合。

$$\begin{aligned}&\min D(O,V,S)\\&\text{s.t.}\ \ O\in\Omega\end{aligned}\tag{9.4}$$

给定交通场景 $j\in S$，由于周期内每个方向的输入流量可以计算得出，所以交叉口协调相位的关联感应车辆数 $n_{i,p}^{(j)}$ 也可得到。场景 j 下交叉口 i 协调相位 p 的总延误的期望为 $E(D_{i,p}^{(j)}(O))$，见式(9.5)。

$$\begin{aligned}E(D_p^{(j)}(O))&=E\Big(\sum_{i=1}^{I-1}D_{i,p}^{(j)}(O)\Big)\\&=\sum_i\sum_x\sum_y D_{i,p}^{(j)}(O)P(G_{i,p}=x\mid n_{i,p})P(G_{i+1,p}=y\mid n_{i+1,p})\end{aligned}\tag{9.5}$$

式中，O 表示相位差集合 $[o_1,o_2,\cdots,o_I]$；o_i 表示交叉口 i 和主要交叉口协调相位红灯开始时间的差值；x 和 y 分别表示交叉口 i 和 $i+1$ 在相位 p 的绿灯开始时间，即随机变量 $G_{i,p}$ 的可行解。这里，假设交叉口 i 的协调相位绿灯开始时间的条件分布独立于交叉口 $i+1$。

干线协调优化的理想解是希望能够同时优化两个主要通行方向。然而，在大部分研究中，两个方向不能同时达到最优，总是需要在二者间进行选择。这里，引入权重 $\alpha\in[0,1]$，α 表示次要协调方向的重要性，加权的延误计算方法为

$$D^{(j)}(O)=(1-\alpha)E(D_{p}^{(j)}(O))+\alpha E(D_{p'}^{(j)}(O)) \tag{9.6}$$

不同场景下的延误时间 $D^{(1)}(O),D^{(2)}(O),\cdots,D^{(J)}(O)$ 可根据交叉口相位差计算出来，$D_{(1)}(O),D_{(2)}(O),\cdots,D_{(J)}(O)$ 代表延误时间按从大到小降序排列，即 $D_{(1)}(O)\geqslant D_{(2)}(O)\geqslant\cdots\geqslant D_{(J)}(O)$。显然，延误时间 D 越长，干线的运行效率越差。实际上，工程师和驾驶员对此有不同的看法，所以这里采用调整因子 $\beta\in[0,1]$。β 表示没有考虑的交通场景的比例，研究的交通场景数目经过调整之后变为 $J_\beta=[J(1-\beta)+\beta]$。$\beta=0$ 表示所有的交通场景全部考虑；$\beta=1$ 表示仅考虑最恶劣的交通场景 $D_{(1)}(O)$。所以干线延误时间的计算方法可以表示为 $\frac{1}{J_\beta}=\sum_{k=1}^{J_\beta}D_{(k)}(O)$。基于场景优化相位差的数学模型的一般表达式为

$$\begin{cases}\min \dfrac{1}{J_\beta}\displaystyle\sum_{k=1}^{J_\beta}D_{(k)}(O)\\ \text{s. t. } O\in\Omega\\ \Omega=\left\{[o_1,o_2,\cdots,o_I]:-\dfrac{c}{2}\leqslant o_i\leqslant\dfrac{c}{2},\forall i\right\}\end{cases} \tag{9.7}$$

2. 延误计算

通常，延误计算可近似地被划分成两部分：确定型延误和随机型延误。假设平均到达率已知，确定型延误可计算得到；随机型延误的计算需要已知车头间距的概率分布。信号交叉口的随机延误需要考虑两种情况：①交通需求变化幅度；②绿灯开始时间的随机性。这里将采用基于场景的方法应对交通需求的变化，以协调相位的绿灯开始时间满足条件分布解决信号灯过早变绿问题。

这里将分别介绍延误计算的基本模型和扩展模型。基本模型假设协调相位以均匀分布的形式消散车辆。对于扩展模型，剔除均匀到达率的假设，利用交叉口的实际车辆消散信息得出延误计算方法。通过高精度数据，可以提取每秒的交通到达率，所以不需要考虑随机型延误即可计算出总的延误时间。

如果给定交叉口信号配时和交通场景，那么协调方向的延误就变成了一个确定的问题。协调相位的红灯持续时间 $r_{i,\mathrm{p}}$ 对延误有直接的影响，所以在计算延误的公式中用 $r_{i,\mathrm{p}}$ 代替绿灯开始时间 $G_{i,\mathrm{p}}$。

1) 基本模型

通过交叉口 i 流向协调方向下游路段的流量可分为两个部分。一部分为协调相位红灯时来自支路的流量 W_i^{s}，另一部分为协调相位绿灯时来自干线的流量

W_i^{m}。对于自西向东方向的流量可以表示为 $W_i^{\mathrm{s}}=N_{i,\mathrm{SB}}\times\varphi_{i,\mathrm{SB}}^{\mathrm{L}}+N_{i,\mathrm{NB}}\times\varphi_{i,\mathrm{NB}}^{\mathrm{R}}$ 和 $W_i^{\mathrm{m}}=N_{i,\mathrm{EB}}\times\varphi_{i,\mathrm{EB}}^{\mathrm{T}}$。假设协调相位的车辆以恒定的速率消散，并且均匀分配到下游车道内。根据式(9.8)可计算出下游交叉口的到达率。

$$q_i^{\mathrm{s}}=\frac{W_i^{\mathrm{s}}\varphi_{i+1,\mathrm{EB}}^{\mathrm{T}}}{r_i z_{i+1}},\quad q_i^{\mathrm{m}}=\frac{W_i^{\mathrm{m}}\varphi_{i+1,\mathrm{EB}}^{\mathrm{T}}}{(c-r_i)z_{i+1}} \tag{9.8}$$

式中，z_{i+1} 为路段车道数；q_i^{s} 和 q_i^{m} 分别为协调相位红灯时下游路段的流率和协调相位绿灯时下游路段的流率。

在延误计算模型中，根据自由流的旅行时间对每个交叉口的时间坐标轴进行了调整。在调整后的时空图中，如果没有停留或延误调整后的车辆轨迹将变成一条垂直线(图 9.8 和图 9.9)。假设相位差的参考点为相应协调相位的绿灯结束时刻或红灯开始时刻。在变换时间轴下，上游交叉口 i 和下游交叉口 $i+1$ 周期开始时间的时差 d_i^{c} 与绿灯开始时间的时差 d_i^{g} 可以用以下公式计算：

$$\begin{aligned} d_i^{\mathrm{c}}&=o_{i+1}-o_i \\ d_i^{\mathrm{g}}&=o_{i+1}+r_{i+1}-o_i-r_i \end{aligned} \tag{9.9}$$

式中，o_i 为相位差；r_i 为交叉口 i 协调相位的红灯持续时间。

基于 d_i^{c} 的定义，延误计算过程可被分成两类。

(1) $d_i^{\mathrm{c}}\geqslant 0$。这种情况下，上游交叉口协调相位的红灯开始时间早于下游交叉口(图 9.8)。

以下游绿灯开始时间为研究点，上游支路以流率 q_i^{s} 到达的车辆可能引起下游交叉口排队。当上游交叉口转为绿灯时，协调方向的车辆将以 q_i^{m} 的流率驶向下游交叉口。不同的 d_i^{g} 和到达率可能会引起下游交叉口排队。例如，当 $d_i^{\mathrm{g}}\geqslant 0$，即上游绿灯开始时间早于下游时，下游交叉口处一定会形成排队；而当 $d_i^{\mathrm{g}}<0$，下游绿灯时间早于上游，所以上游车辆到达下游交叉口时排队车辆已经清除。如果 t_i^{q} 表示交叉口 i 所需的消散上游交叉口协调方向上直行车辆所占用的绿灯时间，q_{i+1}^{d} 代表交叉口 $i+1$ 的车辆消散率，根据流量守恒可得到如下公式：

$$(r_i-d_i^{\mathrm{c}})q_i^{\mathrm{s}}+t_i^{\mathrm{q}}q_i^{\mathrm{m}}=(t_i^{\mathrm{q}}-d_i^{\mathrm{g}})q_{i+1}^{\mathrm{d}} \tag{9.10}$$

根据式(9.10)可求出 t_i^{q}。$t_i^{\mathrm{q}}=0$ 表示上游主干道车辆在下游没有形成排队。由于 t_i^{q} 的数值不能小于 0，所以 t_i^{q} 的最终表达式为

$$t_i^{\mathrm{q}}=\max\left\{\frac{(r_i-d_i^{\mathrm{c}})q_i^{\mathrm{s}}+d_i^{\mathrm{g}}q_{i+1}^{\mathrm{d}}}{q_{i+1}^{\mathrm{d}}-q_i^{\mathrm{m}}},0\right\} \tag{9.11}$$

如果交叉口 i 协调相位的第一辆车在下游没有经历延误，运行轨迹线为 CC′(图 9.8)。图中阴影区域的面积 DEF 表示交叉口 i 协调相位消散的车辆在一个周期内经历的总延误。延误 D_i 的计算方法见式(9.12)。如果上游主干道车辆在下游没有形成排队，那么三角形区域的面积为零。

$$D_i=\frac{\text{Ar}(DEF)}{h}=\frac{|\text{DE}|\times|\text{FG}|}{2h}=\frac{\left[d_i^{\text{g}}+\frac{(r_i-d_i^{\text{c}})q_i^{\text{s}}}{q_{i+1}^{\text{d}}}\right]q_i^{\text{m}}t_i^{\text{q}}}{2} \tag{9.12}$$

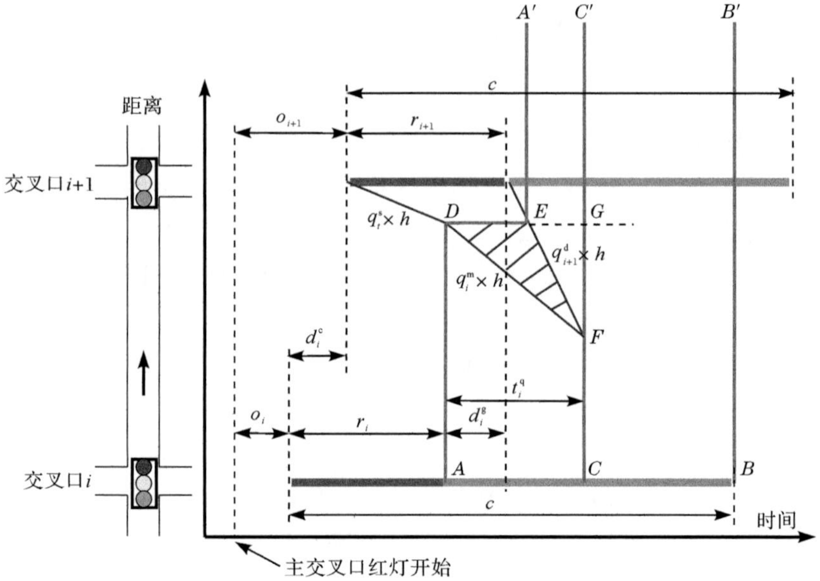

图 9.8 $d_i^{\text{off}}\geqslant 0$、$d_i^{\text{g}}\geqslant 0$ 时交叉口间排队过程

(2) $d_i^{\text{c}}<0$。这种情况下，上游交叉口协调相位的红灯开始时间比下游晚。上游交叉口绿灯时间内的消散车辆在下游形成滞留队列，排队过程见图 9.9 中 HJ。

上游协调相位红灯时，上游支路车辆将以速度 q_i^{s} 持续增加排队长度。上游交叉口绿灯时，上游协调相位车辆将以速度 q_i^{m} 驶向下游。如果 $d_i^{\text{g}}\geqslant 0$，下游必将形成滞留队列；而如果 $d_i^{\text{g}}<0$，下游可能形成滞留队列。同样根据流量守恒，可得到

$$-d_i^{\text{c}}q_i^{\text{m}}+r_iq_i^{\text{s}}+t_i^{\text{q}}q_i^{\text{m}}=(t_i^{\text{q}}-d_i^{\text{g}})q_{i+1}^{\text{d}} \tag{9.13}$$

根据式(9.13)可推导出 t_i^{q}，$t_i^{\text{q}}=0$ 表示上游交叉口主干道车辆在下游没有形成队列。所以，t_i^{q} 的表达式为

$$t_i^{\text{q}}=\max\left\{\frac{-d_i^{\text{c}}q_i^{\text{m}}+r_iq_i^{\text{s}}+d_i^{\text{g}}q_{i+1}^{\text{d}}}{q_{i+1}^{\text{d}}-q_i^{\text{m}}},0\right\} \tag{9.14}$$

主干道的车辆延误包括两个部分，梯形 $HIKJ$ 和三角形 DEF，图 9.9 中阴影区域。$HIKJ$ 表示滞留队列经历的延误时间，DEF 表示下一周期内主干道的车辆产生的延误。如果上游主干道车辆到达前，下游排队车辆已被清除，那么三角形 DEF 的面积为零。延误的计算公式为

$$D_i = \frac{\mathrm{Ar}(HIKJ)}{h} + \frac{\mathrm{Ar}(DEF)}{h}$$

$$= \frac{[r_{i+1} + (r_i + d_i^{\mathrm{g}})](-d_i^{\mathrm{c}} q_i^{\mathrm{m}}) + \dfrac{(-d_i^{\mathrm{c}} q_i^{\mathrm{m}})^2}{q_{i+1}^{\mathrm{d}}}}{2} + \frac{\left[d_i^{\mathrm{g}} + \dfrac{r_i q_i^{\mathrm{s}} + (-d_i^{\mathrm{c}} q_i^{\mathrm{m}})}{q_{i+1}^{\mathrm{d}}}\right] t_i^{\mathrm{q}} q_i^{\mathrm{m}}}{2}$$

(9.15)

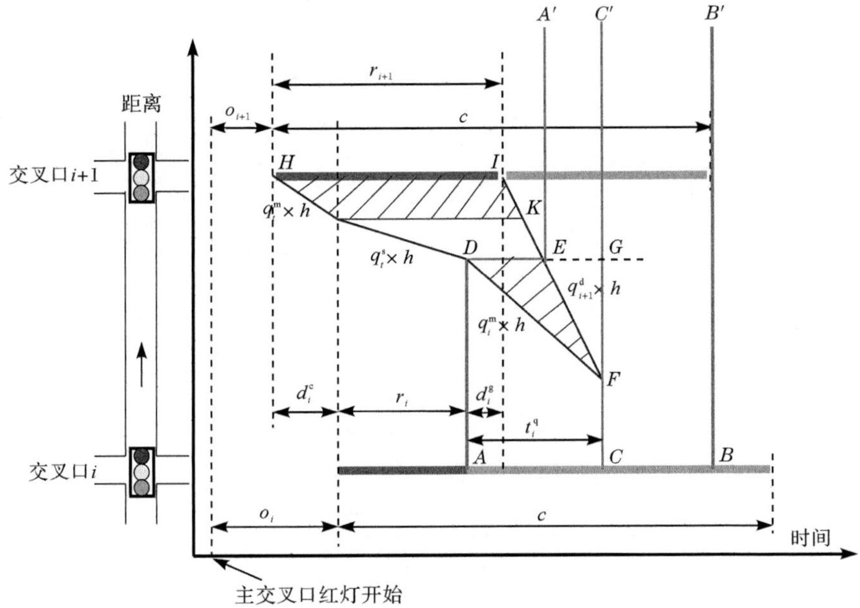

图 9.9　$d_i^{\mathrm{off}} < 0$、$d_i^{\mathrm{g}} \geqslant 0$ 时交叉口间排队过程

2) 扩展模型

以上讨论的基本模型需要假设协调相位以恒定的速度消散车辆。但由于高精度数据记录了每辆车与线圈的触发时间，这个假设可以去除。并且通过进口方向边界处的车辆消散信息，能够推出中间道路的到达信息。

以 $d_i^{\mathrm{c}} \geqslant 0$ 为例，交叉口 i 在 τ_i 时刻每条车道的到达率为 $q_i^{\mathrm{a}}(\tau_i)$，计算方法见式(9.16)。对于任意时刻边界的消散信息可以直接从高精度数据中提取。两个相邻交叉口的排队过程如图 9.10 所示。

$$q_i^{\mathrm{a}}(\tau_i) = \frac{(w_{i,\mathrm{SB}}^{\mathrm{L}}(\tau_i) + w_{i,\mathrm{NB}}^{\mathrm{R}}(\tau_i) + w_{i,\mathrm{EB}}^{\mathrm{T}}(\tau_i))\varphi_{i+1,\mathrm{EB}}^{\mathrm{T}}}{z_{i+1}}, \quad \tau_i \in \{1,2,\cdots,c\} \tag{9.16}$$

根据流量守恒，得

$$\sum_{\tau_i = d_i^{\mathrm{c}}}^{r_i + t_i^{\mathrm{q}}} q_i^{\mathrm{a}}(\tau_i) = (t_i^{\mathrm{q}} - d_i^{\mathrm{g}}) q_{i+1}^{\mathrm{d}} \tag{9.17}$$

下游交叉口 $i+1$ 直行的消散过程可表达为式(9.18)。红灯期间$(0 < \tau_{i+1} \leqslant$

r_{i+1})，消散率为零；排队消散过程($r_{i+1}<\tau_{i+1}\leqslant r_{i+1}+t_i^{\mathrm{q}}-d_i^{\mathrm{g}}$)中，消散率等于每条车道的消散率；排队清除后，消散率等于相应的上游到达率。

$$w_{i+1,\mathrm{EB}}^{\mathrm{T}}(\tau_{i+1})=\begin{cases}0, & 0<\tau_{i+1}<r_{i+1}\\ q_{i+1}^{\mathrm{d}}z_{i+1}, & r_{i+1}<\tau_{i+1}\leqslant r_{i+1}+t_i^{\mathrm{q}}-d_i^{\mathrm{g}}\\ q_i^{\mathrm{a}}((\tau_{i+1}+d_i^{\mathrm{c}})\bmod c)z_{i+1}, & r_{i+1}+t_i^{\mathrm{q}}-d_i^{\mathrm{g}}<\tau_{i+1}\leqslant c\end{cases}\tag{9.18}$$

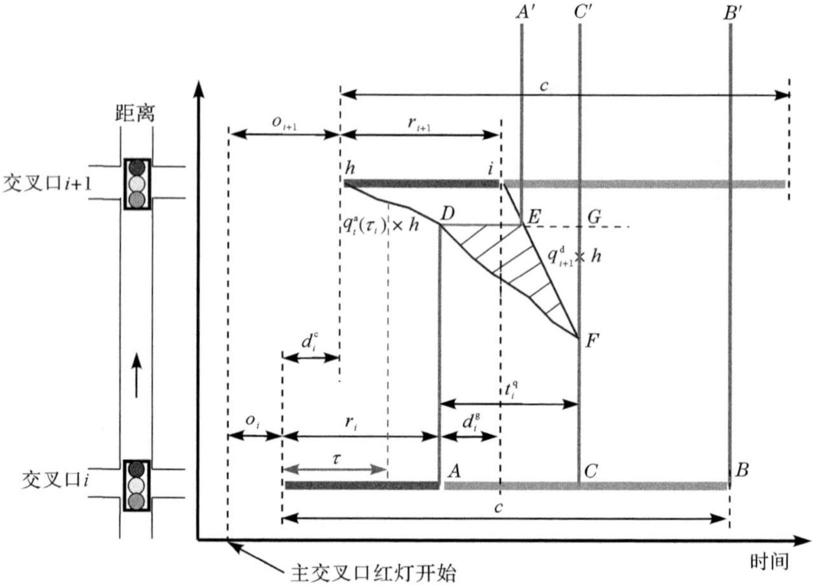

图 9.10 一个周期内的排队过程($d_i^{\mathrm{c}}\geqslant 0$、$d_i^{\mathrm{g}}\geqslant 0$)

式(9.19)为交叉口 i 的协调方向的总延误。如图 9.10 所示，DEF 面积等于三角形 DFG 面积减去三角形 EFG 的面积。

$$D_i=\frac{\mathrm{Ar}(DEF)}{h}=\frac{\mathrm{Ar}(DFG)-\mathrm{Ar}(EFG)}{h}$$

$$=\sum_{u=r_i}^{r_i+t_i^{\mathrm{q}}}\sum_{\tau_i=r_i}^{u}q_i^{\mathrm{a}}(\tau_i)-\frac{q_{i+1}^{\mathrm{d}}\left(t_i^{\mathrm{q}}-d_i^{\mathrm{g}}-\dfrac{\sum_{\tau_i=d_i^{\mathrm{c}}}^{r_i}q_i^{\mathrm{a}}(\tau_i)}{q_{i+1}^{\mathrm{d}}}\right)^2}{2}\tag{9.19}$$

9.2.3 优化结果

交叉口相位差的可行域 Ω 为凸集，目标函数在可行域内是连续有界的，所以优化问题的最优解一定存在。这里采用遗传算法求解这种复杂的优化问题。执行遗传算法时，首先需要以随机的方式生成初始解，然后每个个体重复地修正自身解。迭代过程中，根据适应度函数随机选择父代，通过父代染色体交叉生成新的个体。反复执行这个过程直到终止条件，并输出最优解。

这里采用 TH55 号公路 6 个连续交叉口的 10 个工作日早高峰的数据作为模型的输入。在算法求解过程中，以第一个交叉口为主要交叉口，即相位差为零。每条染色体包含 5 种基因，每个基因代表相应交叉口的相位差。为简单起见，取 $\beta=0$，表示考虑所有交通场景。权重 $\alpha=0.1$，意味着支路方向占有 10%的影响。通过 Matlab 的 GA 工具箱求解相位差优化模型，参数设置见表 9.1，40 次迭代后可寻得最优解，运行时间大约 5min。

表 9.1　参数设置

种群规模	标度函数	精英数目	交叉率	交叉方式	变异方式	变异率
400	排序	2	0.8	两点交叉	均匀变异	0.1

图 9.11 是每次迭代的结果，图中星号表示每次迭代所有个体对应解的均值，黑点表示每次迭代的最优解。经过 40 次迭代后，得到的最优解为{0，−21.4，−21，−20.9，−21.1，21.2}，总延误加权求和后的数值为 304。TH55 号公路 6 个连续交叉口的实际相位差为{0，−24.9，−21.6，4.6，−20.5，−11.9}，总延误加权求和值为 638。

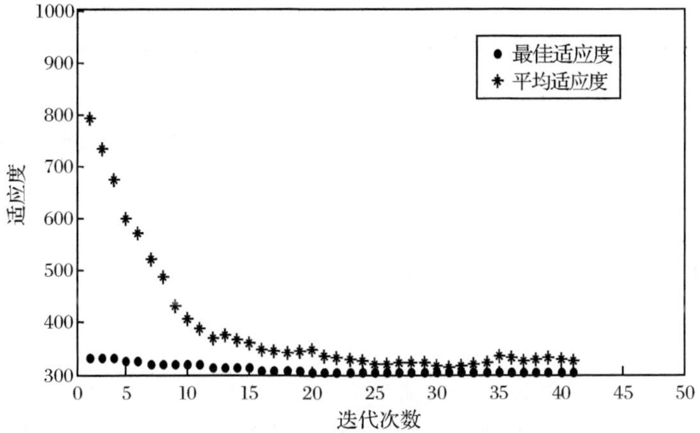

图 9.11　遗传算法迭代过程图

图 9.12 为优化结果在变换时间坐标下的时空图。图 9.12(a)和(c)表示 TH55 号公路相位 2 和相位 6 现有的信号配时方案，图 9.12(b)和(d)为经过 GA 算法优化过的信号配时方案。箭头代表相应相位对应的车辆运行方向。

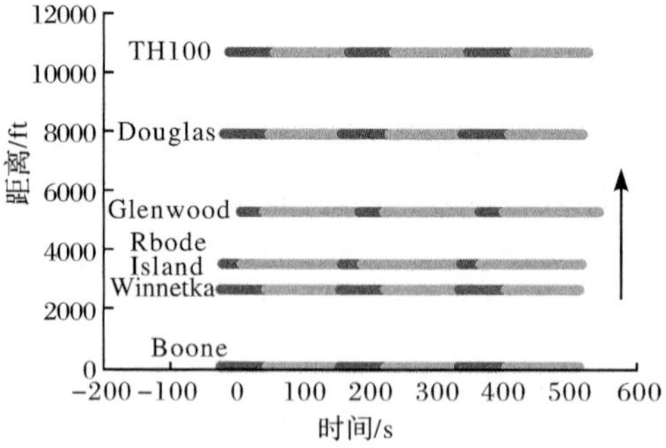

(a) 相位 2 的现有配时方案(东向)

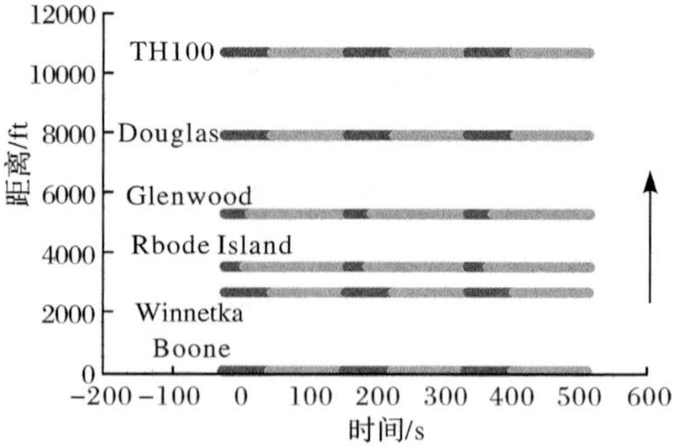

(b) 相位 2 的最优配时方案(东向)

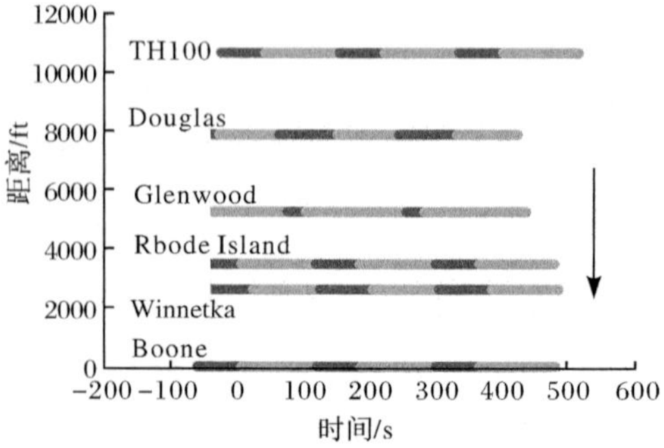

(c) 相位 6 的现有配时方案(西向)

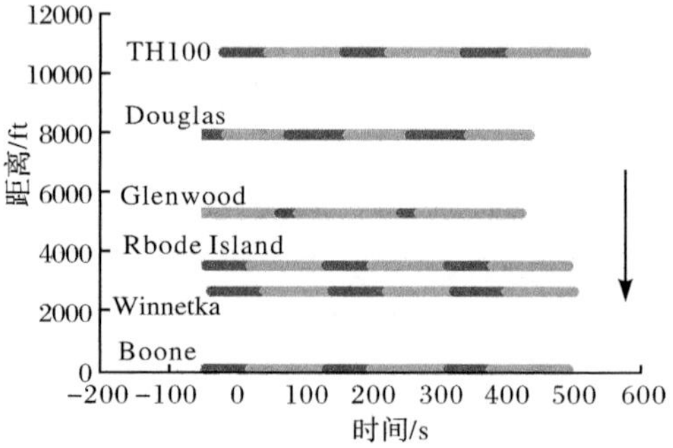

(d) 相位 6 的最优配时方案(西向)

图 9.12　现有方案与优化结果对比图

9.3　基于最大流方法的干线交通信号优化

本书 5.3 节分别从空间和时间维度对交叉口的过饱和程度进行了量化,可以计算得到 T-OSI 和 S-OSI 的数值。基于 OSI 信息可以建立一种适用于过饱和干线的信号协调控制模型。该模型将独立于交通需求信息,主要目标是使整条干线的通行量最大。与以往研究相比,模型有以下两方面的优点:

(1) 无需充分掌握需求信息作为模型输入就能有效地管理过饱和干线。

(2) 模型中变量和约束相对较少,可以采用前向-后向算法(forward-backward procedure, FBP)来减少模型计算的复杂性。

9.3.1　单个交叉口的消散策略分析

首先,对单个交叉口的消散策略进行详细的介绍。T-OSI 表示滞留队列在时间维度上对交通造成的影响,S-OSI 表示溢流在空间维度对交通造成的影响,具体的计算方法详见 5.3 节，这里不再赘述。根据 T-OSI 和 S-OSI 不仅可以明确过饱和程度，还可以了解交通拥堵产生的原因。T-OSI 表示绿灯时间内车辆不能消散完全，周期结束时存在滞留队列；S-OSI 为正时表示下游排队已经到达上游交叉口，交通被封锁。基于不同的 T-OSI 和 S-OSI，给出了 3 个过饱和交叉口的消散方案。

1. T-OSI>0、S-OSI=0：延长绿灯时间

图 9.13(a)描述了两个交叉口的交通波轮廓。当交叉口 n 的绿灯时间不足而导致 T-OSI>0 时，需要延长绿灯时间[图 9.13(b)]来让滞留队列消失，达到 T-OSI=0。绿灯延迟时间为

$$\Delta g_{n,i}=\text{T-OSI}_{n,i}\times g_{n,i} \tag{9.20}$$

式中，$\Delta g_{n,i}$交叉口 n 相位 i 的绿灯调整时间。

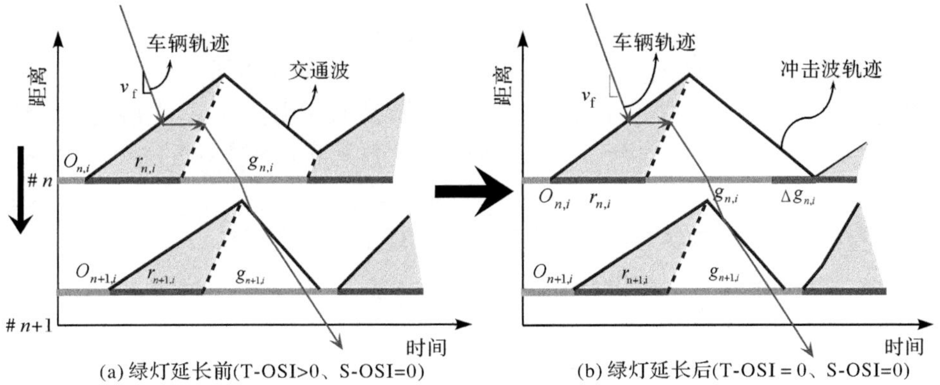

图 9.13　方案 1

2. T-OSI=0、S-OSI>0：延长红灯时间

在这种情况下，下游排队车辆溢流到上游交叉口，导致上游交叉口在绿灯期间也无法通行，引起图 9.14(a)中的无效绿灯时间。

由于 T-OSI=0，因此可以缩短协调相位的绿灯时间，将原本无效的绿灯时间分配给其他相位，减缓过饱和现象。红灯延迟时间为

$$\Delta r_{n,i}=\text{S-OSI}_{n,i}\times g_{n,i} \tag{9.21}$$

式中，$\Delta r_{n,i}$为交叉口 n 相位 i 的绿灯调整时间。

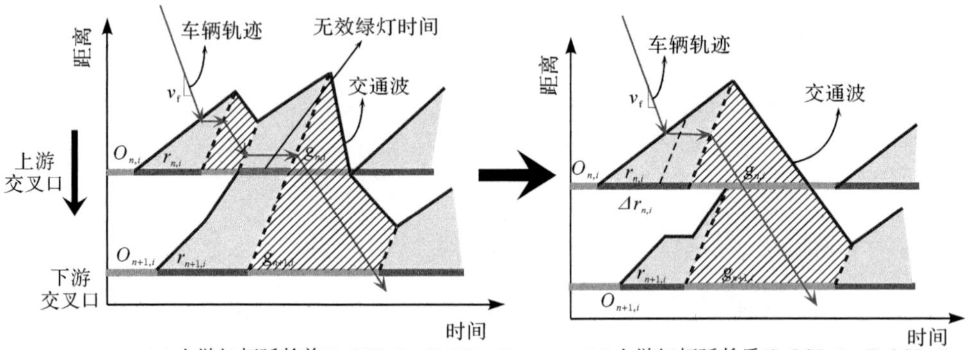

(a) 上游红灯延长前(S-OSI>0、T-OSI=0)　(b) 上游红灯延长后(S-OSI>0、T-OSI=0)

图 9.14　方案 2

3. T-OSI＞0、S-OSI＞0：减少下游交叉口红灯时间

由于下游溢流，造成上游交叉口一部分无效绿灯时间，同时上游绿灯不能完全消散排队产生滞留队列。在这种情况下(图 9.15)，缩短下游交叉口的红灯时间可以同时减少上游交叉口的 T-OSI 和 S-OSI。只要减缓溢流现象，上游交叉口的无效绿灯时间将变得可用。如果 T-OSI＜S-OSI，此方案可消除滞留队列，计算方法为

$$\Delta r_{n+1,i} = -\text{S-OSI}_{n,i} \times g_{n,i} \tag{9.22}$$

需要指出的是，结合方案 1 和方案 2 也可缓解过饱和现象。

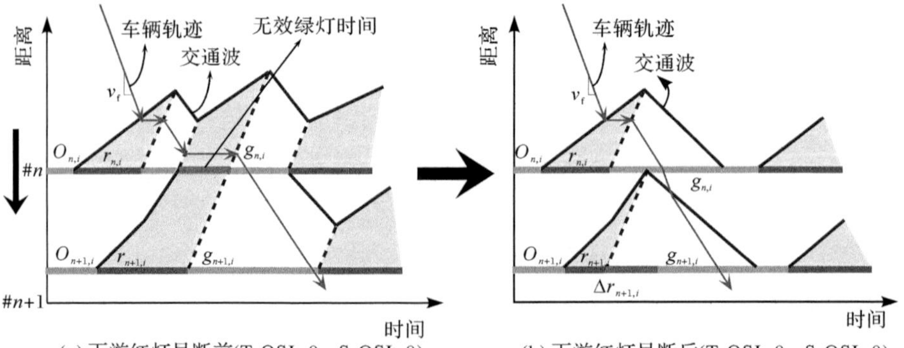

(a) 下游红灯早断前(T-OSI>0、S-OSI>0)　(b) 下游红灯早断后(T-OSI=0、S-OSI=0)

图 9.15　方案 3

9.3.2　数学模型

当干线上的多个交叉口处于过饱和状态时，以上介绍的三种策略不能直接使用，主要有以下两方面的原因：①上游绿灯时间的增加也许会引起下游过饱和；②下游相位绿灯时间的约束也许会限制上游信号的调整。由此可以看出，研究过饱和问题需要系统的方法。所以，这里将过饱和干线问题看成最大流问题。

在优化模型中，假设沿主干道方向上任意交叉口的过饱和严重度指数已知(图 9.16)，即在每一周期结束时可计算出任意交叉口 n 处相位 i 的 T-OSI 和 S-OSI，且其中一部分值为正。所以，优化问题可描述为在 $t-1$ 阶段结束时，给定 t 时段的过饱和严重度指数，即 $\text{T-OSI}_{n,i}(t-1)$ 和 $\text{S-OSI}_{n,i}(t-1)$，确定 t 时段交叉口的信号配时方案(周期时长、绿信比和相位差)，实现道路最大通行能力。同时假设，沿主干道方向上交叉口的信号周期长度固定不变。

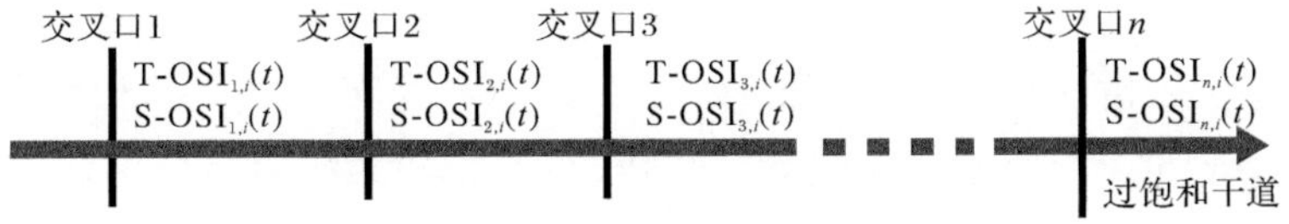

图 9.16　过饱和主干道交叉口

1. 控制变量

在最大流模型中，控制变量 $\Delta r_{n,i}(t)$ 和 $\Delta g_{n,i}(t)$ 为交叉口 n 处相位 i 的红灯变化时间和绿灯变化时间。控制变量与消散策略有直接的关系。调整红灯时间还是调整绿灯时间由过饱和发生的原因决定。改变红灯时间 $\Delta r_{n,i}$ 的目的在于消除溢流现象，而改变绿灯时间 $\Delta g_{n,i}$ 是为清除滞留队列。由于周期时长固定不变，延长红灯时间会推迟绿灯开始时间，导致绿灯持续时间减少[图 9.17(a)]；缩短红灯时间，绿灯时间将会提前开始，延长绿灯的持续时间[图 9.17(b)]。同样的，改变绿灯时间时，红灯时间也将会做出相应的调整[图 9.17(c)和(d)]。

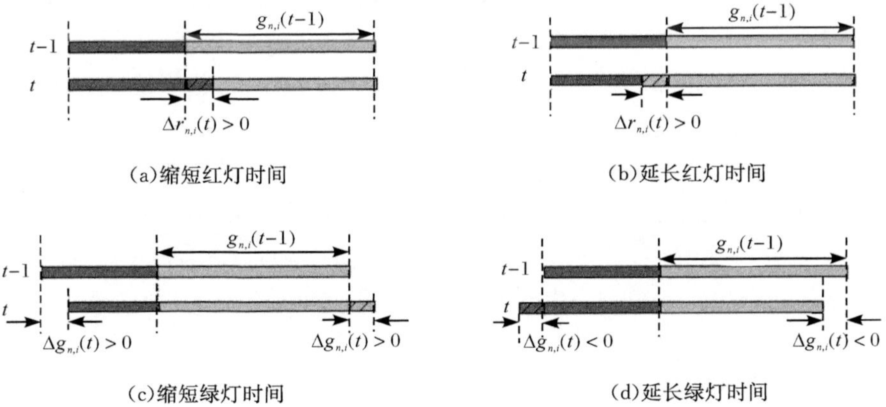

图 9.17　红灯改变和绿灯改变

根据 $\Delta r_{n,i}(t)$ 和 $\Delta g_{n,i}(t)$ 可计算得出相位差和绿灯持续时间。假设过饱和相位沿着主干道方向，协调相位的红灯开始时间为相位差参考点，根据式(9.23)计算得出调整后的相位差和绿灯持续时间，其中，$o_n(t)$为 t 时段内相位差值，c_n 为交叉口 n 的周期时长。

$$\begin{cases} o_n(t)=o_n(t-1)+\Delta g_{n,i}(t) \\ g_{n,i}(t)=g_{n,i}(t-1)-\Delta r_{n,i}(t)+\Delta g_{n,i}(t) \\ r_{n,i}(t)=c_n-g_{n,i}(t) \end{cases} \tag{9.23}$$

2. 约束分析

为了便于分析，引入 $S_{n,i}(t)$和 $T_{n,i}(t)$。$S_{n,i}(t)$为交叉口 n 的相位 i 在 t 时段内由溢流(S-OSI>0)引起的无效绿灯时间，而 $T_{n,i}(t)$为滞留队列引起的无效绿灯时间。

$$\begin{cases} S_{n,i}(t)=\text{S-OSI}_{n,i}(t)\times g_{n,i}(t) \\ T_{n,i}(t)=\text{T-OSI}_{n,i}(t)\times g_{n,i}(t) \end{cases} \tag{9.24}$$

1) 清除溢流

延长交叉口 n 的红灯时间 $\Delta r_{n,i}(t)$($\Delta r_{n,i}(t)>0$)会相应地缩短溢流引起的无效绿灯时间 $\Delta g_{n,i}(t)$，而缩短交叉口 $n+1$ 的红灯时间$|\Delta r_{n+1,i}(t)|$($\Delta r_{n,i}(t)<0$)，交叉口 n 处溢流造成的无效绿灯时间也相应缩短$|\Delta r_{n+1,i}(t)|$。所以，为了消除交叉口 n 处的溢流，交叉口 n 和交叉口 $n+1$ 的红灯变化时间之差应等于交叉口 n 溢流产生的无效绿灯时间，即

$$\Delta r_{n,i}(t)-\Delta r_{n+1,t}(t)=S_{n,i}(t-1), \quad \forall n\in\{1,\cdots,N-1\} \tag{9.25}$$

2) 清除滞留队列

如果满足式(9.25)，那么认为 t 阶段内溢流现象消除。随后，将交叉口绿灯改变时间 $\Delta g_{n,i}(t)$用于清除滞留队列。如果交叉口 n 的红灯改变时间和绿灯改变时间分别为 $\Delta r_{n,i}(t)$和 $\Delta g_{n,i}(t)$，那么 t 阶段内交叉口 n 的总绿灯时间可表示为$[-\Delta r_n,i(t)+\Delta g_{n,i}(t)+g_{n,i}(t-1)]$。如果 $t-1$ 阶段内交叉口 $n+1$ 存在滞留队列，并且相应无效绿灯时间为 $T_{n+1,i}(t-1)$，为了在 t 阶段内能够清除交叉口 $n+1$ 处的滞留队列，那么交叉口 $n+1$ 和上游交叉口 n 的总绿灯时差应等于 $T_{n+1,i}(t-1)$。

$$\begin{aligned} &[\Delta g_{n+1,i}(t)-\Delta r_{n+1,i}(t)+g_{n+1,i}(t-1)]-[\Delta g_{n,i}(t)-\Delta r_{n,i}(t)+g_{n,i}(t-1)] \\ &=T_{n+1,i}(t-1), \quad n\in\{1,\cdots,N-1\} \end{aligned} \tag{9.26}$$

将式(9.25)代入式(9.26)中，得

$$\begin{aligned} \Delta g_{n+1,i}(t)-\Delta g_{n,i}(t)=T_{n+1,i}(t-1)-S_{n,i}(t-1)-[g_{n+1,i}(t-1)-g_{n,i}(t-1)], \\ n\in\{1,\cdots,N-1\} \end{aligned} \tag{9.27}$$

3) 绿灯时间约束

过饱和道路中的任意交叉口在 t 阶段内的绿灯延迟时间应满足以下不等式，

式中，$g_{n,i}^{a}(t)$为交叉口 n 处相位 i 的有效绿灯时间。

$$\Delta g_{n,i}(t)-\Delta r_{n,i}(t)\leqslant g_{n,i}^{a}(t),\quad \forall n\in\{1,\cdots,N\} \tag{9.28}$$

如果定义 $Z_{n,i}$为交叉口 n 处相位 i 的冲突相位的集合，可以根据 $t-1$ 阶段内冲突相位的最大排队长度计算有效绿灯时间 $g_{n,i}^{a}(t)$：

$$g_{n,i}^{a}(t)=c_n-\sum_{p\in Z_{n,i}}\alpha^{Q}\frac{q_{n,p}^{\max}(t-1)}{s_{n,p}}-g_{n,i}(t-1) \tag{9.29}$$

式中，$q_{n,p}^{\max}(t-1)$是 $t-1$ 阶段内交叉口 n 处相位 p 内每条车道的最大排队长度；$s_{n,p}$是交叉口 n 处相位 p 内每条车道的饱和流率；$\frac{q_{n,p}^{\max}(t-1)}{s_{n,p}}$代表了消除队列 $q_{n,p}^{\max}(t-1)$占用的绿灯时间；权重 α^{Q} 代表计算过饱和相位 i 的有效绿灯时间时，冲突相位排队长度的重要程度，$0\leqslant\alpha^{Q}\leqslant 1$。$\alpha^{Q}$ 值越小，过饱和道路通行能力的提升幅度越大，而冲突相位的排队增长速度越快，冲突相位的延误时间也会越长。

3. 最大流控制模型

最大流控制模型的优化目标是最大化过饱和道路的通行能力。对于任意阶段 t，可认为是最大化第一个交叉口的总绿灯时间，即$(\Delta g_{1,t}(t)-\Delta r_{1,i}(t)+g_{1,i}(t-1))$。其中，$g_{1,t}(t-1)$是 $t-1$ 阶段内的绿灯时间，为固定值，所以在 t 阶段初期，最大化$(\Delta g_{1,t}(t)-\Delta r_{1,i}(t)+g_{1,i}(t-1))$等同于最大化$(\Delta g_{1,t}(t)-\Delta r_{1,i}(t))$，见式(9.30)：

$$\begin{aligned}
&\max\ \Delta g_{1,i}(t)-\Delta r_{1,i}\\
&\text{s.t.}\ \Delta r_{n,i}(t)-\Delta r_{n+1,i}(t)=S_{n,i}(t-1),\quad n\in\{1,\cdots,N-1\}\\
&\qquad \Delta g_{n+1,i}(t)-\Delta g_{n,i}(t)=T_{n+1,i}(t-1)-S_{n,i}(t-1)\\
&\qquad\qquad -[g_{n+1,i}(t-1)-g_{n,i}(t-1)],\quad n\in\{1,\cdots,N-1\}\\
&\qquad \Delta g_{n,i}(t)-\Delta r_{n,i}(t)\leqslant c_n-\sum_{p\in Z_{n,i}}\alpha^{Q}\left[\frac{q_{n,p}^{\max}(t-1)}{s_{n,p}}\right]-g_{n,i}(t-1),\\
&\qquad n\in\{1,\cdots,N-1\}
\end{aligned} \tag{9.30}$$

式中，第一约束和第二约束保证了溢流消除和滞留队列清除，第三约束主要针对有效绿灯时间。

如果红灯时间延长或绿灯时间缩短导致过饱和路段有效绿灯时间缩短，那么非饱和路段的绿灯时间将会增加，随着非饱和路段转弯车辆的增加，饱和路段的车辆也会不断增加。然而，在大多数情况下，非饱和路段的车流量远小于饱和路段，所以这不会恶化整个交通状况。

这里，如果将每个过饱和相位的信号配时作为网络流，那上述线性规划问题可转化为一个多阶段的最大流问题。图 9.18 为网络图 $G(M,A)$，M 代表节点集合,A 代表弧集合。过饱和道路上每个交叉口 $n\in\{1,\cdots,N\}$ 对应一个网络节点 n。节点集合 M 中包含两个虚拟节点:初始节点 S_i 和末端节点 D_i。每条弧的承受能力为 $g_{n,i}^{a}(t)$。网络中包含两种不同类型的网络流,即红灯缩短时间 $-\Delta r_{n,i}(t)$ 和绿灯延迟时间 $\Delta g_{n,i}(t)$。图 9.18 中,弧的上面代表红灯缩短时间,下面代表绿灯延迟时间,两种类型的流量变化要满足弧的承受能力。在每个节点 $n\in\{2,3,\cdots,N\}$ 处,输入流量为 $d_{n,i}^{r}(t)$ 和 $d_{n,i}^{g}(t)$,$d_{n,i}^{r}(t)$ 和 $d_{n,i}^{g}(t)$ 的定义见式(9.31):

$$\begin{cases}d_{n+1}^{r}(t)=S_{n,i}(t-1)\\ d_{n+1,i}^{g}(t)=T_{n+1,i}(t-1)-S_{n,i}(t-1)-[g_{n+1,i}(t-1)-g_{n,i}(t-1)],\\ n\in\{1,\cdots,N-1\}\end{cases}\tag{9.31}$$

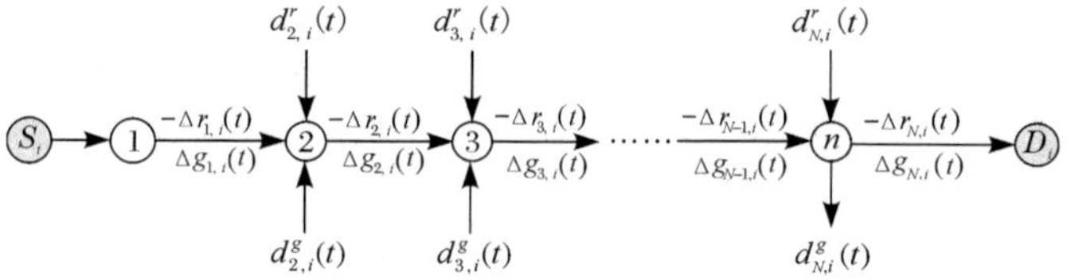

图 9.18 一条过饱和道路的最大流网络图

9.3.3 前向后向求解算法

假设式(9.30)的最优解是 $[\Delta r_{1,i}^{*}(t),\cdots,\Delta r_{N,i}^{*}(t),\Delta g_{1,i}^{*}(t),\cdots,\Delta g_{N,i}^{*}(t)]$,可以推出 $[\Delta r_{1,i}^{*}(t)+x,\cdots,\Delta r_{N,i}^{*}(t)+x,\Delta g_{1,i}^{*}(t)+x,\cdots,\Delta g_{N,i}^{*}(t)+x]$,$x\in R$ 也是式(9.30)的最优解,因为它们的目标值满足约束条件。如果主干道上每个交叉口的相位差做相同的改变 x,对交叉口之间的交通流关系不会产生任何改变,如排队形成和消散。换言之,优化模型的解不唯一。为了确定最优唯一解,在式(9.30)中加入了边界条件 $\Delta r_{1,i}(t)=0$,这意味着将第一个交叉口的绿灯启动时间作为固定的参考点。

为了解决基于控制模型的最大流问题,提出了前向后向算法(forward-backward procedure, FBP)。这一算法包括两个过程:前向过程和后向过程,前者应用于与交通流相同的方向,后者应用于与交通流相反的方向。

1. 前向过程

前向过程的目的是通过缩短红灯时间或延长过饱和相位绿灯时间来消除溢流和滞留排队,但没有考虑其他冲突相位的限制条件。这个过程应用于交通流的前进方向,并且在周期 $t(\Delta r_{n,i}^{\mathrm{F}}(t)\ \&\ \Delta g_{n,i}^{\mathrm{F}}(t))$ 内,计算每一个过饱和相位的红灯和绿灯变化。其中,上标 F 表示向前过程。

通过调节红灯时间来消除溢流。为了获得唯一解,第一个交叉口的红灯变化设为 0，即 $\Delta r^{\mathrm{F}}_{1,i}(t)=0$。对于其余任意节点，根据溢流时间和红灯变化关系[式(9.30)中第一个约束方程]，可以得到 $\Delta r^{\mathrm{F}}_{n,i}(t)=\Delta r^{\mathrm{F}}_{n-1,i}(t)-S_{n-1,i}(t-1)$。因此，可以通过式(9.32)计算出每个交叉点的红灯变化量：

$$\begin{cases}\Delta r^{\mathrm{F}}_{1,i}(t)=0\\ \Delta r^{\mathrm{F}}_{n,i}(t)=\Delta r^{\mathrm{F}}_{n-1,i}(t)-S_{n-1,i}(t-1), \quad n=2,\cdots,N\end{cases} \tag{9.32}$$

在确定红灯时间变化量之后，再通过调节绿灯时间来消除滞留排队。为了找到通过路网的最大流量，第一个节点的输出流量设为它的弧的容量，即 $\Delta g^{\mathrm{F}}_{1,i}(t)=g^{\mathrm{a}}_{1,i}(t)$。根据式(9.30)中第二个限制条件，可以得出下列方程，用于计算每个节点的绿灯变化量：

$$\begin{cases}\Delta g^{\mathrm{F}}_{1,i}(t)=g^{\mathrm{a}}_{1,i}(t)\\ \Delta g^{\mathrm{F}}_{n,i}(t)=\Delta g^{\mathrm{F}}_{n-1,i}(t)+T_{n,i}(t-1)-S_{n-1,i}(t-1)-[g_{n,i}(t-1)-g_{n-1,i}(t-1)],\\ n=2,\cdots,N\end{cases} \tag{9.33}$$

式(9.32)通过延长红灯时间消除溢流，任意交叉口红灯时间延长的量不仅考虑消除上游交叉口的溢流 $\Delta r^{\mathrm{F}}_{n-1,i}$，还要考虑上游红灯时间缩短导致到达车辆的增多量 $\Delta r^{\mathrm{F}}_{n-1,i}$。

式(9.33)通过 $T_{n,i}(t-1)-S_{n-1,i}(t-1)-[g_{n,i}(t-1)-g_{n-1,i}(t-1)]$延长绿灯时间来释放滞留排队。同样的，需要考虑上游交叉口绿灯变化 $\Delta g^{\mathrm{F}}_{n-1,i}$带来的影响。当通行能力不满足限定条件时，后向过程将对此做出调整。

2. 后向过程

前向过程考虑与交通流相同的方向，通过延长绿灯时间($\Delta g^{\mathrm{F}}_{n,i}(t)-\Delta r^{\mathrm{F}}_{n,i}(t)$)来消除各个交叉口的滞留排队和溢流。但是，由于受冲突相位释放排队车辆所需的绿灯时间限制，交叉口延长绿灯时间不一定能够完全实现。当前向过程执行受阻时，后向过程将通过门限(gating)方法来解决这类问题。

在这一过程中，我们从末端节点开始，沿着反向交通流方向检查弧段流量是否小于或等于弧的通行能力。每个弧的剩余通行能力 $R_{n,i}(t)$可以通过式(9.34)计算。当 $R_{n,i}(t)$ 为正数时，表示可用绿灯时间能够满足绿灯时间增加量($\Delta g^{\mathrm{F}}_{n,i}(t)-\Delta r^{\mathrm{F}}_{n,i}(t)$)；当 $R_{n,i}(t)$为负数时，表明可用绿灯时间不充足。

$$R_{n,i}(t)=g^{\mathrm{a}}_{n,i}(t)-[\Delta g^{\mathrm{F}}_{n,i}(t)-\Delta r^{\mathrm{F}}_{n,i}(t)], \quad n=N,\cdots,1 \tag{9.34}$$

计算得到每个弧的剩余通行能力之后，后向的绿灯时间调整项 $\Delta g^{\mathrm{B}}_{i}(t)$是等于沿着过饱和干线所有交叉口剩余通行能力的最小值。由于 $R_{1,t}(t)=0$($\Delta g^{\mathrm{F}}_{1,i}(t)=g^{\mathrm{a}}_{1,i}(t)$，$\Delta r^{\mathrm{F}}_{1,i}(t)=0$)，剩余通行能力最小值是非正的。如果 $\min\limits_{n\in\{1,\cdots,N\}}[R_{n,i}(t)]=0$，那么前向过程中所需的绿灯增加量 $\Delta g^{\mathrm{F}}_{n,i}(t)-\Delta r^{\mathrm{F}}_{n,i}(t)$可以满足所有的弧；如果

$\min\limits_{n\in\{1,\cdots,N\}}[R_{n,i}(t)]<0$，表示至少有一个弧段的通行能力不满足条件。调整项 $\Delta g_i^{\mathrm{B}}(t)$（$\Delta g_i^{\mathrm{B}}(t)<0$）用于调节通行能力限制条件来满足所有的弧。

$$\Delta g_i^{\mathrm{B}}(t)=\min_{n\in\{1,\cdots,N\}}[R_{n,i}(t)] \tag{9.35}$$

通过式(9.36)计算每个节点最终的信号配时方案，最终的绿灯变化量等于前向过程的计算值 $\Delta g_{n,i}^{\mathrm{F}}(t)$ 与后向过程的调整项 $\Delta g_i^{\mathrm{B}}(t)$ 之和。

$$\begin{cases}\Delta r_{n,i}(t)=\Delta r_{n,i}^{\mathrm{F}}(t)\\ \Delta g_{n,i}(t)=\Delta g_{n,i}^{\mathrm{F}}(t)+\Delta g_i^{\mathrm{B}}(t)\end{cases},\quad n\in\{1,\cdots,N\} \tag{9.36}$$

9.3.4 仿真验证

在 VISSIM 中，建立帕萨迪纳市 Fair Oaks 大道 5 个连续交叉口的网络图（图 9.19）。道路总长 0.4mi，南北方向为协调控制方向，限速 30mi/h。为了测试模型的有效性，在仿真中间阶段激增南行方向的车流。图 9.19(a)为正常流速下的仿真图，南行流速为 1500veh/h，图 9.19(b)为激增流速下的仿真图，南行流速为 3000vph，详细分配见表 9.2。

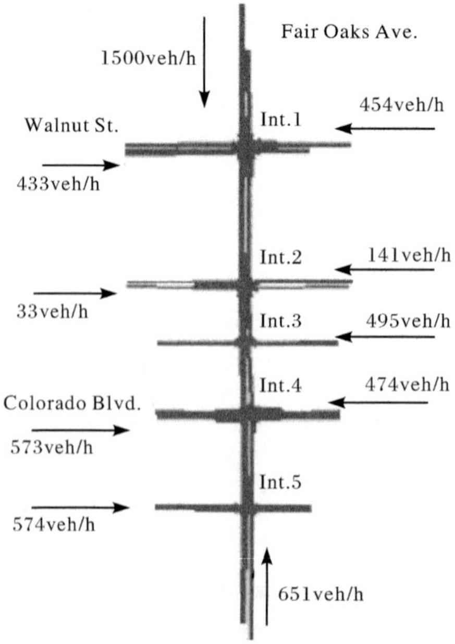

(a) 正常流

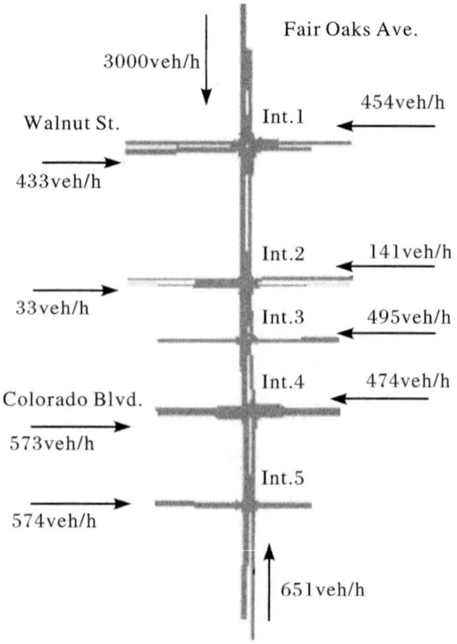

(b) 增加流

图 9.19　VISSIM 仿真网络

通过 Synchro 优化不同交通流状态下的信号配时方案。正常流情况下，最优信号周期时长 80s，而激增流情况下，最优信号周期时长 120s。基于以上分析，提出四种控制方案（表 9.3）。仿真试验运行 5 次，对每个控制方案随机分配 5 个初始解，然后对比四种控制方案的优劣，统计结果见表 9.4。

表 9.2　仿真过程交通流分配方案

仿真时间/s	交通流
0～1800	正常流(a)
1800～5400	激增流(b)
5400～7200	正常流(a)

表 9.3　控制方案对比

控制方案	类型	信号周期时长/s
1	感应协调控制	80
2	感应协调控制	120
3	FBP	80
4	FBP	120

表 9.4　优化结果对比

	方案 1	方案 2		方案 3		方案 4	
		结果	变化百分比/%	结果	变化百分比/%	结果	变化百分比/%
平均延误	81.37	61.73	−24.14	64.28	−21.00	56.95	−30.02
平均停车	2.05	1.43	−30.34	1.60	−21.96	1.25	−39.12
平均速度	10.95	13.19	20.42	12.92	17.96	13.77	25.76

图 9.20 对比了不同控制方案下的输出流量，图中的点为每隔 5min 记录一次。可以看出，中间 1h 内的南行车辆大幅度地增加，方案 2～4 的控制优于方案 1。表 9.5 为仿真 2h 内不同出口的总输出流量。总的来说，与方案 1 相比，网络的总输出流量变化分别为方案 2 增加 9.0%，方案 3 增加 9.6%，方案 4 增加10.16%。图 9.21 比较了两个瓶颈交叉口的支路的排队长度，同时，支路的输入量相对较大。从图中可看出，信号周期时长较短时，对应的排队长度也相对较短。

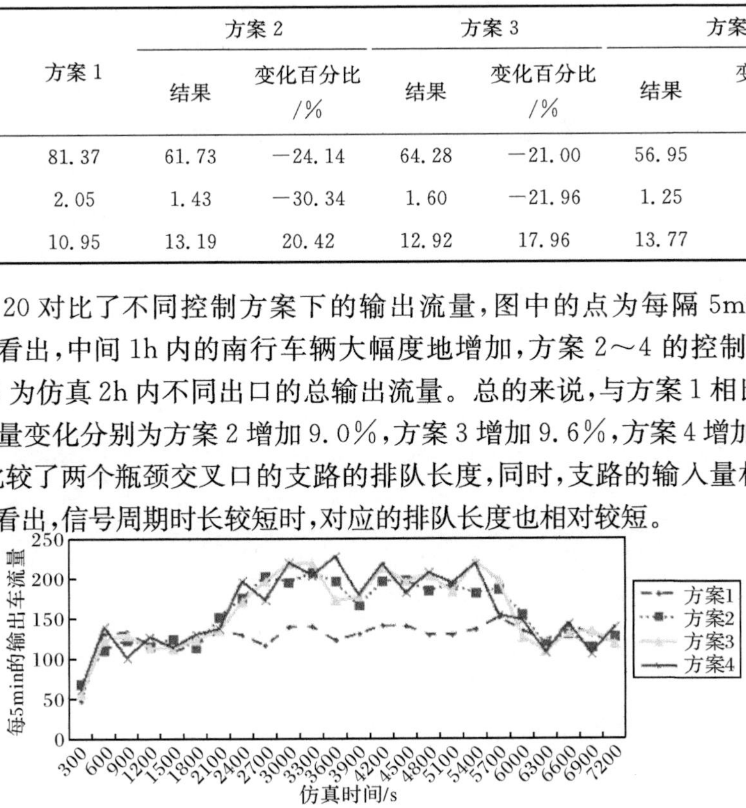

图 9.20　不同控制方案下的南行输出流量

表 9.5　两小时吞吐量对比

	方案 1	方案 2		方案 3		方案 4	
		结果	变化百分比/%	结果	变化百分比/%	结果	变化百分比/%
南行	3021	3716	23.03	3762	24.52	3809	26.10
北行	1248	1244	−0.32	1242	−0.50	1246	−0.18
交叉口 1 支路	1490	1546	3.75	1539	3.27	1544	3.62
交叉口 2 支路	647	762	17.73	772	19.28	776	19.93
交叉口 3 支路	1120	1180	5.36	1180	5.32	1187	5.93
交叉口 4 支路	1795	1800	0.28	1815	1.11	1806	0.59
交叉口 5 支路	1555	1609	3.44	1613	3.73	1614	3.78
总计	10876	11857	9.0	11923	9.6	11982	10.16

简而言之，当需求量激增时导致道路过饱和，从车辆的平均延误时间、平均停车次数、平均速度和总输出流量的优化结果可以看出，方案 2～4 明显优于方案 1。其中，在过饱和状态期间延长信号周期时长是一个常用的增大输出流量、减少延误的办法，从本例中也可以看到方案 2 和方案 4 的良好表现。但如果实际的交通流量并没有达到过饱和的状态，延长信号周期时长反而会增加车辆延误。

在实际系统中，实时需求信息的测量或估测比较困难，特别是在需求发生显著变化时，很难提前判断出是否需要延长信号周期时长。从这个角度来讲，方案 1 和方案 3 的对比更具有实际意义。明显可以看出，这里提出的 FBP 方法是基于过饱和严重度指数的测量来调整信号配时方案，可以更好地适应交通需求突变，提升过饱和期间的输出流量。

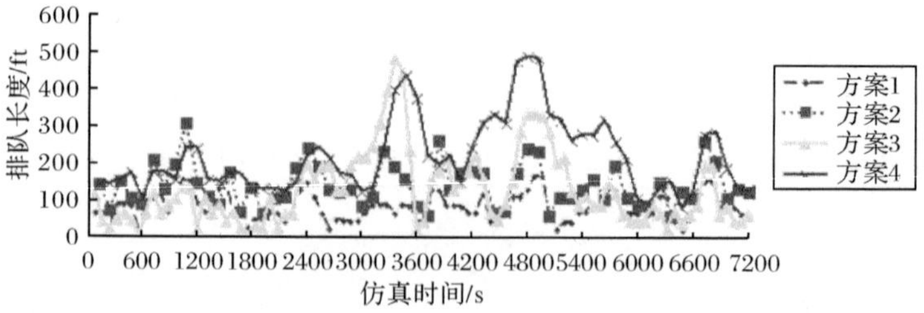

(a) 交叉口 3 西向的最大队长

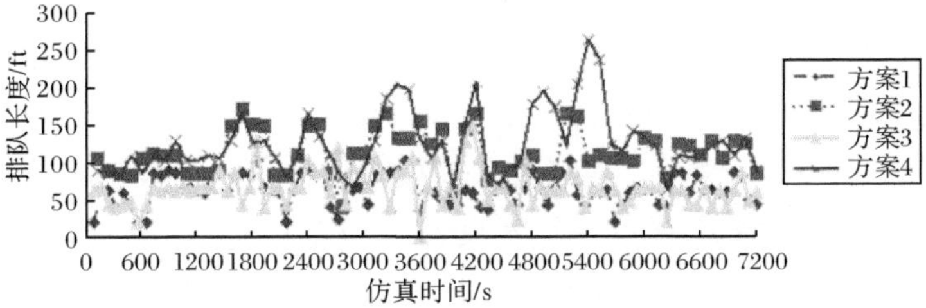

(b) 交叉口 5 东向的最大队长

图 9.21　支路排队长度对比图

9.4　基于 CFI-Lite 新型交叉口设计的干线信号控制

8.3 节介绍了 CFI-Lite 新型交叉口设计方案,用于提高过饱和状态下瓶颈交叉口的通行能力。本节将具体介绍如何针对一条过饱和干线,采用 CFI-Lite 设计并配合信号配时优化来解决过饱和交通问题。

9.4.1　基于 CFI-Lite 信号控制的帕累托改善问题

随着 CFI-Lite 设计布局的改变,CFI-Lite 交叉口信号时间应该做出相应的调整。这里将重点讨论如何在现有干线交叉口设计及信号控制方案的基础上,应用 CFI-Lite 设计进行路口改造,并得到使干线中关键车流通行能力增加,同时其他各个车流的通行能力都不减小的帕累托(Pareto)改进方案。这个方案的基本思想是将 CFI-Lite 交叉口信号控制问题建模成一个多目标混合整数规划问题(multi-objective mixed integer programming, MO-MIP)。这里以含有三个交叉口的主干道为研究对象,其中中间交叉口为瓶颈交叉口,如图 9.22 所示。

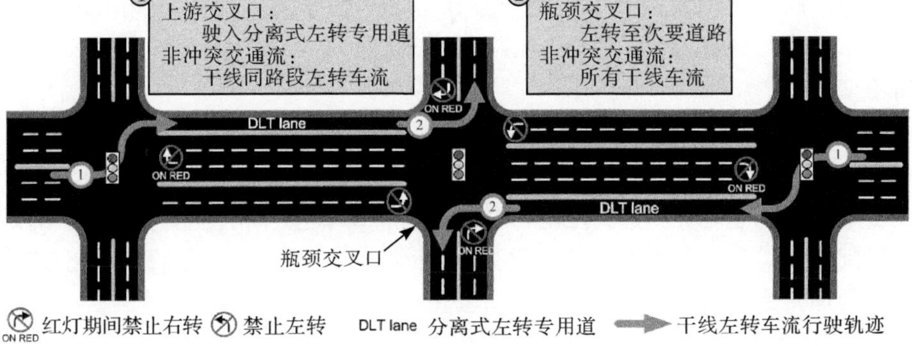

图 9.22　CFI-Lite 交叉口

决策变量：给定传统设计中所有交叉口 k 和相位 j 的信号配时方案 $\{g_j^k\}$ 和车道数 $\{n_j^k\}$，$k=i-1,i,i+1$，$j=1,2,\cdots,8$，所对应的决策变量为 CFI-Lite 设计中相应绿灯时间 $\{G_j^k\}$ 和车道数 $\{N_j^k\}$。其中，$\{N_j^k\}$ 是正整数集合，$\{G_j^k\}$ 为正实数集合。

优化目标：最大化关键车流的通行能力，包括东行和西行的左转和直行。这是一个多目标优化问题，涉及多个子目标，即

$$\max J=(f_1(x)=B_T^E,f_2(x)=B_T^W,f_3(x)=B_L^E,f_4(x)=B_L^W) \tag{9.37}$$

式中，x 为决策变量向量；J 为目标函数；$f_i(x)$ 为第 i 个子目标函数；B 为 CFI-Lite 设计中的瓶颈通行能力，B_T^E、B_L^E、B_T^W 和 B_L^W 分别东向直行、左转、西向直行和左转的瓶颈通行能力。

这个例子中，假设直行车流是协调相位车流。因此，对于多目标优化问题采用字典排序(lexicographic method)[213]的分层优化方法，按照每个目标的优先级，从最重要的目标开始依次优化。不失一般性，这里假设东向车流比西向车流更重要，则式(9.37)中的四个子目标恰好按照重要程度排列，$f_1(x)$ 为最重要的子目标。

约束：

(1) 为了集中讨论 CFI-Lite 对干线通行能力的影响，令所有的支路车道分配和绿灯时间保持不变。这样，如果采用 CFI-Lite 设计能够释放额外的绿灯时间，则将这些绿灯时间都分配给主干道的信号相位。

$$\begin{cases}G_j^k=g_j^k \\ N_j^k=n_j^k\end{cases},\quad j=3,4,7,8,\quad k=i-1,i,i+1 \tag{9.38}$$

实际上，如果将支路的车道分配和绿灯时间也纳入调整和优化范围，那么干线的整体性能还有可能进一步得到提升。但这里仅讨论 CFI-Lite 设计能否得到相对于传统交叉口设计的使各个车流通行能力均得到提升或保持不变的帕累托改善方案。

(2) 依据 CFI-Lite 的设计方法，在瓶颈交叉口处，原本分配给干线左转和直行相位的绿灯时间可以累加到一起用于服务全部干线车流。同时，由于绿灯时间变长所带来的通行效率提高，主干道在瓶颈交叉口的左转和直行车道分配时间可以保持不变。

$$\begin{cases}G_j^i=g_1^i+g_2^i=g_5^i+g_6^i \\ N_j^i=n_j^i\end{cases},\quad j=1,2,5,6 \tag{9.39}$$

需要指出的是，为了便于讨论，式(9.39)中并不包含相位切换过程中的绿灯损失时间。不难发现，如果将绿灯损失时间纳入考虑，CFI-Lite 设计由于减少了相位总数而带来的收益将会更多。

(3) CFI-Lite 设计中关键车流的通行能力应该得到提升。

$$B_M^L\geqslant b_M^L,\quad L=\mathrm{E},\mathrm{W},\quad M=\mathrm{T},\mathrm{L} \tag{9.40}$$

式中，b 和 B 分别表示传统交叉口设计和 CFI-Lite 设计中的关键车流通行能力；上标 E 和 W 分别表示东向和西向交通流；下标 T 和 L 分别表示直行和左转交通流。

当车流经过这三个交叉口时，其通行能力取决于各个交叉口所对应的信号相位的通行能力的最小值。如果假设三个路口的信号周期和单车道饱和通行能力均相等，则车流在任意交叉口的通行能力可以用其在该交叉口的车道数量与所在相位的绿灯时间的乘积来表示。

对于传统交叉口设计，关键车流的通行能力受限于瓶颈交叉口，即

$$\begin{cases} b_{\mathrm{T}}^{\mathrm{E}}=g_2^i n_2^i \\ b_{\mathrm{L}}^{\mathrm{E}}=g_5^i n_5^i \\ b_{\mathrm{T}}^{\mathrm{W}}=g_6^i n_6^i \\ b_{\mathrm{L}}^{\mathrm{W}}=g_1^i n_1^i \end{cases} \tag{9.41}$$

对于 CFI-Lite 设计，由于道路渠化和车流行驶路径的改变，关键车流的通行能力可能会受到三个交叉口中任意交叉口的限制，取三者的最小值，有

$$\begin{cases} B_{\mathrm{T}}^{\mathrm{E}}=\min(G_2^{i-1}N_2^{i-1},G_2^iN_2^i,G_2^{i+1}N_2^{i+1}) \\ B_{\mathrm{L}}^{\mathrm{E}}=\min\left(\dfrac{q_5^i}{q_5^i+q_5^{i-1}}G_5^{i-1}N_5^{i-1},G_5^iN_5^i\right) \\ B_{\mathrm{T}}^{\mathrm{W}}=\min(G_6^{i-1}N_6^{i-1},G_6^iN_6^i,G_6^{i+1}N_6^{i+1}) \\ B_{\mathrm{L}}^{\mathrm{W}}=\min\left(\dfrac{q_1^i}{q_1^i+q_1^{i+1}}G_1^{i+1}N_1^{i+1},G_1^iN_1^i\right) \end{cases} \tag{9.42}$$

式中，q_j^k 表示交叉口 k 相位 j 平均到达流量。其中，q_5^i、q_5^{i-1}、q_1^i 和 q_1^{i+1} 都是左转车流。

将式(9.41)和式(9.42)代入式(9.40)中，可以得到

$$\begin{cases} \min(G_2^{i-1}N_2^{i-1},G_2^iN_2^i,G_2^{i+1}N_2^{i+1})\geqslant g_2^i n_2^i \\ \min\left(\dfrac{q_5^i}{q_5^i+q_5^{i-1}}G_5^{i-1}N_5^{i-1},G_5^iN_5^i\right)\geqslant g_5^i n_5^i \\ \min(G_6^{i-1}N_6^{i-1},G_6^iN_6^i,G_6^{i+1}N_6^{i+1})\geqslant g_6^i n_6^i \\ \min\left(\dfrac{q_1^i}{q_1^i+q_1^{i+1}}G_1^{i+1}N_1^{i+1},G_1^iN_1^i\right)\geqslant g_1^i n_1^i \end{cases} \tag{9.43}$$

由前面的分析可以得知，在 CFI-Lite 设计中，原来的瓶颈交叉口处干线车流的通行能力获得了极大的提升，因而不会作为 CFI-Lite 中的瓶颈路口。因此，式(9.43)可以被简化并重新归纳为对上下游两个交叉口的限制，即

$$\begin{cases} G_2^{i-1}N_2^{i-1} \geqslant g_2^i n_2^i \\ G_6^{i-1}N_6^{i-1} \geqslant g_6^i n_6^i \\ \dfrac{q_5^i}{q_5^i + q_5^{i-1}} G_5^{i-1}N_5^{i-1} \geqslant g_5^i n_5^i \end{cases} \text{，交叉口 } i-1 \tag{9.44}$$

$$\begin{cases} G_2^{i+1}N_2^{i+1} \geqslant g_2^i n_2^i \\ G_6^{i+1}N_6^{i+1} \geqslant g_6^i n_6^i \\ \dfrac{q_1^i}{q_1^i + q_1^{i+1}} G_1^{i+1}N_1^{i+1} \geqslant g_1^i n_1^i \end{cases} \text{，交叉口 } i+1 \tag{9.45}$$

(4) 除去两组关键车流之外，其他交通流的通行能力也不应被减少，有

$$\begin{cases} G_1^{i-1}N_1^{i-1} \geqslant g_1^{i-1} n_1^{i-1} \\ \dfrac{q_5^{i-1}}{q_5^i + q_5^{i-1}} G_5^{i-1}N_5^{i-1} \geqslant g_5^{i-1} n_5^{i-1} \\ G_5^{i+1}N_5^{i+1} \geqslant g_5^{i+1} n_5^{i+1} \\ \dfrac{q_1^{i+1}}{q_1^i + q_1^{i+1}} G_1^{i+1}N_1^{i+1} \geqslant g_1^{i+1} n_1^{i+1} \end{cases} \tag{9.46}$$

(5) CFI-Lite 设计应该和传统交叉口设计具有相同的信号周期以及各个方向的车道总数量，即

$$\begin{cases} N_2^k + N_5^k = n_2^k + n_5^k \\ N_6^k + N_1^k = n_6^k + n_1^k \\ \sum\limits_{j=1}^{4} g_j^k = \sum\limits_{j=5}^{8} g_j^k = \sum\limits_{j=1}^{4} G_j^k = \sum\limits_{j=5}^{8} G_j^k = c \end{cases} ,k = i-1, i+1 \tag{9.47}$$

综上所述，该混合整数多目标优化(MO-MIP)问题可以表述为

MO—MIP：Find　$\{G_j{}^k\}$ and $\{N_j{}^k\}$，to

max　$J = (f_1(x) = B_T^E, f_2(x) = B_T^W, f_3(x) = B_L^E, f_4(x) = B_L^W)$

s. t.　(2)，(3)，and(8—11)

9.4.2 帕累托改善解存在的条件分析

分析上述 MO-MIP 问题可以发现，由于约束的限制导致该问题的任何一个可行解都是应用 CFI-Lite 时所有车流通行能力不变或提高的帕累托改善解。因此，该 MO-MIP 问题解的存在条件就是帕累托改善解的存在条件。

从理论上讲，该问题中表征车道数量的整数变量集$\{N_j{}^k\}$有很多可能的取值组合。然而在实际的道路车道分配和交叉口路口渠化设计中，每个相位的车道数量会受到多方面的约束，实际可行的取值范围并不大。下面以左转车道的数量为例进行讨论。

(1) 对于瓶颈交叉口 I，由于在 CFI-Lite 设计中，干线的左转和直行车流可以

同时放行较长的时间，左转车流可以在原有左转车道数量不变的情况下大大提高通行能力。因此，保持原有的车道数量不变是最简单实用的方法。

(2) 对于西侧交叉口 $i-1$ 的相位 1 和东侧交叉口 $i+1$ 的相位 5，它们面临的交通环境在 CFI-Lite 设计中和传统交叉口设计中并没有显著改变，因而也可以保持不变。

(3) 对于西侧交叉口 $i-1$ 的相位 5 和东侧交叉口 $i+1$ 的相位 1，由于左转车流比例的增加，可能会导致原有的左转车道数量不足，进而需要增加一条左转车道。需要注意的是，由于道路车道数量的总量有限，因而左转车道的数量增加必然以直行车道的同等数量的车道减少为代价。

基于上述讨论，原有的整数变量集 $\{N_j^k\}$ 可以简化为用两个 0-1 二进制变量 z 和 y 来表示西侧交叉口 $i-1$ 的相位 5 和东侧交叉口 $i+1$ 的相位 1 是否增加一条左转车道，即

$$N_j^k=\begin{cases} n_j^k+y, & j=5,k=i-1 \\ n_j^k-y, & j=2,k=i-1 \\ n_j^k+z, & j=1,k=i+1 \\ n_j^k-z, & j=6,k=i+1 \\ n_j^k, & \text{其他} \end{cases} \tag{9.48}$$

依据 z 和 y 的不同取值，共需讨论如下四种情况。

(1) $y=0\&z=0$。

在这种情况下，CFI-Lite 设计与传统交叉口设计的各个相位车道数量均保持不变，即 $N_j^k=n_j^k$。

对于西侧交叉口 $i-1$，相位 5 和相位 6 是关键的一组冲突相位。从式(9.45)和式(9.47)中可以提取出如下相关约束：

$$\begin{cases} \dfrac{q_5^i}{q_5^i+q_5^{i-1}}G_5^{i-1}N_5^{i-1}=\dfrac{q_5^i}{q_5^i+q_5^{i-1}}G_5^{i-1}n_5^{i-1}\geqslant g_5^i n_5^i \\ \dfrac{q_5^{i-1}}{q_5^i+q_5^{i-1}}G_5^{i-1}N_5^{i-1}=\dfrac{q_5^{i-1}}{q_5^i+q_5^{i-1}}G_5^{i-1}n_5^{i-1}\geqslant g_5^{i-1}n_5^{i-1} \\ G_6^{i-1}N_6^{i-1}=G_6^{i-1}n_6^{i-1}>g_6^i n_6^i \end{cases} \tag{9.49}$$

假设原有的绿灯时间分配是按照 Webster 方法[30]优化的，即每个相位的绿灯时间与车道数量的乘积和该相位的到达流量成正比。

$$\begin{cases}\dfrac{q_5^i}{q_5^i+q_5^{i-1}}=\dfrac{g_5^i n_5^i}{g_5^i n_5^i+g_5^{i-1}n_5^{i-1}}\\ \dfrac{q_5^{i-1}}{q_5^i+q_5^{i-1}}=\dfrac{g_5^{i-1}n_5^{i-1}}{g_5^i n_5^i+g_5^{i-1}n_5^{i-1}}\\ \dfrac{q_1^i}{q_1^i+q_1^{i+1}}=\dfrac{g_1^i n_1^i}{g_1^i n_1^i+g_1^{i+1}n_1^{i+1}}\\ \dfrac{q_1^{i+1}}{q_1^i+q_1^{i+1}}=\dfrac{g_1^{i+1}n_1^{i+1}}{g_1^i n_1^i+g_1^{i+1}n_1^{i+1}}\end{cases} \tag{9.50}$$

则式(9.50)可以转换为

$$\begin{cases}G_5^{i-1}n_5^{i-1}\geqslant g_5^i n_5^i+g_5^{i-1}n_5^{i-1}\\ G_5^{i-1}n_5^{i-1}=(g_5^{i-1}+g_6^{i-1}-G_6^{i-1})n_5^{i-1}<(g_5^{i-1}+g_6^{i-1}-g_6^i\ \dfrac{n_6^i}{n_6^{i-1}})n_5^{i-1}\end{cases} \tag{9.51}$$

为了使式(9.51)中的两个不等式都成立，必要的条件为

$$g_6^{i-1}n_5^{i-1}-g_6^i\ \frac{n_6^i}{n_6^{i-1}}n_5^{i-1}-g_5^i n_5^i>0 \tag{9.52}$$

对于东侧交叉口 $i+1$ 可以得到类似的结论。情况 1 的完整解存在的条件表述为

$$\begin{cases}g_6^{i-1}n_5^{i-1}-g_6^i\ \dfrac{n_6^i}{n_6^{i-1}}n_5^{i-1}-g_5^i n_5^i>0\\ g_2^{i+1}n_1^{i+1}-g_2^i\ \dfrac{n_2^i}{n_2^{i+1}}n_1^{i+1}-g_1^i n_1^i>0\end{cases} \tag{9.53}$$

一个可行解的示例为

$$G_j^k=\begin{cases}g_5^{i-1}+g_5^i, & j=5,k=i-1\\ g_6^{i-1}-g_5^i, & j=6,k=i-1\\ g_1^{i+1}+g_1^i, & j=1,k=i+1\\ g_2^{i+1}-g_1^i, & j=2,k=i+1\\ g_1^i+g_2^i, & j=1,2,5,6,k=i\\ g_j^k, & \text{其他}\end{cases},N_j^k=n_j^k \tag{9.54}$$

(2)$y=1\&z=1$。

在这种情况下，瓶颈交叉口两个方向的临近交叉口干线驶往瓶颈交叉口的方向均增加一条左转车道，并减少一条直行车道。因此，对于西侧交叉口 $i-1$，除了相位 5 和相位 6 在绿灯时间上存在冲突外，还需要考虑相位 5 和相位 2 在车道使用上的冲突。相关的约束为

$$\begin{cases} G_5^{i-1}(n_5^{i-1}+1) \geqslant g_5^i n_5^i + g_5^{i-1} n_5^{i-1} \\ G_5^{i-1}(n_5^{i-1}+1) < (g_5^{i-1}+g_6^{i-1}-g_6^i \dfrac{n_6^i}{n_6^{i-1}})(n_5^{i-1}+1) \\ G_2^{i-1}(n_2^{i-1}-1) \geqslant g_2^i n_2^i \end{cases} \tag{9.55}$$

满足该不等式的必要条件为

$$\begin{cases} g_6^{i-1} n_5^{i-1} - g_6^i \dfrac{n_6^i}{n_6^{i-1}} n_5^{i-1} - g_5^i n_5^i + (g_5^{i-1}+g_6^{i-1}-g_6^i \dfrac{n_6^i}{n_6^{i-1}}) > 0 \\ \dfrac{n_2^{i-1}-1}{n_2^i} \geqslant \dfrac{g_2^i}{g_2^{i-1}} \end{cases} \tag{9.56}$$

对比情况 1 的必要条件式(9.52)可以看出，情况 2 的必要条件式(9.56)中的第一个不等式比式(9.52)中的不等式多了一项，用圆括号标出。不难发现，该圆括号中的值大于 0，因此式(9.56)中的第一个不等式实际上是对式(9.52)中的条件进行了放松。与此同时，式(9.56)中新增了一个额外的不等式约束。事实上，式(9.56)中的第一个不等式很容易被满足。例如，假设干线上三个交叉口车道的数量相等，且只有一条左转车道，那么式(9.56)中的第一个不等式可以重新写为

$$(g_5^{i-1}+g_6^{i-1}-g_5^i-g_6^i)+(g_6^{i-1}-g_6^i)>0 \tag{9.57}$$

由于交叉口 i 是瓶颈交叉口，其支路流量较大，因此，在传统交叉口设计中所分配的绿灯时间也较长，相对较短的绿灯时间留给干线车流。所以式(9.57)中两个括号里的数值均大于 0，不等式恒成立。在这种情况下，原来的解存在式(9.56)可以被简化为

$$\frac{n_2^{i-1}-1}{n_2^i} \geqslant \frac{g_2^i}{g_2^{i-1}} \tag{9.58}$$

对比情况 1 和情况 2 解的存在条件可以发现，如果 g_6^{i-1} 相对较大，式(9.52)更容易被满足；如果 g_2^{i-1} 相对较大，式(9.58)更容易被满足。

也就是说，我们可以根据干线交通流的方向性来决定 CFI-Lite 设计中瓶颈交叉口两侧临近交叉口是否需要增加一条左转车道，即当东向交通流比较大时令 $y=0$，当西向交通流比较大时令 $y=1$。进一步，还可以通过可变车道的应用来动态地解决早晚高峰不同方向性车流的拥堵问题。

对于东侧交叉口 $i+1$，可以得到类似的结论。情况 2 的完整解存在的条件表述为

$$\begin{cases}\dfrac{n_2^{i-1}-1}{n_2^i}\geqslant\dfrac{g_2^i}{g_2^{i-1}}\\ g_6^{i-1}n_5^{i-1}-g_6^i\dfrac{n_6^i}{n_6^{i-1}}n_5^{i-1}-g_5^in_5^i+\left(g_5^{i-1}+g_6^{i-1}-g_6^i\dfrac{n_6^i}{n_6^{i-1}}\right)>0\\ \dfrac{n_6^{i+1}-1}{n_6^i}\geqslant\dfrac{g_6^i}{g_6^{i+1}}\\ g_2^{i+1}n_1^{i+1}-g_2^i\dfrac{n_2^i}{n_2^{i+1}}n_1^{i+1}-g_1^in_1^i+\left(g_1^{i+1}+g_2^{i+1}-g_2^i\dfrac{n_2^i}{n_2^{i+1}}\right)>0\end{cases}\tag{9.59}$$

可行解的一个示例为

$$G_j^k=\begin{cases}g_1^i+g_2^i, & j=1,2,5,6,k=i\\ g_j^k, & 其他\end{cases},\quad N_j^k=\begin{cases}n_5^{i-1}+1, & j=5,k=i-1\\ n_2^{i-1}-1, & j=2,k=i-1\\ n_1^{i+1}+1, & j=1,k=i+1\\ n_6^{i+1}-1, & j=6,k=i+1\\ n_j^k, & 其他\end{cases}\tag{9.60}$$

(3) $y=0\&z=1$。

与前两种情况类似,可以找到如下解存在的条件及可行解示例:

$$\begin{cases}g_6^{i-1}n_5^{i-1}-g_6^i\dfrac{n_6^i}{n_6^{i-1}}n_5^{i-1}-g_5^in_5^i>0\\ \dfrac{n_6^{i+1}-1}{n_6^i}\geqslant\dfrac{g_6^i}{g_6^{i+1}}\\ g_2^{i+1}n_1^{i+1}-g_2^i\dfrac{n_2^i}{n_2^{i+1}}n_1^{i+1}-g_1^in_1^i+\left(g_1^{i+1}+g_2^{i+1}-g_2^i\dfrac{n_2^i}{n_2^{i+1}}\right)>0\end{cases}\tag{9.61}$$

$$G_j^k=\begin{cases}g_5^{i-1}+g_5^i, & j=5,k=i-1\\ g_6^{i-1}-g_5^i, & j=6,k=i-1\\ g_1^i+g_2^i, & j=1,2,5,6,k=i\\ g_j^k, & 其他\end{cases},\quad N_j^k=\begin{cases}n_1^{i+1}+1, & j=1,k=i+1\\ n_6^{i+1}-1, & j=6,k=i+1\\ n_j^k, & 其他\end{cases}\tag{9.62}$$

(4) $y=1\&z=0$。

与前三种情况类似,可以找到如下解存在的条件及可行解示例:

$$\begin{cases}\dfrac{n_2^{i-1}-1}{n_2^i}\geqslant\dfrac{g_2^i}{g_2^{i-1}}\\ g_6^{i-1}n_5^{i-1}-g_6^i\dfrac{n_6^i}{n_6^{i-1}}n_5^{i-1}-g_5^in_5^i+\left(g_5^{i-1}+g_6^{i-1}-g_6^i\dfrac{n_6^i}{n_6^{i-1}}\right)>0\\ g_2^{i+1}n_1^{i+1}-g_2^i\dfrac{n_2^i}{n_2^{i+1}}n_1^{i+1}-g_1^in_1^i>0\end{cases}\tag{9.63}$$

$$G_j^k=\begin{cases} g_1^{i+1}+g_1^i, & j=1,k=i+1 \\ g_2^{i+1}-g_1^i, & j=2,k=i+1 \\ g_1^i+g_2^i, & j=1,2,5,6,k=i \\ g_j^k, & \text{其他} \end{cases},\quad N_j^k=\begin{cases} n_5^{i-1}+1, & j=5,k=i-1 \\ n_2^{i-1}-1, & j=2,k=i-1 \\ n_j^k, & \text{其他} \end{cases} \tag{9.64}$$

9.4.3 求解方法

一般来讲，混合整数多目标优化问题(MO-MIP)并不容易求解。然而，这里所讨论的基于 CFI-Lite 设计的交通信号优化问题可以被分解为若干个容易求解的子问题，整体求解相对比较简单。

首先，该多目标优化问题的多个子目标的优先级已经确定，因而能够按照优先级顺序分解为若干个单目标优化问题依次求解。依据交通流的特性可以知道，在问题的目标函数 J[式(9.37)]中，$B_{\mathrm{T}}^{\mathrm{E}}$ 和 $B_{\mathrm{T}}^{\mathrm{W}}$ 的最大化没有冲突，可以同时进行；B_L^{E} 和 B_L^{W} 的最大化也没有冲突，也可以同时进行。因此，式(9.37)等价于

$$\begin{aligned} \max \quad & F_2(x)=B_{\mathrm{L}}^{\mathrm{E}}+B_{\mathrm{L}}^{\mathrm{W}} \\ \text{s.t.} \quad & F_1(x)=B_{\mathrm{T}}^{\mathrm{E}}+B_{\mathrm{T}}^{\mathrm{W}}=F_1^* \end{aligned} \tag{9.65}$$

式中，$F_1(x)$为首要目标函数；$F_2(x)$为次要目标函数；F_1^* 是首要目标函数 $F_1(x)$ 的最优值。

其次，从对该问题的分析可以看出，问题中的整数变量的所有取值可以用四种情况来概括，因此可以分别给定四种整数变量的取值，然后求解不含整数变量的优化问题，最后取四种情况中目标函数最大的解作为全局最优解。

最后，该问题的目标函数和约束条件均为线性，因此在给定整数变量之后，可以用经典的单纯形法等方法来求解剩下的线性规划问题。

该问题的求解算法流程归纳如下：

(1)应用如图 9.23 所示的决策树模型来确定该问题中整数变量的取值范围。

(2)如果整数变量 z 和 y 没有解，结束算法；否则，对任意一组可行的 y 和 z 的取值，用单纯形法求解如下线性规划问题：

$$\begin{aligned} \text{LP1}m\text{:Find} \quad & \{G_j^k\} \quad \text{to} \\ \max \quad & J=F_1(x)=B_{\mathrm{T}}^{\mathrm{E}}+B_{\mathrm{T}}^{\mathrm{W}} \\ \text{s.t.} \quad & (2),(3),\text{和}(8-11) \\ & [y,z]=[y_m,z_m] \end{aligned}$$

式中，LP1m 表示第 m 个使首要目标函数最大化的线性规划问题；$m=1,2,\cdots,M$，$M\leqslant 4$；v_m 和 z_m 为第 m 组 y 和 z 的可行取值。

(3)对比上述 M 组的结果得到首要目标函数 $F_1(x)$的最优值 F_1*，然后对应

地求解如下使次要目标函数 $F_2(x)$ 最大化的线性规划问题：

$$\begin{aligned} \text{LP2: Find} \quad & \{G_j^k\} \quad \text{to} \\ \max \quad & J = F_2(x) = B_{\mathrm{L}}^{\mathrm{E}} + B_{\mathrm{L}}^{\mathrm{W}} \\ \text{s.t.} \quad & (2),(3),\text{和}(8-11) \\ & [y,z] = [y^*, z^*] \end{aligned}$$

式中，LP2 为使次要目标函数 $F_2(x)$ 最大化的线性规划问题；$y*$ 和 $z*$ 为使首要目标函数 $F_1(x)$ 最大化的最优解。

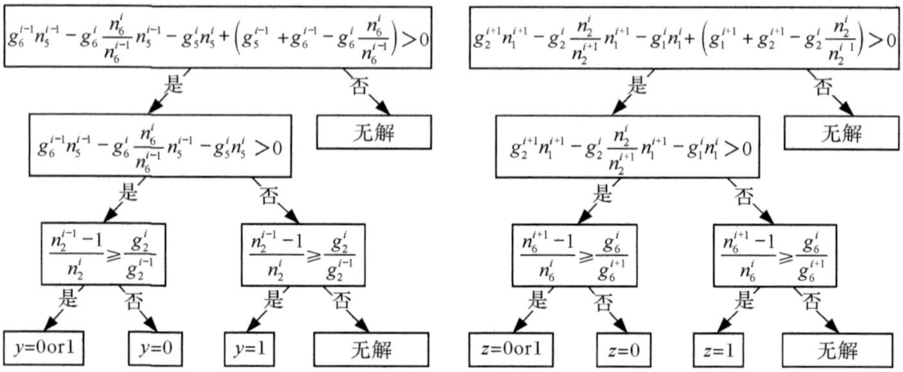

图 9.23　对于 y 和 z 的决策树模型

9.4.4　案例分析

试验数据来源于 Foothillblvd，为洛杉矶市的一条主要干线。交通网络为由西向东的四个信号交叉口组成。主干道由感应协调系统控制。如果非协调相位没有全部遵循分配的时间，将多余的时间分配给协调相位 2 和相位 6。

Fruit-White 为主干道上的瓶颈交叉口，主线和交叉口的交通量几乎一致。D st使用分相控制方法，相位 7(南向车流)和相位 8(北向车流)共同占用了大部分绿灯时间。Emerald 和 Towne Center 为绿灯时间分配较少的次要交叉口。所以，Fruit-White 和 D st 为瓶颈交叉口。

对于连续两个瓶颈交叉口的情况，需要在 CFI-Lite 原始设计图的基础上进一步扩展，如图 9.24 所示。这种情况下，中间两个瓶颈交叉口的左转车流都需要在上游交叉口提前进入 DLT 车道；随后，在第一个瓶颈交叉口，DLT 车道上的车辆有一部分左转驶入支路，另一部分继续直行到下游 DLT 车道，直到第二个瓶颈交叉口左转驶入支路。需要注意的是，这种情况下上游交叉口的左转车流比例会增大很多，同时直行车流比例显著下降，所以通常需要将一条或多条直行车道变为左转车道。

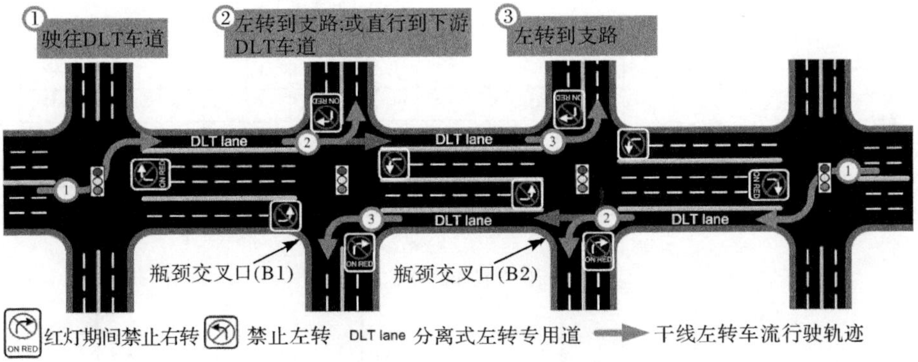

图 9.24　针对连续两个瓶颈交叉口的 CFI-Lite 设计

案例中使用的信号配时数据的采集时间为 2013 年 12 月 2 日～6 日 5 个工作日的晚高峰时间(15:00～19:00),如图 9.25(b)所示。为了研究交通网络的通行能力,设定了 4 个信号周期长度。在不同的信号周期长度中,4 个交叉口全部参与研究,并且相邻交叉口的开始时间差异与相对相位差一致,同时忽略过渡循环。试验中,每种情况的周期次数为 408。

CFI-Lite 交通网络如图 9.25(c)所示,如前所述,中间两个交叉口使用 DLT 车道。该设计的信号控制方法遵循之前提出的流程。在普通交叉口设计中,两个瓶颈交叉口的绿灯时间为相位 1 和相位 2 分配的初始绿灯时间之和。假设在上游交叉口中,Emerald 的东行左转车辆全部来自东行直行车辆,Towne Center 的西行左转车辆为西行直行车辆中的一部分。这种假设过于保守,因为实际情况下左转车辆中的部分可能来自交叉口。所以,东行左转车流的初始绿灯时间需要加入到 Emerald 相位 5 中,添加西行左转到 Towne Center 相位 1 中。Emerald 交叉口处相位 2 的直行车道变成相位 5 左转车道,Towne Center 交叉口处相位 6 直行车道改成相位 1 左转车道。为了最大化通行能力,保证上游 DLT 车道左转绿灯时间刚好满足左转需求。同时,支路绿灯时间不变。

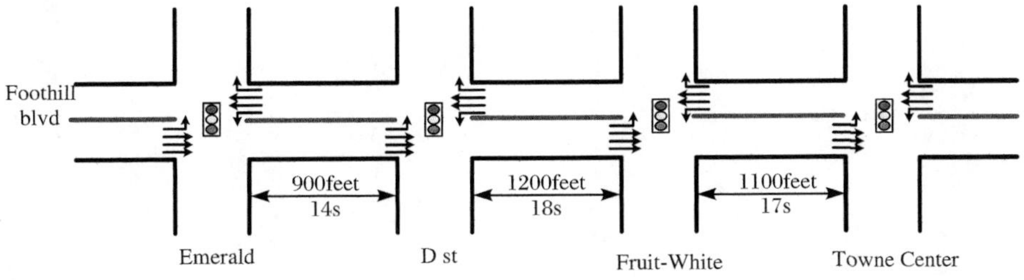

(a) 普通交叉口布局

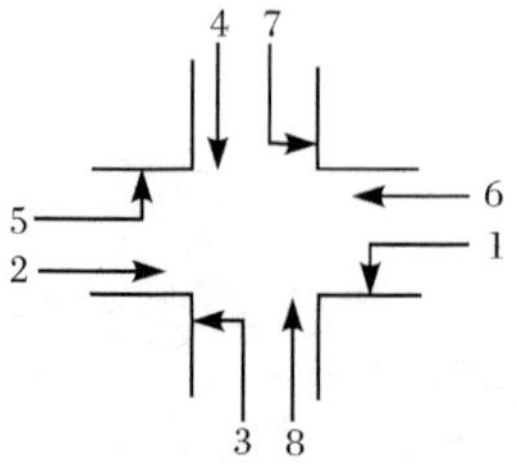

信号配时表

交叉口	周期时长/s	最大绿灯时间/s								相位差/s
		1	2	3	4	5	6	7	8	
Emerald	115	29	36	N/A*	34	29	36	N/A	34	N/A
D st	115	17	31	N/A	N/A	17	30	13	33	14
Fruit-White	115	17	31	15	31	17	31	15	31	18
Tone Center	115	22	47	N/A	30	22	47	N/A	30	17

*N/A=not available

(b) 相位设置和信号配时方案

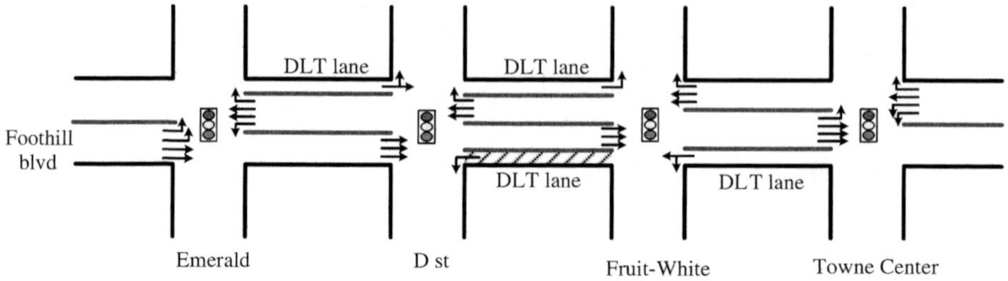

(c) CFI-Lite 设计

图 9.25　测试干线布局图及信号配时方案

为了验证设计的可行性，对比了协调相位的通行能力。考虑到车道发生变化，有效绿灯时间为绿灯时间乘以车道变换比，车道变换比是 CFI-Lite 设计的车道数除以普通设计的车道数。车道变换比分别为：2，Emerald 相位 5 和 Towne Center 相位 1；2/3，Emerald 相位 2；1/2，Towne Center 相位 6；其他为 1。协调相位的平均有效绿灯时间对比如图 9.26 所示。应用 CFI-Lite 设计，使得关键相位 2 的有效绿灯时间由 32.6s 变为 48.5s，增加 48.8%，关键相位 6 的有效绿灯时间则由 32.1s 变为 39.5s，增加 23.1%。

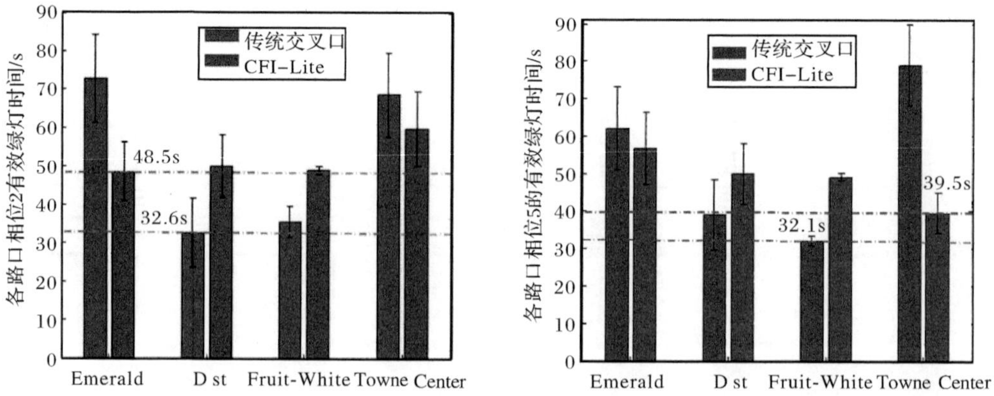

(a) 相位 2　　(b) 相位 6

图 9.26　有效绿灯时间对比图

9.5 本章小结

本章根据过饱和严重度指数,分别从时间维度和空间维度分析干线过饱和状态发生的原因。针对干线协调信号配时的特性,从不同的角度对干线信号进行优化,最终提出了两种基于高精度数据的优化方法,建立了基于数据驱动的相位差优化模型和最大流干线优化模型。此外,本章还介绍了基于新型交叉口渠化设计的主干道信号优化方法,为多种手段相结合共同解决过饱和交通问题提供了新的思路。

第 10 章　城市路网过饱和交通控制

对于过饱和交通路网的控制问题一直是理论和应用中面临的难题。尤其是每个城市路网的形状及车流的分布都不相同，因而很难像单个交叉口或者城市干线那样用几个通用的简单变量去描述。在理论研究和实际应用中，学者和一线交通管理者提出了各种不同的方法。本章重点介绍有代表性的三种方法，将区域路网分别以子网、干线和交叉口为最小单位进行优化控制。

10.1　概　　述

对于多个过饱和交叉口组成的路网，由于交叉口数量的增加，需要优化的控制变量以及需要考虑的限制条件都显著增加。在这种情况下，如果仍然采用整体的集约式建模方法，很难得到理论最优的解析解[176,197]，因此，许多学者采取了启发式算法用于求解复杂最优化问题的数值解[178~180,186,214,215]。该方法得到的结果只能得到较优解，而且很难向交通信号管理人员解释该结果较优的原因。在更多的情况下，理论研究的学者以及交通管理人员更倾向于将大规模路网进行分解，随后在较小的规模上分别求解优化问题。按照划分的程度，大路网可被分解成小的子网、干线及交叉口。

1）按子网划分

将大型复杂路网划分为小的子网（交通子区）是城市交通信号控制的常用做法。这种划分的主要依据包括每条道路的流量、转向比、路网拓扑结构和道路间的连接关系等。

20 世纪 70 年代，TRANSYT 系统首先考虑了自然及行政区域等因素，采用静态划分技术对路网进行划分，然后根据区域内的交通流量、交通拥堵状态等特性实施合理的子网控制[135]。之后，SCOOT 系统也采用了相似的技术[69]。Walinchus[216]以交通流的特性为依据，明确地提出了子网划分的概念，同时融合了相位差、道路特性等因素。以上划分技术缺乏对影响因素的量化分析，所以无法保证划分方案最优。之后的大部分研究建立在相邻交叉口关联度或合并指标的基础上。Moore 和 Jovanis[217]将流量作为状态指标，通过马氏距离表达交叉口间的关联程度，建立了基于层次聚类方法的路网划分流程。Lin 和 Tsao[218]以最拥挤的交叉口为初始交叉口，按照路径流量最大的原则为搜索方向进行逐一筛选，将达到关联度阈值的相邻交叉口归为同一子网。马莹莹等[219]以相邻交叉口的关联程度为划分依据，采用谱方法进行路网划分。

路网划分完成后，对整个路网的控制策略分两部分实现。在每个子网内部，调节信号配时使每个交叉口的饱和度或每个路段的排队长度、车流密度趋于一致；在子网之间的连接边界上，控制跨边界的交通流量大小，使每个子网内的总车辆数维持在最优水平。

2) 按干线划分

从信号控制优化的交通来讲，交通干线的信号优化远比交通路网的信号优化要容易实现。其中重要的原因在于，交通路网中几条道路首尾相连的闭环结构不会出现在交通干线中，因而干线的信号控制优化问题中少了很多约束和限制；同时，干线信号的优化控制已有很多优秀的研究成果，将大路网划分为干线后可以直接应用这些成果。

Lieberman 和 Chang[220] 提出了一种将过饱和的路网划分为干线的方法。首先，将路网中的每条干线依照干线宽度、连接关系、流量、转弯比例以及管理者所关心的其他特性，给予不同的重要性评价。然后，按照各条干线的重要程度，将其划分为如下 4 种不同的级别，并按级别依次实施信号优化(图 10.1)：

(1) 一级干线。该干线中没有任何交叉口是与重要性更高的干线所共用。

(2) 二级干线。该干线中有且仅有一个交叉口是与重要性更高的干线所共用。

(3) 三级干线。该干线中至少有两个交叉口是与重要性更高的干线所共用，且至少有一个交叉口没有与重要性更高的干线所共用。

(4) 四级干线。该干线中所有交叉口都与重要性更高的干线所共用。

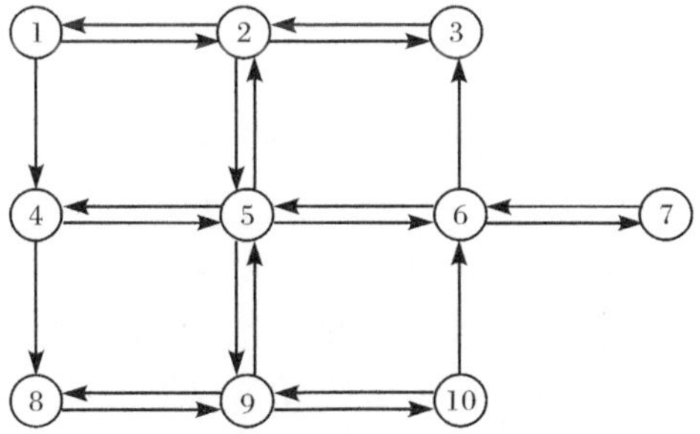

干线	与更高级别的干线共用的交叉口数量	干线分级	干线优先级
4-5-6-7	0	一级	1
2-5-9	1	二级	2
8-9-10	1	二级	3
1-4-8	2	三级	4
1-2-3	2	三级	5
3-6-10	3	四级	6

图 10.1　干线划分及优先级判定[220]

与之类似，Chang 和 Sun[221]提出了依照每个交叉口的饱和度排序，然后以饱和度最高的交叉口作为支点开始的路网划分方法。路网中的各个交叉口被划分为按优先级分层的树形结构。其中，饱和度最高的交叉口为树的根节点，与该交叉口直接相邻的交叉口作为二级节点，与二级节点交叉口相邻的其他交叉口作为三级节点，以此类推。在信号优化的过程中，先根据饱和度最高的交叉口计算最佳周期时长，并在无其他限制的前提下计算该交叉口的绿灯时间分配；然后以该周期时长作为路网的公共背景周期时长、以高级别交叉口的优化结果作为限制条件，依次求解各个路口的绿灯配时。

3）按交叉口划分

路网划分最极端的情况为将路网划分为一个个单独的交叉口来分别控制，也就是分布式控制方法。这种情况实际上不需要任何划分算法，也不存在交叉口优化求解的先后顺序，而仅需要针对每个交叉口提供控制策略，在交叉口本地独立运行，并通过一定的机制来实现与相邻交叉口的协调，从而在一定程度上保证整体性能的优化。容易发现，分布式控制方法的优点在于控制简单易行，不需要大规模计算，甚至不需要中央控制室；其缺点在于很多情况下局部的最优并不能保证整体路网的最优。然而，在过饱和交通路网的信号控制研究中，已有一些研究成果能够在一定意义上保证整体的最优性。

一个早期的例子是 Gordon[182]提出的排队均衡策略，即通过状态反馈比例控制器使得两条冲突道路的排队长度与道路总长度的比值相等，从而最大限度地利用两条道路的排队空间，防止排队溢流的发生。排队均衡策略的控制目标是防止排队溢流的发生，因而在各个交叉口独立运行也能达到期望的效果。唯一缺点为，在某一交叉口排队很多的极端情况下，缺乏减少上游交叉口输入的门限控制机制。另一个分布式控制的例子为 Varaiya[184]提出的最大压力（max pressure）的控制策略。他证明了这种独立运行在每个交叉口的策略能够最大化路网的整体输出流量，并保持系统的稳定性（把每条道路的排队长度控制在一定范围）。此外，Diakaki 等[183]提出的著名的 TUC（traffic-responsive urban control）控制策略，也是在每个交叉口独立运行，并已在欧洲的许多大城市成功运行。值得注意的是，上述策略大多以最大化通行流量或者防止道路溢流作为主要控制目标，过饱和期间车辆的平均延误时间并不是主要控制目标。

10.2 基于 MFD 的路网子网划分控制

10.2.1 非均匀路网划分

近年来，宏观基本图（macroscopic fundamental diagram，MFD）[161]的提出和

实证为交通路网的划分提供了一个强有力的工具。虽然 MFD 离散度相对较低，但是这些曲线并不能完全揭示路网的普遍规律。当交通网络分布不均或交通拥堵不一致时，呈现的交通状态可能会处于 MFD 曲线下方，同时不规则分布在 MFD 周围。2009 年，Buisson 和 Ladier[166]通过研究法国的中型城市发现，网络分布不均对 MFD 形状和离散度的影响非常大。2011 年，Geroliminis 和 Sun[164]发现交通密度是影响 MFD 形状和离散度的重要因素。如果不同时间段的平均密度相似，但是密度方差相差较大，那么 MFD 会表现为高离散度或"磁滞现象"。所以，当交通网络分布不均、密度方差较大时，整个网络的 MFD 特征则变得不明显。如要将 MFD 用来分析拥堵不均的城市路网，就必须先将网络划分成若干均匀分布的区域。

根据以上思路，2012 年，Haddad 和 Geroliminis[222]在研究两个小区之间基于 MFD 最优控制问题时，提出了基于 MFD 的边界控制模型的新的路网划分方法。马莹莹等[219]采用谱方法以相邻交叉口的关联性为划分标准，对交通路网进行划分。别一鸣等[223]通过研究路网划分与信号配时的内在联系，建立了路网划分的基本原则，进而从不同层面实现了路网动态划分的框架体系。在诸多划分方法中，最具代表性的是 Ji 和 Geroliminis[224]提出的子网划分方法。Ji 和 Geroliminis 提出的子网划分方法主要有以下 3 个目标：①最小化子网中交通流密度的方差，确保得到定义明确的 MFD；②忽略细节和局部特征，如大面积道路畅通区域中的少量拥堵道路，在全网内提取少量不同拥堵程度子网；③生成便于交通管理的空间分布紧凑的子网。另外，划分标准是在子网数量尽可能少、空间分布紧凑的约束下，最小化子网内交通流密度方差。

参照 Ji 和 Geroliminis[224]的研究，对路网划分大体上可分为三个步骤：①通过 NCut(normally cut)算法将交通网络分割成若干均匀区域，NCut 算法可有效提取交通路网的主要结构并确保空间分布紧凑；②根据密度平均值递归合并相似子网，直至达到所需数量的子网为止，这就对 NCut 切割中含有大量相同区域的问题进行了修复，通过以上两步将得到一个粗糙的网络划分图；③反复地调整簇间边界并保持形状光滑，进一步优化子网内交通密度的方差。

下面以图 10.2(a)为例来解释这三个步骤。

1. 初步分割

在初始划分中，采用 NCut 算法将交通网络划分成若干份。NCut 的原则是以整个路网为起点逐步划分，这与其他以局部为主再逐渐填充的方法有所不同。

先假设每条街道为一个节点，建立基于道路空间分布的节点相邻关系。其中，每条街道的密度与图像亮度值相匹配[图 10.2(b)]，同时认为交通网络为无向图 G。无向图 G 中的每个节点 i 代表路网中的一条单向行驶的街道，对应密度值

为 d_i。双向车道表示为两条平行的单向车道，即两个并列的节点。两条街道的空间距离定义为无向图 G 中节点 i 和 j 中最短距离 $r(i,j)$ 的长度。基于无向图 G 中相邻关系矩阵计算 $r(i,j)$，同时根据路网中街道间的连接关系建立无向图的相邻关系矩阵 $\{a(i,j)\}$。$\{a(i,j)\}$ 只有 0 或 1；当 $\{a(i,j)\}=1$ 时，街道 i 和 j 相邻，反之街道 i 和 j 不相邻。这样，在无向图 G 中，节点 i 到达节点 j 的最短路径即为节点 i 到达节点 j 所经过边数最少的那一条，最短距离 $r(i,j)$ 为最短路径对应的距离。为了确保子网相互关联，设置空间距离阈值为 1，定义街道 i 和 j 间相似函数 $w(i,j)$：

$$w(i,j)=\begin{cases}\exp(-(d_i-d_j)^2), & r(i,j)=1\\ 0, & r(i,j)>1\end{cases} \tag{10.1}$$

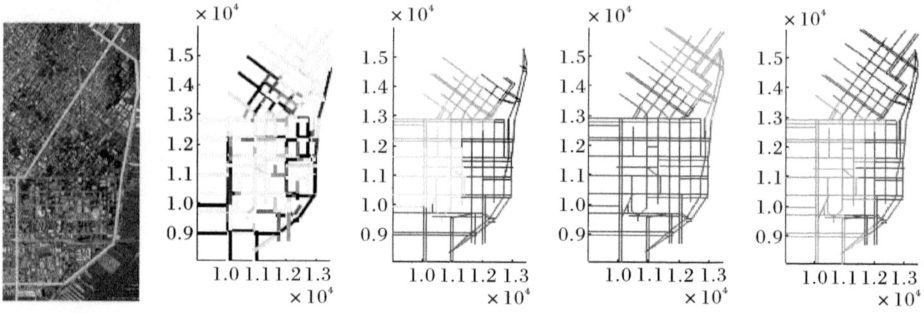

(a) 实际路网　(b) 路网亮度图　(c) 初步分割图　(d) 合并图　(e) 划分结果图

图 10.2　旧金山市中心[224,225]

在无向图 $G=(V,E)$ 中，假设 V 为节点集合，E 为 G 中的边集合，V 可被划分成 A 和 B 两部分。A 和 B 的相似性用 $\mathrm{cut}(A,B)=\sum_{u\in A,v\in B}w(u,v)$ 表示，其中 $w(u,v)$ 表示节点 u 和节点 v 之间的相似性。Ncut 使用规范化标准，即同时考虑不同群体间的差异性和群体内部相似性。这里群体间互异性（Ncut）和群体内关联性（Nassoc）定义为

$$\mathrm{Ncut}(A,B)=\frac{\mathrm{cut}(A,B)}{\mathrm{cut}(A,V)}+\frac{\mathrm{cut}(A,B)}{\mathrm{cut}(B,V)} \tag{10.2}$$

$$\mathrm{Nassoc}(A,B)=\frac{\mathrm{cut}(A,A)}{\mathrm{cut}(A,V)}+\frac{\mathrm{cut}(B,B)}{\mathrm{cut}(B,V)} \tag{10.3}$$

最小化 $\mathrm{Ncut}(A,B)$ 和最大化 $\mathrm{Nassoc}(A,B)$ 两个目标可同时实现，因为它们遵守以下关系：

$$\mathrm{Ncut}(A,B)=2-\mathrm{Nassoc}(A,B) \tag{10.4}$$

初步划分结果如图 10.2(c)所示。如果距离阈值过低（无向图 G 中最短路径长度），Ncut 倾向于将区域一分为二，阈值是评价街道间相似度的参考依据。如果

街道间最短路径的长度大于阈值,相似度为 0;否则,应根据街道密度值确定相似度。同时,过高的阈值可能造成子网相对分散,影响路网的划分效果。可以看出,Ncut 算法在路网划分时不能完全满足要求,因此需要进一步调整和完善。

2. 合并

初步分割之后,将得到若干不同子网数量的初始分配方案。然而,Ncut 得到的初始分配方案不一定是最优方案,这是因为如果式(10.1)中空间距离阈值 $r(i,j)$太低,Ncut 倾向于将均匀区域一分为二。因此,第二阶段将采用合并算法:每次合并两个密度最相似的子网,直到只剩一个簇,如图 10.2(d)所示。然后,根据相似的评价标准对合并后的子网进行评价。

合并算法与融合聚类算法[226]相似。但是,基于 Ncut 的合并算法有以下两个优点。第一,计算效率更高。合并算法计算复杂度为 $O(k^2\log k)$,其中 k 为 Ncut 算法得到的初始子网数量。通常情况下,$k\ll n$(n 为图中节点数),所以计算复杂度仅为 $O(x^{\frac{3}{2}})$,而融合聚类算法的计算复杂度为 $O(n^2\log n)$。第二,仅考虑街道密度时,基于 Ncut 的合并过程能够生成空间布局更加紧凑的子网,而融合聚类算法难以实现。

3. 边界调整

路网经过 Ncut 和合并处理后,子网的轮廓线已经大致确定。如果在此基础上采用边界调整,子网内街道密度的方差将会再次降低。这个过程相当于精确地勾勒出边界轮廓线。假设 i 和 j 分别表示一条街道,A 和 B 分别代表子网 A 和 B 中街道的集合。如果街道 $i\in B$,$j\in A$,并且街道 i 与街道 j 相邻($a(i,j)=1$),则认为街道 i 和 j 在子网 A 和子网 B 的边界上。$U(A,B)$为子网 A 和子网 B 交界处街道的集合。具体边界处理的方法如下:

首先,找到所有交界处的街道,设 $i\in B$、$i\in U(A,B)$;其次,移动子网 B 中每条独立的街道 i 至相邻子网 A 中,并分别计算调整后子网 A 和 B 的街道的密度方差的变化值;最后,选择能够最大限度降低子网 A 和 B 的街道密度方差的调整方案,并更新子网。重复以上过程直到子网内街道的方差无变化为止,最终划分结果如图 10.2(e)所示。

10.2.2　基于 MFD 的路网控制策略

当对非均匀路网完成划分后(图 10.3),就可以利用 MFD 来对非均匀路网进行控制。一个基本的思路[225]是:首先通过 MFD 从宏观角度描述非均匀路网的交通状态,然后建立以子网内车辆均匀分布和路网吞吐量为优化目标的控制模型,最后通过线性多变量反馈调节器或线性多变量积分反馈调节器实现边界控制。本节将对基于 MFD 的路网控制策略进行简单的介绍，详细的过程请参照文献[225]。

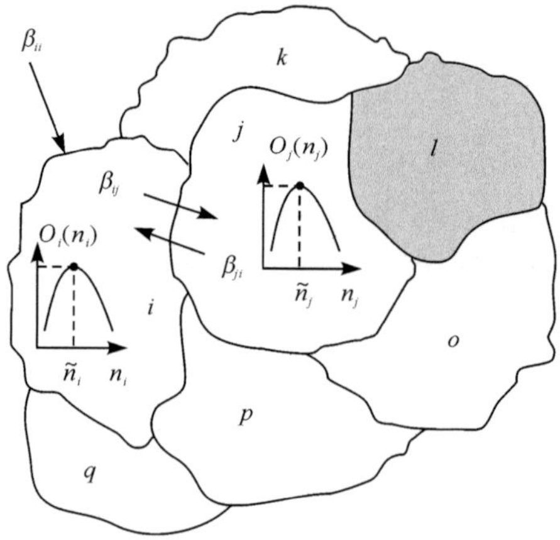

图 10.3　基于 MFD 的非均匀路网控制图[225]

首先，定义系统中子网 $i(i=1,\cdots,N)$，$n_i(t)$为 t 时子网 i 中的累积车辆数，$n_{i,\max}$为子网 i 能够容纳的最多车辆数。假设任意子网内，累积车辆数 n_i 和输出量 O_i 之间存在对应关系，即 $O_i(n_i(t))$。$q_{i,\text{in}}(t)$和 $q_{i,\text{out}}(t)$分别为 t 时子网 i 的输入量和输出量，S_i 为初始状态下子网 i 输入量的集合，$d_i(t)$为 t 时子网 i 内无法控制的交通需求量(扰动)。则任意子网 i 的守恒方程为

$$\frac{\mathrm{d}n_i(t)}{\mathrm{d}t}=q_{i,\text{in}}(t)-q_{i,\text{out}}(t)+d_i(t) \tag{10.5}$$

由于子网的系统特征随时间变化缓慢，所以这里假设子网的输出量 $q_{i,\text{out}}(t)$由子网内车辆累积数 $n_i(t)$的函数 $O_i(n_i(t))$决定。如果子网 i 和 j 边界共享，定义 $\beta_{ji}(j\neq i)$为子网 i 允许子网 j 中车辆进入的比例，β_{ii}为子网 i 允许边界流量进入的比例(图 10.3)。则子网 i 的输入量表达式为

$$q_{i,\text{in}}(t)=\sum_{j\in S_i}\beta_{ji}(t-\tau_{ji})O_j(n_j(t)) \tag{10.6}$$

式中，τ_{ji}为进入子网 i 的行驶时间。

$$\beta_{ji,\min}\leqslant\beta_{ji}(t)\leqslant\beta_{ji,\max} \tag{10.7}$$

式中，$\beta_{ji,\min}$和 $\beta_{ji,\max}$分别为允许进入车辆的最小值和最大值。

为了避免边界处过长排队和车辆延误，设 $\beta_{ji,\min}>0$。同时，为防止子网内出现过饱和状况，建立如下约束：

$$\sum_{i=1}^{N}(\beta_{ji}(t)+\varepsilon_i)\leqslant 1,\quad \forall j=1,\cdots,N \tag{10.8}$$

式中，$\varepsilon>0$ 表示子网 i 内不受控制的进入量。

最后，每个子网的车辆积累量必须小于最大容量 $n_{i,\max}$，即

$$0 \leqslant n_i(t) \leqslant n_{i,\max}, \quad \forall i = 1, \cdots, N \tag{10.9}$$

将式(10.6)代入式(10.5)中，得到非线性状态方程：

$$\frac{\mathrm{d}n_i(t)}{\mathrm{d}t} = \sum_{j\in S_i} \beta_{ji}(t) O_j(n_j(t)) - O_i(n_i(t)) + d_i(t) \tag{10.10}$$

给定 MFD，$O_i(n_i(t))$临界累积车辆数 $\tilde{n}_i$，在稳态点 $\hat{n}_i$、$\hat{\beta}_{ji}$和$\hat{d}_i$ 附近，非线性模型可线性化处理为

$$0 = \sum_{j\in S_i} \hat{\beta}_{ji}(t) O_j(\hat{n}_j(t)) - O_i(\hat{n}_i(t)) + \hat{d}_i(t) \tag{10.11}$$

定义 $\Delta x = x - \hat{x}$，其他变量进行同样的处理，通过一阶泰勒近似，得到线性化表达式：

$$\begin{aligned}\Delta\hat{n}_i(t) = & \sum_{j\in S_i} \Delta\beta_{ji}(t) O_j(\hat{n}_j(t)) + \sum_{j\in S_i} \Delta\hat{\beta}_{ji}(t) \Delta n_j(t) O'_j(\hat{n}_j(t)) \\ & - \Delta n_i(t) O'_j(\hat{n}_j(t)) + \Delta d_i(t)\end{aligned} \tag{10.12}$$

将状态方程式(10.12)应用于具有 N 个子网的路网中，得到以下描述系统随时间变化的状态方程：

$$\Delta\hat{n}(t) = F\Delta n(t) + G\Delta\beta(t) + H\Delta d(t) \tag{10.13}$$

对式(10.13)进行时间的一阶离散化，则多子网的连续线性系统可直接转化成如下离散系统：

$$\Delta n(k+1) = A\Delta n(k) + B\Delta\beta(k) + \Delta d(k) \tag{10.14}$$

对于图 10.3 划分成 N 个子网的路网，如果采用式(10.15)的 BBC(bang-bang control)策略可能引起车辆分布不均匀，这与预先假设相矛盾，从而降低了网络整体的吞吐量和效率。另外，必须要考虑到子网间的最大输出流量存在差别，而且同时进入拥堵状态的时间也不尽相同。所以，路网的控制目标为：①尽可能均匀地分布子网中车辆的积聚量；②使车辆进入率 β_{ji} 维持在期望点 $\hat{\beta}_{ji}$ 附近，保证系统吞吐量最大。

$$q_{\text{in}}(k) = \begin{cases} q_{\max}, & n(k) < \tilde{n} \text{ 或 } n(k+1) < \tilde{n} \\ q_{\min}, & \text{其他} \end{cases} \tag{10.15}$$

式中，$q_{\min}$和 $q_{\max}$分别是最小进入量和最大进入量。

线性控制理论提供了一系列系统而高效的反馈调节器。Aboudolas 等[181]针对非均匀载荷网络边界流控制策略，提出了基于边界流反馈的两种最优控制方法：一种为线性二次型(linear-quadratic，LQ)优化控制问题的多变量反馈调节器；另一种是线性二次型积分(linear-quadratic-integral，LQI)优化控制问题的多元积分反馈调节器，这里主要介绍多元积分反馈调节器。

积分反馈调节器的基本原理是生成能够计算误差信号积分的控制器，然后作为反馈依据提供零稳态误差。为实现反馈的目标，通过式(10.14)中增加状态变量得到

$$\boldsymbol{z}(k+1)=\boldsymbol{z}(k)+\boldsymbol{Y}\Delta n(k) \tag{10.16}$$

式中，$z\in\Re^{p}$ 是积分向量；$Y\in\Re^{p\times N}$ 和 $p\leqslant M$ 满足控制约束。

矩阵 $\boldsymbol{Y}$ 通常由 0 和 1 组成，这样保证了式(10.14)中车辆积聚量为整数。增广离散系统式(10.14)，按照式(10.16)的表述可得到

$$\Delta\tilde{n}(k+1)=\widetilde{\boldsymbol{A}}\Delta\tilde{n}(k)+\widetilde{\boldsymbol{B}}\Delta\beta(k)+\widetilde{\boldsymbol{H}}\Delta d(k) \tag{10.17}$$

式中，$\tilde{n}(k)=[n(k)z(k)]^{\tau}$ 是增广状态向量；$\widetilde{\boldsymbol{A}}$、$\widetilde{\boldsymbol{B}}$ 和 $\widetilde{\boldsymbol{H}}$ 分别为扩展状态矩阵、控制矩阵和需求矩阵。

为了推导出积分反馈调节器，控制目标为最小化增广二次标准(the augmented quadratic criterion)：

$$\ell(\beta)=\frac{1}{2}\sum_{k=0}^{\infty}(\|\Delta n(k)\|_{Q}^{2}+\|\Delta\beta(k)\|_{R}^{2}+\|z(k)\|_{S}^{2}) \tag{10.18}$$

在式(10.17)的约束下(假设 $\Delta d(k)=0$)，由最小化指标式(10.18)导出 LQI 多变量反馈调节器：

$$\Delta\beta(k)=-\widetilde{\boldsymbol{K}}\begin{bmatrix}\Delta n(k)\\ z(k)\end{bmatrix} \tag{10.19}$$

式中，$\widetilde{\boldsymbol{K}}$ 是黎卡提微分方程的稳态解。

分解 $\widetilde{\boldsymbol{K}}=[K_1 \quad K_2]$，得到最终的多变量积分反馈调节器：

$$\beta(k)=\beta(k-1)-K_{\mathrm{p}}[n(k)-n(k-1)]-K_{\mathrm{I}}[n(k)-\hat{n}] \tag{10.20}$$

式中，$K_{\mathrm{p}}=K_1-K_2$ 和 $K_{\mathrm{I}}=K_2Y$ 分别为比例积分增益(the proportional and integral gains)。

Aboudolas 等[181]针对旧金山市中心[图 10.2(a)]2.5km^2 的路网进行了控制，子网划分结果参考图 10.2(e)，根据仿真数据绘制了路网的宏观基本图和 3 个子网的宏观基本图(图 10.4)。

从图 10.4(a)可以看出，整个路网的车辆维持在 4000～6000 时，路网的吞吐量最大(约 300000veh/h)。当累积量超过 6000 辆时，路网严重拥堵，吞吐量随着累积量的增加而减少。对于单一路网而言，路网控制的目标就是使车辆维持在最大吞吐量对应的区间内。图 10.4(b)为 3 个子网对应的宏观基本图，最大吞吐量分别为 70000veh/h、80000veh/h、110000veh/h，对应的车辆累积区间为 500～1000、1000～7000、1100～2250。仿真过程中发现，3 个子网发生拥堵的时间不同，这种情况下采用相同的控制策略将不能达到理想的效果。

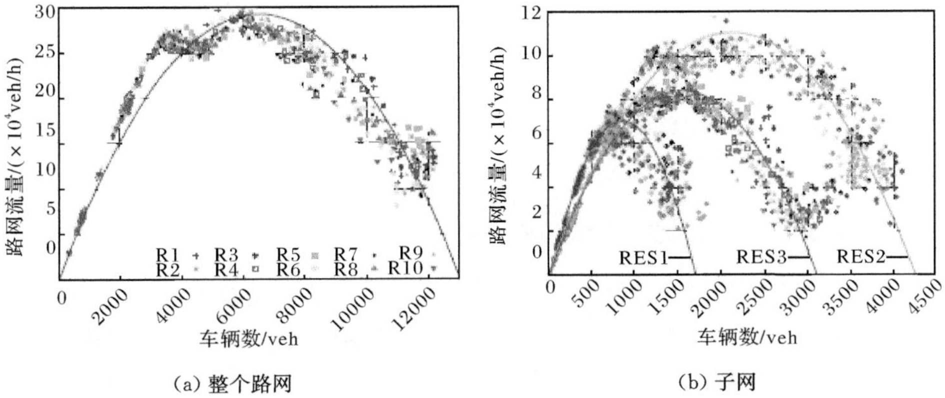

图 10.4　宏观基本图[224]

下面将 FPC-LQI 与 BBC 进行对比。BBC 的关键控制点 $\tilde{n}=5500$，约为图 10.4(a)关键累积量的 90%。在 FPC-LQI 中，子网的期望累积量为 $\tilde{n}_1=600$veh、$\tilde{n}_2=1100$veh、$\tilde{n}_3=1250$veh，每个子网都对应着边界控制器 β_{ii} 和 β_{ji}。对于图 10.2(e)的控制向量为 $\boldsymbol{\beta}=[\beta_{11}\quad\beta_{21}\quad\beta_{31}\quad\beta_{12}\quad\beta_{22}\quad\beta_{32}\quad\beta_{13}\quad\beta_{23}\quad\beta_{33}]$，$\beta_{\min}=0.1$。状态向量 $\boldsymbol{n}(k)$ 表示为 $\boldsymbol{n}=[n_1\quad n_2\quad n_3]$。模型参数及边界条件设定后，运行结果如图 10.5 所示。

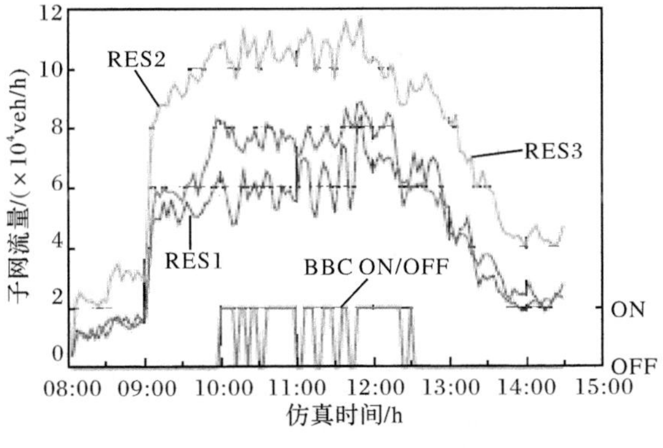

图 10.5　控制结果对比图[225]

从图 10.5 可以看出，BBC 策略较不稳定，这是由于子网间的流量差别较大。10:00 之后，累积量达到关键点 $\tilde{n}=5500$，BBC 表现出较好的控制效果，到达 12:30 之前，BBC 策略出现了较大的波动。FPC 方案中，9:30 后子网分别达到最大吞吐量，这表明 FPC 策略能够自动识别何时何地启用调节器。通过对比，可以看出 FPC 策略优于 BBC 策略，FPC 较适用于过饱和路网控制问题。

10.3 基于 OSI 的路网干线划分控制

路网控制的第二种思路是对过饱和路网的主要干线进行联合控制。这里介绍一个基于 OSI 的路网干线划分控制。

10.3.1 基于 OSI 的过饱和干线联合控制回顾

在第 6 章提到了过饱和严重度指数 OSI,可以有效地反映交叉口过饱和程度及来源。根据过饱和形成的原因,将 OSI 进一步细分成 T-OSI 和 S-OSI。其中,T-OSI 代表滞留队列产生的不利影响,即时间维度的不利影响;S-OSI 代表溢流产生的不利影响,即空间维度的不利影响。

从时间维度上讲,如果车辆在上个信号周期中由于绿灯时间不充足而无法通过交叉口,这些滞留车辆会继续占用下一周期的有效绿灯时间,从而造成不利影响,减少下一周期内到达车辆的通行时间。从空间维度上讲,如果下游道路的车辆排队超出了道路长度(溢流发生),那么交叉口将受到下游排队车辆的阻塞而导致交叉口无法正常通行,造成当前周期内一部分绿灯时间不能正常使用。下面将介绍如何利用 T-OSI 和 S-OSI 对过饱和路网的主要干线进行联合控制。

10.3.2 过饱和干线路网

过饱和路网可以简化成几条相交的过饱和干线。这里以两条相交的过饱干线为例来说明基于 OSI 的路网干线划分控制的基本模型。如图 10.6 所示,道路 1 包括交叉口 1,交叉口 2,…,交叉口 N,其相位为 i;道路 2 包括交叉口 $1'$,交叉口 $2'$,…,交叉口 N',其相位为 j;这两个过饱和道路相交的地方称为关键交叉口 I。

控制模型的目的就是使两条道路的总通过流量最大化,并且满足消除溢流和剩余排队及通行能力的约束条件。对于相位 i 和 j 都可用的绿灯时间 $g^{a}_{I,i\&j}$ 可由下式计算得出(其推导过程详见第 9 章 9.3.2 节):

$$g^{a}_{I,i\&j}(t)=c_I-\sum_{p\in Z_{I,i\&j}}\alpha^{Q}\left[\frac{Q^{\max}_{I,p}(t-1)}{s_{I,p}}\right]-g_{I,i}(t-1)-g_{I,j}(t-1) \tag{10.21}$$

式中,α^{Q} 是一个权重项,表示当计算过饱和相位的有效绿灯时间时,用户对冲突相位的排队车辆的关注程度;$Q^{\max}_{I,p}(t)$表示在周期 t、交叉口 I 和相位 p 时每条道路的最大排队长度;$s_{I,p}$表示在交叉口 I 和相位 p 每条道路的饱和流率;$g_{I,j}(t)$为在周期 t、交叉口 I 和相位 j 时的绿灯时间;$Z_{I,i\&j}$是在交叉口 I 处与相位 i 与 j 冲突的相位集合。

根据上述表达,对于由两条相互交叉的过饱和干线组成的路网控制模型的表

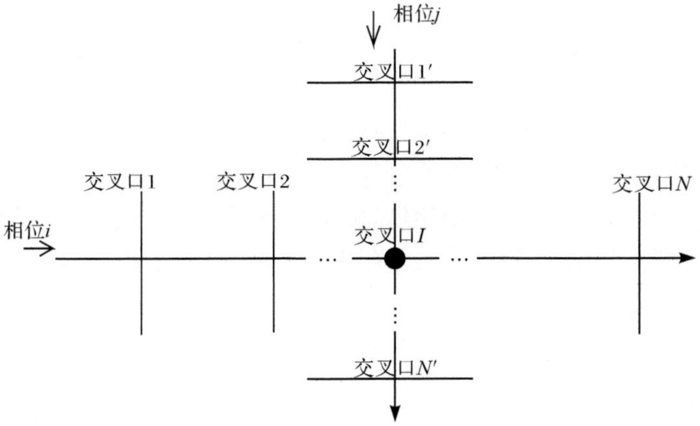

图 10.6　两条相交的过饱和道路

达式为

$$
\begin{aligned}
&\max(\Delta g_{1,j}(t)-\Delta r_{1,j}(t))+(\Delta g_{1',j}(t)-\Delta r_{1',j}(t))\\
&\text{s. t.}\\
&(1)\ \ \Delta r_{n,k}(t)-\Delta r_{n+1,k}(t)=S_{n,k}(t-1),\\
&\qquad n\in\{1,\cdots,N-1\},\quad k=i\text{ 或者}\\
&\qquad n\in\{1',\cdots,N'-1\},\quad k=j\\
&(2)\ \ \Delta g_{n+1,k}(t)-\Delta g_{n,k}(t)=T_{n+1,k}(t-1)-S_{n,k}(t-1)\\
&\qquad -[g_{n+1,k}(t-1)-g_{n,k}(t-1)],\\
&\qquad n\in\{1,\cdots,N-1\},\quad k=i\text{ 或者}\\
&\qquad n\in\{1',\cdots,N'-1\},\quad k=j\\
&(3)\ \ \Delta g_{n,k}(t)-\Delta r_{n,k}(t)\leqslant c_n-\sum_{p\in Z_{n,k}}\alpha^{Q}\left[\frac{Q_{n,p}^{\max}(t-1)}{s_{n,p}}\right]-g_{n,k}(t-1),\\
&\qquad n\in\{1,\cdots,I-1\}\cup\{I+1,\cdots,N\},\quad k=i\text{ 或}\\
&\qquad n\in\{1',\cdots,(I-1)'\}\cup\{(I+1)',\cdots,N'\},\quad k=j\\
&(4)\ \ -\Delta r_{I,i}(t)-\Delta r_{I,j}(t)+\Delta g_{I,i}(t)+\Delta g_{I,j}(t)\\
&\qquad \leqslant c_I-\sum_{p\in Z_{I,i\&j}}\alpha^{Q}\left[\frac{Q_{I,p}^{\max}(t-1)}{s_{I,p}}\right]-g_{I,i}(t-1)-g_{I,j}(t-1)
\end{aligned}
\tag{10.22}
$$

式中，$\Delta r_{n,k}(t)$表示在周期 t、交叉口 n 和相位 i 时的红灯时间调整项；$\Delta g_{n,k}(t)$表示在周期 t、交叉口 n 和相位 k 时的绿灯调整项；$S_{n,k}(t)$表示在周期 t，交叉口 n 和相位 k 时，溢流引起的无效绿灯时间；$T_{n,j}(t)$表示在周期 t、相位 j 时，交叉口 n 处由于二次排队引用的无效绿灯时间。

模型中，前两项分别表示两条道路没有溢流和剩余排队的约束条件，第三项计算了两条道路各交叉口(除交叉口 I 以外)的有效绿灯时间，最后一个约束条件表示交叉口 I 的有效绿灯时间。

为求解上述模型，可以先将模型表示成一个最大流问题。图 10.7 描述了相应的最大流路网图，可以看出，两条过饱和道路分别对应源节点 S_i、S_j 和汇入点 D_i、D_j。对于将单独一条过饱和道路建模成最大流问题的过程可以参见9.3.1节分析。但对于两条过饱和道路交叉的关键交叉口，则需要重新设计最大流网络结构。具体设计如图 10.7 所示。

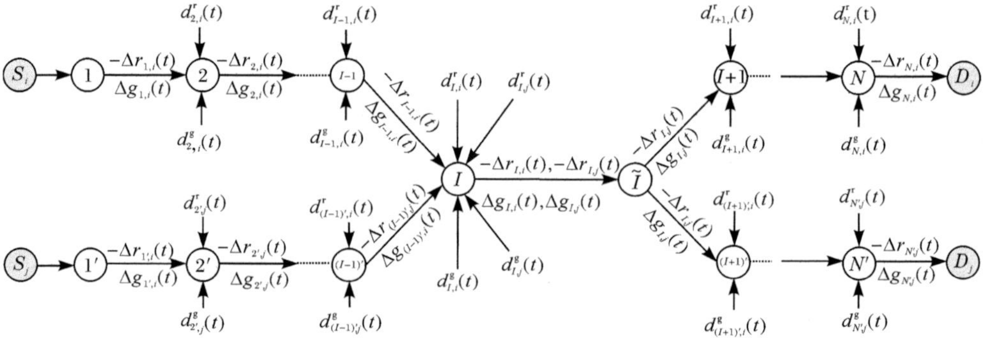

图 10.7　两条相交的过饱和道路的最大流网

首先将原始的节点 I 表示成两个节点 I 和 I'，从而产生了一个新边(I,I')。边(I,I')的通行能力受制于交叉口(节点)I 的有效绿灯时间 $g^{a}_{I,i\&j}(t)$。在节点 I，来自节点 $I-1$ 和节点 $I'-1$ 的两对输入流分别用 $-\Delta r_{I-1,i}$、$\Delta g_{I-I,i}(t)$ 和 $-\Delta r_{(I-1),j}(t)$、$-\Delta g_{(I-1),j}(t)$表示。另外，用 $d^{r}_{I,i}(t)$和$d^{r}_{I,j}(t)$表示两个相位红灯减少时的流量，$d^{g}_{I,i}(t)$和 $d^{g}_{I,j}(t)$表示两个相位绿灯延长时的流量。节点 I 总的流量等于两个相位方向的流量之和，即$-\Delta r_{I,i}(t)-\Delta r_{I,j}(t)+\Delta g_{I,i}(t)+\Delta g_{I,j}(t)$，并且受边$(I,I')$通行能力的限制，即 $g^{a}_{I,i\&j}(t)$。

10.3.3　前向后向求解算法

传统用于解决最大流问题的方法可用来求解式(10.22)，但是比较繁杂。这里介绍一个比较直观的 FBP 法来求解基于控制模型的最大流问题。FBP 可以成功地求解一个过饱和干线信号控制问题(见第 9 章)。下面介绍对于两个相交过饱和干线的 FBP 具体求解流程。

1. 前向过程

对于两条相交的过饱和道路，在相位 i 和 j 之间，将交叉口 I 处的有效绿灯时

间 $g^{a}_{I,i\&j}(t)$分离，根据前向过程中所需的绿灯时间，将有效绿灯时间按比例分配：

$$\begin{cases} g^{a}_{I,i}(t) = g^{a}_{I,i\&j}(t)\dfrac{g^{F}_{I,i}(t)}{g^{F}_{I,i}(t)+g^{F}_{I,j}(t)} \\ g^{a}_{I,j}(t) = g^{a}_{I,i\&j}(t)\dfrac{g^{F}_{I,j}(t)}{g^{F}_{I,i}(t)+g^{F}_{I,j}(t)} \end{cases} \tag{10.23}$$

但是，由于一条或两条过饱和道路上的有效绿灯时间的约束条件并非针对关键交叉口，因此，这种分离方法未必是由有效的。为了弥补这一缺陷，前向过程计算了除关键交叉口 I 之外所有交叉口的剩余通行能力，还有两个方向的后向调节项 $\Delta\hat{g}^{B}_{i}(t)$、$\Delta\hat{g}^{B}_{j}(t)$。之所以引入"ˆ"记号，是因为这里没有考虑交叉口 I。如用 $\Delta\hat{g}^{R}_{I,i}(t)$和 $\Delta\hat{g}^{R}_{I,j}(t)$分别表示交叉口 I 处的相位 i 和相位 j 的绿灯时间增量，则 $\Delta\hat{g}^{R}_{I,i}(t)$和 $\Delta\hat{g}^{R}_{I,j}(t)$可用如下公式求解：

$$\begin{cases} \Delta^{R}_{I,i}(t) = \Delta g^{F}_{I,i}(t) + \Delta\hat{g}^{B}_{i}(t) - \Delta r^{F}_{I,i}(t) \\ \Delta^{R}_{I,j}(t) = \Delta g^{F}_{I,j}(t) + \Delta\hat{g}^{B}_{j}(t) - \Delta r^{F}_{I,j}(t) \end{cases} \tag{10.24}$$

2. 后向过程

如果 $g^{a}_{I,i\&j}(t) \geqslant \Delta^{R}_{I,i}(t) + \Delta^{R}_{I,j}(t)$，则满足交叉口 I 的有效绿灯时间的约束条件。这种情况下，后向过程主要使调节项 $\Delta g^{B}_{i}(t)$、$\Delta g^{B}_{j}(t)$分别与 $\Delta\hat{g}^{B}_{I}(t)$、$\Delta\hat{g}^{B}_{j}(t)$相等，即

$$\begin{cases} \Delta g^{B}_{i}(t) = \Delta\hat{g}^{B}_{i}(t) \\ \Delta g^{B}_{j}(t) = \Delta\hat{g}^{B}_{j}(t) \end{cases} \tag{10.25}$$

反之，交叉口 I 的有效绿灯时间不能满足相位 i 和 j 的总的有效绿灯时间。根据所需的绿灯时间增量，总的绿灯时间 $g^{a}_{I,i\&j}(t)$可以成比例的分为 $g^{a}_{I,i}(t)$和 $g^{a}_{I,j}(t)$：

$$\begin{cases} g^{a}_{I,i}(t) = g^{a}_{I,i\&j}(t)\dfrac{\Delta^{R}_{I,i}(t)}{\Delta^{R}_{I,i}(t)+\Delta^{R}_{I,j}(t)} \\ g^{a}_{I,j}(t) = g^{a}_{I,i\&j}(t)\dfrac{\Delta^{R}_{I,j}(t)}{\Delta^{R}_{I,i}(t)+\Delta^{R}_{I,j}(t)} \end{cases} \tag{10.26}$$

最后，同向和反向交通流的最终红灯/绿灯时间变化量为

$$\begin{cases} \Delta g^{B}_{i}(t) = g^{a}_{I,i}(t) - (\Delta g^{F}_{I,i}(t) - \Delta r^{F}_{I,i}(t)) \\ \Delta g^{B}_{j}(t) = g^{a}_{I,j}(t) - (\Delta g^{F}_{I,j}(t) - \Delta r^{F}_{I,j}(t)) \end{cases} \tag{10.27}$$

10.4　基于排队的路网交叉口划分控制

本节将介绍一个基于排队的路网交叉口划分(分布式划分)控制方法，称为

QUEUE 策略。

10.4.1 问题描述

通常来讲，周期时长、相位差和绿信比是信号优化中最重要的三个参数。在这里，假设周期时长为事先给定的常值，对周期时长的优化暂不讨论。此外，虽然在交通未饱和时，相位差是干线信号协调的决定性参数，但由于过饱和状态下车辆排队的普遍存在，干线上的车流无法通过相位差的优化设置而实现不停留连续通行，因此相位差的优化也不在讨论之列。因此，QUEUE 策略只计算各个交叉口的最佳绿信比，使过饱和状态的持续时间最短，并最小化总的车辆延误时间。

QUEUE 策略是一个分布式策略，在每个交叉口独立运行，通过该交叉口和相邻交叉口实时检测的排队长度和车辆到达信息来计算绿信比。一个典型的交叉口在 4 个方向各有一个相邻交叉口，但对每个相邻交叉口的信息采集及对相关相位的绿灯时间优化是独立进行的。因此，为不失一般性，这里考虑了由两个相邻交叉口组成的交通系统，在这个系统中讨论上游交叉口 I_{12} 和下游交叉口 I_{34} 的互相影响，如图 10.8 所示。由此得出的算法和结论可以很直接地扩展到多个交叉口的系统中。注意，转弯车流和双向交通流暂没有被列入考虑范围。

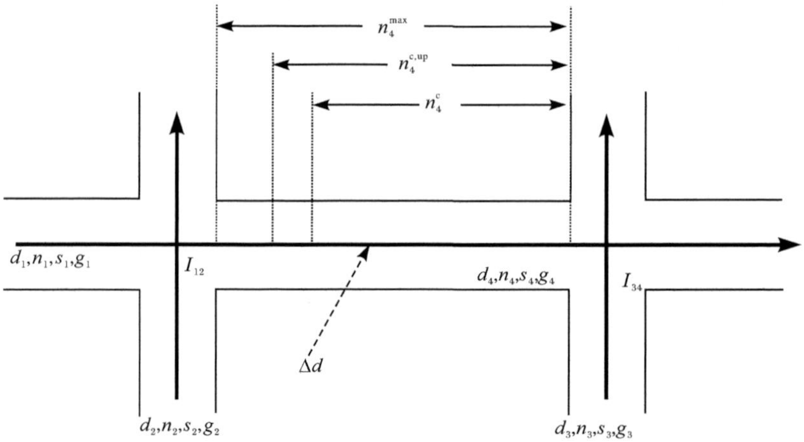

图 10.8 包含两个过饱和交叉口的干线系统

对于任意一条道路 $i(i=1,2,3,4)$，与其相关的参数和变量包括到达流量、排队车辆数目、饱和消散流率和绿灯时长，分别用 d_i、n_i、s_i 和 g_i 来表示。需要指出的是，由于现实中转弯车流和道路中间出口或者入口车流的存在，道路 4 的到达流量并不是简单地等于道路 1 的离开流量。这里用一个额外流量 Δd 来描述这些影响，用于修正道路 1 和道路 4 的流量差。Δd 有可能是正数或者负数，这取决于额外驶入道路 4 的流量与驶离道路 4 的流量。

对交通路网的描述仍然采用 Store-and-Forward 模型。对于每一股交通流，即来自同一条道路、方向相同的交通流，车辆的排队情况随周期的变化可以用如下守恒方程来表示：

$$n_i(k+1) = n_i(k) + d_i(k)c - s_i g_i(k), \quad i = 1,2,3,4 \tag{10.28}$$

式中，k 是周期的编号；c 为各个交叉口的共同周期时长。

对于下游交叉口 I_{34}，道路 4 入口的到达流量等于道路 1 的离开流量与延后一定时间 δ 之后的额外流量 Δd 之和。这个延后时间 δ 为从车辆驶入道路 4 入口到车辆到达道路 4 出口的时间，即车辆以自由流速度在道路 4 上行驶的时间。

各个相位的损失时间暂不考虑，因为它除了一些简单的公式修正外，并不会对接下来的讨论带来任何不同[227]。因此有

$$c = g_1 + g_2 = g_3 + g_4 \tag{10.29}$$

可以看出，g_1 和 g_2、g_3 和 g_4 分别是线性互补的关系。因此，可以选择用 g_1 和 g_4 来作为决策变量，而 g_2 和 g_3 可以直接依据 $g_2=c-g_1$，$g_3=c-g_4$ 计算得到。g_1 和 g_4 的决策受到最大和最小绿灯时间的限制，即

$$g_1^{\min} \leqslant g_1 \leqslant g_1^{\max}, \quad g_4^{\min} \leqslant g_4 \leqslant g_4^{\max} \tag{10.30}$$

式中，$g_1{}^{\min}$、$g_1{}^{\max}$、$g_4{}^{\min}$和 $g_4{}^{\max}$分别为道路 1 和道路 4 的最小、最大绿灯时间。

各条道路上的排队车辆数目不能为负值，且受到最大排队容量的限制，有

$$0 \leqslant n_i \leqslant n_i^{\max}, \quad i = 1,2,3,4 \tag{10.31}$$

式中，$n_i{}^{\max}$为道路 i 的最大排队容量。

直观地讲，一条道路的最大排队容量应为道路长度、车道数目与阻塞密度的乘积。然而，交通排队的空间延伸特性以及受交叉口信号灯影响的周期性必须纳入考虑，因此需要做出必要的修正。例如，当道路接近下游交叉口的出口位置车辆已经开始消散之后，道路接近上游交叉口的入口位置也有可能被排队堵死。此外，$n_i{}^{\max}$也可以根据特定的控制目标来人为设定。

这里考虑的过饱和交叉口优化控制问题共有两个目标函数。主要的目标函数为最小化过饱和状态的持续时间，使所有道路的剩余排队车辆数目为 0 的过饱和状态的结束时间 T 最小；次要目标函数为最小化总车辆延误时间(total vehicular delay time，TDT)。

$$\min J = \begin{Bmatrix} f_1: T = \arg\min\{k \mid n_i(k) = 0, i = 1,2,3,4\}, \\ f_2: \text{TDT} = \sum_{t=1}^{T}\sum_{i=1}^{4} n_i(t) \cdot c \end{Bmatrix} \tag{10.32}$$

10.4.2 分布式准最优控制策略 QUEUE

为了便于表述，本节假设道路 1 和道路 4 为主干道，二者具有更大的饱和通行能力，而道路 2 和道路 3 为支路，饱和通行能力相对较小，即 $s_1>s_2$、$s_4>s_3$ 且 $s_1=$

s_4。针对 4 条道路饱和通行能力相对关系的其他情况，也可以很容易地得到对应的 QUEUE 策略。

针对交叉口所处的不同时期和不同位置，分如下四种情况进行讨论。

1. 消散时期的下游交叉口

消散时期的主要优化目标是使过饱和状态尽早结束，即最小化过饱和状态的持续时间，次要优化目标是最小化车辆延误时间。由于消散时期车辆排队不会上溯，因此下游交叉口 I_{34} 可以当做独立交叉口来处理。在离线问题的研究中，Gazis[15]指出理论上的最优解为两阶段 bang-bang 控制的形式：首先给饱和消散流率更大的主要道路最大绿灯时间，给次要道路最小绿灯时间（$g_4 = g_4^{\max}$、$g_3 = g_3^{\min}$）；然后在一个最佳切换时间点进行切换，给主路最小绿灯时间，次路最大绿灯时间（$g_4 = g_4^{\min}$、$g_3 = g_3^{\max}$）。

与单个过饱和交叉口的控制相同，消散时期的主要控制目标在排队状态空间上可以表述为寻找一条从初始位置$[n_3^0, n_4^0]$到终点位置$[0,0]$的最优轨迹，使过饱和状态的历时最短，即轨迹在到达原点前不接触任何坐标轴。在所有满足主要目标的状态轨迹中，次要目标是寻找到一条使车辆等待延误时间最小的轨迹。在车辆到达流量不变的情况下，最优轨迹如图 10.9 中的箭头轨迹所示。

$$\left(\frac{\Delta n_4}{\Delta n_3}\right)^{\min} = \frac{d_4 - \frac{s_4 g_4^{\min}}{c}}{d_3 - s_3\left(1 - \frac{g_4^{\min}}{c}\right)}, \quad \left(\frac{\Delta n_4}{\Delta n_3}\right)^{\max} = \frac{d_4 - \frac{s_4 g_4^{\max}}{c}}{d_3 - s_3\left(1 - \frac{g_4^{\max}}{c}\right)} \tag{10.33}$$

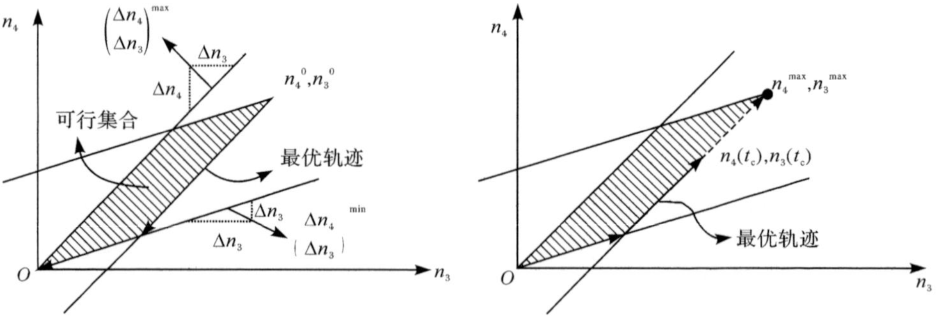

(a) 消散时期　　(b) 排队时期

图 10.9　排队状态空间图

因此，QUEUE 策略可用如下公式表示：

$$g_4=\begin{cases} g_4^{\max}, & \dfrac{n_4}{n_3}>\left(\dfrac{\Delta n_4}{\Delta n_3}\right)^{\min}=\dfrac{d_4-\dfrac{s_4g_4^{\min}}{c}}{d_3-s_3\left(1-\dfrac{g_4^{\min}}{c}\right)} \\ g_4^{\min}, & \dfrac{n_4}{n_3}\leqslant\left(\dfrac{\Delta n_4}{\Delta n_3}\right)^{\min}=\dfrac{d_4-\dfrac{s_4g_4^{\min}}{c}}{d_3-s_3\left(1-\dfrac{g_4^{\min}}{c}\right)} \end{cases} \tag{10.34}$$

2. 消散时期的上游交叉口

对于上游交叉口 I_{12}，QUEUE 策略可以类似得到

$$g_1=\begin{cases} g_1^{\max}, & \dfrac{n_1}{n_2}>\left(\dfrac{\Delta n_1}{\Delta n_2}\right)^{\min}=\dfrac{d_1-\dfrac{s_1g_1^{\min}}{c}}{d_2-s_2\left(1-\dfrac{g_1^{\min}}{c}\right)} \\ g_1^{\min}, & \dfrac{n_1}{n_2}\leqslant\left(\dfrac{\Delta n_1}{\Delta n_2}\right)^{\min}=\dfrac{d_1-\dfrac{s_1g_1^{\min}}{c}}{d_2-s_2\left(1-\dfrac{g_1^{\min}}{c}\right)} \end{cases} \tag{10.35}$$

需要注意的是，道路 1 在上游交叉口的离开流量和额外流量 Δd 一起决定了道路 4 的到达流量。由于消散时期的交通状态会向下游传播，而不会发生拥堵向上游蔓延，所以需要保证交叉口 I_{12} 的下游道路 4 有充足的到达流量能够满足最小绿灯时间的要求。否则，道路 4 的流量过小会导致下游交叉口 I_{34} 的绿灯时间浪费，进而影响交通排队消散的效率。

可以根据历史数据用 Δd^{est} 作为对额外流量 Δd 的一个估计。如果 $\Delta d^{\text{est}}>0$，在 $s_1=s_4$、$g_1{}^{\min}=g_4{}^{\min}$ 的假设下，无论上游交叉口的绿灯时间怎么分配，都可以保证道路 4 有足够的车辆到达，使最小绿灯时间不会被浪费；如果 $\Delta d^{\text{est}}<0$，则可能会出现道路 4 车辆到达不足的情况。为了解决这个问题，道路 1 的最小绿灯时间限制应该被增大，即

$$g_1^{\min}=g_4^{\min}-\frac{\Delta d^{\text{est}}c}{s_1},\quad \Delta d^{\text{est}}\leqslant 0 \tag{10.36}$$

3. 排队时期的下游交叉口

在排队时期，主要控制目标为防止排队溢流，即避免道路排队过多蔓延至上游交叉口而导致交叉口锁死，次要目标为最小化车辆延误时间。与消散时期相比，排队时期由于流量较大，交叉口的排队会逐渐增长。因此，排队状态空间中的轨迹向远离原点的方向前进[图 10.9(b)]，与消散时期[图 10.9(a)]刚好相反。对于下游交叉口 I_{34}，希望能够将道路 3 和道路 4 的排队数量控制在预先设定的最大

值 $n_4{}^{\max}$ 和 $n_3{}^{\max}$ 之内。因此，如果对于流量十分大导致溢流无法避免的极端情况，溢流应该被控制在最晚的可能时刻发生。与消散时期类似，排队时期的控制目标为在排队状态空间上寻找一条最优轨迹，使其在不超过边界 $n_4=n_4{}^{\max}$、$n_3=n_3{}^{\max}$ 的情况下到达点$[n_4{}^{\max},n_3{}^{\max}]$，并使得车辆延误最小。

QUEUE 策略的基本公式为

$$g_4=\begin{cases} g_4^{\max}, & \dfrac{n_4^{\max}-n_4}{n_3^{\max}-n_3}<\left(\dfrac{\Delta n_4}{\Delta n_3}\right)^{\min}=\dfrac{d_4-\dfrac{s_4 g_4^{\min}}{c}}{d_3-s_3\left(1-\dfrac{g_4^{\min}}{c}\right)} \\ g_4^{\min}, & \dfrac{n_4^{\max}-n_4}{n_3^{\max}-n_3}\geqslant\left(\dfrac{\Delta n_4}{\Delta n_3}\right)^{\min}=\dfrac{d_4-\dfrac{s_4 g_4^{\min}}{c}}{d_3-s_3\left(1-\dfrac{g_4^{\min}}{c}\right)} \end{cases} \tag{10.37}$$

需要指出的是，与消散时期不同，排队时期的排队状态并不一定会到达最大点$[n_4{}^{\max},n_3{}^{\max}]$，而有可能会终止在点$[n_4(t_c),n_3(t_c)]$，其中，$t_c$ 为排队时期的结束时间。但为了最大限度地避免排队溢流，QUEUE 策略的目标点被恒定设为最大点$[n_4{}^{\max},n_3{}^{\max}]$。

与消散时期的尽早结束过饱和时期相比，排队时期的防止溢流更为重要。这是因为溢流会造成上游交叉口通行能力的下降，导致过饱和状态的加剧及在路网空间上的蔓延。为了最大限度地防止排队溢流，可以以适当提高车辆延误时间为代价，进一步降低溢流发生的可能性。所采取的策略是将最大排队数量的上限$[n_4^{\max},n_3^{\max}]$压缩至$[n_4^{c},n_3^{c}]$，预留一部分排队空间用于处理由于流量波动导致的单条道路排队长度超出限制。这样，即使压缩后的排队限制$[n_4^{c},n_4^{3}]$被打破，仍然有机会利用预留的排队空间使最终的控制轨迹受控于边界 $n_4=n_4^{\max}$、$n_3=n_3^{\max}$ 之内。

基于此，式(10.37)被修正为

$$g_4=\begin{cases} g_4{}^{\max}, & \dfrac{n_4^{c}-n_4}{n_3^{c}-n_3}<\left(\dfrac{\Delta n_4}{\Delta n_3}\right)^{\min}, \quad n_4<n_4^{c},n_3<n_3^{c}\ \text{或者}\ n_4>n_4^{c} \\ g_4^{\min}, & \dfrac{n_4^{c}-n_4}{n_3^{c}-n_3}\geqslant\left(\dfrac{\Delta n_4}{\Delta n_3}\right)^{\min}, \quad n_4<n_4^{c},n_3<n_3^{c}\ \text{或者}\ n_4<n_4^{c},n_3>n_3^{c} \end{cases} \tag{10.38}$$

4. 排队时期的上游交叉口

在排队时期，比较重要的是要控制下游排队不会蔓延到上游交叉口。要实现这个目的，除了适时增大下游交叉口的绿灯时间以加快队列消散速度之外，在必要的时候还需要通过减小上游交叉口对应相位的绿灯时间来减少车流量输入，即门限控制。

对于上游交叉口 I_{12}，虽然暂时不需要考虑该交叉口排队向上游蔓延，但需要在下游道路（道路 4）的排队数量达到一定的阈值之后启动门限控制。因此，对于上游交叉口 I_{12} 的下游道路 4，需要增设一个新的阈值 $n_4^{c,up}$，当道路 4 的排队数量超过这个阈值之后，就需要在上游交叉口 I_{12} 强制令 g_1 取最小值 g_1^{min} 来防止过多车辆涌入道路 4。

对应的 QUEUE 策略表示为

$$g_1=\begin{cases} g_1^{max}, & \dfrac{n_1^c-n_1}{n_2^c-n_2}<\left(\dfrac{\Delta n_1}{\Delta n_2}\right)^{min}, \quad n_1<n_1^c, n_2<n_2^c \text{ 或者 } n_1>n_1^c \\ g_1^{min}, & \dfrac{n_1^c-n_1}{n_2^c-n_2}\geqslant\left(\dfrac{\Delta n_1}{\Delta n_2}\right)^{min}, \quad n_1<n_1^c, n_2<n_2^c \text{ 或者} \\ & \qquad n_1<n_1^c, n_2>n_2^c \text{ 或者 } n_4>n_4^{c,up} \end{cases} \tag{10.39}$$

在以往的研究中，Michalopoulos 和 Stephanopoulos[176] 建议当道路排队数量达到一定阈值时，需要令该条道路的输入和输出相等，以维持排队数量，阻止其进一步增长。如前所述，这可以通过增大下游绿灯时间或是减少上游绿灯时间来实现，但并没有明确指出，道路上游和下游的交叉口信号灯的调整顺序或是优先级。在这里，优先调整拥堵道路的下游交叉口，将每条道路上的阈值设定为 $n_i^{c,up}>n_i^c$。以图 10.8 中的道路 4 为例，随着排队数量的增长，$n_4>n_4^c$ 首先发生，此时的控制策略为增大道路 4 的绿灯时间；同时，由于道路 3 的绿灯时间不可避免地被缩减，道路 3 的排队数量会加速增加，可能会导致 $n_3>n_4^c$；同时满足了 $n_4>n_4^c$ 和 $n_3>n_4^c$ 之后，道路 4 的排队数量才可能会进一步增加，最终导致 $n_4>n_4^{c,up}$，触发上游交叉口的门限控制。也就是说，在 QUEUE 策略中，过饱和状态导致的排队拥堵优先在交叉口层面解决；而只有当交叉口的两条道路排队都比较拥堵的情况下，才会借助其临近上游交叉口的信号调整。与 n_i^{max} 的取值类似，n_i^c 和 $n_i^{c,up}$ 的取值也需要考虑排队的空间特性和周期特性。

10.4.3 仿真结果及分析

1. 基本场景

针对多个交叉口的 QUEUE 策略用图 10.8 所示的模拟交叉口进行数值仿真分析。在仿真中所采用的参数数值设定如下：$s_1=s_4=7800$veh/h，$s_2=s_3=3600$veh/h，$c=180$s，$g_1^{max}=g_4^{max}=150$s，$g_1^{min}=g_4^{min}=60$s，$n_1^{max}=n_2^{max}=n_3^{max}=n_4^{max}=1200$veh。整个仿真周期为高峰时段的 3 个小时，共包含 60 个信号周期。交叉口两条道路的到达流量假设为分段常数，流量变化的周期为半小时，如表 10.1 所示。

为了更好地评价 QUEUE 策略，除了考虑最大排队长度限制的离线最优策略之外，还选取了常用的排队均衡策略[182,183,228]作为对照。排队均衡策略的控制目标为，让交叉口各个方向的排队长度与该方向道路的最大排队长度之比相等，即处于均衡的状态。这样做的好处在于，能够最大限度地利用交叉口各个方向道路的排队空间，减小溢流的可能。在仿真试验中，共有 4 种策略进行应用并作比较，分别为离线最优策略、离线完美排队均衡策略、QUEUE 策略以及在线排队均衡策略。需要强调的是，前两种离线策略需要在预先知道全部时刻的 OD 信息的基础上进行优化，而后两种在线策略只需要在每个周期根据当前检测到的交通状态进行配时优化。这四种策略不同评价指标的对比结果如表 10.2 所示，所对应的排队数量随时间(周期)的变化曲线如图 10.10 所示。从图 10.10 可以看出，在在线排队均衡策略的结果中，两条道路的排队长度十分接近，在排队容量相等的情况下也就是排队所占比例十分接近，非常接近于离线完美排队均衡策略的结果。因此，离线完美排队均衡策略在后面的图和分析中不再考虑。

表 10.1 基本场景(分段常数的到达流量)

时段/h	0～0.5	0.5～1	1～1.5	1.5～2	2～2.5	2.5～3
d_1/(veh/h)	6600	6600	2100	2100	1250	1250
d_2/(veh/h)	1200	2400	1200	900	900	900
d_3/(veh/h)	1800	1800	2400	600	600	600
Δd/(veh/h)	0	0	0	0	0	0

表 10.2 不同控制策略在基本场景下的表现对比

性能指标	离线策略		在线策略	
	最优解	完美均衡	QUEUE	排队均衡
T/cycles	42	42	42	42
ΔT/%	—	0	0	0
TDT/(veh · h)	2648.5	3126.8	2930.9	3095.1
ΔTDT/%	—	18.08	10.78	17.32
排队数量峰值/veh	1140	874	960	903

从表 10.2 和图 10.10 中可以看出，4 种策略全部都在同一时刻(第 42 周期)结束了过饱和状态，但是 TDT 各不相同。TDT 的最小值由离线最优策略给出，为 2648.5veh · h。其他策略 TDT 由小到大依次为 QUEUE 策略 2930.9veh · h，在线排队均衡策略 3095.1veh · h，以及离线完美排队均衡策略 3126.8veh · h，分别比理论最优值增加了 10.78%、17.32%和 18.08%。另一方面，各个策略中的最大排队数量值的排序完全相反，从小到大依次为离线完美排队均衡策略 874veh，在线排队均衡策略 903veh，QUEUE 策略 960veh，以及离线最优策略 1140veh。

对比四种策略可以发现，离线最优策略和 QUEUE 策略更加激进，它们以更高的排队数量峰值为代价来寻求车辆总延误时间的最小化，但它们的排队数量峰值依然成功地控制在最大排队限制之内。因此，这两种策略下的主路（道路 1 和道路 4）在早期被分配了更多的绿灯时间，车辆排队较少，而支路（道路 2 和道路 3）车辆排队数量较多。反之，排队均衡策略相对保守。此外，QUEUE 策略很好地逼近了离线最优策略，只是在不知道未来到达流量如何变化的情况下，QUEUE 策略提前结束了主路的最大绿灯时间分配，支路获得最大绿灯时间，以防止流量继续增大导致支路排队溢出。

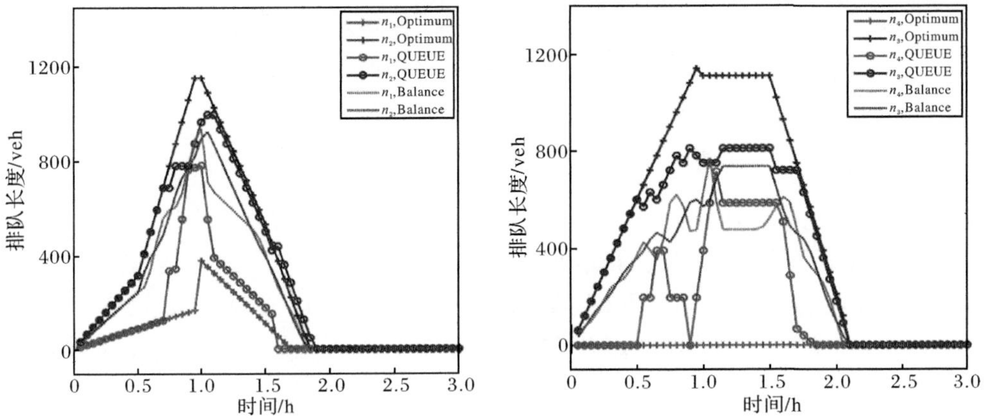

(a) 上游交叉口　　　　(b) 下游交叉口

图 10.10　基本场景中不同控制策略下的排队数量

2. 车辆为泊松分布的随机到达情况

为了测试 QUEUE 策略在车辆为随机到达情况下的性能表现，表 10.1 中分段常量的流量到达在本节被替换为均值和方差均为分段常量的泊松分布。例如，在 $t=0\sim0.5\text{h}$，每个周期都按照泊松分布随机生成一个均值 $\lambda=6600\text{veh/h}\times3\text{min}=330\text{veh}$ 的随机变量作为道路 1 的流量，其他时间和道路类似。

其中一个场景的整体流量到达随时间的变化情况如图 10.11 所示，所对应的排队数量曲线如图 10.12 所示。可以看出，QUEUE 策略仍然很好地模拟了离线最优策略的结果。QUEUE 策略仅比离线最优策略以及排队均衡策略晚了 1 个周期结束过饱和状态，但是车辆延误时间却明显小于排队均衡策略。

类似的，这里一共进行了 10 次仿真试验，每次都重新生成服从相同泊松分布的随机到达流量。以离线最优策略为比较基准，QUEUE 策略以及排队均衡策略在主要指标（过饱和状态持续时间）和次要指标（总延误时间）的相对差值 ΔT 和

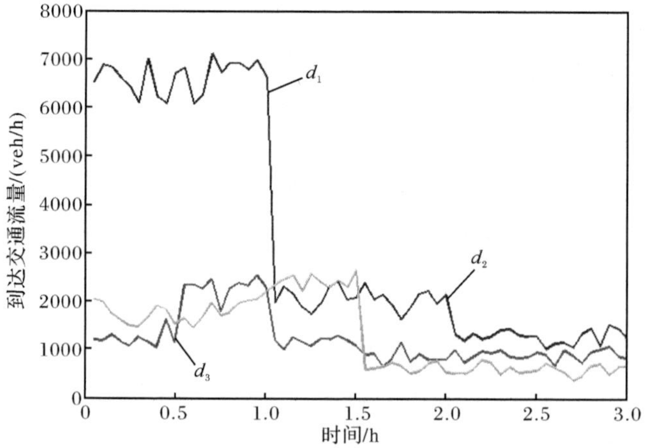

图 10.11　服从泊松分布的随机到达流量

ΔTDT 在表 10.3 中给出。总体来讲，两种策略的 ΔT 都很小，不超过 1 个周期，QUEUE 策略平均为 1.20%，排队均衡策略平均为 0.96%。然而 ΔTDT 整体较高，二者的差别也较大，QUEUE 策略平均为 12.01%，排队均衡策略平均为 16.78%。需要指出的是，QUEUE 策略的 ΔTDT 在所有的场景中均小于排队均衡策略。

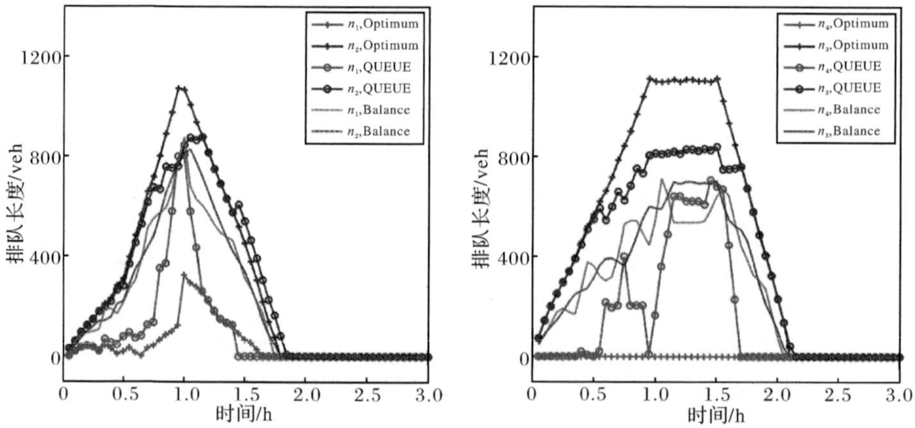

(a) 上游交叉口　　　　(b) 下游交叉口

图 10.12　服从泊松分布的到达流量下不同控制策略的排队数量

表 10.3　到达流量服从同一泊松分布的 10 组试验结果　　(单位:%)

试验	QUEUE 策略		排队均衡策略	
	ΔT	ΔTDT	ΔT	ΔTDT
1	2.38	12.06	0	17.65
2	2.44	13.02	2.44	15.83
3	0	14.37	0	17.29
4	2.38	15.24	0	18.28
5	0	11.81	2.38	17.42
6	2.38	12.06	2.38	17.64
7	0	8.65	0	15.24
8	0	9.87	0	15.92
9	2.38	10.56	2.38	15.67
10	0	12.43	0	16.82
平均	1.20	12.01	0.96	16.78

3. 流量估算误差的影响

针对离线最优策略、QUEUE 策略以及排队均衡策略,对流量估算误差造成的影响进行了仿真分析。QUEUE 中唯一需要估算的流量为额外到达流量 Δd。假设对 Δd 的估算误差为一个固定的比例,在不同误差下各个策略的表现结果如表 10.4 所示。

表 10.4　不同流量估算误差下各控制策略的表现对比　　(单位:%)

σ	QUEUE		排队均衡策略		离线策略	
	ΔT	ΔTDT	ΔT	ΔTDT	ΔT	ΔTDT
−15	2.70	9.01	2.70	8.52	13.51	38.65
−10	2.56	6.36	0	11.16	7.69	23.53
−5	2.50	9.19	2.50	14.04	5.00	13.32
0	0	10.66	0	16.86	0	0
5	2.32	5.39	2.32	8.12	39.54*	17.45
10	2.22	−1.26	2.22	0.55	33.33*	25.17
15	4.25	0.80	2.12	1.60	27.66*	29.59

* 在离线策略中,如果 $\sigma>0$,则把最后一个仿真时刻作为 ΔT 的值;然而事实上,直到最后时刻排队仍然没有全部消散。

与前面不同,这里的离线最优策略并不是真实的理论最优策略,而是在存在误差的情况下,依照最优原理计算得到的伪最优策略。总的来讲,QUEUE 策略以及排队均衡策略由于负反馈机制的存在而对检测误差具有较强的抗性,但离线策略对误差十分敏感。在 QUEUE 策略以及排队均衡策略中,大部分情况下过饱和状态的结束时间比理论最早时间不晚于 1 个周期(ΔT=2.12%~2.70%),仅在 σ=15%的场景中,QUEUE 策略比理论最早时间晚了 2 个周期(ΔT=4.25%)结束过饱和状态。而从车辆延误时间来看,QUEUE 策略大部分情况下比排队均衡策略要小,二者的最大值分别为 10.66%和 16.86%。与二者不同的是,离线最优策略对误差十分敏感,在误差较大时表现得十分落后。如果到达流量的估计超过了实际到达流量($\sigma<0$),过饱和状态结束的时间被显著延后[图 10.13(a)];更严重的是,如果到达流量的估计小于实际到达流量($\sigma>0$),过饱和状态直到仿真时间的最后一刻都不能结束[图 10.13(b)]。与此同时,车辆的延误时间被增加了高达 38.65%。

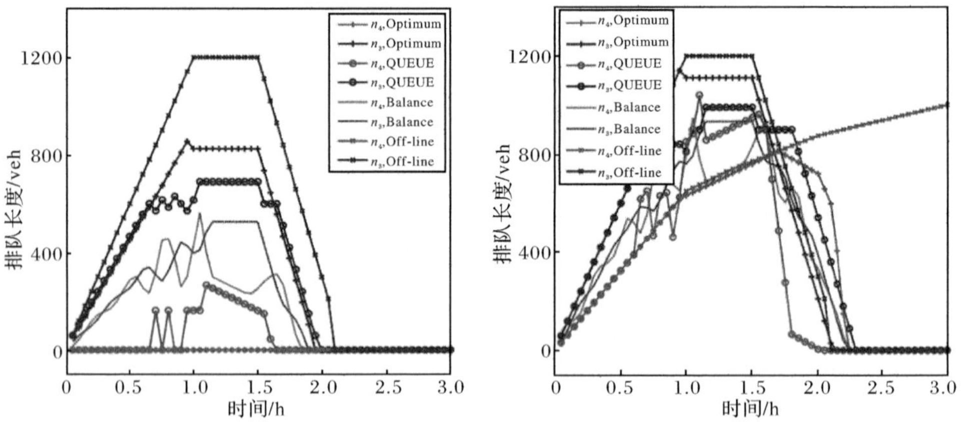

(a) σ=−10%　　(b) σ=10%

图 10.13　流量估算误差存在时各策略的排队状态曲线

10.5 本章小结

由于路网的结构较为复杂,使得过饱和路网的研究相对于过饱和交叉口、主干道问题面临更多的挑战。考虑到路网主要由交叉口和主干道构成,本章基于对过饱和交叉口等的分析,介绍了三种过饱和路网控制模型:MFD 能够有效地表达路网中车辆累积量与吞吐量之间的关系,根据 MFD 对过饱和路网进行控制具有可行性;OSI 是识别过饱和交叉口的重要手段,将路网看成若干个交叉口,根据过饱和干线控制方法推出基于 OSI 的过饱和路网控制模型;最后,以分布式控制方法对过饱和路网进行控制,同时模拟不同的试验场景,证明了 QUEUE 适用于过饱和路网的优化控制。

第11章　交通信号控制仿真

11.1　交通信号控制仿真软件简介

1. Synchro

Synchro(包括 SimTraffic 仿真)是由美国 Trafficware 公司根据美国交通部标准《公路通行能力分析手册》(HCM)规范研发的一套交通信号配时及协调控制软件。其中,Synchro 注重信号优化,Sim Traffic 注重交通仿真。该软件中的参数是根据汽车性能、驾驶员的行为习惯、交通法规等设定的,故 Synchro 能够相对完整地还原道路场景及交通运行状况。Synchro 所具备的功能包括:

(1) 单一路口/干道/路网的运行模拟。

(2) 单一路口/干道/路网的信号配时设计和协调控制。

(3) 单一路口/干道/路网的容量和服务水平分析。

(4) 单一路口/干道/路网的运行状态评价。

Synchro 能实现单一路口、干道、路网的复杂建模工作,实现了仿真模拟、信号设计、控制效果分析和评价等多项功能的结合。在信号配时设计方面,Synchro 提供了较为强大的配时优化功能,支持双环相位结构,能够实现区域或全局路网的信号协调优化。同时在确定最优配时方案时,可以考虑绿波带因素的影响,为信号优化提供了更加全面的选择。

Synchro 仿真软件中所包含的组件主要有:Synchro 主程序、Sim Traffic 仿真器、3D Viewer 三维插件、Warrants 评估器。各个组件实现的功能如下:

(1) Synchro 主程序。实现道路路网的模拟建模、分析和优化。目前最新版本的 Synchro 支持基于 HCM 2010 的单点及多点信号交叉口,环形路口和立体交叉口建模及分析,也适用于 CFI 等一些新型交叉口设计方法,使得匝道、行人过街和铁路路口的仿真更加方便。

(2) SimTraffic 仿真器。对建立的路网模型进行可视化的二维动画仿真。在 SimTraffic 中,用户可以点击交叉口观察交叉口信号运行状况,也可以点击车辆观察车辆的运行状态。

(3) 3D Viewer 三维插件。将平面二维模型直接生成三维场景,Sim Traffic 允许用户在 3D Viewer 中添加建筑、树木或标志等以增强三维演示效果。

(4) Warrants 评估器。可作为一个独立工具与 Synchro 配合来评估交叉口。Warrants 根据 MUTCD 2009 信号标准与规则来评估交叉口。Warrants 可方便地与 Synchro 交换数据,从而加快模型生成速度。Warrants 评估器也能从其他一些数据源如 Microsoft Excel 文件中导入数据。当评估结束后,Warrants 会生成评估结果的质量报告。

对交通工程师而言,Synchro 拥有简单方便的可视化用户界面,能在路网上直接显示出交叉口的延误、服务水平和通行能力等情况,直观地反映出路网瓶颈及剩余能力的分布情况。此外,Synchro 具备与传统流行交通仿真软件 CORSIM、TRANSYT-7F、HCS 等的转换接口,极大地便利了相关应用。

为了更好地适应实际道路场景,Synchro 除要求输入观测流量、信号配时以外,还提供了其他可供修改或赋值的技术参数(表 11.1),主要针对道路属性和车流属性。

表 11.1　Synchro 可供修改技术参数[229]

道路属性	车流属性
车道宽度	理想车速
饱和流率	转向车速
道路限制车速	大车比例
储车车道长度	高峰小时系数
储车车道数	与左转、右转冲突行人数
道路坡度	公交数量

在对路网完成信号配时设计后,Synchro 可自动生成的主要评价指标包括:

(1) 交叉口各入口方向 v/c 比例。

(2) 交叉口信号延误。

(3) 交叉口通行能力。

(4) 交叉口服务水平。

(5) 交叉口/路网车辆停车次数。

(6) 交叉口/路网车辆行驶延误。

(7) 交叉口/路网燃料消耗量。

(8) 交叉口/路网废弃排放量。

(9) 交叉口/路网中经历两难区(dilemma zone)车辆数。

(10) 路网性能指标。

由于美国的交通现状与中国的交通现状存在着某些差异,在对国内道路路网进行仿真时,Synchro 与其他交通仿真软件一样也面临着一些类似的问题,例如,无法仿真非机动车的运行情况,无法设置左转弯待转区等。

2. Q-Paramics

Q-Paramics 是 Quadstone Paramics 的简称，这款微观仿真软件最早诞生于 20 世纪 90 年代的英国，由爱丁堡大学的并行计算中心与当地咨询公式合作开发。自发行以来，一直在微观交通仿真软件市场上占据重要地位，在许多国家都有广泛的应用，在交通规划、管理和决策中起着重要作用。

Q-Paramics 具有实时的动态三维可视化用户界面，不仅可以仿真整个路网的运行情况，还能模拟单个车辆的运行与决策，提供了功能强大的应用程序接口。Q-Paramics 包括完全并行的路阻计算模块，用来完成巨大规模路网的交互式路阻计算。理论上支持 100 万个节点、400 万个路段和 3 万多个 OD 小区的路网。它在 ITS 基础设施和拥挤道路网的仿真上有突出的表现，仿真交通信号、匝道控制、检测器、VMS 和 CMS、车内路网信息显示装置、车内信息咨询、路径诱导灯，其中诱导策略可以由用户 API 函数定义。

Q-Paramics 的系统组件包括[230]：Modeller 建模器、Processor 批处理器、Analyser分析器、Programmer 编程器、Monitor 排放监视器、OD-Estimator 矩阵估计器、Designer 设计器、Converter 转换器，各个组件实现的功能如下：

(1) Modeller 建模器。Q-Paramics 的核心组件，提供了路网建模、可视化仿真和统计数据输出功能。它既能模拟高速公路，又能模拟城市交通系统。功能涵盖了交通信号控制、高速公路、立交桥、环形路网、公交系统、停车场、紧急事件、行人、车辆路径选择、自定义车辆行为等。同时，建模器支持导入三维底图，使得建立的道路模型在外观上更切合真实路网。

(2) Processor 批处理器。允许用户用批处理的方式进行仿真计算，并得到统计数据。批处理通过图形用户界面来设置仿真参数，选择输出数据并改变车辆特征。用这种方式进行交通仿真计算不需要显示仿真路网的运行状态，因此大大加快了仿真速度，使统计复杂交通模型的数据变得简单。

(3) Analyser 分析器。用于将仿真结果数据进行统计分类和整理，以报告形式进行输出，便于用户进行分析。分析器中提供了一系列的报告模板来帮助用户管理数据。

(4) Programmer 编程器。编程器为扩展程序开发提供了一个全面支持 C++ 的应用程序接口(API)，这使得 Q-Paramics 具备非常强大的可移植性和可扩充性。例如，对于不同的国家和地区，用户可以使用 API 函数修改内核参数，模拟不同地区驾驶员的驾驶习惯。

(5) Monitor 排放监视器。排放监视器是利用编程器开发的 API 模块，能够在路网的仿真过程中根据每辆车的运行状态，并行计算出所有车辆的尾气排放量，并记录尾气排放数据。

(6) OD-Estimator 矩阵估计器。OD 矩阵估计器依据断面流量估计小区间的

OD 流量，它的运算过程遵循 Q-Paramics 的内核参数，保证了 OD 矩阵、车辆路径选择和仿真过程的兼容性。估计器能直接加载建模器中的路网模型，并提供开放的可视化界面，允许在运行时手动调整数据，使得估计器具有较高的运行效率。

(7) Designer 设计器。设计器是一个三维模型编辑工具，允许用户将 3ds 或 skp 模型转换为建模器中能够使用的 pmx 模型，或对已有的 pmx 模型进行编辑。Q-Paramics为用户提供了 800 多个现成的三维模型，使三维仿真场景和效果更加逼真。

(8) Converter 转换器。转换器可以将其它仿真软件的路网数据转换成 Q-Paramics 路网。转换器认可的数据格式包括 ESRI Shapefile、Corsim、Synchro、Emme2、MapInfo、TP＋/Viper/CUBE、CSV。

3. VISSIM

VISSIM 是由德国 PTV 公司开发的一种微观的、基于时间间隔和驾驶行为的仿真建模工具，用于城市交通和公共交通运行的建模仿真[231]。它可以分析各种交通条件下城市交通和公共交通的运行状况，是评价交通工程设计和城市规划方案的有效工具。

1) 基本原理

VISSIM 软件系统内部由交通仿真器和信号状态发生器两大程序组成，它们之间通过接口来交换检测器和信号的状态。“交通仿真器”是一个微观的交通流仿真模型，它包括跟车模型和换道模型。“信号状态发生器”是一个信号控制软件，它以步长为基础不断地从交通仿真器中获取监测信息，决定下一仿真时刻的信号状态并将这信息传送给交通仿真器(图 11. 1)。

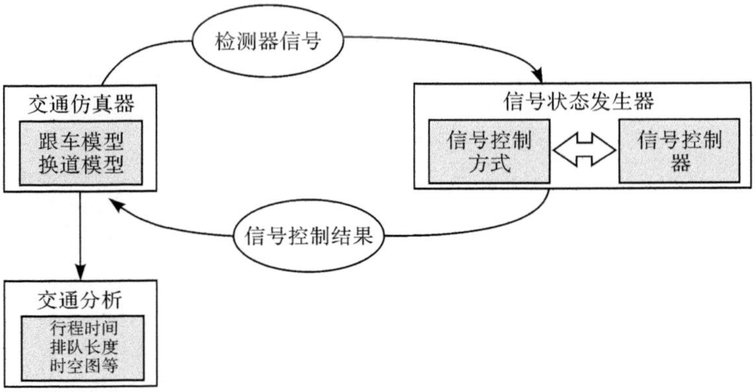

图 11. 1　交通仿真器与信号状态发生器之间的通信[232]

2) 基本功能

VISSIM 可以作为许多交通问题分析的有力工具，它能够分析车道特性、交通组成、交通信号灯等约束条件下的交通运行情况，不仅能对交通基础设施的实时运行情况进行交通模拟，而且还可以文件的形式输出各种交通评价参数，如行程时间、排队长度等。因此，它是分析和评价交通基础设施建设方案和交通信号控制方案的重要工具。

以下是 VISSIM 的主要交通分析功能：

(1) 固定式信号配时方法的开发、评价及优化。

(2) 模拟各种类型的信号控制过程，例如：定时控制方法、车辆感应信号控制方法、SCATS 和 SCOOT 控制系统中的信号控制等。在 VISSIM 中，交通信号配时策略还可以通过外部信号状态发生器(VAP)来进行模拟，VAP 允许用户自定义信号控制方法。

(3) 分析慢速区域的交通流交织和合流情况。

(4) 对比分析各种设计方案，包括信号灯交叉口、有停车标志控制的交叉口、环岛交叉口以及立交交叉口等。

(5) 分析公共交通系统的复杂站台设施的通行能力和运行情况。

(6) 评价公共交通优化处理的各种方案。

(7) 分析和评价路径选择问题，例如：各种信息牌对交通带来的冲击。

3) 仿真流程

VISSIM 仿真流程如图 11.2 所示。

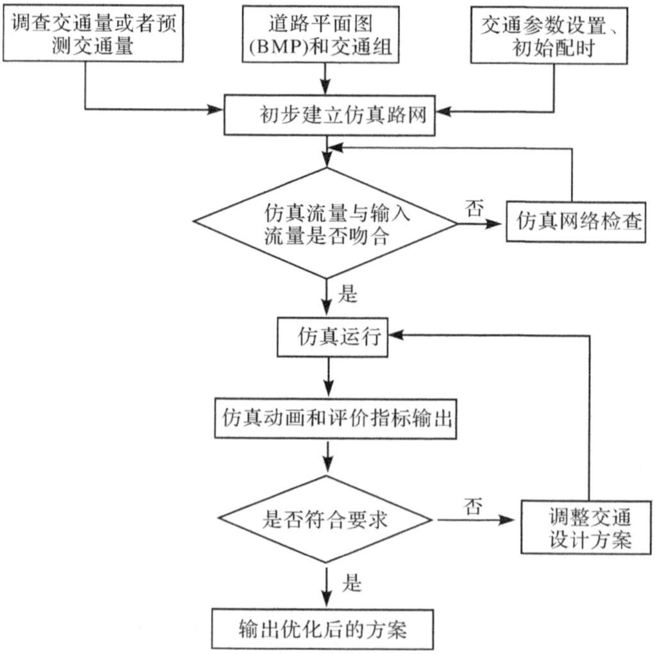

图 11.2　VISSIM 仿真流程图[234]

11.2　信号交叉口硬件在环仿真平台

硬件在环仿真是分析交叉口信号控制的有效工具之一。这里将简单介绍在环仿真的搭建及相关应用案例。

11.2.1　系统组成

硬件在环仿真系统结构如图 11.3 所示,整个硬件在环仿真系统分为四个部分:交通微观仿真软件、交通信息采集与信号设置模块、通信模块和信号控制器。

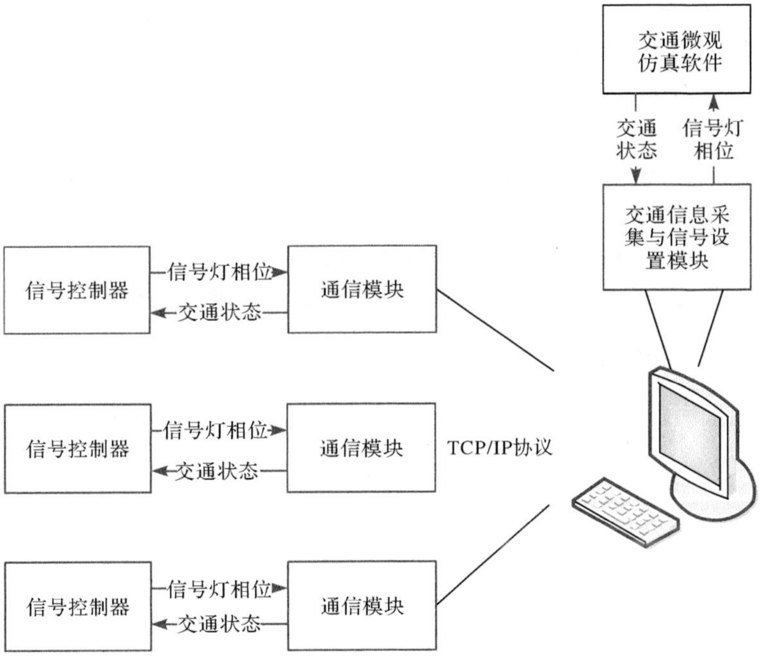

图 11.3　交通控制器硬件在环仿真平台结构[233]

微观仿真软件用来进行交通仿真实验并采集实验数据进行效果评价。在这里的硬件在环仿真系统中,信号控制器部分为硬件直接接入系统,因此微观仿真软件中不需要设置控制逻辑。交通微观仿真软件对实际的城市路网建立模型,接收控制策略,并且输出仿真结果。

交通信息采集与信号设置模块,模块以动态链接库(dynamic link library, DLL)插件的形式存在,它的主要作用是采集交通状态信息并且设置信号灯相位。

通信模块是整个硬件在环仿真系统的关键部分,它把仿真软件与外部控制器连接起来,使得外部控制器可以直接参与到仿真软件内部的信号控制中。通信模块的主要功能是负责交通信号控制器与运行仿真软件的计算机之间的实时通信，包括把信息采集模块采集的道路、交通信息发给信号控制器，并把信号控制器发出的相位命令传给信号灯设置模块。

交通信号控制器负责为仿真路网模型提供控制逻辑。路网模型中的信号灯相位及配时方案均由连接在仿真计算机端的信号控制器来控制。交通信号控制器通过通信模块接收来自仿真软件的道路信息和交通信息。

11.2.2 控制效果评价

多路口硬件在环仿真系统的工作原理是：利用交通微观仿真软件，依据实际路网建立模型，编写交通流信息采集与信号设置模块和通信模块，搭建仿真平台。在仿真过程中，信息采集模块采集道路交通信息，并由通信模块把这些信息传给外部交通信号控制器。交通信号控制器接收到这些信息后，根据其内部的控制算法，发出信号灯相位命令，该命令经过通信模块传给信号设置模块并执行。最后由仿真软件采集相关试验数据，并通过对试验数据进行分析，完成交通信号控制效果评价。

为了可以从不同的方面对路网信号控制系统的控制效果进行评价，从拥堵状况等角度出发，在环仿真提供了多种不同的评价指标可供选取。

1. 车辆平均延误

设每一辆停驶车辆的延误为 $T_i(i=1,2,\cdots,s)$，停驶车辆数为 s，总延误为 T_{sum}，总的交通量为 n，那么每辆车的平均延误 T_{a} 计算公式为

$$T_{\text{a}} = \frac{T_{\text{sum}}}{n} = \frac{T_1 + T_2 + \cdots + T_s}{n}$$

2. 排队长度

信号灯前车辆排队长度可采用车辆最大排队长度 Q_{m} 或者平均排队长度 Q_{v}。

3. 平均旅行时间

平均旅行时间为不同车辆通过某一路段所需的平均时间。

4. 总延误

路网中的所有车辆运行过程中的延误总和。

5. 剩余排队能力

交叉口一条入口道路的路段总长度与排队长度的差值，剩余排队能力表征了

路段可以吸纳路网其他路段流量的能力。

11.2.3　搭建硬件在环系统

这里采用 Q-Paramics 作为系统所需的交通仿真软件，对所研究区域搭建路网模型。Q-Paramics 提供了基于插件及其应用程序接口（application programming interface，API）的解决方案，以满足用户多样化控制需求。首先需要通过在 Visual Studio 中利用 API 函数完成控制逻辑的移植，生成 DLL 文件；然后通过 DLL 在 Q-Paramics 中实现控制逻辑的实时仿真。

交通流信息采集与信号设置模块和通信通过 API 函数编写，Q-Paramics 加载 API 函数实现模块功能。交通流信息采集模块的主要功能是在运行仿真时采集交叉口的交通状态信息。信号设置模块的功能是根据接收到的信号灯相位命令来对信号灯相位进行设置。

通信模块要有较好的实时性并且能够保证信息传递的正确性和完整性。为了满足这些要求，这里采用基于 TCP/IP 网络通信协议完成了通信模块的开发，通信机制如图 11.4 所示。

图 11.4　通信机制示意图[234]

通信模块基于客户端/服务器（client/server）通信模型，服务器就是交通微观仿真软件，客户端就是信号控制器，一个信号控制器对应一个交叉口。在该模型中，服务器监听对服务的请求。服务进程通常处于休眠状态，直到一个信号控制器向软件接口模块提出了连接请求，服务程序被“唤醒”并且为信号控制器提供服务。

在数据传输方式方面，为了确保数据能够准确无误地传输，交通控制硬件在环仿真系统采用面向连接的数据传输方式。在这种传输方式下，通信双方必须共同遵守一个通信规则。客户端与服务器建立连接，双方进行数据传输。数据传输完毕后，分别关闭连接并释放因创建套接字而占用的资源。

11.3　交通仿真案例

11.3.1　瓶颈交叉口信号控制仿真及验证

对于瓶颈路口过饱和状态，主要分析不同交叉口设计方案对过饱和的改善作用。这里对普通路口、CFI 路口设计及 CFI-Lite（见第 8 章 CFI-Lite 介绍）路口设计进行仿真效果对比，其中，CFI-Lite 设计依据上下游交叉口的干道入口车道分配不同，分为了 CFI-Lite1 和 CFI-Lite2 两种情况，不同的设计方案如图 11.5 所示。进行这样的对比时，有必要将瓶颈路口上下游的交叉口也纳入考虑，需考虑两侧交叉口的不同流量情况，为此设置了 3 种不同的仿真情形(表 11.2)。

Case 1 的仿真结果如表 11.3 所示。从结果可以看出，在所有设计方案中，普通路口设计的总延误时间最长，CFI 与 CFI-Lite 设计的总延误都相对小了许多。这是由于在 CFI 设计中，主路口两侧为左转向 DLT 车道的车流增加了绿灯时间，使得 CFI 设计比其他设计方案具有更高的总停车次数。CFI 与 CFI-Lite 设计下的

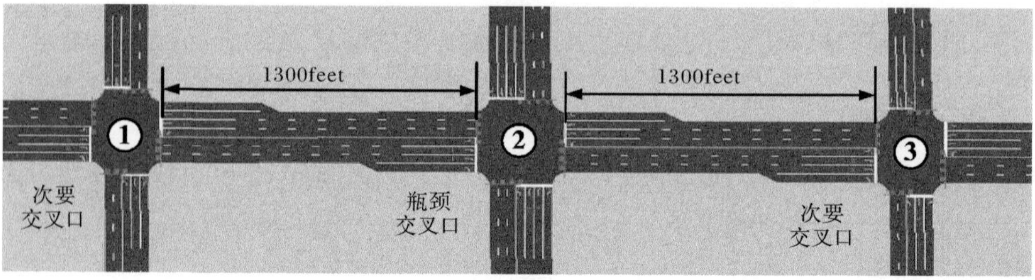

(a) 普通路口设计

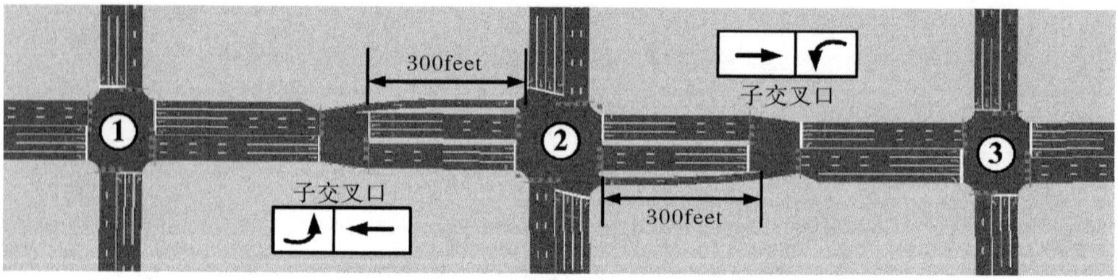

(b) CFI 路口设计

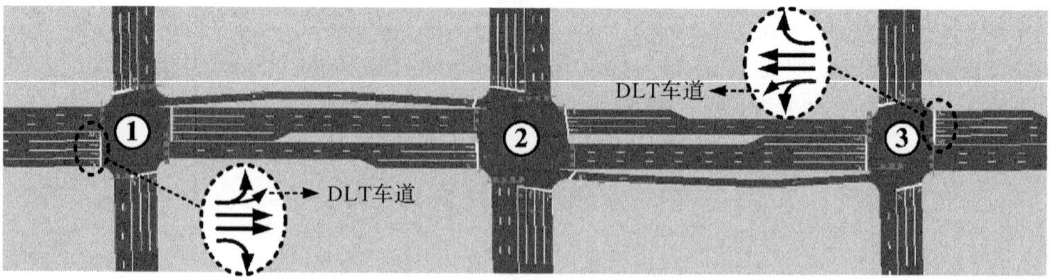

(c) CFI-Lite-1 路口设计

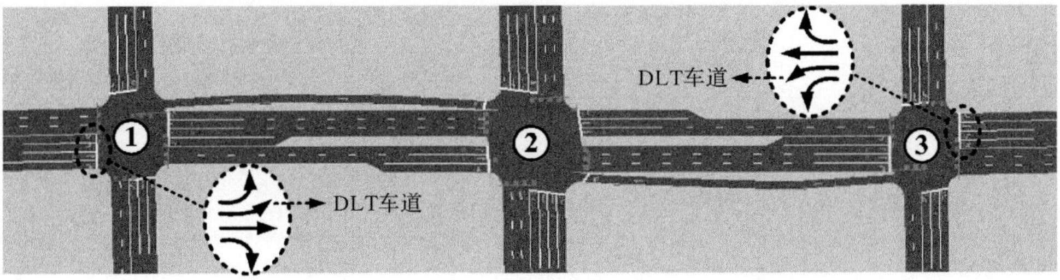

(d) CFI-Lite-2 路口设计

图 11.5　不同路口设计仿真建模

主路口相比于普通路口设计，最大 v/c 比从 1.35 降低至 1.04，交叉口服务水平得到改善，过饱和现象也得到明显改善。而对于位于两侧的上下游交叉口，CFI-Lite 设计的最大 v/c 比则有所增加。对于整体的设计，采用综合的指标 PI 来进行评价(PI＝总延误＋总停车次数/360)。可以看出，CFI 与 CFI-Lite 设计的运行效果都优于普通路口设计。

表 11.2　不同仿真情形

n	干线流量/(veh/h)	上下游交叉口支路流量/(veh/h)	瓶颈路口转向比例	干线车道数
	横向/纵向	南向/北向	直行/左转/右转	直行/左转/右转
1	1600/1600	200/200	70/20/10	2/1/1
2	1600/1600	300/300	70/20/10	2/1/1
3	1600/1600	400/400	70/20/10	2/1/1

表 11.3　Case1 仿真结果

评价参数	交叉口设计方案			
	传统布局	CFI	CFI-Lite-1	CFI-Lite-2
路网总体				
信号延误/(s/veh)	85	25	41	56
排队延误/(s/veh)	0	8	0	0
总延误/h	85	33	41	56
总停车次数/#	10327	10779	9172	9063
综合指标(PI)	342.4	206.3	176.1	231.0

续表

评价参数	交叉口设计方案			
	传统布局	CFI	CFI-Lite-1	CFI-Lite-2
交叉口 1				
最大 v/c 比例	0.85	0.85	0.98	1.46
交叉口服务水平(LOS)	C	B	C	E
交叉口 2(瓶颈)				
最大 v/c 比例	1.35	1.04	1.04	1.04
交叉口服务水平(LOS)	F	E	D	D
交叉口 3				
最大 v/c 比例	0.85	0.85	0.98	1.23
交叉口服务水平(LOS)	C	B	C	E
CFI 子交叉口				
最大 v/c 比例		0.61		
交叉口服务水平(LOS)		A		

对每一种仿真情形下的设计方案采取最优配时，比较综合评价指标 PI，对比结果如图 11.6 所示。可以看出，随着两侧交叉口侧向流量的增加，综合指标 PI 都呈现增长的趋势，但是 CFI 与 CFI-Lite 路口设计始终优于普通路口设计，并且 CFI 路口设计逐渐比 CFI-Lite 路口设计占据优势。总的来说，CFI 路口设计与 CFI-Lite 路口设计对于单个路口能明显改善服务水平，缓解过饱和问题。

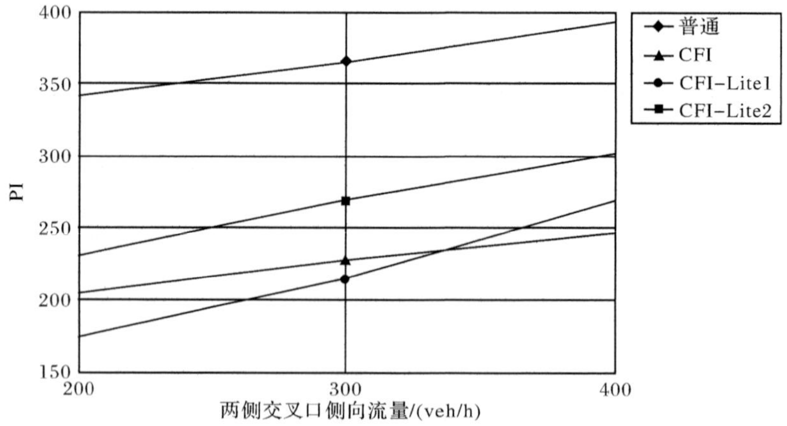

图 11.6　不同仿真情形下综合评价指标对比

11.3.2　主干道信号控制仿真及验证

选取安徽省合肥市黄山路与怀宁路及潜山路之间的干道为研究对象，该部分路段在早晚高峰时间段内存在常发性拥堵现象。根据实际道路场景进行路网建模，仿真中的路段长度与车道数量根据实际情况进行设置（图 11.7）。仿真流量来源于调查反馈的晚高峰时段内交叉口入口断面流量。

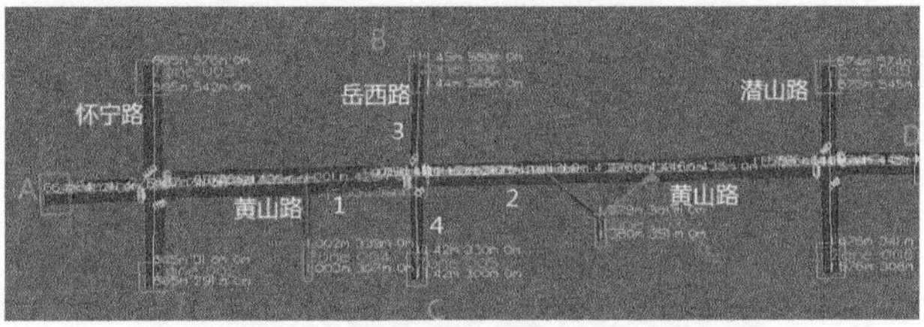

图 11.7　黄山路仿真路段

这里对路段 1～路段 4 进行定义：

（1）路段 1。怀宁路与岳西路之间的黄山路西向东的单向路段。

（2）路段 2。岳西路与潜山路之间的黄山路西向东的单向路段。

（3）路段 3。岳西路汇入黄山路的北向南的单向路段。

（4）路段 4。岳西路汇入黄山路的南向北的单向路段。

首先选取道路晚高峰时段进行流量调查，记录各交叉口入口的车流量与交叉口信号配时为交叉口原始配时，输入仿真路网形成对比方案；在同样的流量情况下，为信号配时加入防止路口锁死的过饱和控制措施形成过饱和控制方案（见 8.2 节）。对比过饱和控制下与原有配时控制下的路网交通状态，结果显示在原有信号控制策略下，仿真的 31 个周期内有 11 个周期发生了溢流现象，而在过饱和控制下，没有溢流现象的发生。两种控制方案下的四个路段平均延误对比如表 11.4 所示。

表 11.4　平均延误变化情况

路段	原有配时延误/(s/veh)	过饱和控制延误/(s/veh)	延误降低百分比/%
1	153.0716	120.5532	21.24
2	451.8639	378.9745	16.13
3	106.334	118.055	−11.02
4	102.265	77.0677	24.63

结果显示，对于流量过饱和的主干道，采用过饱和控制后，主干道大多数路段的车均延误得到有效降低，有效地消除了溢流现象。

11.3.3　路网信号控制仿真及验证

选取重庆市新南路部分路网作为研究对象，该路网整体流量较大，早晚高峰时段易出现拥堵、过饱和现象。依照实际比例尺与实际道路情况进行交通建模，在 Q-Paramics 中绘制路网(图 11.8)。以实地调研的交通流量数据为基础，在 Q-Paramics Estimator 工具箱中推导出路网 OD 矩阵，记录各交叉口实际配时方案作为原始配时，将数据导入路网形成对比方案。采用同样的 OD 矩阵，为信号配时加入过饱和控制措施形成过饱和控制方案。

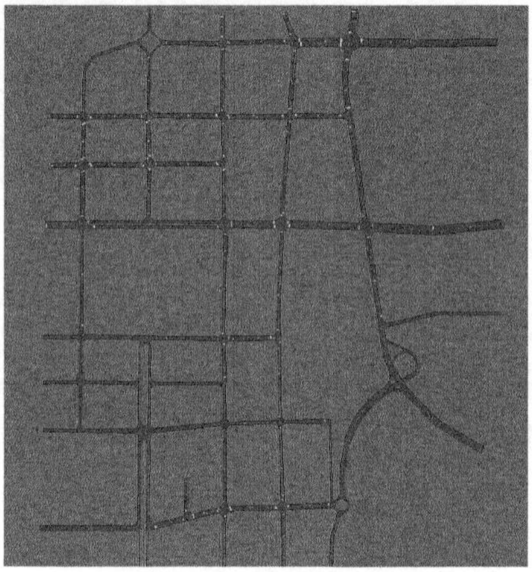

图 11.8　重庆新南路部分路网

对原始配时方案与过饱和控制方案分别进行仿真。在仿真中主要采集两种方案下的 25 个主要路段平均排队长度以及最大排队长度进行对比，结果如图 11.9所示。

从图 11.9 可以看到，在过饱和控制方案下，各路段的排队长度分布相比原有配时更为均匀，有效降低了路网产生拥堵的概率。在原有配时下，部分路段的最大排队长度会达到路段排队能力，容易造成溢流现象，采用过饱和控制方案后，这种现象得到明显改善，所有路段都产生剩余排队能力。

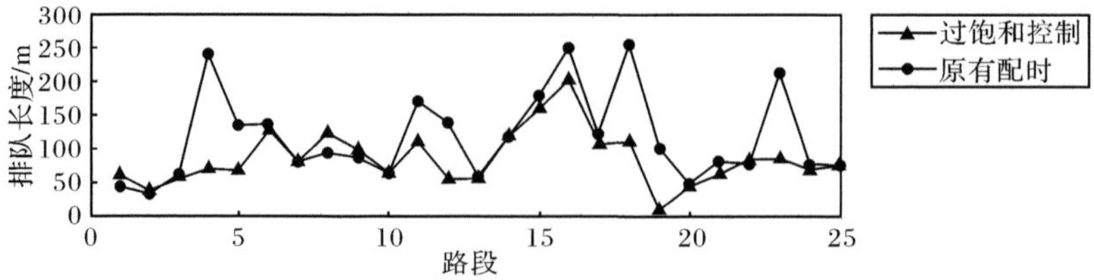

(a) 平均排队长度

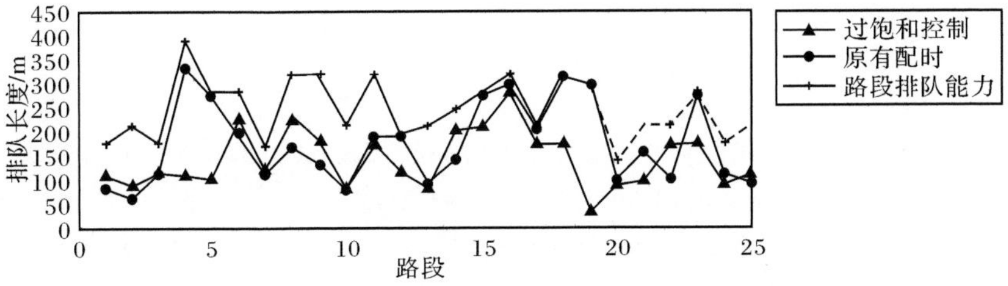

(b) 最大排队长度

图 11.9　仿真对比结果

11.4　本章小结

本章首先介绍了三种主要的微观交通仿真软件，包括 Synchro、Q-Paramics 以及 VISSIM。这三种仿真软件虽各有其不同的特点，但都能较好地完成路网仿真需求。接着，利用 Synchro 及 Q-Paramics 针对单个路口、干线及路网进行过饱和建模仿真，将采取过饱和控制方案后的效果与原配时效果进行比较分析，结果显示采用过饱和控制方案具有显著的效果，溢流现象明显减少。

参考文献

[1] 国家统计局. 2015 年国民经济和社会发展统计公报[EB/OL]. http://www.stats.gov.cn/tjsj/zxfb/201602/t20160229_1323991.html. [2016-3-2].

[2] 北京日报. 北京工作日平均每天堵车 3 小时[EB/OL]. http://www.fawan.com/Article/fwkx/2016/01/12/091802321713.html. [2016-3-2].

[3] 中国新闻网. 报告显示：北京每年因交通拥堵人均损失 7972 元[EB/OL]. http://www.chinanews.com/cj/2016/02-16/7758889.shtml. [2016-3-2].

[4] 高德地图. 中国主要城市拥堵排名[EB/OL]. http://trp.autonavi.com/traffic/. [2015-9-10].

[5] 张娟娟. 城市交通拥堵的成因及治理问题研究[D]. 西安：长安大学，2008.

[6] 中国公路网. 截至 2014 年底全国公路总里程达 446.39 万公里[EB/OL]. http://www.chinahighway.com/news/2015/927083.php. [2015-9-12].

[7] Downs A. An Economic Theory of Democracy[M]. New York：Harper and Row，1957.

[8] 吴兵，李晔. 交通管理与控制(第四版)[M]. 北京：人民交通出版社，2009.

[9] 汽车之家. 警察功不可没 交通信号灯发展历程回顾[EB/OL]. http://www.autohome.com.cn/culture/201301/454059-all.html? pvareaid＝101380＃p2. [2016-3-2].

[10] Miller A J. Settings for fixed-cycle traffic signals[J]. Operational Research Society，1963，14(4)：373-386.

[11] 黄辉先. 城市交通信号优化控制方法的研究[D]. 西安：西北工业大学，2000.

[12] 王伟平. 城市平面交叉口交通信号控制优化方法的研究[D]. 青岛：山东科技大学，2004.

[13] 石冬花，田国亮，闫彭. 道路交叉口信号控制方法的发展现状与趋势[J]. 交通标准化，2011，7(242)：193-197.

[14] 李群祖，夏清国，巴明春，等. 城市交通信号控制系统现状与发展[J]. 科学技术与工程，2009，9(24)：7436-7448.

[15] Gazis D C. Optimum control of a system of oversaturated intersections[J]. Operations Research，1964，12(6)：815-831.

[16] 朱茵，陆化普. 城市交通信号控制系统现状与发展展望[J]. 中国交通信息产业，2005，10(10)：40-43.

[17] 景玉军，余鹤龄，徐雪松. 城市交通信号控制研究综述[J]. 交通与计算机，2006，24(3)：67-70.

[18] Gerlough D L，Huber M J. Traffic Flow Theory[M]. Washington：Transportation Research Board，1975.

[19] 王殿海，严宝杰. 交通流理论[M]. 北京：人民交通出版社，2002.

[20] 邵春福，魏丽英，贾斌. 交通流理论[M]. 北京：电子工业出版社，2012.

[21] Wardrop J G，Charlesworth G. A method of estimating speed and flow of traffic from a moving vehicle[J]. Proceedings of the Institution of Civil Engineers，1954，3(1)：158-171.

[22] 姜桂艳. 道路交通状态判别技术与应用[M]. 北京：人民交通出版社，2004.
[23] Greenshields B D, Channing W, Miller H. A study of traffic capacity[C]// Highway Research Board Proceedings, Washington DC, 1935.
[24] Greenberg H. An analysis of traffic flow[J]. Operations Research, 1959, 7(1): 79-85.
[25] Underwood R T. Traffic flow models[J]. Traffic Engineering and Control, 1964, 5(12): 699-701.
[26] Edie L C, Foote R S. Traffic flow in tunnels[C]// Highway Research Board, Washington DC, 1958.
[27] Chandler R E, Herman R, Montroll E W. Traffic dynamics: Studies in car following[J]. Operations Research, 1958, 6(2): 165-184.
[28] Gipps P G. A behavioural car-following model for computer simulation[J]. Transportation Research Part B: Methodological, 1981, 15(2): 105-111.
[29] 何民，刘小明，荣建. 交通流跟驰模型研究进展[J]. 人类工效学，2000，6(2): 46-50.
[30] 吴娇蓉. 交通系统仿真与应用[M]. 上海：同济大学出版社，2004.
[31] Sun D J, Elefteriadou L. Lane-changing behavior on urban streets: A focus group-based study[J]. Applied Ergonomics, 2011, 42(5): 682-691.
[32] Ahmed K, Ben-Akiva M, Koutsopoulos H, et al. Models of freeway lane changing and gap acceptance behavior[J]. Transportation and Traffic Theory, 1996, 13: 501-515.
[33] 商蕾. 城市微观交通仿真及其应用[D]. 武汉：武汉理工大学，2003.
[34] 刘耀林，刘艳芳，明冬萍. 基于灰色局势决策规则的元胞自动机城市扩展模型[J]. 武汉大学学报：信息科学版，2004，29(1): 7-13.
[35] 应力天. 基于元胞自动机的城市路段混合交通流建模与仿真[D]. 北京：北京交通大学，2008.
[36] 郑英力，翟润平，马社强. 交通流元胞自动机模型综述[J]. 公路交通科技，2006，23(1): 110-115.
[37] Lighthill M J, Whitham G B. On kinematic waves. I. Flood movement in long rivers[C]// Proceedings of Mathematical, Physical and Engineering Sciences, London, 1955.
[38] Lighthill M J, Whitham G B. On kinematic waves II: A theory of traffic flow on long crowded roads[C]// Proceedings of the Royal Society of London A: Mathematical, Physical and Engineering Sciences, 1955.
[39] Richards P I. Shock waves on the highway[J]. Operations Research, 1956, 4(1): 42-51.
[40] Helbing D. Traffic and related self-driven many-particle systems[J]. Reviews of Modern Physics, 2001, 73(4): 1067.
[41] Payne H J. FREFLO: A macroscopic simulation model of freeway traffic[J]. Transportation Research Record, 1979, 722: 68-77.
[42] Papageorgiou M, Blosseville J, Hadj-Salem H. Modelling and real-time control of traffic flow on the southern part of Boulevard Peripherique in Paris: Part modelling[J]. Transportation Research Part A: General, 1990, 24(5): 345-359.

[43] Papageorgiou M, Blosseville J, Haj-Salem H. Modelling and real-time control of traffic flow on the southern part of Boulevard Peripherique in Paris, part II: Coordinated on-ramp metering[J]. Transportation Research Part A: General, 1990, 24(5): 361-370.

[44] 孙伟力. 基于 VMS 发布诱导信息的快速路网动态最优控制[D]. 杭州: 浙江大学, 2013.

[45] Daganzo C F. The cell transmission model, part II: Network traffic[J]. Transportation Research Part B: Methodological, 1995, 29(2): 79-93.

[46] Daganzo C F. The cell transmission model: A dynamic representation of highway traffic consistent with the hydrodynamic theory[J]. Transportation Research Part B: Methodological, 1994, 28(4): 269-287.

[47] 盛慧, 王炜, 胡晓健. 基于改进型 CTM 模型的道路交通量预测[J]. 公路交通科技, 2009, 1: 49-52.

[48] 杨东霞, 巨永锋. 基于 CTM 的交通信号多目标优化方法[J]. 交通运输工程学报, 2011, 11(3): 105-111.

[49] Wu X, Liu H X. A shockwave profile model for traffic flow on congested urban arterials [J]. Transportation Research Part B: Methodological, 2011, 45(10): 1768-1786.

[50] Helbing D. A section-based queueing-theoretical traffic model for congestion and travel time analysis in networks[J]. Journal of Physics A: Mathematical and General, 2003, 36(46): 593-598.

[51] Koshi M, Iwasaki M, Ohkura I. Some findings and an overview on vehicular flow characteristics[C]//Proceedings of the 8th International Symposium on Transportation and Traffic Flow Theory, Toronto, Ontario, 1983.

[52] Hall F L, Allen B L, Gunter M A. Empirical analysis of freeway flow-density relationships [J]. Transportation Research Part A: General, 1986, 20(3): 197-210.

[53] Webster F V, Cobbe B M. Traffic signals [M]. London: Her Majesty's Stationery Office, 1996.

[54] Akcelik R. Comments on the application of queueing theory to delays at signals[J]. Australian Road Research, 1990, 20(3): 53-61.

[55] National Research Council. Highway capacity manual[M]. Washtion: National Research Council, 2000.

[56] 顾怀中, 王炜. 交叉口交通信号配时模拟退火全局优化算法[J]. 东南大学学报: 自然科学版, 1998, 28(3): 68-72.

[57] 徐立群, 吴聪, 杨兆升. 信号交叉口通行能力计算方法[J]. 交通运输工程学报, 2005, 1(1): 82-85.

[58] 蔡锦德. 城市道路交叉口的信号配时优化研究[D]. 北京: 北京交通大学, 2012.

[59] Little J D. The synchronization of traffic signals by mixed-integer linear programming[J]. Operations Research, 1966, 14(4): 568-594.

[60] Zheng S, Xu J. Research on red wave and green wave coordinated control model in arterial road for different traffic demands[C]//Multimedia Technology (ICMT), 2011 International

Conference, Hangzhou, 2011.

[61] 李晓红. 城市干线交通信号协调优化控制及仿真[D]. 大连：大连理工大学，2007.

[62] 侯永芳. 干线绿波交通信号控制方法研究[D]. 长春：吉林大学，2015.

[63] 卢凯. 交通信号协调控制基础理论与关键技术研究[D]. 广州：华南理工大学，2010.

[64] 袁展，于泉. 基于延误模型的城市相交干线协调控制研究[J]. 道路交通与安全，2015，15(5)：18-23.

[65] 陈小红. 混合交通环境下城市道路交通信号控制优化模型研究[D]. 北京：北京交通大学，2012.

[66] 谢纪祥. 城市干线道路信号协调优化控制研究[D]. 长沙：长沙理工大学，2010.

[67] Sims A G, Dobinson K W. The Sydney coordinated adaptive traffic (SCAT) system philosophy and benefits[J]. IEEE Transactions on Vehicular Technology, 1980, 29(2): 130-137.

[68] Lowrie P R. The Sydney coordinated adaptive traffic system-principles, methodology, algorithms[C]//International Conference on Road Traffic Signalling London, United Kingdom, 1982.

[69] Hunt P B, Robertson D I, Bretherton R D, et al. The SCOOT on-line traffic signal optimisation technique[J]. Traffic Engineering & Control, 1982, 23(4): 190-192.

[70] Walmsley J. The practical implementation of SCOOT traffic control systems[J]. Traffic Engineering & Control, 1982, 23(4): 196-199.

[71] 李建昌. 悉尼交通自适应协调系统综述：SCATS 原理、功能与应用[J]. 道路交通管理，1991，5(6)：32-35.

[72] Day I, Ag S, Whitelock R. SCOOT-split, cycle & offset optimization technique[C]//TRB Mid-Year Meeting and Adaptive Traffic Signal Control Workshop, Washington DC, 1998.

[73] 姜雪花. 城市动态交通信息采集点布设及交通流短期预测方法研究[D]. 南京：东南大学，2006.

[74] Gettman D, Madrigal G, Allen S, et al. Operation of Traffic Signal Systems in Oversaturated Conditions[C]// Transportation Research Board, Minnesota, 2012.

[75] 钱喆. 过饱和交通状态下的信号控制关键技术研究[D]. 广州：华南理工大学，2014.

[76] 李瑞敏. 过饱和交叉口交通信号控制研究现状与展望[J]. 交通运输工程学报，2013，13(6)：119-126.

[77] Schrank D L, Lomax T J. The 2007 urban mobility report[R]. Texas Transportation Institute, Texa, 2007.

[78] May A D, Cayford R, Coifman B, et al. Loop detector data collection and travel time measurement in the Berkeley Highway Laboratory[R]. California Partners for Advanced Transit and Highways (PATH) Research Report UCB-ITS-PRR-2003-17. Berkeley: University of California, 2003.

[79] May A, Coifman B, Cayford R, et al. Automatic diagnostics of loop detectors and the data collection system in the Berkeley Highway Laboratory [R]. California Partners for Advanced Transit and Highways (PATH) Research Report UCB-ITS-PRR-2004-13. Berke-

ley:University of California,2004.

[80] Zhang X, Wang Y, Nihan N, et al. Development of a system for collecting loop-detector event data for individual vehicles[J]. Transportation Research Record:Journal of the Transportation Research Board,2003,1855:168-175.

[81] Zhang X, Nihan N, Wang Y. Improved dual-loop detection system for collecting real-time truck data[J]. Transportation Research Record: Journal of the Transportation Research Board,2005,1917:108-115.

[82] Balke K N,Charara H A,Parker R. Development of a traffic signal performance measurement system (TSPMS)[R]. Texas Transportation Institute,Texa,2005.

[83] Liu H X, Wu X, Ma W, et al. Real-time queue length estimation for congested signalized intersections[J]. Transportation Research Part C: Emerging Technologies, 2009, 17(4): 412-427.

[84] Liu H X,Ma W. A virtual vehicle probe model for time-dependent travel time estimation on signalized arterials[J]. Transportation Research Part C: Emerging Technologies, 2009, 17(1):11-26.

[85] Liu H X,Ma W,Wu X,et al. Real-time estimation of arterial travel time under congested conditions[J]. Transportmetrica,2012,8(2):87-104.

[86] Wu X,Liu H X,Gettman D. Identification of oversaturated intersections using high-resolution traffic signal data[J]. Transportation Research Part C:Emerging Technologies,2010, 18(4):626-638.

[87] Hu H,Wu X,Liu H X. Managing oversaturated signalized arterials:A maximum flow based approach[J]. Transportation Research Part C:Emerging Technologies,2013,36:196-211.

[88] Hu H, Liu H X. Arterial offset optimization using archived high-resolution traffic signal data[J]. Transportation Research Part C:Emerging Technologies,2013,37:131-144.

[89] Shastry A C, Schowengerdt R A. Airborne video registration and traffic-flow parameter estimation[J]. IEEE Transactions on Intelligent Transportation Systems, 2005, 6(4): 391-405.

[90] Shi J,Tomasi C. Good features to track[C]//IEEE Computer Society Conference on Computer Vision and Pattern Recognition,Seattle,1994.

[91] Angel A,Hickman M,Mirchandani P,et al. Methods of analyzing traffic imagery collected from aerial platforms[J]. IEEE Transactions on Intelligent Transportation Systems,2003, 4(2):99-107.

[92] Agrawal A,Hickman M. Automated extraction of queue lengths from airborne imagery[C] //The International IEEE Conference on Intelligent Transportation Systems,Washington DC,2004.

[93] Du X,Hickman M. Estimation of a Road Mask to Improve Vehicle Detection and Tracking in Airborne Imagery[J]. Transportation Research Record,2012,2291(1):93-101.

[94] Coifman B,McCord M,Mishalani R G,et al. Roadway traffic monitoring from an unmanned

aerial vehicle[J]. IEE Proceedings-Intelligent Transport Systems,2006,153(1):11-20.

[95] Puri A. A survey of unmanned aerial vehicles (UAV) for traffic surveillance[R]. Florida: Department of computer science and engineering,University of South Florida,2005.

[96] Puri A, Valavanis K P, Kontitsis M. Statistical profile generation for traffic monitoring using real-time UAV based video data[C]//Control & Automation,Athens,2007.

[97] Puri A,Valavanis K,Kontitsis M. Generating traffic statistical profiles using unmanned helicopter-based video data[C]//IEEE International Conference on Robotics And Automation, Roma,2007.

[98] Reinartz P,Lachaise M,Schmeer E,et al. Traffic monitoring with serial images from airborne cameras[J]. ISPRS Journal of Photogrammetry and Remote Sensing,2006,61(3): 149-158.

[99] 彭仲仁,刘晓锋,张立业,等. 无人飞机在交通信息采集中的研究进展和展望[J]. 交通运输工程学报,2012,12(6):119-126.

[100] Li Q,Lei B,Yu Y,et al. Real-time highway traffic information extraction based on airborne video[C]//Proceeding of the 12th International IEEE Conference on Intelligent Transportation Systems,Saint Louis,2009.

[101] Cao X B,Lin R J,Yan P K,et al. Visual attention accelerated vehicle detection in low-altitude airborne video of urban environment[J]. IEEE Transactions on Circuits and Systems for Video Technology,2012,22(3):366-378.

[102] Cao X B,Lan J H,Yan P K,et al. KLT Feature Based Vehicle Detection and Tracking in Airborne Videos[C]//Image and Graphics (ICIG),2011 6th International Conference, Hefei,2011.

[103] Cao X B,Lan J H,Yan P K,et al. Vehicle detection and tracking in airborne videos by multi-motion layer analysis[J]. Machine Vision and Applications,2012,23(5):921-935.

[104] Cao X B,Wu C X,Lan J H,et al. Vehicle Detection and motion analysis in low-altitude airborne video Under Urban Environment[J]. IEEE Transactions on Circuits and Systems for Video Technology,2011,21(10):1522-1533.

[105] Cao X B,Gao C C,Lan J H,et al. Ego motion guided particle filter for vehicle tracking in airborne videos[J]. Neurocomputing,2014,124(124):168-177.

[106] Cao X B,Shi Z R,Yan P K,et al. Tracking vehicles as groups in airborne videos[J]. Neurocomputing,2013,99:38-45.

[107] Wu C X,Cao X B,Lin R J,et al. Registration-based moving vehicle detection for low-altitude urban traffic surveillance[C]//Intelligent Control and Automation (WCICA),2010 8th World Congress,Jinan,2010.

[108] Cao X B,Shi Z R,Yan P K,et al. Collaborative Kalman filters for vehicle tracking[C]// Machine Learning for Signal Processing (MLSP),2011 IEEE International Workshop, Santander,2011.

[109] Cao X B,Wu C X,Yan P K,et al. Linear SVM classification using boosting HOG features

for vehicle detection in low-altitude airborne videos[C]//Image Processing (ICIP),2011 18th IEEE International Conference,Brussels,2011.

[110] Coifman B,Beymer D,McLauchlan P,et al. A real-time computer vision system for vehicle tracking and traffic surveillance[J]. Transportation Research Part C:Emerging Technologies,1998,6(4):271-288.

[111] Shen H,Li S,Zhu C,et al. Moving object detection in aerial video based on spatiotemporal saliency[J]. Chinese Journal of Aeronautics,2013,26(5):1211-1217.

[112] Tian B,Tang M,Wang F. Vehicle detection grammars with partial occlusion handling for traffic surveillance[J]. Transportation Research Part C:Emerging Technologies,2015,56:80-93.

[113] Li Y,Wang F. Vehicle detection based on And-Or Graph and Hybrid Image Templates for complex urban traffic conditions[J]. Transportation Research Part C:Emerging Technologies,2015,51:19-28.

[114] Rosenbaum D,Leitloff J,Kurz F,et al. Real-time image processing for road traffic data extraction from aerial images[J]. Proceedings of Isprs Technical Commission VII Symposiumyears Isprs Vienna,2010,38(1):469-474.

[115] Leitloff J,Rosenbaum D,Kurz F,et al. An operational system for estimating road traffic information from aerial images[J]. Remote Sensing,2014,6(11):11315-11341.

[116] Laptev I,Mayer H,Lindeberg T,et al. Automatic extraction of roads from aerial images based on scale space and snakes[J]. Machine Vision and Applications,2000,12(1):23-31.

[117] Xueyun C,Shiming X,Cheng-Lin L,et al. Vehicle Detection in Satellite Images by Hybrid Deep Convolutional Neural Networks[J]. Geoscience and Remote Sensing Letters,IEEE,2014,11(10):1797-1801.

[118] Apeltauer J,Babinec A,Herman D,et al. Automatic vehicle trajectory extraction for traffic analysis from aerial video data[J]. Neurology,2006,66(1):139-41.

[119] Santos M,Linder M,Schnitman L,et al. Learning to segment roads for traffic analysis in urban images[J]. IEEE Intelligent Vehicles Symposium:IV,2013:527-532.

[120] Kanhere N K,Birchfield S T. Real-time incremental segmentation and tracking of vehicles at low camera angles using stable features[J]. IEEE Transactions on Intelligent Transportation Systems,2008,9(1):148-160.

[121] Azevedo C L,Cardoso J L,Ben-Akiva M,et al. Automatic vehicle trajectory extraction by aerial remote sensing[J]. Procedia-Social and Behavioral Sciences,2014,111(1):849-858.

[122] Lienhart R,Maydt J. An extended set of Haar-like features for rapid object detection[C]//Proceedings of 2002 International Conference,New York,2002.

[123] Viola P,Jones M. Rapid object detection using a boosted cascade of simple features[C]//Proceedings of the 2001 IEEE Computer Society Conference,Kauai,2001.

[124] Viola P,Jones M J. Robust real-time face detection[J]. International Journal of Computer Vision,2004,57(2):137-154.

[125] Jerome Friedman T H R T. Additive logistic regression: A statistical view of boosting[J]. Annals of Statistics, 1998, 2(28): 337-407.

[126] Jones M, Viola P. Fast multi-view face detection[R]. MERL-Mitsubishi Electric Research Laboratories, Cambridge, 2003.

[127] Canny J. A computational approach to edge detection[J]. IEEE Transactions on Pattern Analysis and Machine Intelligence, 1986, 8(6): 679-698.

[128] Dalal N, Triggs B. Histograms of oriented gradients for human detection[C]// IEEE Computer Society Conference on Computer Vision and Pattern Recognition, San Diego, 2005.

[129] Otsu N. A Threshold Selection Method from Gray-Level Histograms[J]. Systems, Man and Cybernetics, IEEE Transactions, 1979, 9(1): 62-66.

[130] Cortes C, Vapnik V. Support-vector networks[J]. Machine learning, 1995, 20(3): 273-297.

[131] Luyanda F, Gettman D, Head L, et al. ACS-Lite algorithmic architecture: Applying adaptive control system technology to closed-loop traffic signal control systems[J]. Transportation Research Record: Journal of the Transportation Research Board, 2003, 1856(1): 175-184.

[132] Abu-Lebdeh G, Benekohal R F. Design and evaluation of dynamic traffic management strategies for congested conditions[J]. Transportation Research Part A: Policy and Practice, 2003, 37(2): 109-127.

[133] Webster F V. Traffic signal settings[R]. Road Research Technical Paper No. 39. London: Road Research Laboratory, 1958.

[134] Newell G F. Approximation methods for queues with application to the fixed-cycle traffic light[J]. Siam Review, 1965, 7(2): 223-240.

[135] Robertson D I. TRANSYT: A traffic network study tool[R]. RRL Report, LR 253. Crowthome: Transport and Road Research Laboratory, 1969.

[136] Gazis D C. Modeling and optimal control of congested transportation systems[J]. Networks, 1974, 4(2): 113-124.

[137] Stephanopoulos G, Michalopoulos P G, Stephanopoulos G. Modelling and analysis of traffic queue dynamics at signalized intersections[J]. Transportation Research Part A: General, 1979, 13(5): 295-307.

[138] Newell G F. A simplified car-following theory: a lower order model[J]. Transportation Research Part B: Methodological, 2002, 36(3): 195-205.

[139] Schrank D, Lomax T. The 2002 urban mobility report[R]. Texas Transportation Insitute, Texas, 2002.

[140] 饭田恭敬. 交通工程学[M]. 北京:人民交通出版社, 1994.

[141] 中华人民共和国公安部. 道路交通阻塞度及评价方法(GA115—1995)[S]. 北京:中国标准出版社, 1995.

[142] Manual-HCM H C. Transportation Research Board[R]. HCM2010. Washington: National Research, 2010.

[143] Schrank D L, Turner S M, Lomax T J. Trends in Urban Roadway Congestion, 1982 to

1991, Vol. 1: Annual Report[R]. Texas Transportation Institute, College Station, 1994.

[144] Levinson H, Lomax T. Developing a travel time congestion index[J]. Transportation Research Record: Journal of the Transportation Research Board, 1996, 1564(1): 1-10.

[145] Washburn S, Kirschner D. Rural freeway level of service based on traveler perception[J]. Transportation Research Record: Journal of the Transportation Research Board, 2006, 1988(1): 31-37.

[146] Brown T, Ensor M, Vallyon C, et al. Travel time performance programme: A step toward congestion management system[C] // Proceeding of IPENZ Transportation Conference, Queenstown, New Zealand, 2006.

[147] 冷欢平. 城市路网交通状态评价研究[D]. 长春: 吉林大学, 2008.

[148] 喻泉, 卉吴, 盛志杰, 等. 一种城市路网交通流状态估计方法[J]. 计算机工程, 2006, 32(16): 177-179.

[149] 张和生, 张毅, 胡东成, 等. 区域交通状态分析的时空分层模型[J]. 清华大学学报: 自然科学版, 2007, 47(1): 157-160.

[150] 王伟, 杨兆升, 李贻武, 等. 基于信息协同的子区交通状态加权计算与判别方法[J]. 吉林大学学报: 工学版, 2007, 37(3): 524-527.

[151] 钟石泉, 马寿峰, 贺国光. 交通诱导系统路网状态描述方法及仿真研究[J]. 系统工程学报, 2009, 24(1): 25-31.

[152] 张菁, 巨永锋, 陈荔. 城市路网交通状态的小波分析检测方法[J]. 交通运输工程学报, 2010, 10(5): 114-120.

[153] 曲昭伟, 魏强, 别一鸣, 等. 基于固定检测器的区域交通状态判别方法[J]. 中南大学学报: 自然科学版, 2013, 44(1): 430-410.

[154] Smeed R J. Road capacity of city centers[J]. Traffic Engineering and Control, 1966, 8(7): 22-29.

[155] Thomson J. Speeds and flows of traffic in central London: Speed-flow relations[J]. Traffic Engineering and Control, 1967, 8(12), 721-725.

[156] Wardrop J G. Journey speed and flow in central urban areas[J]. Traffic Engineering and Control, 1968, 9(11): 528-532.

[157] Godfrey J W. The mechanism of a road network[J]. Traffic Engineering and Control, 1900, 8(8): 323-327.

[158] Zahavi Y. Traffic performance evaluation of road networks by the α-relationship[J]. Traffic Engineering and Control, 1972, 14(5): 228-231.

[159] Herman R, Prigogine I. A two-fluid approach to town traffic[J]. Science, 1979, 204(4389): 148-151.

[160] Daganzo C F. The nature of freeway gridlock and how to prevent it[C] // International symposium on transportation and traffic theory, Lyon, 1996.

[161] Daganzo C F. Urban gridlock: Macroscopic modeling and mitigation approaches[J]. Transportation Research Part B: Methodological, 2007, 41(1): 49-62.

[162] Geroliminis N. A Macroscopic fundamental diagram of urban traffic: Recent findings[C]// Symposium on the Fundamental Diagram: 75 years (Greenshields 75 Symposium), Woods Hole Massachusetts, 2008.

[163] Geroliminis N, Daganzo C F. Existence of urban-scale macroscopic fundamental diagrams: Some experimental findings[J]. Transportation Research Part B: Methodological, 2008, 42(9): 759-770.

[164] Geroliminis N, Sun J. Properties of a well-defined macroscopic fundamental diagram for urban traffic[J]. Transportation Research Part B: Methodological, 2011, 45(3): 605-617.

[165] Zheng N, Waraich R A, Axhausen K W, et al. A dynamic cordon pricing scheme combining the Macroscopic Fundamental Diagram and an agent-based traffic model[J]. Transportation Research Part A: Policy and Practice, 2012, 46(8): 1291-1303.

[166] Buisson C, Ladier C. Exploring the impact of homogeneity of traffic measurements on the existence of macroscopic fundamental diagrams[J]. Transportation Research Record: Journal of the Transportation Research Board, 2009, 2124: 127-136.

[167] 朱琳，于雷，宋国华. 基于 MFD 的路网宏观交通状态及影响因素研究[J]. 华南理工大学学报：自然科学版，2012，40(11)：138-146.

[168] Ji Y, Daamen W, Hoogendoorn S, et al. Investigating the shape of the macroscopic fundamental diagram using simulation data[J]. Transportation Research Record: Journal of the Transportation Research Board, 2010, 2161: 40-48.

[169] Tsubota T, Bhaskar A, Chung E. Information provision and network performance represented by Macroscopic Fundamental Diagram[C]// Transportation Research Board 92nd Annual Meeting Proceedings, Washington, 2013.

[170] 许菲菲，何兆成，沙志仁. 交通管理措施对路网宏观基本图的影响分析[J]. 交通运输系统工程与信息，2013，13(2)：185-190.

[171] 韦薇. 基于仿真的路网宏观基本图研究[D]. 杭州：浙江大学，2014.

[172] Guardabassi G, Locatelli A, Papageorgiou M. A note on the optimal control of an oversaturated intersection[J]. Transportation Research Part B: Methodological, 1984, 18(2): 111-113.

[173] Michalopoulos P G, Stephanopoulos G. Oversaturated signal systems with queue length constraints—I: Single intersection[J]. Transportation Research, 1977, 11(6): 413-421.

[174] Chang T, Lin J. Optimal signal timing for an oversaturated intersection[J]. Transportation Research Part B: Methodological, 2000, 34(6): 471-491.

[175] Zou B, Hu J, Zhang Y. The optimal discretized timing plan for individual oversaturated intersections[C]// Intelligent Transportation Systems (ITSC), 2012 15th International IEEE Conference, Alaska, 2012.

[176] Michalopoulos P G, Stephanopoulos G. Oversaturated signal systems with queue length constraints-II: Systems of intersections[J]. Transportation Research, 1977, 11(6): 423-428

[177] Lieberman E, Chang J, Prassas E. Formulation of real-time control policy for oversaturated arterials[J]. Transportation Research Record: Journal of the Transportation Research Board, 2000, (1727): 77-88.

[178] Liu Y, Chang G. An arterial signal optimization model for intersections experiencing queue spillback and lane blockage[J]. Transportation Research Part C: Emerging Technologies, 2011, 19(1): 130-144.

[179] Lertworawanich P, Kuwahara M, Miska M. A new multiobjective signal optimization for oversaturated networks[J]. Intelligent Transportation Systems, IEEE Transactions on, 2011, 12(4): 967-976.

[180] Park B, Messer C, Urbanik T. Traffic signal optimization program for oversaturated conditions: genetic algorithm approach[J]. Transportation Research Record: Journal of the Transportation Research Board, 1999, 1683: 133-142.

[181] Aboudolas K, Papageorgiou M, Kouvelas A, et al. A rolling-horizon quadratic-programming approach to the signal control problem in large-scale congested urban road networks [J]. Transportation Research Part C: Emerging Technologies, 2010, 18(5): 680-694.

[182] Gordon R L. A technique for control of traffic at critical intersections[J]. Transportation Science, 1969, 3(4): 279-288.

[183] Diakaki C, Papageorgiou M, Aboudolas K. A multivariable regulator approach to traffic-responsive network-wide signal control[J]. Control Engineering Practice, 2002, 10(2): 183-195.

[184] Varaiya P. Max pressure control of a network of signalized intersections[J]. Transportation Research Part C: Emerging Technologies, 2013, 36: 177-195.

[185] Park B, Messer C, Urbanik II T. Enhanced genetic algorithm for signal-timing optimization of oversaturated intersections[J]. Transportation Research Record: Journal of the Transportation Research Board, 2000, 1727: 32-41.

[186] Abu-Lebdeh G, Benekohal R. Genetic algorithms for traffic signal control and queue management of oversaturated two-way arterials[J]. Transportation Research Record: Journal of the Transportation Research Board, 2000, 1727: 61-67.

[187] El Esawey M, Sayed T. Analysis of unconventional arterial intersection designs (UAIDs): state-of-the-art methodologies and future research directions[J]. Transportmetrica A: Transport Science, 2013, 9(10): 860-895.

[188] Autey J, Sayed T, El Esawey M. Operational performance comparison of four unconventional intersection designs using micro-simulation[J]. Journal of Advanced Transportation, 2013, 47(5): 536-552.

[189] Goldblatt R, Mier F, Friedman J. Continuous Flow Intersections[J]. Institute of Transportation Engineers Journal, 1994, 64(7): 35-42.

[190] Yang X, Chang G, Rahwanji S, et al. Development of planning-stage models for analyzing continuous flow intersections[J]. Journal of Transportation Engineering, 2013, 139(11):

1124-1132.

[191] Carroll D, Lahusen D. Operational effects of continuous flow intersection geometrics: A deterministic model[J]. Transportation Research Record: Journal of the Transportation Research Board, 2013, 2348: 1-11.

[192] Hughes W, Jagannathan R, Sengupta D, et al. Alternative intersections/interchanges: Informational report (AIIR)[R]. No. FHWA-HRT-09-060. Washington: Department of Transportation, 2010.

[193] Bared J. Displaced left-turn intersection[R]. FHWA-HRT-09-055. Washington: Department of Transportation, 2009.

[194] Lo H K, Chow A H. Control strategies for oversaturated traffic[J]. Journal of Transportation Engineering, 2004, 130(4): 466-478.

[195] Koonce P, Rodegerdts L, Lee K, et al. Traffic signal timing manual[R]. FHWA-HOP-08-024. Washington: Department of Transportation, 2008.

[196] Papageorgiou M, Diakaki C, Dinopoulou V, et al. Review of road traffic control strategies [J]. Proceedings of the IEEE, 2003, 91(12): 2043-2067.

[197] Zhao L, Peng X, Li L, et al. A fast signal timing algorithm for individual oversaturated intersections[J]. IEEE Transactions on Intelligent Transportation Systems, 2011, 12(1): 280-283.

[198] Abu-Lebdeh G, Chen H, Benekohal R F. Modeling traffic output for design of dynamic multi-cycle control in congested conditions[J]. Journal of Intelligent Transportation Systems, 2007, 11(1): 25-40.

[199] 卢凯，徐建闽，李林. 过饱和交通状态下的停车延误协调控制模型[J]. 控制理论与应用，2010, 27(12): 1623-1630.

[200] 王浩，吴翱翔，杨晓光. 过饱和条件下信号交叉口协调控制可靠性优化[J]. 公路交通科技，2012, 29(11): 86-91.

[201] Little John D, Mark C, Gartner D, et al. MAXBAND: A ver-satile program for setting signals on arteries and triangu-lar network[R]. Alfred P. Sloan School of Management, Massachusetts Institute of Technology, 1981.

[202] Messer C. Report on the user's manual for progression analysis and signal system evaluation routine-passer II[R]. TTI-218-72-165-14 Intrm Report. Austin Texas USA: Texas A & M University, 1974.

[203] Heydecker B. Uncertainty and variability in traffic signal calculations[J]. Transportation Research Part B: Methodological, 1987, 21(1): 79-85.

[204] Abbas M, Bullock D, Head L. Real-time offset transitioning algorithm for coordinating traffic signals[J]. Transportation Research Record: Journal of the Transportation Research Board, 2001, 1748: 26-39.

[205] Skabardonis A. Determination of timings in signal systems with traffic-actuated controllers [J]. Transportation Research Record: Journal of the Transportation Research Board, 1996,

1554:18-26.

[206] Shoup G, Bullock D. Dynamic offset tuning procedure using travel time data[J]. Transportation Research Record: Journal of the Transportation Research Board, 1999, 1683: 84-94.

[207] Gettman D, Shelby S, Head L, et al. Data-driven algorithms for real-time adaptive tuning of offsets in coordinated traffic signal systems[J]. Transportation Research Record: Journal of the Transportation Research Board, 2007, 2035: 1-9.

[208] Yin Y, Li M, Skabardonis A. Offline offset refiner for coordinated actuated signal control systems 1[J]. Journal of Transportation Engineering, 2007, 133(7): 423-432.

[209] Zhang L, Yin Y. Robust synchronization of actuated signals on arterials[J]. Transportation Research Record: Journal of the Transportation Research Board, 2008, 2080: 111-119.

[210] Day C, Haseman R, Premachandra H, et al. Evaluation of arterial signal coordination: methodologies for visualizing high-resolution event data and measuring travel time[J]. Transportation Research Record: Journal of the Transportation Research Board, 2010, 2192: 37-49.

[211] Day C, Brennan Jr T, Hainen A, et al. Reliability, flexibility, and environmental impact of alternative objective functions for arterial offset optimization[J]. Transportation Research Record: Journal of the Transportation Research Board, 2011, 2259: 8-22.

[212] Mulvey J M, Vanderbei R J, Zenios S A. Robust optimization of large-scale systems[J]. Operations Research, 1995, 43(2): 264-281.

[213] Miettinen K. Nonlinear Multiobjective Optimization[M]. New York: Springer Science and Business Media, 2012.

[214] Lo H K, Chan Y C, Chow A H. A new dynamic traffic control system: Performance of adaptive control strategies for over-saturated traffic[C]//Proceedings of 2001 IEEE Intelligent Transportation Systems, Oakland, 2001.

[215] Jang K, Kim H, Jang I G. Traffic signal optimization for oversaturated urban networks: Queue growth equalization[J]. IEEE Transactions on Intelligent Transportation Systems, 2015, 16: 1-8.

[216] Walinchus R J. Real-time network decomposition and subnetwork interfacing[R]. HS-011 999. Washington: Highway Research Record, 1971.

[217] Moore J E, Jovanis P P. Statistical designation of traffic control subareas[J]. Journal of Transportation Engineering, 1985, 111(3): 208-223.

[218] Lin L T, Tsao S M. A system approach on signal grouping for areawide control of computerized traffic system[C]//Proceedings of 79th Annual Meeting of the Transportation Research Board, Washington DC, 2000.

[219] 马莹莹,杨晓光,曾滢. 基于谱方法的城市交通信号控制网络小区划分方法[J]. 系统工程理论与实践, 2010, 12: 2290-2296.

[220] Lieberman E, Chang J. Optimizing traffic signal timing through network decomposition [J]. Transportation Research Record: Journal of the Transportation Research Board, 2005,

1925:167-175.

[221] Chang T H, Sun G Y. Modeling and optimization of an oversaturated signalized network [J]. Transportation Research Part B: Methodolgical, 2004, 38(8): 687-707.

[222] Haddad J, Geroliminis N. On the stability of traffic perimeter control in two-region urban cities[J]. Transportation Research Part B: Methodological, 2012, 46(9): 1159-1176.

[223] 别一鸣,王琳虹,王殿海,等. 城市路网交通控制子区动态划分策略[J]. 中国公路学报, 2013, 26(6): 157-168.

[224] Ji Y, Geroliminis N. On the spatial partitioning of urban transportation networks[J]. Transportation Research Part B: Methodological, 2012, 46(10): 1639-1656.

[225] Aboudolas K, Geroliminis N. Perimeter and boundary flow control in multi-reservoir heterogeneous networks[J]. Transportation Research Part B: Methodological, 2013, 55(9): 265-281.

[226] Johnson S C. Hierarchical clustering schemes[J]. Psychometrika, 1967, 32(3): 241-254.

[227] Ioslovich I, Haddad J, Gutman P, et al. Optimal traffic control synthesis for an isolated intersection[J]. Control Engineering Practice, 2011, 19(8): 900-911.

[228] Xin W, Chang J, Muthuswamy S, et al. Multiregime adaptive signal control for congested urban roadway networks[J]. Transportation Research Record: Journal of the Transportation Research Board, 2013, 2356: 44-52.

[229] Fellendorf M, Vortisch P. Microscopic traffic flow simulator VISSIM[C]// Fundamentals of Traffic Simulation. New York: Springer, 2011.

[230] Sykes P. Traffic simulation with paramics[C]// Fundamentals of Traffic Simulation. New York: Springer, 2010.

[231] Chaudhary N A, Kovvali V G, Chu C, et al. Sofware for timing signalized arterial[R]. Texas Transportation Institute, College Station, 2002.

[232] 苗挺. 基于 VISSIM 的交通控制硬件在环仿真系统[D]. 大连:大连理工大学, 2013.

[233] 高奎红. 城市道路交叉口公交优先信号协调控制及其仿真研究[D]. 北京:北京交通大学, 2010.

[234] 余贵珍,任毅龙,王云鹏,等. 多路口交通信号控制硬件在环仿真系统[J]. 公路交通科技, 2013, 30(1): 110-114.